KB220247

톰 라이트는 언제나 탁월하다.
로완 윌리엄스 전 캔터베리 대주교

라이트의 비전은 부드러운 동시에 급진적이다. 더 나은 삶을 발견하도록 격려한다는 점에서 부드럽지만, 왜곡된 기독교와 왜곡된 모습으로 살아가는 기독교인의 삶에 도전을 가한다는 점에서 대단히 급진적이다.
그레고리 존스 듀크 신학대학원 학장

라이트는 이스라엘 성경과 교회 이야기를 교직한 역사적·서사적 좌표 속에 십자가를 둠으로써 하나님의 사랑 한가운데서 흘러나오는 복음의 핵심을 밝혀 준다.
스캇 맥나이트 노스파크 대학교 석좌교수

아주 흥미진진하고 중요한 질문을 제기하는 책이다. 승리주의와 비관주의 양쪽을 모두 피하면서도, 십자가로 형성된 교회의 비전을 제시하는 마지막 두 장은 특히 감동적이다.
마이클 호튼 웨스트민스터 신학교 조직신학 석좌교수

우리 시대에 깊이 사고하는 역사적인 기독교가 어떤 모습인지 톰 라이트만큼 명확히 보여 준 이는 지금까지 아무도 없었다.
존 오트버그 멘로파크장로교회 담임목사

내 신학에 일대 변혁을 가져다주었던 라이트는 이제 《혁명이 시작된 날》로 새로운 독자 세대의 사고에 혁명을 불러올 것이다. 명쾌하고 매력적이면서도 철두철미하고 설득력 있는, 정말 중요한 책이다.
브라이언 맥클라렌 《새로운 그리스도인이 온다》 저자

이 책은 십자가에 대한 지나치게 단순하고 개인화된 관점을 여지없이 무너뜨린다. 우리가 이 세상을 벗어나려고 할 것이 아니라, 오히려 이 세상을 선한 곳으로 적극적으로 변화시키라고 초대하시는 하나님이 환한 빛 속으로 이끌어 주는 책이다.
마이크 맥하르그 《세상 조류 속에서 하나님 찾기》 저자

그리스도가 십자가에 죽으시던 바로 그날 이후, 그분을 따르던 이들은 십자가의 의미를 어떻게 받아들여야 할지 찾아 나섰다. 그 주제에 대해 라이트는 역사상 가장 중요한 책을 썼다. 그날 십자가에서 굉장히 심오하고 혁명적인 일이 벌어졌다. 이 책은 십자가 사건의 의미를 발견하도록 독자를 인도해 줄 것이다.
아담 해밀턴 《성경 이해하기》 저자

톰 라이트는 우리 시대에 가장 왕성한 성경학자이다. 어떤 이들은 그를 일컬어 C. S. 루이스 이후 가장 중요한 변증가라고 하지만, 아마도 가장 뜻 깊은 찬사는 다음 표현일 것이다. "그의 연설과 설교와 저서에서 사람들은 예수님을 발견하고 그로 인해 자신의 삶이 변화되었다고 고백한다."
〈크리스채너티 투데이〉

속죄와 복음, 예수님의 죽음과 부활에 담긴 의미에 대해 신약의 온전한 이해를 공정하게 다루지 않는 우리 시대의 개인주의적 관점에 의문을 제기하는 풍부하고 도발적인 책이다.
〈커버넌트 컴패니언〉

라이트는 하나님이 창조세계에서 하고 계신 더 큰 이야기 내에서 우리가 십자가를 탐색하고 이해하도록 촉구한다.
〈렐러번트〉

라이트는 20세기 가장 영향력 있는 신학자임에 틀림없다.
〈릴리전 뉴스 서비스〉

예수님의 십자가와 기독교 신앙에서 그 희생의 의미를 넓고 풍성하게 해석해 주는 책이다.
〈퍼블리셔스 위클리〉

사고를 자극하는 저자의 신선한 해설은 기독교의 지속적인 생명력에 관심을 갖는 모든 이들이 찾고 있던 필요한 지식과 동기를 부여해 줄 것이다.
〈북리스트〉

저자가 역사적·신학적 근거를 제시하며 부활 서사를 변호하는 과정에서 그의 확고한 부활 신앙이 명확하게 드러난다.
〈아메리카 매거진〉

생각을 자극하여 세상을 뒤흔들어 놓을 책이다. 강력히 추천한다.
〈도서관 저널〉

혁명이

시작된

날

THE DAY THE REVOLUTION BEGAN
: RECONSIDERING THE MEANING OF JESUS'S CRUCIFIXION

혁명이

톰 라이트

시작된

십자가의 의미를 다시 생각하다

날

이지혜 옮김

비아토르

레오에게

"보시오! 사자가 승리를 거두었소!" 계 5:5

일러두기

성서 표기와 인용은 신약의 경우 저자의 사역성경인 《하나님나라 신약성경》(IVP)을 따르되,
구약 및 저자가 다른 역본을 사용한 경우 《개역개정》과 《새번역》을 병행 사용하였다.

I.

서론

OI.

아주 중요한 스캔들
: 왜 십자가인가?

"젊은 영웅이 사람들의 마음을 사로잡다." 주후 33년 예루살렘에 신문이 있었더라도, 이런 머리기사를 보지는 **못했을** 것이다. 나사렛 예수가 로마 군대의 손에 끔찍한 십자가형을 당해 죽었을 때, 아무도 그를 영웅으로 여기지 않았다. 시신을 서둘러 동굴로 옮기면서 그의 죽음을 화려한 승리요 영웅의 순교라고 말하는 사람은 아무도 없었다. 어느 모로 보나, 오합지졸을 이끌던 예수의 운동은 이제 끝났다. 변한 건 아무것도 없었다. 또 하나의 젊은 지도자가 잔혹하게 처단되었을 뿐. 그것은 로마의 장기였다. 카이사르가 왕위에 있었고, 여느 때처럼 죽음은 완전한 끝을 의미했다.

하지만 이 경우는 달랐다. 예수를 따르는 이들은 그 직후에 일어난 일에 비추어 그날을 돌아보면서, 그의 죽음이 혁명에 불을 댕겼다는 말도 안 되는 충격적이고 터무니없는 주장을 내놓았다. 그날 오후의 사건이 세상을 바꿔 놓았다고. 그 어둑어둑한 금요일 저녁 6시, 세상은 전혀 다른 곳으로 변했다고 말이다.

말이 되든 안 되든, 그들의 주장이 옳았다. 예수를 믿든 믿지 않든, 그의 가르침을 인정하든 인정하지 않든, 또 지금도 그를 따른다고 주장하는 그 운동을 마음에 들어 하는지 여부와 별개로, 우리는 그의 십자가형을 인류 역사에서 가장 핵심적인 순간 중 하나로 볼 수밖에 없다. 그보다 70여 년 전에 있었던 율리우스 카이사르 암살처럼, 예수의 십자가형도 한 시대의 종말과 새로운 시대의 서막을 알렸다.

예수의 첫 제자들은 십자가형에 더 큰 의미를 부여했다. 이들은 십자가 사건을 인류 역사는 물론, 하나님과 이 세상의 이야기를 통틀어서 가장 중요한 순간으로 보았다. 실제로 이들은 십자가가 '하나님' 이라는 단어의 의미에 새롭고 충격적인 창을 열어 주었다고 믿었다. 이들은 십자가 사건으로 한 분이신 참 하나님이 세상을 구하려는 자신의 계획을 갑작스럽고도 극적으로 실행에 옮기셨다고 믿었다.

첫 제자들은 그날을 혁명이 시작된 날이라고 보았다.

이들은 예수님이 단순히 죽은 자들 가운데서 다시 사셨다고만 믿지 않았다. 물론 그것도 믿었지만, 그 역시 요즘처럼 그 시대에도 말이 안 되는 이야기이긴 마찬가지였다. 하지만 그들은 곧 그분의 부활을 단순히 놀랍고 새로운 출발로뿐 아니라 **사흘 전 일어난 일의 결과**로 보게 되었다. 부활은 혁명이 이미 시작되었다는 눈에 보이는 첫 번째 표지였다. 더 많은 표지가 뒤따를 것이었다.

오늘날 대부분의 그리스도인들은 십자가를 그렇게 보지 않는다. 따라서 대부분의 교회 밖 사람들도 그렇게 보지 않는다. 나는 그 이유가 이해가 간다. 오늘날 대부분의 그리스도인들처럼, 처음에는 나도 교회에서 배운 대로 예수님이 죽으신 것은 하나님이 나를 "죄"에서 구원하셔서 "천국에 갈 수 있게" 하신 것이라고만 생각했다. 물론 한 번도 그렇게 생각해 본 적 없는 사람에게는 이 정도만으로도 꽤 혁명적인 사고일 수 있다. 그러나 그것은 초기 그리스도인들의 입에 오르

내리던 혁명과는 다르다. 오히려 원래 문맥을 벗어난 이런 표현은 예
수님의 첫 제자들이 말하던 것을 심각하게 왜곡한다. 제자들은 그보
다 더 크고 더 위험하고 더 폭발적인 무언가를 말하고 있었다. 개인적
의미가 절대 뒤쳐지는 것은 아니다. 나는 처음부터 이 점을 분명히 하
고 싶다. 하지만 개인적 의미는 더 큰 이야기 안에 담겨 있다. 그래서
개인적 이야기가 덜 중요하지 않고 더 중요해지는 것이다.

　　다른 식으로 한번 설명해 보자. 초기 기독교 저술가들은 예수님
의 죽음을 언급할 때 대단히 아름다운 기쁨과 감사의 표현을 사용했
다. 바울은 "나를 사랑하여 나를 위해 자신을 내주신 하나님의 아들"
갈 2:20이나 "메시아께서 성경대로 우리 죄를 위해 죽으셨습니다"고전 15:3
라고 말한다. 요한은 아마도 신약성경에서 가장 유명한 절에서 "하나
님이 세상을 이처럼 사랑하사 독생자를 주셨으니"요 3:16, 개역개정라고 쓴
다. 이 모든 경우에, 예수님의 부활이 아니라 죽음에 초점을 맞춘다.
초기 그리스도인들이 예수님이 죽으셨을 때 일어났다고 믿는 일을 묘
사한 어느 내용을 보더라도 마찬가지다. 하지만 이 그림에서 더 큰 요
소에 주의하지 않으면, 그 자체로는 사건을 바라보는 사적이거나 이
기적인 시각으로 우리를 인도할 수 있다. 그런 좁은 시각은 우리의 당
면한 필요(현재의 용서와 미래의 구원에 대한 필요)를 채워 주는 것처럼
보이나, 더 넓은 세상에는 아무 변화를 일으키지 못한다.

　　실제로 어떤 사람들은 그런 무관함을 인정하고 받아들인다. 그
러면서 이 세상은 우리 집이 아니라고 말한다. 예수님이 우리를 구원
하셨고 다른 곳으로 데려가신다고 말이다. 하지만 초기 그리스도인들

은 이 점에 있어서 분명했다. 즉 예수님의 죽음은 세상에 엄청난 변화를 가져왔고, 세상을 완전히 바꾸어 놓았다. 혁명이 시작된 것이다. 이 책에서 나는 신약성경에 근거를 두고, 그 혁명의 의미가 무엇인지, 예수님이 죽으셨을 때 벌어진 일을 온전히 보게 될 때 우리가 어떻게 그 혁명에 동참할 수 있는지 보여 주려 한다. 요한계시록에 따르면, 예수님이 죽으신 것은 우리를 별 볼 일 없는 구원받은 존재로 만드시기 위해서가 아니라, 이 세상을 향한 하나님의 목적에서 중요한 역할을 감당하는 소명을 부여받은 회복된 인간으로 만드시기 위해서다. 그 끔찍한 금요일 오후에 정확히 무슨 일이 벌어졌는지 아는 것은 그 소명을 현실화하기 위한 중요한 첫걸음이다.

하지만 우리가 알든 모르든, 예수의 십자가형과 십자가라는 상징이 우리가 사는 세상에 여전히 막대한 영향을 미치고 있다는 단순한 사실 자체를 부정할 수는 없다. 우리는 더 깊이 들어가기 전에 그 점을 먼저 생각해 봐야 한다. 십자가는 우리에게 다시 한 번 핵심 질문을 던지게 한다. 왜 십자가인가?

● 십자가에 사로잡히다

최근에 어떤 사람 덕분에 '지저스 아미Jesus Army'라는 진취적인 청소년 단체에 관심을 갖게 되었다. 그 단체에는 당연히 웹사이트가 있는데, 솔직히 처음에 그 사이트를 들여다보면서는 진부한 문구와 닳고 닳은 구호밖에 기대하지 않았던 것 같다. 그런데 전혀 아니었다. 새롭고 신선한 분위기에, 내 기대를 뛰어넘는 다양한 영적 전통과 실용적인 프로그램을 운영하고 있었다. 하지만 내 시선을 사로잡은 다음 글에서 볼 수 있듯이, 그 중심은 확실히 전통에 뿌리내리고 있었다. 이 짧은 글은 이 책의 주제를 이루는 사건, 곧 나사렛 예수의 십자가형을 집중 조명한다. 이 글은 현대 세계의 온갖 회의와 조롱에도 불구하고, 여전히 십자가 사건이 담지한 이상하고도 혁명적인 능력에 우리의 관심을 끌어모은다.

당신은 이것을 절대 외면할 수 없습니다. 없는 곳이 없거든요.

십자가.

집에도, 영화에도, 그림에도, 뮤직비디오에도 등장하고, 사람들의 귀와 목에도 걸려 있죠. 가죽이나 데님에 수를 놓거나 징을 박기도 합니다. 피부에 문신으로도 새기죠.…

수백만의 사람이 날마다 목에 걸고 다니는 상징을 획득할 수만 있다면, 코카콜라나 맥도날드가 수단 방법을 가리지 않겠죠?

십자가는 전 세계적인 기독교의 상징입니다. 수많은 그리스도인이 자기 신앙의 유일한 가시적 표지로 인정하죠.

참 이상하죠? 원래 십자가는 고통과 실패의 상징이었습니다. 로마 제국은 허다한 적을 나무 십자가에 못 박아 죽였습니다.

이건 마치 교수대를 목에 걸고 다니거나, 치사 주사를 목걸이 장식으로 달고 다니는 것과 마찬가지죠.

예수 그리스도는 2천 년 전에 로마인들에게 처형되었습니다. 그런데 그리스도인들은 예수님이 죽음을 이기고 부활했다고 믿습니다. 죽음을 초월했다고 말이죠.

그래서 십자가는 더 이상 죽음의 상징이 아니라, 죽음의 종말을 상징하게 됩니다.

모든 인류를 위한 희망의 상징, 가능성의 상징.

이것이 그리스도인들이 십자가를 장신구로 사용하는 이유입니다.

지저스 아미는 빨간 십자가를 착용하고 나눠 드립니다. 지저스 아미 회원인 38세 크리스는 이렇게 말합니다. "우리는 엄청 많은 십자가를 나눠 주는데, 사람들이 좋아합니다. 형광빛이 나서 클럽 애호가들 사이에서 특히 인기가 많아요! 하지만 남녀노소 누구나 십자가를 좋아하고, 하나님을 생각하거나 기도할 때 십자가를 활용한답니다."

그는 계속해서 이렇게 덧붙입니다. "이 십자가들은 눈에 띄게 제작되었어요. 예수님의 십자가는 우리가 용서받고 새 출발을 할 수 있다는 뜻입니다. 죽음도 패했으니까요."

"정말 대단하죠."[1]

이 짧지만 예리한 글에는 생각해 볼 내용이 적지 않다. 분명 이 글은 세련된 신학 논문이나 성경 주해 용도로 쓰이지는 않았지만, 어쩌면 그게 핵심인지도 모른다. 예수님의 십자가형은 실제 시공간에, 더 중요하게는 살아 있는 인간 육신에 새겨진 확실하고 엄연한 사실이

---

[1].   http://jesus.org.uk/blog/streetpaper/cross-my-heart-and-hope.

다. 오늘날 사람들은 십자가 사건이 그들에게 강력하고 진정한 의미가 있다는 것을 다양하고 폭넓은 방식으로 직감한다. 물론, 불쾌한 옛이야기라는 것 외에는 아무 의미도 찾지 못하는 사람도 있기는 하다.

현대인들이 종교 전반, 구체적으로 기독교에 매력을 느끼지 못할 것이라고 생각한 사람들의 예측에도 불구하고, 예수님의 십자가 죽음과 복음 이야기는 후기 근대 문화에 막대한 영향력을 유지하고 있다. 십자가의 정확한 의미에 대해 특정한 이론을 갖고 있지 않거나 예수님이나 하나님에 대한 신앙이 없는 사람들마저 이런 매력을 느낀다. 왜일까? 왜 나사렛 예수의 십자가는 오늘날까지 이런 영향을 미치는 것인가?

2000년, 런던 내셔널 갤러리에서 "구원을 보다"라는 제목의 전시회가 열렸다. 우리의 논의에 딱 들어맞는 사례였는데, 특히나 유럽 국가들이 미국보다 훨씬 더 '세속화되었다'는 점을 고려한다면 그렇다. 전시회는 예수의 십자가형을 묘사한 화가들의 작품으로 대부분 구성되었다. 많은 평론가들이 냉소적이었다. 하나같이 고문당하다가 죽은 사람을 그린 구닥다리 그림들 아닌가! 그런 그림이 가득 찬 미술관을 굳이 갈 이유가 어디 있는가? 다행히도, 일반 대중은 평론가들의 의견을 무시하고, 마치 십자가가 그렇듯 이론과 의혹을 초월하는 힘이 있는 예술 작품들을 보러 구름같이 몰려들었다.

당시 내셔널 갤러리 관장이었던 닐 맥그레거는 이후 대영박물관으로 자리를 옮겨 10여 년간 자기 역할을 충분히 해냈다. 그가 다시 베를린으로 일터를 옮기기 전에 마지막으로 구입한 작품은 작은 보트의 파편으로 만든, 소박하지만 매우 인상적인 십자가였다. 아프리카 에리트레아와 소말리아의 난민을 실어 나르던 이 보트는 2013년 10월 3일, 시칠리아 남부 이탈리아령 람페두사섬 근해에서 난파되었다. 배에 타고 있던 500명 중 349명이 익사했다. 그 지역 공예가인 프란체스코 투쵸는 사람들을 구하기 위해 할 수 있는 일이 아무것도 없었다는 사실에 괴로워하다가 부서진 배의 파편으로 십자가를 몇 개 만들었다. 그중 하나가 생존자들을 위한 추도 예배에서 프란치스코 교황의 손에 들려 있었다. 대영박물관 측은 투쵸 씨에게 연락을 취했고 그는 박물관 소장용으로 특별히 십자가를 제작했다. 이 작은 나무 작품이 상징하는 난민들의 고통을 알린 박물관 관계자들에게 감사를 표하려는 의도에서였다. 그런데 왜 하필이면 십자가였을까?

런던 알버트 홀에서 열린 2014년 프롬 콘서트 기간 중 또 다른 강력한 예를 만났다. ('프롬'은 일반 대중이 세계 최정상급 음악을 저렴하게 즐길 수 있는 영국의 연례 음악 축제다.) 2014년 9월 6일, 사이먼 래틀은 바흐의 〈마태 수난곡〉 특별 연주를 지휘했다. 연주는 물론이고, 미국 UCLA의 교수인 피터 셀라스Peter Sellars 무대 감독이 안무를 맡은 전체 퍼포먼스도 훌륭했다. 그는 고전 오페라와 연극을 현대적으로 독특하게 무대에 올리는 것으로 유명하다. 중간 휴식 시간에 있었던 방송 인터뷰에서 셀라스는 이 작품이 공연이 아니라 기도라고 설명했다. 그는 자신의 연출 의도가 일차적으로 바흐가 예수의 죽음 이야기를 음악으로 묘사한 내용을 다루고, 다음으로는 예수의 이야기와 바흐의 해석 모두에 대한 현대적 재연을 다루는 것이라고 했다. 셀라스는 인터뷰 도중 기독교 신앙을 구체적으로 고백하지는 않았다. 하지만 그가 예수의 십자가 이야기를 가장 탁월한 이야기로 생각한다는 점은 확실했다. 십자가 이야기에서 모든 인간은 스스로 그 이야기를 살아 냄으로써 인생의 암흑과 그 암흑을 뚫고 길을 찾을 가능성과 맞닥뜨린다. 그리스도인과 비그리스도인을 불문하고 이 세상이 예수 탄생을 기준으로 연도를 헤아리듯이, 그리스도인과 비그리스도인을 불문하고 숙고하는 인류는 예술이나 음악, 문학에 담긴 예수의 죽음이 인간 존재의 어두운 딜레마에 독특한 초점을 제공하고 그 어둠을 통과하도록 우리를 인도하는 밝은 빛을 제공한다는 사실을 주기적으로 발견한다.

이런 예는 우리 주변에 널렸는데, 각 사례는 "왜?"라는 질문의 강도를 더 높여만 간다. 왜 이 죽음과 십자가 이야기에 이토록 강력한 힘이 있는가? 거기에는 한 가지 확실한 답이 없을뿐더러, 그 답은 명쾌한 기독교 신앙의 경계마저 초월한다. 유대인 소설가 체임 포톡 Chaim Potok의 작품에 등장하는 주인공 아셔 레브가 떠오른다. 화가 레브는 현대 유대교의 아픔을 표현하기 위한 이미지를 찾아 헤맨다. 그가 찾아낸 유일한 이미지는—유대인들에게는 예측 가능한 공포라고 할 수 있는—십자가 처형 장면인데, 그는 신선하고도 충격적인 방법으로 그 장면을 그려 낸다.《해리 포터》첫 번째 권이 해리가 어릴 때 어머니의 희생적인 사랑으로 목숨을 건졌다는 사실을 밝히면서 끝나는 것도 생각난다. 이런 예는 끝없이 이어진다.

회의주의자들은 예수님의 죽음이 로마제국 치하의 중동에서 집행된 수많은 십자가형 중 하나에 불과하다고 말할 것이다. 그러나 단순한 문화적 전통을 뛰어넘는 것으로 보이는 이유들로 이 특정한 죽음은 여전히 막대한 힘을 지니고 있다. 중세의 많은 사람들이 '수난 도구'(채찍, 가시 면류관, 못 등)를 묵상함으로써 그 이야기를 이해할 수 있었듯이, 오늘날 사람들은 그 이야기의 다양한 인간적 요소들—베드로가 예수님을 모른다고 부인할 때 닭이 운 것, 유다가 예수님을 배신하면서 입맞춤을 한 것—을 잘 알고 있다. 이 요소들은 우리 인간이 잘못한 부분을 압축해서 보여 주는 동시에, 그 일들이 더 크고 강력한 의미의 맥락에서 벌어진 것임을 알려 준다.

좀 더 분명한 기독교적 표현을 볼 때 이 점이 훨씬 더 강력하게 부각되는데, 특히 십자가가 매우 단순한 상징임에도 진부한 상징으로 변하지 않을 수 있었던 과정을 살펴볼 때 그렇다. 각종 영화제를 휩쓴 롤랑 조페 감독의 1986년작 〈미션〉에서는 다양한 형태의 십자가가 전체 서사를 지배한다. 남미 과라니 부족에 파송된 어느 초기 예수회 선교사들의 죽음으로 이야기는 시작된다. 부족민들은 선교사를 나무 십자가에 묶어 이구아수 폭포로 떠내려 보내는데, 영화 포스터에 폭포가 등장하는 것은 그 때문이다. 이야기는 십자가 모양의 상징들을 들고 열을 지어 행진하는 저항하지 않는 지도자들을 학살하는 장면으로 끝이 난다. 원주민들에게 복음을 전하기보다는 그들을 노예로 삼는 데 혈안이 된 포르투갈 식민지 군대는 이들에게 접근하여 발포한다. 십자가의 의미—특히 세상 권력의 방식과는 극명히 대조되는—는 전체 줄거리에 큰 물음표를 드리운다.

이는 기독교 고전 문학에서 십자가를 묘사한 방식에서도 더 분명하게 드러난다. 존 버니언John Bunyan의 유명한 《천로역정The Pilgrim's Progress》(1678년)에서 주인공 크리스천은 무거운 짐을 지고 홀로 순례를 하고 있다. 마침내 그는 버니언이 다음과 같이 탁월하게 묘사한 곳에 도달한다.

> 거기에는 십자가가 서 있고, 조금 아래쪽으로 무덤이 자리 잡고 있었다. 꿈에서 보니, 크리스천이 언덕을 기어올라 십자가에 이르자 짐 보따리가 등에서 툭 떨어져 나가더니 떼굴떼굴 굴러서 무덤 속으로 사라져 버리고 말았다.…
>
> 짐을 벗어 버리고 홀가분해진 크리스천은 즐거운 마음으로 이렇게 말했다. "주께서 슬퍼하심으로 내게 쉼을 주시고, 주께서 죽으심으로 내게 생명을 주셨도다." 그는 잠시 우두커니 서서 십자가를 바라보며 궁금해 했다. 십자가를 보자마자 그의 짐이 벗겨져 나간 것이 그에게는 너무나도 놀라웠기 때문이다.[2]

예수님의 십자가형이 그것을 합리적으로 해석하려는 어떤 시도도 뛰어넘는 놀라운 힘이 있음을 보여 주는 다른 예는 수없이 들 수 있지만, 그중에서 한 가지만 더 예를 들어 보겠다. 어느 로마가톨릭 대주교(정확히 누구인지 찾아봤지만, 아직까지는 확인하지 못했다. 이야기

---

2.   John Bunyan, *The Pilgrim's Progress*, ed. J. M. Dent (London, 1898), 38. 《천로역정》
　　　(포이에마).

는 잘 알려진 이야기다)가 짓궂은 세 청년이 동네 성당에서 고해성사를 받고 있던 한 신부를 속이려 했던 일을 이야기해 주었다. 셋은 신부의 반응을 떠보려고 돌아가면서 고해성사실에 들어가 입에 담기 힘든 온갖 끔찍한 죄를 '고백했다.' 둘은 고해를 마치고 얼른 도망쳤지만, 세 번째 청년은 그만 신부에게 잡히고 말았다. 신부는 사태를 심각하게 받아들이는 듯이, 그 청년에게 고행을 부과하겠다고 말했다. 신부는 청년에게 성당 끝까지 걸어가서 십자가에 달린 예수상 앞에 서라고 했다. 그런 다음, 예수님의 얼굴을 똑바로 바라보고 "주께서는 저를 위해 그 모든 일을 하셨는데 저는 그만큼 돌려드리지 못했습니다"라고 세 번 말하되, "그만큼"에서 손가락으로 딱 소리를 내라고 시켰다. 청년은 그렇게 한 번 했다. 두 번째도 했다. 그러나 세 번째는 도저히 하지 못하고 눈물을 터뜨리고 말았다. 성당을 나서는 그는 완전히 다른 사람이 되어 있었다. 대주교는 이야기를 마무리하면서 이렇게 말했다. "제가 이 이야기를 어떻게 아는지 아십니까? 제가 바로 그 청년이었기 때문입니다."

왜일까? 왜 십자가 이야기는 그토록 강력할까? 2천 년 전 로마의 어느 속주에서 있었던 한 사람의 죽음이 이렇게 강력한 힘을 지닐 수 있다니, 이것을 어떻게 이해해야 할까? 그 어둡고 끔찍한 오후에 시작된 혁명은 도대체 어떤 혁명이었나?

이런 질문을 더 깊이 탐구하기 전에, 한 가지만 분명히 하자. 당신이 이 "왜?"라는 질문에 대답할 수 있어야만 십자가가 이런 효력을 발휘하는 것은 아니라는 것이다. 생각해 보라. 음악 이론이나 음향학

에 문외한이더라도 얼마든지 아름다운 바이올린 연주에 감동할 수 있
다. 요리에 대해서 잘 몰라도 얼마든지 맛있는 음식을 즐길 수 있다.
마찬가지로, 십자가가 그토록 강력한 영향력을 미치는 이유에 대해
잘 알지 못하더라도 얼마든지 십자가로 인해 감동받고 변화될 수 있
으며, 예수님의 죽음으로 인해 자신이 사랑받고 용서받았다는 사실을
얼마든지 알 수 있다.

　　그 능력에 사로잡힌 많은 사람들이 이처럼 그 이유를 설명할 수
가 없었다. 마치 '지저스 아미'의 발췌문에서 예수님의 십자가형으로
어떻게 사람들이 용서받을 수 있는지 그 이유나 과정을 설명하려고
하지 않듯이 말이다. 오히려 문화를 초월하는 십자가의 이 광범위한
영향력은 사람들이 십자가에 있다고 믿는, 말로 표현하기 이전의 혹
은 말로 표현할 수 없는 능력을 강조한다. 그것은 아름다운 노을이나
사랑에 빠지는 감정과도 같다. 거기서 발생하는 강력한 힘을 분석하
거나 설명하려는 시도는 핵심을 벗어난 것이다. 사람들은 그 이야기
에 사로잡힌다. 십자가형을 묘사한 그림이 희한하게 시선을 사로잡는
다. 그 작은 십자가는 손에 쥐거나 바라보기에 좋고, 묵상하거나 기도
할 때 마음을 집중하기에도 좋다. 나는 아니지만, 소위 '축사 사역'을
전문으로 하는 이들도 비슷한 것을 발견한다. 즉 십자가가 악한 세력
을 물리치거나 저지하는 희한한 능력을 지니고 있다는 것이다. 수많
은 사람들이 사복음서에 기록된 예수님의 죽음 이야기를 읽는 것만으
로도 위로와 힘이 되고 경외와 사랑과 감사가 솟아난다는 사실을 발
견했고, 지금도 발견하고 있다.

    마찬가지로, 전 세계의 수많은 사람들이 떡과 포도주를 나누는 단순하지만 심오한 의식, 죽음을 24시간도 남겨 놓지 않은 상황에서 예수님이 시작하신 그 의식에 매일, 매주 참여한다. 예수님은 제자들이 성찬을 통해 그분의 죽음의 의미가 그들의 내면에 차올라 그들을 변화시키고 그분의 임재와 사랑을 느끼게 해 줄 수 있다고 보신 듯하다. 이런 일이 일어나기 위해 반드시 이 모든 내용을 깔끔한 논리적 범주로 정리하여 머릿속에 이론을 정립해야 하는 것은 아니다. "왜?"라는 질문은 중요하다. 하지만 우리가 이 질문을 던지는 이유는 그 실체를 목격하기 때문이다.

    나 자신도 '이론'이니 '실체' 같은 단어의 뜻이나 그 차이가 왜 중요한지 알 만큼 충분히 나이가 들기 한참 전에 이 사실을 발견했다. 무슨 일인지 일곱 살배기 아이가 혼자 조용한 방에서 예수님의 죽음에 나타난 하나님의 사랑에 감격해 있는 모습을 상상해 보라. 60년이나 지난 지금은 그날 내가 왜 눈물을 흘렸는지까지는 잘 기억나지 않는다. 온건한 전통 기독교 집안에서 태어나 동네 성공회 교회에 다닌 (오늘날 기준으로는 굉장히 평범한) 나는 어느 순간 갑자기 '와 닿은' 여러 기도문과 찬송, 성경 본문에 익숙했다. 흠정역KJV의 고색창연한 언어는 단순하지만 강력한 말씀을 있는 그대로 표현했다. "하나님이 세상을 이처럼 사랑하사 독생자를 주셨으니",요 3:16 "우리가 아직 죄인 되었을 때에 그리스도께서 우리를 위하여 죽으심으로 하나님께서 우리에 대한 자기의 사랑을 확증하셨느니라",롬 5:8 "나를 사랑하사 나를 위하여 자기 자신을 버리신…",갈 2:20 "사망이나 생명이나… 다른 어떤

피조물이라도 우리를 우리 주 그리스도 예수 안에 있는 하나님의 사
랑에서 끊을 수 없으리라"롬 8:38-39 등.

내가 속한 신앙 전통에는 "내 노래는 감추인 사랑My Song Is Love
Unknown" 같은 위대한 찬송이 많이 있었다.

내 노래는 감추인 사랑,
   구세주가 내게 주신 사랑,
사랑 없는 사람들 사랑스러워지도록
   그들에게 보여 주신 사랑.
내가 누구관대
나를 위해
내 주님이 연약한 육신을 입고
죽으셔야 했나?

나 여기서 노래하네.
이렇게 멋진 이야기는 없네.
사랑의 왕, 당신 같은 사랑도
당신 같은 슬픔도 없네!
사랑하는 나의 친구,
그분을 찬양하며
내 모든 삶
즐거이 드리리.[3]

I. 서론

그다음으로, 시상이나 신학이 이보다는 못하지만 그래도 기억할 만한 작품으로 알렉산더 Cecil Frances Alexander의 유명한 찬송가 "저 멀리 푸른 언덕에 There Is a Green Hill Far Away"가 있다.

> 저 멀리 푸른 언덕
>
> 그 십자가 위에
>
> 주 예수 나를 위하여
>
> 못 박히셨도다.
>
> 그 귀한 주의 사랑이
>
> 날 구원하시니
>
> 그 사랑 나도 본받아
>
> 주 위해 힘쓰리.[4]

또 다른 차원의 시적 경지에 이른 작품으로 존 헨리 뉴먼 John Henry Newman의 "높은 곳에 계신 지극히 거룩하신 분을 찬양하나이다 Praise to the Holiest in the Height"가 있는데, 나는 이 시를 에드워드 엘가의 오라토리오 〈제론티우스의 꿈〉에서 만나기 전부터 찬양으로 알고 있었다.

> 오, 우리 하나님의 사랑의 지혜여!

---

3. 새뮤얼 크로스만 Samuel Crossman, 1624-1683 작사, AMNS 63.
4. 세실 프란시스 알렉산더 1818-1895 작사, AMNS 137.

모든 것이 죄이며 수치일 때
두 번째 아담이
싸우고 구원하러 오셨다네.

오, 지혜로운 사랑이여!
아담 안에서 실패한 살과 피로
다시 원수에 맞서
애써서 승리해야 하네.

오, 자비로운 사랑이여!
사람을 위해 사람의 몸으로
원수를 이기셨네.
두 배의 고난을 견디셨네.

겟세마네 동산에서 비밀스럽게,
높이 솟은 십자가에서,
그의 형제들에게 고난과 죽음을
가르치고 격려하셨네.[5]

그리고 적어도 내 신앙 전통에서만큼은 성금요일 찬양으로 가장

5.   존 헨리 뉴먼1801-1890 작사, AMNS 117.

I. **서론**

유명한 "주 달려 죽은 십자가When I Survey the Wondrous Cross"가 있다. 아이작 와츠Isaac Watts는 갈라디아서 6장 14절을 묵상한 내용을 아름다운 가사로 담아냈다.

> 주 달려 죽은 십자가
> 우리가 생각할 때에
> 세상에 속한 욕심을
> 헛된 줄 알고 버리네.···
>
> 온 세상 만물 다 가져도
> 주 은혜 못 다 갚겠네.
> 놀라운 사랑 받은 나
> 몸으로 제물 삼겠네.[6]

당시 나는 이 찬송들을 비롯한 많은 찬송을 반복해서 부르면서 그중 몇몇 곡은 가사를 외우기도 했다. 주일마다 듣는 단순한 성공회 교회의 예전을 통해 이 메시지는 한층 강화되었다. 예배의 많은 기도가 "우리 구주 예수 그리스도의 사랑을 통해서"나 "예수 그리스도 우리 주님의 공로와 죽음을 통해서"라는 표현으로 끝났다. 반복해서 듣다 보니, 성만찬의 핵심인 토머스 크랜머Thomas Cranmer의 장엄하면서도

---

6.   아이작 와츠1674-1748 작사, AMNS 67.

친밀한 기도문도 금세 외우게 되었다.

> 모든 영광을 받으실 전능하신 하나님, 지극한 사랑으로 외아들 예수
> 그리스도를 이 세상에 보내시고, 그리스도께서는 세상의 회복을 위하
> 여 십자가에 달리셨으며 세상의 죄를 없애기 위하여 자신의 몸을 온
> 전한 희생 제물로 드리셨습니다.

하나님의 사랑과 예수님의 죽음. 이것이 전부다. 하지만 내가 앞
서 언급한 이야기들과 마찬가지로, 이런 찬송이나 기도문 중에서 어
떻게 이것이 '효력'을 발휘하는지 설명하는 내용은 없다. 공감을 불러
일으키지만 복잡한 크랜머의 문구는 16세기 논란의 지뢰밭 사이로
신중한 길을 취하면서 특정한 해석을 겨냥한다. 하지만 그 정확한 의
미를 밝혀내려면 중세 신학에 대한 속성 강좌가 필요할 것이다. 나 같
은 아이에게는 특별하고 값비싼 '선물'을 준 '지극한 사랑'이라는 개념
을 고수하는 편이 쉬웠다. 찬송 가사는 설명을 제공하기보다는 무언
가를 연상시켰고 지금도 그 점은 마찬가지다. 앞에서 내가 인용한 성
경 본문들조차 우리가 예수님의 죽음을 사랑의 행위는 차치하고 신성
한 행위로 봐야 할 이유를 설명해 주지 않는다. 그저 그 죽음을 실체,
가장 중요한 실체로 제시할 뿐이다. 우리를 위로하고 도전하며 또다
시 위로하는, 치유하고 새롭게 하는 진리 말이다. **하나님의 사랑과 예
수님의 죽음.** 이 조합은 어린 나를 눈물 흘리게 하기에 충분했고, 그
효력은 지금도 여전하다. 하지만 그 말은 정확히 무슨 뜻인가? 우리는

I. 서론

그 말을 어떻게 이해해야 하는가?

아니, 우리는 꼭 이 사실을 이해하려고 시도해야 하는가? 또 다른 옛 찬송가 "주 하나님 지으신 모든 세계How Great Thou Art"의 3절 가사처럼, 경외감에 잠겨 가만히 있으면 안 되는가?

주 하나님 독생자 아낌없이 보내 주셨네.
그 사랑 생각할 때 도저히 이해할 수 없네.
십자가에 피 흘려 죽으신 주
내 모든 죄를 대속하셨네.[7]

도저히 "이해할 수 없다"는 말이 맞을지도 모른다. 그리고 어느 찬양 가사처럼, "십자가에 달린 내 죄 보기 위해 얼마나 큰 대가 치렀는지 나는 다 알 수 없네"라는 말이 더 맞는 표현이리라. 신약성경이 그 대가가 무엇인지 정확히 말해 주고(하나님 아들의 보혈), 저 가사에 드러난 신학에도 조금 문제가 있긴 하지만, 우리라고 해서 크게 낫지는 않다. 하지만—그리고 이것이야말로 이 책을 쓰는 핵심인데—이러한 시도는 꼭 필요하다고 믿는다.

이 모두는 우리를 다시 원점으로 되돌려 놓는다. 복음서와 미술, 음악, 문학에 묘사된 예수님의 십자가 이야기가 시간과 장소와 문화

7.   1-2절, 칼 보베르그Carl Boberg, 1859-1940 작사; 3-4절, 스튜어트 하인Stuart K. Hine, 1899-1989 작사(독자들의 이해를 돕기 위해 기존 한국어 가사를 원문의 의미에 가깝게 수정했다—옮긴이).

032

를 초월하여 모든 사람에게 감동과 위로와 도전을 주는 힘이 있다면, 이런 힘을 지닌 이야기, 특히 그 십자가 사건은 도대체 무엇인가? 초기 그리스도인들이 '복음'을 "메시아께서 성경대로 우리 죄를 위해 죽으셨다"는 말로 요약했을 때 그들이 뜻한 바는 정확히 무엇이었을까? 간단히 말해, 예수님은 왜 죽으셨는가? 왜 사람들은 예수님의 죽음에 혁명적인 힘이 있다고 생각하게 되었을까? 왜 그렇게 많은 사람들이 이런 질문들에 특정한 신학적 답이 없는데도, 이야기와 이미지와 노래 속 십자가에 그토록 심오한 차원에서 우리에게 감동을 주는 힘이 있음을 발견하게 되는 것일까?

사실 "왜 예수께서 죽으셨는가?"라는 질문은 세분해 볼 수 있다. 우선 '역사적' 질문, "왜 본디오 빌라도는 대제사장의 부추김에 넘어가 예수님께 사형을 선고했는가?" 그다음에는 '신학적' 질문, "하나님은 예수님의 죽음으로 무엇을 성취하려 하셨고, 왜 십자가는 그것을 성취하는 적절한 방법이었는가?" 이런 질문들 이면에는 **"예수님 자신은 십자가 사건을 어떻게 생각하셨는가?"**라는 더 어려운 질문이 놓여 있다. 이 질문은 역사적 질문인 동시에(한 역사적 인물의 생각과 동기를 설명해 준다) 신학적 질문이다(당신이 예수님이 성육신하신 하나님의 아들이라고 믿지 않더라도, 그는 확실히 이스라엘 성경과 그 성취에 들어맞는 인물이었다). 아니면, 다음과 같은 질문들을 신중하게 검토해 보자. '우리 죄를 위하여'라는 굉장히 단순한 문구에는 어떤 깊은 층위의 의미가 숨어 있는가? I세기 사람들은 그런 종류의 표현을 어떻게 이해했으며, 첫 그리스도인들은 왜 그렇게 말했을까? 언뜻 봐서는 십자가 사건이 예수님이 친히 선포한 '복음' 곧 '하나님나라'와 아무 연관성이 없어 보이는데도 그들이 십자가를 '좋은 소식'으로 여긴 이유는 무엇이었을까? 그들은 어떤 주제와 이미지와 이야기를, 특히 자신들의 성경에서 가져온 어떤 주제와 서사를 염두에 두고 있었기에, 하나님께 기름 부음을 받은 왕이라 여겨졌던 사람이 제국 당국에 의해 죽임당했다는 사실을 기쁜 소식으로 이해할 수 있었을까? 왜 그들은 이 사건을 예수님께 기초한 어떤 혁명의 종결로 보지 않고 그 시작으로 보았을까?

한 번쯤은 다 들어 봤을 법한 질문들이다. 우리는 과거부터 오랜 세월 십자가의 의미와 씨름해 온 수많은 사람들의 대열에 이제 막 합류했을 뿐이다. 우리가 이런 질문들에 접근하는 방식과 그 과정에서 만나는 문제들은 이전 설명들에 영향을 받을 수밖에 없다. 따라서 교회가 그 근본적이고 혁명적인 사건과 씨름한 역사에서 몇몇 중요한 순간들을 최소한 기본적으로는 이해할 필요가 있다.

02.

십자가의 의미 찾기,
그 과거와 현재

나사렛 예수의 십자가 죽음이 처음부터 그런 능력을 지녔다고 인식된 이유를 묻는 질문은 십자가를 거리끼는 것으로 선언하는 신약성경의 한 초기 저작에서부터 강조되었다. 구체적으로 말하자면, 십자가는 "유대인에게는 걸림돌이고 그리스인에게는 어리석음"고전 1:23이다. 바울은 계속해서 말하기를, "부르심 받은 사람들에게는" 그것이 메시아의 계시, 곧 하나님의 능력과 하나님의 지혜가 드러난 것이라고 주장한다. 하지만 이 말은 혼란을 가중시킬 뿐이다. 도대체 어떻게 해서 그토록 분명하게도 터무니없고 거리끼고 미련한 것이 그렇게 빨리 기독교의 핵심이 될 수 있었을까?

고상한 로마인들 사이에서는 십자가형을 입에 올리는 것 자체가 금기였다. 십자가형은 노예나 반역자를 처단하는 가장 저열한 사형 방법이었기 때문이다. 유대인들에게는 십자가에 달린 메시아라는 생각 자체가 거리끼는 것이었다. 십자가에 달린 메시아는 많은 사람들이 간직한 하나님나라의 꿈을 형편없는 놀림감으로 전락시켰다. 그것은 곧 이스라엘의 국가적 희망이 근본적으로 추락하고 있음을 암시하는 것이었다.

하지만 메시아가 십자가에 못 박혔다는 사실이 유대인들에게 거리끼는 정도였다면, 비유대인들에게는 순전히 미친 짓이었다. 초기

기독교를 경멸하던 교양 있는 사람들은 십자가에 달린 사내를 숭배한
다는 개념을 기탄없이 조롱했다. 주후 1-3세기경으로 추정되는, 로마
제국 내 팔레스타인에서 나온 낙서처럼 그려진 유명한 그림이 그 점
을 뒷받침해 준다. 이 그림에는 "알렉사메노스가 자신의 신을 경배한
다"라고 쓰인 글귀와 함께 당나귀 머리를 한 사람이 십자가에 매달려
있는 모습이 그려져 있다(위 사진).

초기 그리스도인들이 어떻게든 십자가 사건의 수위를 낮추고 그 대신 부활의 생명력과 성령의 능력을 강조하기는 쉬웠을 것이다. 이 새 생명에 앞서 벌어진 예수님의 사망 경위는 적당히 묻어 두는 편이 훨씬 '현명'했을 것이다.

스스로를 예수님의 제자로 생각하고 싶었던 사람들을 포함하여 일부는 정확히 그편을 택했다. 우리는 소위 영지주의 복음서(도마복음 같은 책들)에서 그런 과정을 볼 수 있다. 그런 책들은 전체 그림에서 십자가를 지워 버리고, 부활을 몸과 무관한 변화로 재정의하고, 예수님을 기묘한 지혜를 가르치는 선생으로 축소해 버렸다. 이런 접근법은 어떤 이유에서든 십자가를 거리끼는 것으로 여기는 일부 현대인들에게서도 열렬한 관심을 받았다.

하지만 우리도 목격하는 바 이런 물타기나 조롱과는 달리, 신약성경의 초기 문서부터 교회사의 첫 5-6세기에 이르는 동안, 십자가를 주변부에 남겨 두는 편이 나은 당혹스러운 사건으로 치부하는 것이 아니라 생명과 하나님, 세상과 인간 운명의 의미를 열어 주는 신비로운 열쇠로 긍정하는 확고한 움직임이 있었다. 2세기 중반 위대한 기독교 저술가인 순교자 유스티누스Justin Martyr는 어째서 십자가가 모든 것의 열쇠인지에 대해 열렬한 찬사를 남겼다. 그는 십자가가 세상 만물의 중심 요소라고 말하면서, 배를 출항시키려면 십자 모양의 돛대가 있어야 하고, 땅을 파려면 십자 모양의 손잡이가 달린 삽이 있어야 한다고 썼다. 이는 기독교 신앙을 외부인들에게 매력적으로 설명하려고 하던 이들이 십자가를 피하기는커녕 오히려 경축했음을 확실히 암

시한다. 이들은 사람들의 반응이 어떠할지 알면서도 십자가에 푹 빠져 있었다고 할 수 있다.[1]

하지만 그들은 십자가를 규정하지 않았고, 이후로 일부 집단과 운동에서 다양한 표현을 만들어 주장하기는 했지만 전 세계의 어느 교회도 그런 일을 하지 않았다. 거기에는 지혜가 담겨 있으니, 곧 교리적 정의에는 한계가 있기 때문이다. 간단한 구호와 전문용어는 중요한 것을 잊지 않고 기억하는 데 도움이 되지만, 그런 구호와 용어를 실재와 혼동해서는 안 된다. 이 책을 읽으면서도 이 점을 반드시 염두에 두어야 한다. 일단 성경 이야기와 그 이야기의 초점인 예수님의 십자가를 제대로 이해하고 나면, 신학자들을 잠 못 이루게 하고 일반인들을 한숨 짓게 만든 수많은 궁금증이 전혀 새로운 방식으로 이해되는 것을 부산물로 발견하게 될 것이다.

결국 신학이 교회를 위해 있는 것이지, 교회가 신학을 위해 있는 것이 아니다. 바라건대, 일반 그리스도인들이 복잡하기만 하고 핵심과는 별 관련 없는 문제들에 빠지기보다는 예수님의 십자가의 다면적인 영광을 이해하고 거기에 설득되는 데 이 책이 도움이 되면 좋겠다. 사도 요한은 "말씀이 육신이 되었다"요 1:14라고 말했고, 바울은 "십자가의 말씀"을 "하나님의 능력"으로 묘사했다.고전 1:18 결국 중요한 것은 육신과 능력이지 듣기 좋은 표현이 아니다. 십자가를 더 잘 이해하

---

1.   Justin Martyr, *The First Apology*. 다음 책에 나오는 논의를 보라. *The New Testament and the People of God* (Minneapolis: Fortress, 1992), 266f. (《신약성서와 하나님의 백성》, CH북스)

려는 이유는 고도의 십자말풀이를 해결했다고 자축하기 위해서가 아니라, 하나님의 능력과 지혜가 우리 안에서, 우리를 통해, 여전히 예수님의 십자가 죽음을 약하고 어리석은 것으로 여기는 세상에 역사하도록 하기 위해서다. 물론 풀어야 할 문제가 있고, 그런 내용도 다룰 것이다. 하지만 예수님이 우리 죄를 위해 죽으신 것은 우리가 추상개념을 정리할 수 있도록 하기 위해서가 아니다. 십자가를 통해 바로잡힌 우리가 세상을 바로잡으시려는 하나님의 계획에 동참하도록 하기 위해서다. 이 혁명은 바로 그렇게 역사한다.

동시에 우리는 이해하려는 노력도 계속해야 한다. 이것은 선택사항이 아니다. 바울은 악에는 아이가 되되 생각하는 데는 어른이 되라고 고린도교회에 주의를 주었다. 요리 이야기로 돌아가 보자. 잘 차려진 음식은 누구라도 맛있게 먹을 수 있지만, 식구 중에 조리법과 균형 잡힌 식단에 대해 아는 사람이 없으면 온 가족이 비만이나 영양실조, 심한 경우에는 식중독에 걸릴 수 있다. 이 비유를 신학에 적용해 보면, 증상이 나타나는 데 시간이 더 오래 걸릴 수도 있지만 기독교의 기본 진리를 이해하기 위해 노력하는 사람이 (개별 그리스도인 모임이나 각 세대에서) 없을 경우, 개인이나 공동체는 생명을 주는 복음의 의미에서 멀어져 위태로워지기 쉽다. 우리는 한 줄 요약과 대중 구호를 넘어 끊임없이 나아가야 한다. 하나님의 강력한 사랑은 굉장히 반직관적이기에 우리는 그 사랑을 우리 상상력과 기억에 맞게 축소하고, 삶을 변화시키는 그 궁극적 도전에 영향 받지 않을 방법을 찾아낸다. 더 심하게는, 하나님의 사랑을 왜곡하고 비틀어서 우리가 마땅히 뜻해야 하는 바를 정반대로 말하기까지 한다. 누군가는 "왜?"라고 물어야 한다. 물론 교만하거나 경멸하는 태도가 아니라, 겸손하고 신중하게 해야겠지만, 어쨌든 마땅히 질문을 해야 한다.

십자가를 인간에 맞추거나 왜곡하여 축소시키려는 위험은, 일부 시대의 모든 그리스도인과 모든 시대의 일부 그리스도인—특히 교사와 설교자—이 직면하는 위험이다. 우리가 예수님의 첫 제자들이 "메시아께서 성경대로 우리 죄를 위해 죽으셨습니다"라고 말한 의미를 제대로 이해하려 애쓰지 않는다면, 교회 전체는 다양한 해석에 따른 의견들에 휘둘릴 것이고, 나아가 다양한 종류의 영적·현실적 막다른 길에, 혹은 더 나쁜 것에 도달할 수도 있다.

어떤 사람들은 한두 군데 특정한 성경 본문의 세세한 해석을 두고 끝없는 논란에 빠지기도 한다. 다른 사람들은 거대 추상 담론과 싸우기 위해 전문용어로 가득한 또 다른 거대 추상 담론을 만들어 내기도 한다. 물론 이런 두 입장의 양극단에서 사람들은 하나님이 자신들을 사랑하신다는 사실을 아는 한 아무것도 문제가 되지 않는다며 서로 안심시킬 수 있다. 하나님의 강력한 사랑이 기독교 신앙의 모든 면에서 핵심인 것은 사실이지만, 회의론자들이나 우리 내면의 목소리가 그런 믿음에 도전해 올 때 우리는 관련 성경 본문만이 아니라, 예수님이 "우리를 위하여 죽으셨다"는 말의 정확한 의미를 제시한 전통적 표현들도 찾아보아야 한다. 각 세대의 그리스도인과 개별 교회는 나름의 방식으로 이 일을 해야 한다.

이 작업이 쉽지는 않다. 이 신비를 조사하는 방식은 참으로 다양하다. 신학 차원에서, 우리는 어떤 '이론'이나 '모델'을 선호하며, 그것은 어떻게 '작동'하는가? 성례 차원에서, 세례와 성만찬은 둘 다 논란이 되었는데, 그 이유는 성례와 성만찬이 예수님의 죽음과 밀접하게 연관되어 있기 때문인가? 설교와 가르침 차원에서, 우리는 어떻게 복음의 핵심 메시지를 가장 적절하게 표현할 수 있으며, 그래서 쉽사리 진리를 왜곡할 수 있는 부실한 묘사가 아니라 십자가의 원래 의미에서 그 메시지의 영향력을 끌어낼 수 있겠는가? 그런가 하면 목회 차원에서, 어떻게 십자가의 진리를 만만치 않은 현실의 제자 훈련에 적용할 수 있겠는가? 네 가지 차원은 고사하고, 이 중 어느 하나에라도 깊이 관여할수록 우리는 치열한 접전이 벌어지는 위험한 영역으로 깊이 들어가는 셈이다. 집중력을 흐트러뜨리고 실망을 안겨 주고 곁길로 가게 하는 일들이 빈번하게 발생한다. 나는 오랫동안 연구 활동을 하면서, 또한 이 책을 쓰면서 이 점을 다시 한 번 확인했다. 나는 이런 현상을 무언가 정말로 중요한 일이 위기에 처했다는 암시로 받아들인다. 긴장감을 유지한 채 기도하면서 계속해서 앞으로 나아가는 것이 중요하다.

모든 신학적·성경적 탐색 과정이 그렇듯, 지식으로 사랑을 대체하는 것이 목표가 아니다. 오히려 진정한 대상에 사랑을 집중하게 하는 것이 목표다. 우리는 예수님의 십자가에서 드러난 하나님의 사랑을 압도적으로 경험한 것을 자신이 느끼는 혼란에 대한 변명으로 삼아서는 안 된다. 결혼 생활에서처럼, 사랑은 현상 유지가 아니다. 결혼 생활에 헌신한 젊은 부부는 상호 이해라는 장기 기술을 습득해야 하는데, 그 기술은 사랑을 대체하는 것이 아니라 오히려 사랑을 깊게 해 준다. 혼란스러울 때도 이해할 수 없는 상황이라고 해서 사랑을 포기하기보다는 유지하는 편이 당연히 더 낫다(그 대상이 하나님이든 배우자이든). 하지만 그 혼란을 다루는 편이 훨씬 더 낫다. 믿음만 이해를 추구하는 게 아니다. 사랑도 이해를 추구하며, 그것은 사랑을 포기하기 위해서가 아니라 사랑이 성장하고 성숙하여 열매 맺게 하기 위해서다.

● 모델과 교리

그러면 이 이야기, 곧 예수님의 제자들이 그분의 죽음을 이해한 방식에 관한 이야기는 어떻게 발전했는가? 이 한 주제만 파고든 책이 많지만, 여기서는 간략한 개요만 제시하겠다. 3, 4, 5세기의 교리 논쟁은 하나님과 예수님, 그리고 성령님에 대한 질문들에 집중되었다. 이 논쟁에 참여한 이들은 삼위일체와 성육신이라는 공인된 교리를 도출해 냈다. 확실히 이들은 모두 예수님이 "그들의 죄를 위해 죽으셨다"고 믿었고, 설교와 글로 그 죽음과 그 의미에 대해 감동적인 내용을 표현했다. 하지만 그 죽음을 한 가지 이론으로 끌어내지는 못했다.

16세기에 종교개혁이 일어나자 새로운 교회의 여러 분파에서 자신들의 특정한 속죄론을 공식 성명으로 발표했지만, 초기의 전체 기독교 신조는 그렇게 하지 않았다. 그들은 우리가 고린도전서 15장에서 보는 바 초기 공식 문구를 재진술했을 뿐이다. 니케아-콘스탄티노

플 신조(381년)가 그 한 예다. "그분은 우리 인간을 위하여, 우리를 구
원하시려 하늘에서 내려오사 인간의 몸을 입으셨고… 또 우리를 위하
여 본디오 빌라도 통치하에 십자가에 못 박히사 고난을 받으시고 묻
히셨습니다." 이보다 짧은 사도신경에는 "우리를 위하여"라는 말조차
빠져 있다. 다시 말해, 예수님의 위격과 삼위일체 하나님에 대해 할 수
있는 말과 할 수 없는 말, 해야 할 말과 해서는 안 될 말을 둘러싼 논란
속에서 도출된 세심한 기독론적 공식 문구 같은 것이 속죄 신학에는
없다. 예를 들어, 4세기 알렉산드리아의 교부인 아타나시우스의 십자
가 강해에서 볼 수 있는 풍부한 이미지는 굉장히 빼어나다. 하지만 그
내용이 공식 문구로 정착하지는 않는다.

초대교회 교부들 다수는 십자가의 의미를 두고 특정한 두 가지
를 전제하는데, 후대 이론가들이 때로 상상하는 것보다 이 둘을 좀 더
유동적인 결합으로 본 듯하다. 한편으로, 많은 이들이 십자가에서 하
나님이 그리스도 안에서 대승리를 거두셨다는 개념을 자세히 설명하
는데, 어쩌면 우리는 그것을 악의 세력을 무찌른 **유일한** 대승리라고
말해야 할지도 모른다. 이것이 오늘날 많은 사람들이 '승리한 그리스
도*Christus Victor*', 곧 정복자 메시아라고 일컫는 주제다. 다른 한편으로, 많
은 초기 신학자들이 예수님이 '우리 대신' 죽으셨다고 자주 언급했는
데, 예수님이 죽으셨으니 우리는 죽지 않는다는 것이다. 지금의 입장
에서 돌아보는 우리는 이것이 두 주제의 결합이요 세 번째 주제인 희
생제사 이미지와도 결합된 것이라 묘사하고 싶을지 모르나, 성경적
속죄론은 단순히 어떤 주제를 쌓아 올리거나 어떤 모델을 구축하는

차원 이상이다. 이런 것들은 이야기 속 순간들인데, 그때나 지금이나 실재 역사 이야기, 이 이야기 자체가 중요하다. 이 점에서 나는 교부들이 생각할 거리를 많이 제공해 준다고 생각한다. 하지만 그들도 주장하듯이, 성경이 핵심이요 결정적 요소임에는 변함이 없다.

십자가의 성취와 그 방법을 다룬 자세한 이론들은 천 년 전에 동방 기독교와 서방 기독교(동방정교회와 로마가톨릭)가 나뉜 뒤로 본격적으로 전개되기 시작했다. 거칠게 말하면, 동방정교회에는 '안셀무스 같은 인물'이 없었다. 그 사실만으로도 우리가 벌이는 일부 큰 논쟁들이 성경의 원래 의미보다는 후대에 도입된 새로운 해석 틀과 더 관련 있을 수 있다는 가능성을 경계해야 한다. 11세기 캔터베리의 주교인 안셀무스Anselm는 '충족설'로 알려진 속죄론을 처음으로 상세히 제시한 인물이다. 충족설은 인간의 죄로 하나님의 명예가 훼손되었으니 그 명예를 회복해야 한다고 설명한다. (누군가의 명예를 회복해야 한다는 개념은 중세 중기의 복잡한 행동 규범이라는 맥락에서 이해할 수 있다.) 당시의 유명한 대안으로는 아벨라르Pierve Abelard가 주창한 '도덕적 모범설'이 있었는데, 십자가는 하나님이 우리를 얼마나 사랑하시는지 보여 주기 때문에 그에 대한 보답으로 우리가 하나님과 다른 사람들을 사랑해야 할 강력한 이유를 제공해 준다는 것이다. 상세한 연구에 따르면, 안셀무스는 그의 일부 제자들과 달리 자기의 이론을 엄격하게 가르치지는 않았고, 아벨라르도 '도덕적 모범설'을 핵심으로 여겼지만 '충족설'도 유지하기 원했다. 하지만 이 두 명칭은 그들의 견해를 지나치게 단순화한 내용을 대표하는 꼬리표로 사용되어 왔다.

한편, 동방정교회에서는 안셀무스와 아벨라르가 다루고 있던 종류의 질문들을 던질 필요가 없다고 생각하는 듯하다. 한번은 내가 무모하게도 그리스정교 대주교에게 그의 교회에서는 십자가에 대해 어떻게 가르치는지 물었는데, 다양한 각도에서 이 주제를 제기하려는 내 반복된 시도에도 불구하고 그는 (만면에 미소를 지으며) 십자가는 "부활의 전주곡"이라고만 답할 뿐이었다.

십자가가 아닌 부활에 대한 이런 강조는 요한 제바스티안 바흐의 〈마태 수난곡〉과 〈요한 수난곡〉의 영광스러운 배경에 암시된 신학과는 다소 정반대다. 물론 바흐는 부활을 인정하고 음악에 담아냈지만, 수난보다는 덜 인상적이다. 하지만 바흐의 작품에서, 사람이 어떻게 구원받는가 하는 질문에서 부활이 하는 역할은 많지 않은 듯하다. 〈마태 수난곡〉이나 〈요한 수난곡〉의 종반부에서 우리는 이야기가 현 상태로 완성되었다고 느낀다. 예배자는 고난받는 예수님과 자신을 동일시하고 그 고난의 깊은 의미에 사로잡히는 것이다. 이와 대조적으로, 동방정교회는 거기서부터가 시작인 것이다. 이 책에서 십자가를 둘러싼 지난 2천 년간의 다양한 견해의 역사를 자세히 살피려는 것은 아니다. 다만 여기서는 다양한 전통들이 발전하면서 나타난 십자가형에 대한 폭넓은 신념이 존재했다는 정도만 언급하려 한다.

16세기의 위대한 종교개혁가인 마르틴 루터Martin Luther와 장 칼뱅John Calvin은 성경과 교부들을 인용하여 예수님의 죽음에 대해 이야기하는 새로운 방법들을 개발했는데, 지금 돌아보면 그 방법들이 안셀무스의 방법과 공통점이 있다. 하지만 특히 칼뱅은 하나님의 공의와 거룩과 사랑의 조합을 강조하면서, 자신의 관점과 안셀무스의 '충족설'을 애써 구분하려 했다. 그러나 이로써 우리는 우리 자신이 16세기에 확고하게 자리하고 있음을, 이를 살펴봄으로써 최근의 대중적 사고와 설교에 확고하게 자리하고 있음을 발견하게 된다.

● 예수님은 영단번에 형벌을 받으셨다?

오늘날 십자가를 둘러싼 서구의 논쟁은 좋든 나쁘든 16세기 종교개혁의 지속적인 영향력 아래 있다. 하지만 스위스 신학자 칼 바르트Karl Barth가 지적했듯이, 16세기 종교개혁가들은 궁극적 미래(전문 용어로 '종말론')에 대해 어떻게 말해야 할지 정리하지 않았다. 우리가 살펴본 것처럼, '속죄'의 의미가 무엇이든 그것은 우리가 하나님의 궁극적 미래, 특히 사후 세계에 대해 생각하는 내용과 직결된다. 우리가 **어떻게** 구원을 받느냐 하는 것은 우리가 구원받은 **목적과** 밀접하게 연결되어 있다.

　이는 종교개혁 당시에도 첨예한 관심사였다. 16세기 많은 유럽인들은 연옥 교리로 인해 염려했다. 연옥 교리는 사후에 신실한 그리스도인들이 형벌과 정화의 장소에서 지내면서 죄 문제를 최종적으로 해결하고 마침내 천국에 들어갈 수 있다는 믿음이다. 루터의 초기 저항은 '면죄부'라는 부패한 관습에 격렬하게 반대하면서 불이 붙었다. 사람들은 죽은 친척이나 친구들이 연옥에서 나오거나, 최소한 그곳을 빨리 통과할 수 있도록 면죄부를 샀다. 연옥은 오늘날에는 상상하기 힘들 정도로 중세 후기 유럽인들의 상상력을 완전히 장악하고 있었다. 부자, 특히 왕족은 사후에 연옥에 있는 자신의 영혼을 위해 기도해 줄 '예배당'을 지원하기 위해 막대한 돈을 남겼다.

이 모든 일의 배후에는 중세 종말론의 천국과 지옥설이 있었다. 단테의 문학 작품이나 미켈란젤로의 시스티나 성당 벽화에서 이런 중세 종말론을 찾아볼 수 있다. 몸의 부활이 여전히 공식 신조였지만, 중세 후기로 갈수록 궁극적 미래를 새 창조가 아니라, 오늘날까지 신구교를 포함한 서구 기독교에 흔한 '천국'의 그림으로 상상했다. 지금도 많은 사전이 '종말론'을 정의하면서, 흔히 '사말四末'로 알려진 '죽음, 심판, 천국, 지옥' 같은 용어들을 사용한다. 이것을 궁극적 새 창조에 대한 믿음과 결합시킬 수도 있지만, 전통적 사중 계획을 배운 대부분의 사람들은 이 궁극적 계획이 **성경적** 대안이기는커녕 한 가지 대안에 불과하다는 것조차 알지 못한다.

종교개혁가들은 연옥을 오용하는 것(면죄부 판매 등)뿐 아니라 연옥 교리 자체를 대체로 거부했다. 이는 부분적으로, 종교개혁가들이 엘리트 성직자들이 연옥에 대한 가르침을 사회적·교리적 통제를 유지하려는 무기로 사용하는 모습을 보았기 때문일 것이다. 하지만 이들의 반대는 굉장히 확고한 신학적·성경적 용어로 시작되었다. 이들은 그리스도인의 영혼이 사후에 즉시 천국에 간다고 주장했다. (일부는 이것을 궁극적 새 창조 이전의 시간차에 대한 신약성경의 이해와 결합하여, 우리 영혼이 어떤 의미에서는 몸의 죽음과 몸의 부활 사이에 "잠을 자고 있다"고 가르치기도 했다. 하지만 "연옥은 없다"는 것이 핵심이었다.)

이런 문제들은 해결되지 않았고, 이 책에서 가장 중요한 내용에 배경을 제공하는 것 이외에는 현재 논의에 적절하지도 않다. 연옥에 대한 반대는 안셀무스의 해석을 반향하면서도 그것과는 다른, 십자가 해석에 관한 새 관점을 강조해야 한다는 의견을 촉발했다.

연옥 교리를 옹호하는 가톨릭 신학자들은 죽는 순간에도 여전히 죄가 많은 인간 영혼에 추가 정화와 추가 형벌, 이 두 가지가 필요하다고 주장했다. (소수의 성인聖人은 천국으로 직행하기도 하지만, 극히 예외로 간주했다.) 종교개혁가들은 문제의 정화는 **사후**가 아니라, 몸의 죽음**으로**(죽음이 모든 빚을 갚는다고 한 로마서 6:7과 같이), 몸의 행실을 죽이는 성령의 성화로(로마서 8:13과 같이) 효력이 있다고 응수했다. 또한 **예수님이 죄인을 대신해 이미 형벌을 받으셨기에** 여전히 죄 많은 신자가 사후에 형벌을 받는 것은 생각할 수 없다고 주장했다. "그러므로… 결코 정죄가 없습니다!… 하나님께서… 육신 안에서 죄를 정죄하셨습니다."롬 8:1-4 그 형벌은 이미 부과되어 반복될 수 없었다. 따라서 '대속설'로 알려진 교리(예수님이 자기 사람들을 대신해 형벌을 받으셨다)는 훨씬 오래된 성경적·교부적 개념이지만, 연옥을 부정한 종교개혁가들 때문에 새롭게 조명받고 **재해석되었다.** 대속설이 종교개혁가들의 특징이 된 한 가지 이유는, 성경적 근거가 부족할뿐더러 부패와 남용을 일으키는 눈에 띄는 성향이 있는 교리에 대한 비판에서 그것이 핵심 부분이었기 때문이다. (칼 라너Karl Rahner와 나중에 교황 베네딕토 16세가 되는 요제프 라칭거Joseph Ratzinger를 비롯한 오늘날 주요 가톨릭 신학자들이 이 교리를 전폭적으로 수정하여 자기 선조가 16세기

초에 가르친 내용과 거의 관계가 없게 된 점은 주목할 만하다.)

그러나 종교개혁가들은 예수님의 죽음을 통해 하나님의 진노를 달랜다는 중세 교리의 앞부분에는 이의를 제기하지 않았다. 오히려 그 부분을 역설했다. (이들은 거룩한 사랑, 다시 말해 '진노한 하나님'을 진정시키는 '온유한 예수님'이라는 어떠한 암시와도 대조되는 삼위일체 신학을 통해 조심스럽게 설명했다. 이 역시 엄격한 성부와 온순하고 고난받는 예수님을 표현하는 중세 미술과 신학의 성향에 대한 반발로 볼 수 있다.) 하지만 종교개혁가들은 연옥을 약화하려는 의도의 일환으로 예수님의 죽음에 대한 이런 관점을 주장했다. 성자를 보내신 성부의 행동을 통해 그분의 분노가 진정되었을 뿐 아니라, 죄에 대한 형벌도 이미 부과되었다. 우리가 죄인을 대신하여 하나님의 분노를 떠안으신 예수님의 죽음을 강조하면 할수록, 죄인에게 이후의 형벌을 덜 요구하게 될 것이다.

따라서 1517년 루터의 저항은 하나님의 진노에 대한 중세의 그림을 그대로 유지했지만, 이 진노가 예수님의 죽음을 통한 하나님의 사랑으로 풀어졌다고 주장했다. 그로부터 정확히 100년 전, 순회 수도사 포조 브라촐리니는 주전 1세기에 루크레티우스가 쓴 《사물의 본성에 관하여 De Rerum Natura》의 잃어버린 사본을 찾아냈다. 당시 유럽에 엄청난 영향을 끼친 에피쿠로스주의를 품격 있는 시적 언어로 해설한 책이다. 브라촐리니도 진노한 하나님이라는 중세의 시각에 반발했다. 하지만 루터가 하나님의 진노를 인정하고 그 진노가 예수께 떨어졌다고 말한 반면, 브라촐리니는 고대 에피쿠로스주의를 따라 하나님(또

I. **서론**

는 신들)은 멀리 계셔서 인간사에 관심이 없으므로 세상에서 벌어지는 어떤 일에도 진노하지 않으신다고 주장했다. 둘 다 똑같은 중세 사상에 반발했지만, 브라촐리니는 하나님의 진노를 아예 부정했고 루터는 그 진노가 예수님과 그분의 죽음에 부과되었다고 말했다. 이 둘은 서구 문화에 지속적으로 영향을 끼쳤다.

　종교개혁이 반대한 또 다른 큰 흐름은 중세 로마가톨릭의 미사 교리였다. 특히, 종교개혁가들은 제단의 사제가 예수님을 또다시 희생제사로 드려서 그 속죄의 죽음이 미사를 지켜보는 모든 이에게 효력을 발휘한다는 생각에 강하게 반대했다. (미사 집전을 **지켜보는** 것은 실제로 성만찬을 받는 것과 같은 효과, 어쩌면 그보다 더 큰 효과가 있다고 여겨졌다.) 여기서도 대속설은 강력하고도 날카로운 답을 제시했다. (바울이 로마서 6:10에 쓴 것처럼) 예수님이 우리를 대신해 영단번('에파팍스*ephapax*') 죽으셨다. 따라서 사제는 미사 때 예수님을 또다시 희생제사로 드릴 수 없었다. 미사는 회중이나 집전 신부 편에서 '그리스도의 완성된 사역'에 추가로 '행위'를 덧붙이려는 시도이기에, 예수님이 단 한 번 독특하게 자신을 드리신 행위에 대한 불경스러운 폭력이라는 비난을 받았다. '행위로 인한 칭의'라는 망령이 배후에 등장하면서 이 문제는 더 혼란스러워졌다. 종교개혁가들은 그리스도가 이미 완성하신 희생에 무언가를 덧붙이려 할 뿐 아니라 예수님이 이미 성취하신 일에 자신의 공로를 얹으려는 로마가톨릭의 맞수들을 비난하게 되었다. 중세 가톨릭에서 실제로 이렇게 가르쳤는지 아닌지는 요점을 벗어나는데, 종교개혁가들은 확실히 그렇게 믿었기 때문이다. 연옥과 관련해서도, 사람들이 미사를 통해 성직자가 그 능력을 행사하는 것을 거부하게 된 데는 이 신학 배후의 사회적·문화적 압력이 작용하고 있다는 확실한 암시가 있다.

따라서 연옥과 미사, 이 두 격론의 대상 덕분에 종교개혁가들은 예수님의 죽음이 성취한 것을 설명하는 나름의 방식을 개발하면서 자신들이 교회의 남용으로 본 것을 피하려고 애쓸 수밖에 없었다. 나는 16세기와 17세기 전문가는 아니지만, 일반적으로 말해 종교개혁가들과 그 계승자들은 **중세의 질문들에 성경적 답변을 주려고 애썼던 것**으로 보인다. 그들은 현세와(미사를 통해?) 내세에서(연옥에서?) 중세 후기의 진노한 하나님을 어떻게 진정시킬 수 있느냐 하는 질문과 씨름하고 있었다. 두 질문에 대해 종교개혁가들은 이렇게 대답했다. 하나님의 진노는 예수님의 죽음으로 이미 달래졌다. 이 일은 반복될 필요가 없을뿐더러, 우리가 이 일을 반복하려 하면 예수님의 죽음이 부적절하다고 암시하는 것이 된다. (바울이 자신의 고난이 메시아의 고난에서 '남은' 부분을 채우고 있다고 말하는 듯한 골로새서 1:24을 둘러싼 주석가들의 견해를 보면, 이 논란은 여전히 반복되고 있는 듯하다.) 이들은 복음이 신의 진노를 달래는 것이라는 근본 개념에 도전하지는 않았다. 바울이 로마서 1장 18-32절이나 데살로니가전서 1장 10절, 5장 9절에서 다루고 있었던 문제가 이것이었을 것이라고 간단히 간주했다.

물론 중세의 질문들에 맞닥뜨릴 때 비성경적 대답보다 성경적 대답을 줄 수 있으면 좋다. 하지만 성경 본문 자체가 더 나은 질문이 있음을 암시할 수도 있다. 잘못된 질문에 정신이 팔려 더 좋은 질문을 차단해 버릴 수 있다는 것이다. 내가 가끔 말했듯이, 복음서를 읽으면서 정답을 모두 표시해 놓고도 엉뚱한 결론에 도달할 수 있다. 마치 어린아이가 선 긋기 놀이를 할 때 숫자는 생각하지 않고 무조건 점만 연결하면 당나귀 대신 코끼리 그림이 완성되는 것처럼 말이다.

이 마지막 두어 단락은 맥락 없이 보면 종교개혁가들에 대한 매우 편협한 관점을 줄 수도 있다는 점을 덧붙여야겠다. 루터와 동료들은 자신들의 젊은 시절에는 들어 본 적 없는 하나님의 은혜와 사랑이라는 신약성경의 메시지를 환영하는, 매우 정력적인 성경 주석가들이었다. 특히 이들은 은혜와 사랑, 믿음, 소망, 자유, 기쁨을 모든 것의 궁극적 이유로, 자신들의 즐거움과 힘의 궁극적 원천으로 보았다. 이들에게는 그것이 전부였다. 하지만 예수님의 죽음에 대한 성경적 가르침을 이해하는 자신들만의 특정 방식을 주장하는 과정에서, 내가 강조한 두 요소 곧 연옥과 미사가 계속해서 막대한 영향을 미쳤다. 그들은 너무나 감사해서 하나님의 사랑이 여실히 드러나는 표지인 십자가에서 눈을 떼지 못했지만, 연옥과 미사에 대한 우려와 종교개혁을 더욱 든든히 세워 나가야 한다는 필요는 (종교개혁으로 인해 이제 연옥과 미사를 남용하는 어중간한 교회로 되돌아가지는 않을 터였지만 그럼에도) 여전히 강력했다.

(내가 보기에) 종교개혁가들은 잘못된 질문에 옳은 답을 주는 과정에서, 더 큰 천국과 지옥의 근본 틀에 도전하거나 새 창조와 부활이 실제로 무슨 의미이며 어떻게 실현될 수 있는지를 철저하게 생각하는 데 실패했다. 물론, 종교개혁가들은 신학 개혁은 물론이고 사회 개혁

에 대한 강력한 의제가 있었다. 이들은 유럽 도시들에 새로운 종류의 기독교 사회를 건설하려는 시도에 적지 않은 힘을 쏟았다. 칼뱅의 제네바가 그랬고, 크롬웰의 영국이 그랬다. 하지만 종말론에 대한 근본 틀에는 큰 변화가 없었다.

종교개혁가들이 로마서나 갈라디아서가 아니라 에베소서에 집중했다면 서유럽 역사가 어떻게 달라졌을지 종종 생각해 보곤 한다. 에베소서 1장 10절은 메시아 안에서 하늘과 땅에 있는 모든 것을 다 모으는 것이 하나님의 목적이라고 말한다. 로마서 8장도 똑같이 주장하지만, 핵심 본문인 8장 18-24절은 일상적으로 괄호 안의 내용으로 간주되어 왔다. 8장에서 바울이 '유산'과 '영화'에 대해 말하는 내용은 단순히 '천국 가는 것'을 에둘러 말하는 방식에 그친다고 전제했기 때문이다. 몸과 상관없는 궁극적 '천국'에 대한 이런 관점은 플라톤과, 철학자이자 전기 작가인 플루타르코스 같은 사람들의 직접적 유산이라고 할 수 있다. 플루타르코스는 성 바울보다 젊은 동시대 인물로, 플라톤을 당대에 맞게 해석했다. 현세를 사는 인류는 '천국'에 있는 진짜 '집'에서 '추방당했다'고 주장한 것은 신약성경이 아니라(그렇다고 들은 사람도 있겠지만) 바로 플루타르코스다. 앞으로 살펴보겠지만, 미래—시간, 공간, 물질이라는 현세가 지나간 후에 남은 궁극적 영광—에 대한 이런 시각은 우리가 어떻게 하면 그런 미래를 얻을 수 있는지에 대한 이교화된 시각의 배경을 제공한다. 하나님의 진노가 죄 많은 인류가 아니라 그 아들에게 부어진 거래 말이다.

특히, 내가 속한 교회를 포함한 개혁 교회들은 부활절을 어떻게 생각해야 할지 몰랐다. 보수주의자들은 예수님이 몸으로 부활하셨다고 말한 반면, 자유주의자들은 몸의 부활을 부인했다. 그러나 양쪽 모두 몸의 부활을 현 세계 질서 내에서 하나님의 새 창조가 시작된 것으로 보지 않았다. 그로 인해 다른 많은 것도 잃어버렸다. 이에 대한 자세한 내용은 《마침내 드러난 하나님나라 *Surprised by Hope*》에서 다룬 바 있다. 하나님의 구원 계획의 목적이 구속받은 백성의 부활체가 있는 새 하늘과 새 땅이라고 말한다면, 우리가 죄와 죽음을 넘어서서 그 목적에 도달하는 수단도 재고해야 마땅하다. 속죄(인류가 자신의 역경에서 구원받아, 하나님의 사랑과 창조의 목적 가운데 의도된 자리로 회복되는 방법)는 종말론(하나님이 세상과 인류에 궁극적으로 의도하시는 바)과 들어맞아야 한다. 내가 지난 10-20년간 애썼던 것처럼 우리가 종말론을 다시 생각한다면, 속죄에 대한 관점도 다시 생각해야 한다. 실제로 이 둘은 신약성경에서 매우 밀접한 관계다. 십자가는 무언가 **발생한** 순간인데, 그 결과로 하나님의 미래 계획이 시행되면서 세상이 뒤바뀌었다. 바로 그때 거기서 혁명이 시작되었다. 그리고 예수님의 부활은 그 혁명이 시작되었다는 첫 번째 표지였다. 이것이 이 책의 내용이다.

　내 관점으로는, 16세기의 해결되지 못한 신학적 질문들이 서구 교회와 18세기 계몽주의의 야합으로 더 악화되었다. 17-18세기의 많은 그리스도인들은 여전히 확신에 찬 부활 소망을 품고 있었다. 이 부활 소망이 영적 소망뿐 아니라 문화적 낙관주의의 분위기를 반영한 후천년주의 '청교도적 소망'의 일부를 형성했다. 하지만 19세기에 이르자 '천국의 집으로 돌아간다'는 개념이 더 중요해졌다. 계몽주의의 본질인 에피쿠로스주의는 땅과 하늘 사이에 넘을 수 없는 큰 간극이 있다고 주장했다. 많은 헌신된 그리스도인들이 이 비성경적 우주론을 받아들여 초연한 영성(이 땅에서는 별로 쓸모없어 보이는 하늘의 경건)과 현실 도피적 종말론(이 세상을 떠나 천국에 가는 것)을 선택했다. 19세기와 20세기를 거치며 북미와 유럽 양 대륙에서 중세의 천국과 지옥 종말론이 다시 한 번 득세하면서, 구원론("우리는 그 목적을 위해 어떻게 구원받는가?")과 선교론("교회는 하나님의 구원 사역을 어떻게 추진해야 하는가?")에 근본적인 영향을 미쳤다.

19세기에는 로마가톨릭을 제외하고는 연옥 교리가 그다지 호응을 얻지 못한 것이 사실이다. 그러나 부분적으로는 연옥 교리를 피하려고 강조한 '대속설'이 서구식 경건에서 새로운 거처를 마련했다. 서구식 경건은 하늘에서와 같이 땅에서도 이루어질 하나님나라가 아니라, 천상에서의(즉 세상과 관련 없는) **내** 구원과 **내** 구주에만 집중했다. 이것은 우리에게 특정한 질문을 제시한다. 십자가의 성취에 대한 현대의 많은 사상이 "죄인이 구원받고 천국에 간다"는 19세기 관점과 관계가 있다면, 복음이 온 세상을 변화시키고 있다는 초기 관점에서 십자가는 어떤 의미가 있었겠는가? 이것은 역사학자들을 위한 질문이지만, 십자가가 혁명의 출발점이라는 내 관점과 초기의 신념들과는 공통점이 많기에, 적절한 때에 이 질문에 답하려 한다.

18세기에 나타난 또 다른 문제는 지금까지도 강력한 영향을 미치고 있다. 나는《악의 문제와 하나님의 정의*Evil and the Justice of God*》에서 이 문제를 다루었다. 18세기 다수의 유럽 문화에서 이신론과 에피쿠로스주의를 수용하고 있을 때, 개인의 죄(사람들이 천국에 가지 못하는 이유)와 세상의 악의 문제(인간의 부정행위, 폭력, 전쟁 등은 물론, 지진과 해일 같은 '자연적 악'도 포함되는)가 철저하게 분리되었다. '속죄 신학'이 전자(어떻게 죄를 용서받아 천국에 갈 수 있는가?)를 다룬 반면, '악의 문제'로 불린 후자는 하나님의 섭리를 설명하거나 정당화하기 위해 의도된 철학 논쟁들이 예수님의 십자가에 부여한 의미와는 별도로 다루어졌다. 이 둘은 철저히 분리되어, 예수님의 죽음의 의미에 대한 질문들은 후자보다는 전자와만 관련되었다. 성금요일에 시작된 혁명—신학적으로만 아니라 사회적으로도 폭발성이 강한 부활 사건이 그 첫 열매였다—은 한쪽으로 밀려난 것만 같았다.

따라서 내가 앞선 책에서 제안했듯이, 이는 전혀 예상치 못한 결과, 곧 십자가가 사회적·정치적 악과 아무 관련이 없다는 암묵적 전제를 낳았다. 그런 '악'은 (당연히) 신학적이지 않은 방식으로 다루어야 했다. 2001년 9월 11일의 끔찍한 사건 이후로, 서구의 지도자들은 대동단결하여 세상에는 악이 활개 치고 있고 자신과 동맹국들이 그 악을 처단해야 한다고 선언했다. 그 수단은 주로 폭탄을 떨어뜨리는 것이었다. 이런 제안은 단순히 정치적으로 순진하고 끔찍하며 철학적으로 얄팍하기만 한 것이 아니라 신학적으로도 순진했다. 아니, 신학적으로 이단이라고까지 말할 수 있을 것 같다. 이것이 하나님의 일이라는 생각은 배제한 채 스스로 '악을 처리하려고' 애쓰는 것이다. (이는 연옥이든 미사든 로마가톨릭에서 그리스도의 유일무이한 희생제사에 덧붙이려 했던 것에 저항한 종교개혁가들과 유사하다.)

기독교 신학에서 악을 다루는 분은 하나님이시고, 그분은 십자가에서 악을 처리하신다. 그 밖의 '악을 다루는' 행위는 그 관점에서 생각해야 한다. 물론 그런 기반에서 실천하기란 매우 어렵다. 그래서 우리는 세계 제국과 테러리즘이 공존하는 포스트모던 시대의 국제 정치에 대한 신학적 분석을 통해 새롭게 생각해 볼 필요가 있다. 말만 번지르르하거나 손쉬운 해결책은 없다. 그러나 우리가 하나님의 궁극적 미래에 대한 성경적 관점을 회복하고 그와 관련하여 속죄를 새로운 방식으로 생각해야 하듯이(이 책의 3부에서 다룰 내용이다), 악에 대한 성경적 분석을 회복하고 십자가를 그 악의 일부가 아니라 전반을 다루는 해결책으로 보아야 한다.

● 잘못된 이유로, 가증스러운 십자가?

2천 년 교회사를 잠시 훑어보고 십자가의 의미가 혼란스럽게 느껴진다면, 우리 시대에도 여러 혼란이 있다는 사실이 놀랄 일은 아니다. 앞서 언급했듯이, 2000년 내셔널 갤러리에서 "구원을 보다" 전시회를 열어 회의론자들의 비웃음을 샀을 때, 평범한 그리스도인이라면 다음과 같은 반응을 보였을지도 모른다. "예수님이 우리 죄를 위해 죽으셨잖아요." 하지만 그 말은 오늘날 많은 사람들에게는 오히려 상황을 더 악화시킬 뿐이다. 회의론자들은 심하게 코웃음을 치며 '죄'는 구닥다리라고 말한다. 죄는 걱정이나 어릴 적 공포증이 투영된 것에 불과하다. 우리 '죄'를 이미 죽은 1세기 유대인 몫으로 돌리는 것은 우스갯소리 정도가 아니라 역겨운 이야기다. 우리 '죄'를 그 유대인에게 전가한 신의 이야기는 더 심각해서, 오늘날 진짜 인간 학대에서 비롯된—혹은 그 원인일 수 있는!—일종의 우주적 아동 학대, 악몽 같은 공상에 가깝다. 우리에게 그런 터무니없는 생각은 필요 없다.

회의론자들의 분노에 찬 경멸은 십자가 표시를 두려움의 상징으로 여기는 사람들이 존재한다는 사실에서 추가 동력을 얻는다. 다른 신앙, 특히 유대인들을 박해한 '기독교'의 어두운 역사는 희망과 환영의 상징이 되어야 할 역사에 오점을 남겼다. 젊은 시절에 나는, 아마도 '기독교' 문화권이었을 동유럽에서 박해를 피해 탈출한 유대인이 미국에 도착하여 길거리마다 볼 수 있는 십자가 표시에 두려움과 혐오를 느낀 이야기를 읽고 충격을 받았던 기억이 있다. 반유대주의 사상을 모르고 교회나 주변에서 흔히 십자가를 접하면서 자란 우리는 기독교의 핵심 상징이 무시무시한 용도로 오용된 적이 많았다는 사실을 직시해야 한다. 십자가는 군사력이나 경쟁 세력을 축출하는 지배 문화의 표지로 사용되었다. 중요한 전쟁을 앞둔 콘스탄티누스 대제는 하늘에서 십자가 환상을 보고 "이 표지로 인해 너는 승리할 것이다"라는 음성을 들었다. KKK단은 기독교 복음의 빛을 어두운 곳에 비춘다고 주장하면서 십자가를 태운다. 이런 말도 안 되는 행동이 초기 기독교 십자가의 의미를 부인한 것이라는 사실은 별 도움이 되지 않는다.

십자가를 두려움의 상징으로 느낀 이들은 기독교 신앙 밖에 있는 사람들만이 아니다. 교회 내부의 많은 이들도 지난 500년간 다양한 형태로 서구 기독교를 지배한 한 가지 특정한 해석을 두려워했다. 최신 찬송 가사는 그 내용을 이렇게 표현한다.

> 십자가에서 죽으신 예수님
> 하나님의 진노를 만족시키셨네.

(이는 마치 맛있는 식사로 배고픔이 채워졌다는 식으로 들린다.) 대개 특정 성경 본문의 배열에 기초한, 이런 사고의 흐름은 대충 이런 식이다.

a. 모든 사람이 죄를 지었다. 진노하신 하나님은 인류를 영원한 '지옥' 불에 태우셔서 멸망시키기 원하신다.

b. 예수님이 개입해서 대신 형벌을 받으셨다(예수님이 죄가 없으시다는 점이 도움이 된 듯하다. 참, 이분이 하나님의 아들이라는 점도).

c. 깨끗해진 우리는 '천국'으로 향한다(물론, 믿는다는 가정하에).

많은 설교자와 교사들이 이보다는 더 치밀하게 표현하기는 해도, 사람들이 듣는 이야기에는 큰 차이가 없다. 사람들은 이 정도 이야기를 **기대한다**. 일부 교회에서는, 이런 식으로 이야기하지 않는다면 '복음을 전하는' 것이 아니라는 말을 듣게 될 것이다.

이런 메시지를 듣고 믿어야 **한다**고(믿지 않으면 지옥에 간다고)

느끼며 자란 많은 이들은 하나님에 대한 이런 그림이 혐오스럽다고 반응한다. 그들이 느끼기에 이런 하나님은 피에 굶주린 독재자다. 만약에 신이 있다면, 우리는 그(혹은 그녀 혹은 그것)가 이런 존재가 아니기를 바라고 기도해야 한다. 그래서 사람들은 몇 가지 예측 가능한 방법 중 한 가지로 반응한다. 어떤 사람들은 모든 이야기를 터무니없는 끔찍한 소리라고 거부한다. 혼란을 느끼는 또 다른 사람들은 성경과 초대교회 교사들로 돌아가 십자가에 대해 온갖 종류의 다른 이야기들을 발견한다. 예를 들면, 십자가가 하나님의 구원하시는 사랑이 모든 어둠의 세력에 궁극적 승리를 얻는 수단이었다는 식이다. 혹은 초기 저자들이 그리스도인들에게 자기를 희생하는 예수님의 사랑을 닮으라고 권면하는 내용을 발견하기도 한다. 이들은 그것을 '정답'으로 붙든다. 십자가는 하나님이 죄를 처벌하신 수단이 아니라, 예수님이 우리에게 궁극적 사랑의 본보기를 보여 주신 길이라는 것이다. 이렇게 해서 수많은 다양한 해석이 생겨났고, 이는 사람들이 성경과 기독교 신앙을 배우는 방식에 영향을 미쳤다. 이것이 혼란의 원인이 되었다.

앞으로 제안하겠지만, 이 혼란이 틀림없이 가장 중요한 내용에 방해가 된다. 신약성경은 나사렛 예수가 십자가에서 죽으실 때 **중요한 일이 벌어졌고 그 결과 세상이 달라졌다**고 책마다 주장한다. 초기 그리스도인들은 사람들이 십자가의 의미에 사로잡힐 때 이 변화의 **일부**가 된다고 주장했다. 내가 지금까지 훑은 여러 논쟁과 반응, 혹은 (슬프게도) 많은 그리스도인과 교회의 행동 방식에서 이를 추측해 낼 필요는 없다. 하지만 이것이 바로 첫 그리스도인들이 생각하고 말하고 생각한 내용이다. 예수님이 십자가에 처형된 날 혁명이 시작되었다.

특히 이들은 예수님의 십자가형을 단순히 '천국'이나 '지옥'에 가는 문제보다 더 큰—어쩌면 위험하기까지 한—이야기 속에서 해석한 듯하다. 사실—많은 사람들이 놀라겠지만—천국이냐 지옥이냐하는 문제는 신약성경의 관심사가 아니다. 예수님의 십자가 이야기에 중심을 둔 신약성경은 **하늘에서와 같이 땅에서도** 임하는 하나님나라에 관심을 기울인다. 이것을 위해 기도하라고 예수님은 제자들에게 가르치셨다. 이것이야말로 확실한 증거라고 할 수 있는데, 실제로 사람들은 자주 그것을 무시해 버린다. 하지만 우리가 십자가 상에서 정확히 무슨 일이 일어났고, 어떻게 십자가가 오늘날까지 이어지는 혁명의 출발점이 되었는지를 알아보려고 할 때 나아갈 방향을 제시해주는 것이 바로 이 땅에 임하는 하나님나라다.

십자가를 둘러싼 혼란은 다양한 형태를 띠지만, 오늘날 서구 그리스도인들에게 가장 익숙한 것은 폭력과 연관이 있다. 요즘 세계인들은 과거 그 어느 세대보다 폭력에 대해, 그 범위와 성격에 대해 훨씬 더 잘 인식하고 있다. 하지만 이제 20세기와 21세기 초 기술혁명의 예기치 못한 결과로 인해 우리는 두 가지 놀라운 현실에 직면해 있다. 첫째, 인류는 대규모 살상 방법을 만들어 냈다. 둘째, 그런 끔찍한 실상이 세세한 부분까지 소셜 미디어를 통해 전 세계로 즉시 전송된다. 이전 세대에는 전쟁이나 고문에 직접 관여하는 경우가 아니라면, 대부분은 그런 원초적 폭력의 실상을 접할 일이 없었다. 하지만 이제는 **그런 일**이 있었고 지금도 일어나고 있다는 사실을 알 뿐 아니라,

그 생생한 현장을 보고 들을 수 있다. 뉴스를 보지 않더라도, 영화 산업은 온갖 종류의 폭력을 생생하게 묘사하는 새롭고 어두운 작품 형식을 만들어 냈다.

세계 문화의 결정적 순간에 처참한 폭력 행위가 자리하는 일이 20세기 테마 음악처럼 되어 버린 것 같다. '아우슈비츠'와 '히로시마'라는 지명이 모든 것을 말해 준다. 2001년 9월 11일이 21세기에도 동일하게 결정적 순간으로 남을지, 아니면 더 끔찍한 범죄가 그 자리를 대신할지는 조금 더 지켜봐야 할 것이다. 하지만 핵심은 이것이다. 폭력과 죽음의 후기 현대 문화를 이유 있는 혐오의 시선으로 바라보았던 **이 세대가 이제 기독교의 일부 표현에서 동일한 문화가 있다는 우려할 만한 표지를 감지했다는 것이다.** 많은 이들이 예수의 십자가 신앙에 대한 전통적 표현이 폭력을 정당화하는 데 사용된 언어와 너무 유사하다고 지적해 왔다.

이런 식의 표현은 의도적으로 모호하게 말한 것이다. 일부 사람들이 처음에는 성경을 '도덕적 모범'으로 여기다가 나중에 특히 구약성경에 두드러진 상당수 이야기에서 극악무도한 행동을 하는 다양한 등장인물들을 보게 될 때 경악을 금치 못하는 태도를 보이는 것도 도움이 되지 않았다. 사사기는 (입다와 그 딸을 시작으로) 그러한 여러 가지 예를 보여 주지만, 다른 예도 많다. 죽임당한 딸, 강간 당하고 살해당한 첩, 부인 역할을 대신하다가 아이와 함께 쫓겨난 여종 등, 가장 큰 피해자는 여성인 경우가 많아 보인다. 물론 성경은 '도덕적 모범'을 제시하기 위해 쓰여진 것은 아니다. 이 이야기들은 정교한 방식으로 주기적으로 들려져서 기민한 독자들로 하여금 기저에 깔린 진지하고 복잡한 패턴과 서사를 보게 하는데, 이 패턴과 서사는 수박 겉핥기식 읽기를 지양하고 표면적 의미를 넘어서는 결론을 이끌어 내도록 독자들을 독려한다.

하지만 이것은 도움이 되기도 하고 안 되기도 한다. 사람들은 자연스레 묻는다. "성경은 폭력을 정당화하는가?" 특히, "예수님의 죽음은 성경의 하나님이 폭력—그것도 아들에게 가한 폭력!—을 자신의 목적을 성취하기 위한 도구로 사용하신 최고의 예인가?" (나는 1970년대에 폭력을 사용하여 남아프리카공화국의 인종차별 정책에 반대하려던 사람들이 이렇게 주장하는 것을 들은 적이 있다. 그들은 사실상 하나님이 하실 수 있다면 자신들도 할 수 있다는 태도였다.) 설령 그런 목적들이 궁극적으로 사랑에서 비롯되고 사람을 구원하려는 의도에서 나온 것이라 해도, 한 분 참 하나님의 행위로 과연 적절한가?

일부 설교자와 교사들이 형벌과 연관 지어 십자가의 의미를 제시할 때 이런 의문들이 생긴다. 여기서 조심해야 한다. '죄의 형벌'과 그것이 예수님의 죽음이라는 사건과 무슨 연관이 있는지 이야기하는 방식은 많다. 그중 최소한 한 가지가 성경에 분명히 나오지만, 그 의미는 많은 사람들, 곧 그것을 가르치는 이들과 그것에 반대하는 이들이 생각하는 것과는 전혀 다르다. 그러나 십자가를 '형벌'과 연관해서 해석한 다른 방식은 일부 집단에서 큰 인기를 끌었다. 이 관점에서는, 하나님이 죄인들을 미워하셔서 벌을 주기로 하시지만, 예수님이 개입하셔서 그들 대신 치명상을 입으시고 그들은 목숨을 보전한다. (내 생각에) 어느 전통에서든 이 문제를 그만큼 노골적으로 말하는 진지한 신학 연구를 찾기란 힘들 것이다. 신학자들은 거의 항상 이렇게 말할 것이다. "물론 그렇게 하신 것은 우리를 향한 하나님의 사랑 때문이었다." 하지만 청년을 대상으로 한 설교와 강연 등 대중 차원에서는 열정적인 설교자들이 방심한 나머지 이 함정에 빠지는 예화나 설명을 사용할 것이다.

　이 앞 문장을 쓰고 난 다음 날, 아주 신선한 방식으로 복음을 요약해 준다고 주장하는 짧은 비디오 링크가 담긴 이메일을 한 통 받았다. 메일에 따르면, 이 영상이 내 믿음을 키워 준다고 했다. 호기심이 생겨 보았다. 재치 있는 장면과 여러 첨단 기술을 활용한 만듦새가 괜찮았다. 하지만 그 메시지의 중간쯤에 있는 대사를 듣고 오싹해졌다. 영상은 우리가 어떻게 자신의 삶을 엉망진창으로 만들고 하나님의 세계를 망가뜨렸는지 등을 묘사했다. 그러고 나서 해설자가 "누군가는 죽어야 했습니다"라고 말했고, 그분은 물론 예수님이셨다. 그것이 문제를 압축해서 보여 준다. 이게 무슨 '좋은 소식'인가? 이런 말을 해야 한다면, 우리가 이야기하는 하나님은 도대체 어떤 종류의 **하나님**이란 말인가? 하나님이 우리를 용서하려 하신다면서, 왜 그냥 용서해 주실 수 없는가? (볼테르는 어쨌든 용서가 하나님의 일이기에 우리를 용서하실 것이라는 유명한 말을 남긴 바 있다.) 왜 "누군가 죽어야만" 하는가? 왜 하필 **죽음**인가? 왜 용서하는 데 죽음이 필요한가? 그 '누군가'는 아무나이면 안 되는가? 굳이 하나님의 아들이어야 했는가? 어떻게 이게 다 **효력**이 있는가?

이런 종류의 대중 가르침—그 예를 찾기는 어렵지 않다—이 위험한 이유는 궁극적으로 우리가 성경에서 가장 유명한 구절을 다시 써야 하기 때문이다. 나는 앞에서 이미 요한복음 3장 16절을 인용한 바 있다. "하나님이 세상을 이처럼 사랑하사 독생자를 주셨으니." 여기 나오는 두 동사를 보라. 하나님이 세상을 이처럼 **사랑하셔서** 그 아들을 **주셨다**. 내가 묘사한 대중 버전의 문제는 이 말씀이 "하나님이 세상을 이처럼 **미워하사** 독생자를 **죽이셨으니**"라고 들리기 쉽다는 것이다. 이것은 좋은 소식과는 거리가 멀다. 이런 결론에 다다르면, 우리는 쉽게 바로잡을 수 있는 사소한 실수가 아니라 중대한 실수를 저지른 것이다. 우리는 하나님을 관대한 창조자요 사랑 많으신 아버지가 아니라, 성난 폭군으로 그렸다. 이런 사고는 성경에 나타난 하나님이 아니라, 이교도 신앙이나 마찬가지다.

사람들이 성난 폭군 같은 하나님 이미지를 거부하는 데는 여러 이유가 있는데, 대부분은 타당하다. (부적절한 이유 중에는 이런 나태한 생각도 있다. 하나님 같은 존재가 만약에 있기나 하다면, 남의 재미를 망치고 싶지 않은 그저 사람 좋은 할아버지 같아서 무슨 일이 벌어져도 화를 내지 않는다는 것이다. 사람들이 자주 지적하듯, 이는 감상주의에 불과하다. 신이 존재하는데 그 신이 아동 매춘이나 종족 학살 등의 불의를 미워하지 않는다면, 그는 선한 신이 아니다.) 우리가 이미 언뜻 보았지만, 신약성경은 예수님이 죽으실 때 벌어진 일이 모두 하나님의 **사랑** 때문이라고 처음부터 끝까지 주장한다. 하지만 하나님에 대한 '성난 폭군' 이미지의 문제는 정반대로 주장하는 글을 몇 번 쓴다고 해서 해결되지 않는다. **사실상** 이런 이미지를 제공하는 대부분의 설교자들은 그런 반박을 들으면 하나님은 '사랑' 때문에 그렇게 하셨다고 한결같이 대답할 것이다. 방금 말한 내용을 이해하려고 애쓰는 사람에게는 **그렇게 보이거나 들리지** 않을 것이라고 말이다. 설교자들은 이론상으로는 '성난 폭군' 이미지를 부인하면서도 실제로는 그 이미지를 강화하기 쉽다. 그런 교회에 다니는 사람들과 이야기해 보라. 그들은 안다.

하지만 문제는 여기서 그치지 않는다. 많은 사람들이 약자를 괴롭히는 성난 신의 개념 — 인간은 그런 신을 달래고 매수하고, 적임자가 아니라도 누군가는 그 노기를 받아야 한다 — 이 독재자, 통치자, 상사, 때로는 안타깝게도 아버지, 가족 내 남자 어른, 성직자 등 수많은 인간 실세의 행동에 불편하게도 잘 들어맞는다고 지적했다. 술에 취해 폭력을 행사하는 아버지가 있는 가정에서 자랐거나 권위 있는 사람들에게 이런저런 식으로 학대당한 사람들은 강단에서 설교자가 진노한 하나님의 이야기를 들려주면 이렇게 생각한다. '**나도 저런 성격 알지. 정말 싫어.**' 그런 정신 상태인 사람에게 사실은 사랑의 하나님이 진노의 하나님으로 위장했다고 말하는 것은 아무런 도움이 되지 않는다. '**그게 사랑이라면, 그런 사랑 따위 필요 없어.**' 이들은 자신을 학대하는 사람에게서 "사랑한다"는 말을 틀림없이 들었을 것이다. 똑같은 줄거리를 우주적 규모로 되풀이하면서 '사랑'이라는 말을 떠들어 댄다고 해서 양육 과정에서 받은 상처로부터 그 사람을 구할 수는 없는 노릇이다.

죄의 형벌과 관련하여 예수님의 죽음을 이야기하는 방법은 많다. 그중에서 최소한 한 가지는 성경적이다. 이에 대해서는 나중에 살펴보겠지만, 그때 우리는 전체 배경이 약자를 괴롭히는 진노한 하나님에 대한 암시를 약화시키는 것을 발견하게 될 것이다. 우리가 새로운 시각으로 살펴봐야 할 전혀 다른 이야기가 있다. 하지만 그렇더라도, 십자가의 의미를 그렇게 설명하는 다른 도전에는 맞서야 한다.

어떤 사람들은 하나님이 폭력을 사용해서 세상을 구원하신다는 이야기가, '구원의 폭력'이 다양한 병폐에서 세상을 구하는 방식이라고 (짐작하건대 다른 근거에서) 믿고 싶어하는 사람들에게 구실이 될수 있느냐고 말할 것이다. 조금 전에 1970년대의 이 논쟁을 예로 들었지만, 논란은 오늘날에도 계속되고 있다. 비판하는 이들은 예수님의 죽음을 '형벌'로 보는 몇 가지 관점이 사형을 포함한 극형 제도가 표준일 뿐 아니라 범죄와 사회 불안을 처리하는 좋은 예로 여겨지는 미국 일부 지역에 확고히 자리 잡고 있다고 지적하는 데 어려움을 느끼지 않았다. 세상의 일이 잘못 돌아갈 때는 더 많은 폭력을 사용하는 것이, 멀리 떨어진 마을에 폭탄을 떨어뜨리거나 드론을 날려서 지정된 목표물을 제거하는 것이 최선이라는 신념을 똑같은 지역의 일부에서 찾아볼 수 있다.

내가 여기서 하고 싶은 말은 테러를 다루는 방식 중에 윤리적으로 조금 더 타당하거나 더 효과적인 방법이 있다는 것이 아니다. 그런 것은 복잡한 논쟁거리다. 쉬운 '해결책'에는 지나친 단순화가 따르기 마련이다. 이렇게만 말해 두고 싶다. 많은 이들이 사람들이 예수님의 죽음의 의미를 묘사하는 방식과 다른 사람들이 세상의 문제를 '해결하는' 데 적합하다고 보는 방식 사이에 확실한 연관성이 있음을 목격했다고 말이다. 하나님이 벌을 주셔야 한다면, 우리도 그렇게 할 수 있을 것이다. 하나님이 폭력으로 문제를 해결하신다면, 우리도 그렇게 하기를 원하실지도 모른다. 하지만 지난 세기에 서구의 전반적인 여론이 특정 분야에서 평화주의까지는 아니더라도 최소한 세계 문제에 대한 군사적 대응을 엄격히 제한하는 쪽으로 변한 덕에, 하나님의 형벌이 아무 역할도 하지 않는 예수님의 죽음에 대한 관점들이 교회 내부에서 제안되기 시작했다. 어떤 이들은 하나님의 형벌과 예수님의 죽음의 연관성이라는 주제가 실제로 (앞으로 살펴보겠지만, 다른 맥락에서) 성경에 나와 있기는 하지만, 그것이 비교적 현대의 발명이라고 제안하기까지 했다. 우리는 똑같은 주제를 초대교회 교부들에게서도 발견할 수 있는데, 그들 중 다수가 사형을 당연시한 폭력적인 로마제국 치하에서 사형에 강력히 반대했다는 점에 유의해야 한다. 속죄 이론이 사회 관습에 직접 반영되거나 영향을 받는다고 속단해서는 안 된다.

이 모두는 예수님의 십자가형의 의미, 곧 전체 주제를 따라다니는 '왜?'라는 이유를 둘러싼 최신 논쟁의 복잡성을 암시한다. 속죄에 대한 특정 '형벌' 모델들이 가정 안에서나 국가 간의 학대나 공격 행위를 허용하는 것으로 인식된다면, 성경의 일부 단락이 그것을 허가하는 것처럼 보인다 하더라도 위법으로 판정해야 한다는 뜻인가? 아니면 정반대로, 그런 속죄 모델들이 성경의 핵심과 복음의 가르침으로 여겨져서 그런 개념들을 덜 중요하게 다루는 것이 필수 영적 능력의 요소를 포기하는 것으로 간주된다면, 우리는 내가 묘사한 일종의 반대 견해를 교회를 그 핵심 메시지에서 멀어지게 하는 간교한 술책으로 간주해야 하는가? 안타깝게도, 이런 질문들이 문화적·정치적·사회적 문제를 포함한 다른 질문들과 뒤섞일 때가 많다. 그 시점에서는, 성경에 대한 냉철하고도 신선한 해석은 수평선 너머로 희미해지는 것처럼 비칠 수 있다.

하지만 첫 번째 입장을 받아들인다면, 곧 속죄에 대한 '형벌' 모델을 하나님에 대한 그 끔찍한 시각이나 똑같이 끔찍한 사회적 결과 때문에 배제해야 한다면, 그 대안은 무엇인가? 전통적으로 두 대안이 있었는데, 둘 다 성경적 근거를 강력하게 주장한다.

첫째, 앞서 보았듯이, 예수님이 세상에 대한 그분의 통치를 찬탈한 어둠의 '권세들'을 십자가에서 물리치고 승리하셨다—혹은 하나님이 예수님을 통해 승리하셨다—는 깜짝 놀랄 만한 역설적 개념이 있다. 이 개념은 기독교 초기 몇 세기 동안 일부 집단에서 인기를 끌었다. 20세기 후반부터 오늘날까지 많은 사상가들이 이런 사상의 변형된 몇몇 형태를 지지했는데, 이는 부분적으로는 자신들이 형벌에 대한 위험한 생각이라고 본 것들을 피하려는 방편이기도 했다. 하지만 이는 직접적인 답을 제시하기보다 오히려 질문을 키운다. 그 '권세들'은 도대체 무엇(혹은 누구)인가? 왜 어떤 사람의 죽음—누군가의 죽음, 메시아의 죽음, 하나님 아들의 죽음—이 그 '권세들'을 물리치는가? 어째서 이 사건이 하나님의 **사랑**을 드러내는가? 그리고 아마도 가장 무시하기 힘든 질문일 텐데, 그 '권세들'을 물리쳤다면 왜 악은 변함없이 다시 나타나서 제멋대로 군림하는가? 도대체 십자가에서 이 세상을 정말로 뒤바꿔 놓을 만한 무슨 일이 **일어나기는** 일어났는가? 그렇다면 우리는 그 사건에 대해 무슨 설명을 내놓을 수 있는가? 혁명이 정말로 시작되었는가? 아니면 이 모두가 한낱 희망사항에 지나지 않는가?

둘째, 많은 사람들이 예수님의 죽으심의 '진짜 의미'라고 주장하는, 확실히 성경에서 나온 또 다른 개념이 있다. 이 관점에 따르면, 예수님은 십자가에서 사랑의 가장 위대한 모범, 사랑의 궁극적 표현을 제공하셨다. 따라서 예수님은 독특하게 강력한 모범, 곧 사람들이 따를 수 있는 본보기를 통해 세상을 변화시키신 것이다. 물론 신약성경은 이런 논리를 주장한다. 예수님의 죽음은 자주 '사랑'의 절대 기준으로 여겨진다. 요한복음에서 예수님은 제자들에게 서로 사랑하라고 명령하면서 이렇게 선언한다. "어느 누구도 친구를 위해 목숨을 내놓는 것보다 더 큰 사랑을 할 수 없다."15:13 요한일서도 똑같이 주장하고, 바울을 비롯한 여러 초기 저술가들도 마찬가지다.

하지만 이 또한 문제에 맞닥뜨린다. 만약 예수님이 돌아가실 이유가 없었다면, 더군다나 그렇게 끔찍한 죽음을 맞으셔야 할 이유가 없었다면, 이 죽음이 실제로 어떻게 사랑의 본보기가 될 수 있는지 알아볼 방법이 없다. 빌의 친한 친구가 냇가에서 급류에 휘말렸는데 빌이 자기 목숨은 안중에도 없이 친구를 구하려고 뛰어들었다면, 그 현장을 목격하거나 전해들은 사람들에게는 사랑의 본보기(또한 대단한 용기)가 될 만하다. 하지만 프레드가 친한 친구에게 자신의 애정을 과시하겠다며 멀쩡히 강둑에 서 있는 친구를 두고 물속으로 뛰어든다면, 그것은 사랑이나 용기를 보여 주기는커녕 어리석은 행동에 불과할 것이다.

내가 하고 싶은 말은 이것이다. 예수님의 죽음이 무언가—긴급히 필요하고 다른 방법으로는 불가능한 무언가—를 **성취하지** 않았다면, 도덕적 모범이 될 수 없다. '모범'의 의미는 우선하는 무언가에 늘 의존해야 한다. 사도 요한의 표현처럼, "사랑이 여기 있습니다. 우리가 하나님을 사랑한 것이 아니라, 그분이 우리를 사랑하셔서 자기 아들을 **우리 죄를 속죄하는 희생 제물로** 보내셨습니다. 사랑하는 이들이여, 하나님께서 우리를 그렇게 사랑하셨다면, 우리도 마땅히 같은 방식으로 서로 사랑해야 합니다."요일 4:10-11 요한은 독자들이 서로 죄를 속하기 위해 스스로를 희생 제물로 드리기를 기대하지 않는다. 희생 제물은 이미 드려졌다. 이들은 자기를 희생하신 예수님의 사랑—이를 통해 그분은 유일무이한 무언가, 긴급히 필요한 무언가를 행하셨다—을 **닮기만** 하면 된다. 그렇다면 다음 질문은 이것이다. 그 '무언가'가 도대체 무엇이었는가?

이 대목에서, 다른 질문들이 현재 논의로 들어온다. 첫째, 우리가 본 대로 지난 세기의 전쟁과 대학살은 새로운 종류의 기독교 평화주의를 양산해 냈는데, 이 평화주의는 일부 전통적 속죄 이론들에 나타난 폭력(예수님께 폭력을 사용하신 하나님 등)을 포함하여 전적으로 폭력을 거부했다. 둘째, 동시에 그리고 어쩌면 비슷한 동기로, 많은 사람들이 십자가 고난이 성자의 고난만이 아니라 성부의 고난이기도 하다는, 이전에는 생각할 수 없었던 개념을 받아들였다. 이번에도 다른 이들은 오래된 개념의 새로운 버전, 곧 '인간' 예수는 십자가에서 고난받았지만 '신' 예수는 고난받지 않았다는 식의 제안을 하면서 반발했다. 이 제안이 말이 되는지 아닌지는 밝히기 어렵다. 이런 질문들은 늘 사실로 드러날 무언가를 예리하게 보여 준다. 우리가 십자가에 대해 이야기하는 모든 내용은 삼위일체와 성육신 논쟁, 곧 하나님이 진정으로 어떤 분이고, 예수님이 진정으로 어떤 분이셨으며 어떤 분인지에 대한 질문으로 이어진다는 것이다.

앞서 서구 찬송가에서 십자가의 의미를 담아내려고 애쓴 내용을 언급했는데, 나는 최근의 최소한 한 작사가가 이 새로운 강조점을 인상적으로 표현한 것을 발견했다.

슬픔의 강철 막대에
인간의 마음이 무너질 때
그들은 하나님의 마음 깊은 곳에서
그와 똑같은 고통을 발견하네.[2]

아마도 모든 게 당신이 생각하는 '사랑', 특히 하나님의 사랑의 의미에 달려 있는지도 모른다. 하지만 이를 더 탐색해 보기 위해서 우리는 일차 증거, 곧 신약성경에서 찾아볼 수 있는 십자가에 대한 다

2.   티머시 리스Timothy Rees, "하나님은 사랑이시니, 하늘이여, 그를 찬양하라God Is Love, Let Heaven Adore Him."

양한 그림으로 돌아가야 한다. 우리가 구원받은 영혼이 천국에 간다는 궁극적 관점 대신에, 하늘이나 땅에 있는 모든 것이 메시아 안에서 통일되게 하려는 그분의 계획이 나타난 에베소서 1장 10절의 종말론에서 시작한다면, 무슨 일이 벌어질까? 육신이 빠져 버린 '천국' 대신에, 예수님 안에서, 그분을 통해 피조된 두 영역이 결합하고 새로워지는 '새 하늘과 새 땅'이라는 성경의 비전에 초점을 맞추면 어떻게 될까? 간신히 '천국 가는 것' 대신에, 우리가 (장 칼뱅 같은 신학자들과 함께) '왕 같은 제사장'이 되는 성경의 소명을 받아들인다면 어떻게 될까? 신약성경에 나온 것처럼 뚜렷한, 예수님의 죽음이라는 영단번의 사건이 지닌 십자가의 지속적 영향력을 충분히 생각해 본다면 어떻게 될까? 그것은 우리의 구원관—구원의 철학적·정치적 차원을 포함하여—을 어떻게 바꿔 놓을까? 다시 말해, 십자가는 새 창조라는 성경의 더 큰 서사에 어떻게 들어맞을까? (예수님과 우리의) 부활을 구원에 대한 완벽한 관점에 추가된 일종의 운 좋은 부록으로 보지 않고 구원의 핵심으로 본다면 무슨 일이 벌어질까?

03.

1세기 배경에서 본 십자가

어떤 역사적 사건을 이해하려면, 사건을 그 역사 **속에** 확실히 위치시키고 나중 세대가 그에 대해 하는 말에 만족해서는 안 된다. 이는 예수님의 십자가형에 대해서도 마찬가지다. I세기 배경과 그 사건을 둘러싼 통찰을 인정하지 않는다면, 절대로 그 본래 의미를 이해하지 못할 것이다.

십자가형의 의미(아니, 의미들이라고 복수로 말하는 게 더 정확한 표현일지 모르겠다)를 찾아볼 수 있는 세 가지 전혀 다른 배경이 있다. 차차 살펴보겠지만, 이 세 배경이 모두 각기 다른 관점을 제공하고, 각각의 관점 내에서도 차이가 존재하기 때문이다. 예수님의 제자들 가운데서 복잡하지만 일관성 있는 핵심 의미가 일찌감치 나왔다는 점에 대해서는 나중에 다룰 것이다. 그러나 우리는 토론을 단축할 수도 없고, 그렇게 해서도 안 된다. 먼 길을 돌아서 핵심에 도달해야 할 것이다.

역사적으로 말해서, 의미가 자리한 가장 넓은 배경은 고대 후기 그리스-로마 세계, (누가에 따르면) 카이사르 아우구스투스가 칙령을 내려 요셉과 마리아가 베들레헴으로 간 세계, 아우구스투스의 후계자 티베리우스가 본디오 빌라도를 유대 총독으로 보낸 세계다. 예수님을 십자가에 못 박은 이들은 로마 병정들이었다. 이들이 살던 세계는 어

떤 모습이었을까? 그 배경은 우리가 십자가형을 이해하는 데 어떻게
도움이 될까?

●   ●   ●

그리스 최초이자 최고의 서사시는 '분노'라는 단어로 시작한다. "분노
를 노래하라, 여신이여, 펠레우스의 아들 아킬레스의 분노를"(*Mēnin
aeide, thea, Pēlēiadeō Achilēos*). 호메로스의 《일리아스*Iliad*》 첫 줄에 나오
는 '메니스*mēnis*'라는 단어는 인간과 신의 분노를 가리키는 말로 호메
로스 이래로 자주 등장한다. 못마땅한 분노, 복수심에 가득한 분노, 때
로는 희생제사로 달래지는 분노, 때로는 아킬레스의 경우처럼 다른
문제로 인한 더 큰 분노에 덮이는 분노. 《일리아스》는 분노에 대한 책
이다. 파리스가 헬레네를 납치한 데 대한 그리스인들의 복수, 그리스
와 트로이 간의 크고 작은 부차적 복수와 불화, 올림푸스산에서 이 모
든 광경을 지켜보다가 어느 한쪽 편을 들러 자주 내려오는 신과 여신
들의 싸움. 오래 끄는 질투, 케케묵은 악의, 쉽게 내뱉지만 피하기는
힘든 화. 이런 것이 세계 최초 대서사시에서 끊임없이 반복되는 주제
다. '구원'을 바란다면 바로 이런 것들에서 구출된다는 의미였다. 수
세기가 지나 사람들이 그리스인의 세계에서 벗어나 이교도의 세계로
들어가 다른 주인, 다른 제국, 다른 구원, 그리고 아마도 다른 분노의
소식을 듣게 되었을 때에도 이는 여전히 유효했다.

　호메로스에 필적하는 로마 시대의 인물을 살펴보면, 놀랄 만한

유사점을 찾을 수 있다. 베르길리우스의 서사시 《아이네이스*Aeneid*》는 분노가 아니라 무기로 시작한다. "무기와 사내를 노래하노라"(*Arma virumque cano*). 호메로스가 아름답고 풍부한 자연의 이미지를 제공한 것처럼, 베르길리우스는 목가적 아름다움을 노래한 시들을 썼다. **하지만 고대 세계에서 가장 유명한 최고의 서사시 두 편이 '분노'와 '무기'로 시작하는 것은 우연이 아니다.** 이것이 바로 사람들이 아무리 반발한다 해도 모든 사람들이 아는 세계였다. 전쟁과 폭력, 그리고 그 배후에서 활활 타오르는 인간과 신의 분노. 분노와 무기! 폭력을 조장하는 분노한 신들의 세상에, 무슨 탈출구가 있겠는가? 우리가 이미 언급할 수밖에 없었듯이, 수많은 최신 신학과 여론은 이 분노와 무기의 세계와 이를 반영한 다양한 '속죄' 이론이나 모델에 반발한 것이 아닌가?

신약성경을 읽는 독자들은 조금은 다른 방식으로 자신들은 다른 종류의 분노, 다른 종류의 싸움, 하나님과 구원에 대한 아주 다른 관점을 믿는다고 말하고 싶을지도 모르겠다. 맞다. 하지만 예수님이 십자가에 달리신 것은 그리스-로마 세계에서다. 그리고 바로 그 세계에서 예수님에 관한 원래의 유대 메시지가 폭넓게 알려지고 초기 형태를 잡았다.

분노와 무기의 세계는 사람이 똑같은 사람을 그토록 잔인한 방식으로 처형하기 원한 이유를 설명하는 데 도움이 된다. 우리가 지금 논의하고 있는 사건에 실제로 수반되는 일을 당연히 여기거나 얼버무리지 않도록 십자가형의 구체적 내용을 간단히 살펴보면―이 책에서 조만간 꼭 필요한 부분이다—요점이 분명해질 것이다.

　이 책의 독자들 가운데 I 세기에 흔했던 이런 종류의 폭력을 영화에서가 아니라 직접 목격한 사람은 드물 것이다. 멜 깁슨 감독의 〈패션 오브 크라이스트The Passion of the Christ〉를 본 사람들도 보기 힘든 장면에서는 눈을 감거나 그 끔찍함에 압도되어, 십자가형이 목숨을 끊기 위해서만이 아니라 모멸감을 주기 위해서 의도되었다는 핵심을 놓치기 일쑤다. 십자가형은 고대 세계의 권력자들이 누가 실세인지를 백성에게 보여 주고 저항 의지를 꺾으려고 의도적으로 마련한 핵심 장치였다.

　어쨌든 십자가형은 인간이 고안해 낼 수 있는 가장 끔찍한 파멸이었다. 이는 현대인들이 과장해서 하는 말이 아니다. 수없이 십자가형을 목격한 로마의 웅변가 키케로와 유대의 역사가 요세푸스, 그리고 경험을 통해 십자가형을 알고 있었던 초대교회 교부 오리게네스의 고견이기도 했다. 키케로는 십자가형을 "가장 잔인하고 무시무시한 벌"(*crudelissimum taeterrimumque supplicium*)로 언급한다.《베레스 반박문》2.5.165 요세푸스는 "가장 가련한 죽음"(*thanatōn ton oiktiston*)에 맞선 유대의 저항을 이야기한다.《유대 전쟁사》7.202f. 오리게네스는 십자가형을 가리켜 "가장 수치스러운 죽음의 형태, 십자가"(*mors turpissima crucis*)라고 말한다.《마태복음 주해》27.22

　다음은 자주 제시되지만 반복할 필요가 있겠다. 십자가 목걸이를 걸고, 성경과 기도서에 십자가 도장을 찍고, 십자가를 들고 흥겹게 행진하는 현대 서구인들은 '십자가'라는 단어가 상류사회에서는 금기

어에 가까웠다는 사실을 수시로 기억할 필요가 있다. 십자가를 생각하는 것만으로도 입맛이 떨어지고 잠 못 드는 밤이 이어지곤 했다. 로마 세계의 많은 사람들이 그랬듯이, 십자가형을 한두 번이라도 목격한 사람은 원치 않는 기억이 물밀 듯 밀려와 며칠씩 악몽을 꾸기 일쑤였다. 겨우 숨이 붙어 종말을 맞기까지 매달려 있는 몸은 피와 파리로 뒤덮였고 쥐가 파먹고 까마귀들이 쪼아 댔다. 무기력하게 흐느끼는 친척들이 그 모습을 지켜보고 있었고, 조롱하는 성난 군중은 그 끔찍한 상처에 온갖 욕을 뱉어 댔다. 이 모두는 '크룩스^{crux}'라는 단어를 포함하여 십자가형과 연관된 모든 것이 금기 사항이었다는 다음과 같은 키케로의 말을 설명해 준다.

> [십자가는] 로마 시민의 인격뿐 아니라 그의 생각과 눈과 귀에서도 사라져야 한다. 왜냐하면 십자가형을 실제 집행하거나 견디는 것뿐 아니라, 십자가형이 일어날 가능성, 십자가형을 예상하는 것, 사실상 그것을 언급하는 것만도 로마 시민과 자유인에게는 합당치 않은 일 이기 때문이다.《베레스 반박문》16

십자가형의 끔찍한 개인적·신체적 측면은 사회적·공동체적·정치적 의미와도 상응했다. 이는 예수님의 십자가형을 이해하는 '배경'으로서만이 아니라(마치 이 야만스러운 관습이 다른 데서 형성된 신학의 어두운 배경에 불과하기라도 한 것처럼), 신학의 내용 자체로도 중요하다. 우리는 몇몇 이들이 바울보다 시기가 앞선다고 생각하는 빌립보서 2장 8절 하반절에서 "십자가에서 죽기까지"(*thanatou de staurou*)를 시의 한복판에 조심스럽게 배치한 데서 이 점을 이미 이해했을 수도 있다. 나중에 살펴보겠지만, 이 시의 전반부는 인간이 고통이나 수치, 개인의 운명이나 대중의 인식 면에서 내려갈 수 있는 가장 낮은 곳으로 내려가는 하강의 여정이다. 이것이 핵심이었다. 사람을 십자가에 못 박은 이들은 십자가형이 자신들의 절대 권력을 주장하고 희생자의 절대 비하를 보장하는 가장 확실하고 끔찍한 방식이기에 십자가형을 택했던 것이다. 초기 그리스도인들은 예수님이 이론상으로는 (돌에 맞아 죽거나 전사하거나 군중 속에서 암살당하는 등의) 여러 방식 중 한 가지 방식으로는 죽음을 맞으리라고 생각하지 않았다. 이후에 일어난 사건들의 관점에서 돌아보니, 이들은 십자가형을 신의 계획의 일부로, 그 계획에서는 수치와 공포도 의도된 의미가 있는 희한하고 어두운 계획의 일부로 해석했다. 이들은 예수님이 인간에게 가능한 가장 낮은 자리로 내려가셨다고 믿었고, 그가 유대인인 것이나 제자들이 그를 오실 왕으로 믿었다는 것은 괘념치 않았다.

그렇다면 십자가형은 어떻게 이런 식으로 사용되었을까? 십자가형의 초기 역사는 로마 시대 이전에 소실되었다. 첫 역사가인 헤로도투스와 투키디데스는 막대기와 나무에 사람을 처형한 일을 언급하고 있지만, 사람을 단순히 매달기만 했는지 아니면 고정했는지는 분명하지 않다. 어느 쪽이든 죽음을 훨씬 더 앞당기기는 했을 것이다. 고대 세계 전체의 증거를 살핀 최신 연구는 십자가형의 핵심은 고정하거나 매다는 것이 아니라, 십자가에 달린 사람이 몇 시간, 심할 때는 며칠씩이나 고통스러워하거나 저항하면서 보고 말하고 울부짖을 수 있었다는 점이라고 강조했다. 어떤 경우에는, 적당한 시간이 지난 후에 사람을 십자가에서 내려서 살려 줄 수도 있었다. 그렇다면 고통과 공포에 더하여 오래 끄는 연장된 과정이야말로 정확히 십자가형의 핵심 중 하나다. 세네카는 십자가형을 오래 끄는 일로 묘사한다. 십자가에 달린 사람은 "고통 가운데 서서히 쇠약해지면서, 사지가 하나씩 죽어 가고, 생명이 한 방울씩 빠져나간다.… 저주받은 나무에 고정되어 진이 빠지고, 신체는 이미 기형이 되고, 가슴과 어깨에는 흉측한 종양이 부풀어 오르고, 오랜 고통 가운데 생명의 호흡을 쥐어짜 내고 있는 것이다."《편지》 101.12-14

십자가에 줄로 사람을 묶을 수도 있었지만, 못을 박는 경우가 더 흔했던 것 같다. 실제로 십자가형 이후에 회수한 못은 마술이나 의학용 묘약으로 사용되기도 했는데, 이는 십자가형의 전체 과정이 말로 표현할 수 없는 차원에서 일종의 비밀스러운 효능을 지닌다고 여기는 사람들이 있었음을 시사한다. 이는 아마도 십자가형을 명령한 사람들, 특히 십자가형을 집행한 사람들의 지나친 욕망과 관련이 있을 것이다. 요세푸스가 말하듯이, 이들은 가끔은 십자가형에 너무 둔감해진 나머지 장난삼아 다양한 자세와 방법을 실험해 보기도 했다. 여기서도 우리는 예수님의 십자가형의 온전한 의미에 대한 탐색에 흔히 상상하는 이상으로 좀 더 밀접하게 관련이 있는 무언가를 다뤄 보려 한다. 반란과 독립에 대한 욕구 불만을 암시하는 산발적인 테러가 벌어지는, 우스꽝스러운 신념과 야망으로 과열된 자그마한 그 나라의 치안을 유지하기 위해 애쓰고 있는, 전장에서 단련되었지만 전쟁에 지치기도 한 로마 병사들을 상상해 보자. 관타나모 해군기지나 아부 그라이브 교도소를 아는 우리는 예루살렘 밖 처형반의 마음 상태를 충분히 상상할 수 있을 것이다. 원초적 감정과 원초적 종교가 끔찍하게 뒤섞인 세계에서 이런 종류의 사건에 온갖 종류의 의미를 부여할 수 있다는 점도 얼마든지 짐작할 수 있을 것이다.

그런데 십자가형은 로마인들의 발명품이 아니었다. (어떤 사람들은 고대 카르타고에서 십자가형이 집행되었다고 말했다. 확실히 십자가형은 무자비한 로마제국의 형성보다 앞선다.) 그러나 그들은 십자가형을 신속히 받아들여, 특히나 달갑지 않은 두 부류 곧 노예와 반역자—특히 반역하는 노예와 로마인들이 노예와 다를 바 없음을 보여 주려 했던 반역의 주모자—를 위한 '죽음의 선택지'로 정착시켰다. 멜 깁슨의 〈패션 오브 크라이스트〉를 언급했으니, 또 다른 대형 역사물 〈스파르타쿠스〉도 살펴보면 좋을 듯하다. 노예 반란을 이끈 실존 인물 스파르타쿠스는 예수님보다 백여 년 전에 최후를 맞았다. 마지막 전투에서 많은 사람들이 목숨을 잃었지만, 그를 따르던 6천 명은 로마에서 카푸아(나폴리 내륙)까지 이르는 200여 킬로미터의 아피아 가도 상에서 십자가형을 당했다. 어림잡아 35미터마다 십자가가 하나씩 세워진 셈이다. 아피아노스, 《내란기》 I.120

번잡한 도로변이나 성문 곁에 십자가를 세운 것은 당연히 분명한 메시지를 전하고 경고를 하기 위해서였다. 이 대로를 따라 장사를 하던 사람들은 날마다 이 끔찍한 장면을 지나쳤을 테고, 혹여 도망치거나 반란에 가담할 생각을 품었던 노예들은 그 장면을 보고는 몸서리를 치면서 그래도 비참한 종노릇이 십자가형보다 낫다고 생각했을 것이 틀림없다. 당국도 십자가형을 그런 천한 사람들이 이해할 수 있는 유일한 언어로 생각했을 것이다. 친구나 친척들이 장사 지내려고 시체를 거두어 갔다는 증거도 있지만, 며칠 밤낮이고 시체를 그대로 두어 독수리와 쥐들이 뜯어 먹게 하는 경우가 더 흔했고, 그러면 (열왕기하 9:21-37의 이세벨처럼) 매장할 부위가 거의 남지 않았다. 이런 끔찍한 장면을 목격한 사람은 아무도 그런 죽음을 '고상하다'고 여기지 않았을 것이다. 십자가에 매달기 전에 몸에 가하는 가혹하고 수치스러운 형벌이 그 점을 강조했다. 매질과 채찍질은 범죄자의 힘을 빼고 저항을 막기 위한 것이었지만, 공개적으로 치욕을 안겨 주는 전체 과정의 일부이기도 했다.

이 책에서는 로마 십자가형의 두 가지 세부 사항이 특별한 관심사다. 우선, 나사렛 예수가 십자가의 그늘에서 성장했다는 말은 결코 과장이 아니다. (하지만 주전 88년에 하스모니아 왕조의 알렉산더 얀네우스가 자신의 통치에 저항했다는 이유로 바리새인 800명을 십자가에 처형한 경우를 제외하고, 십자가형은 유대인들이 사용한 처벌은 아니었다. 나훔서에 대한 쿰란 주석은 이 일을 끔찍한 사건으로 언급한다.) 주전 4세기 헤롯대왕이 죽은 직후, 갈릴리 지역에서 유다 벤 히스기야가 이끈 반란 시도가 있었다. 요세푸스는 이를 주전 63년 폼페이우스의 팔레스타인 정복과 주후 70년 예루살렘 성전 멸망 사이에 있었던 비슷한 종류의 시도 중에서 가장 심각한 사건으로 묘사한다. 요세푸스,《아피온 반박문》

I.34;《유대 고대사》17.271 이하;《유대 전쟁사》2.56 당시 시리아 지역을 책임진 로마 장군 바루스는 로마인들의 장기를 보여 주었다. 반군을 잔혹하게 제압하고 반역자 2천여 명을 십자가에 못 박은 것이다. 그렇다면 예수님이 어린 시절을 보낸 갈릴리 지역에서 로마의 십자가는 이미 악명 높았을 것이다.《유대 고대사》17.286-298;《유대 전쟁사》2.66-79

　　내가 어린 시절에는 동네마다 1, 2차 세계대전 전쟁 기념비가 있었다. 세계대전에서 가족을 한 명 이상 잃은 가족이 (우리 가족뿐 아니라) 많았고, 우리는 해마다 그들을 엄숙하게 기억했다. 고대 갈릴리에는 죽은 반역자들을 기리는 추모비는 없었지만, 예수님이 하나님나라를 선포하신 마을마다 로마의 폭정에 목숨을 잃은 이들에 대한 비슷한 기억이 있었을 것이다. 예수님이 사람들에게 자기 십자가를 지고 그분을 따르라고 말씀하셨을 때, 그들은 그 말씀을 비유로 듣지 않았을 것이다.

　　그다음에 로마 십자가가 예수님께 익숙한 땅을 어지럽힌 사건은 두 세대 후에 벌어졌다. 로마 장군 베스파시아누스와 그의 아들 티투스는 주후 66-70년 전쟁의 끝 무렵에 예루살렘을 포위했다. 이들이 주변 시골 지역을 급속하게 장악하고 예루살렘을 포위해 가면서 너무 많은 유대인을 십자가에 처형한 나머지, 나무가 모자라 먼 곳에서 가져와야 했다고 한다. 요세푸스는 그 곁을 지나가다가 친구 셋을 발견하고는 십자가에서 그들을 끌어내렸다고 말한다. 한 사람은 살았으나, 나머지 둘은 죽어서 시신이 부패하여 새와 개들의 먹잇감이 되고 있었다.

주후 33년으로 추정되는 나사렛 예수의 십자가형은 역사적으로 이 두 차례의 대규모 십자가형 사이에 위치한다. 그 세계에 살던 사람이라면 '십자가'라는 단어를 듣거나 그렇게 죽은 사람을 떠올릴 때 직관적으로 공포와 수치심을 느낄 수밖에 없었을 것이다. 로마 세계를 순회했던 다소의 사울도 수많은 십자가를 보았을 것이다. 피범벅이 된 썩은 피부, 꿈틀대는 시체를 주시하는 까마귀와 쥐들. 그는 '십자가라는 단어'가 왜 그렇게 충격적이고 가증스러우며 어리석은지를 우리보다 훨씬 더 직감적으로 잘 알았을 것이다. 왜 이 '단어'가 그렇게 혁명적인지 이해하는 것은 둘째 치고 희미하게나마 깨달으려 한다면, 이 모든 내용을 염두에 두어야 한다.

우리가 특별히 관심이 있는 두 번째 사항은 로마인들이 사회적으로나 정치적으로 허세를 떠는 범죄자를 조롱하기 위해 십자가형을 사용한 방식이다. 이들은 사실상 이렇게 말한 셈이다. "네가 높아지고 싶으냐? 좋다. 우리가 너를 '높여 주겠다.'" 이처럼 십자가형은 고문으로 서서히 사람을 죽이면서 수치심을 주고 대중에게 경고할 뿐 아니라, 거만한 반역자들의 야망을 풍자했다. 저들이 사회적 지위가 높아지기를 원한다고? 그렇다면 보통 사람들 위에 높이 올려 주마, 십자가 위에! 갈바 황제가 스페인 총독으로 있을 때 십자가형을 선고받은 한 남자가 자신은 로마 시민이라며 형을 거부했다. 그러자 갈바는 그의 십자가를 평소보다 더 높이 만들고 흰색 칠을 하여 그의 높은 사회적 지위를 드러내게 했다. 빌라도가 예수님의 머리 위에 '유대인의 왕'이라고 썼을 때 그가 의도한 메시지가 이와 같은 것이었다. 그 메시지는 예수님만이 아니라 유대인 전체를 향했다. "우리는 너희 부류를 이렇게 생각한다."

　로마가 통치하는 세상이 얼마나 폭력적이고 끔찍했는지, 이 정도면 충분히 이야기했다고 믿는다. 또한 역설적이기도 했다. 로마의 초대 황제인 아우구스투스는 자신이 로마 전 지역에 평화와 번영을 가져왔다고 엄숙히 선언했다. 그는 로마에 '아라 파키스'(평화의 제단)를 세우고, 자신과 가족들의 위엄 있는 조각상을 새겼다. 동시에, 로마 제국 전역에 있는 그의 부관들은 잔인하고 피비린내 나는 방식으로 지역민들이 '평화롭게' 지내게 했고 누가 책임자인지 확실히 알게 했다. 아우구스투스의 평화 정책은 공포와 폭력의 세계라는 터전 위에 자리 잡고 있었다. 분노와 무기가 계속해서 고대 문화를 지배했다.

　이 모든 것이 우리가 고대 세계에서 십자가형의 상징적 의미를 이해하는 데 도움이 된다. 초기 그리스도인들은 예수님의 십자가에 심오하고 풍부하며 혁명적인 의미를 매우 빨리 부여했지만, 이는 십자가의 기존 의미들에 반하는 것이었다. 십자가에는 이미 **사회적** 의미가 있었다. "우리는 우월하고, 너희는 매우 열등하다." **정치적** 의미도 있었다. "여기는 우리 담당이다. 너희와 너희 나라는 아무 쓸모가 없다." 따라서 **신학적** 혹은 **종교적** 의미도 있었다. 여신 로마와 신의 아들 카이사르는 다른 모든 지역 신들보다 우월했다. 그 금요일 오후, 나사렛 예수가 십자가에 달려 죽어 갈 때 로마 병사들은 물론 십자가 밑에서 울던 여인들과 집 안에 숨어 있던 망신스러운 제자들도 이 모든 의미를 깊이 이해했을 것이다. 우리가 십자가의 물리적 공포뿐 아니라 고대 후기의 그 다양한 상징적 의미를 이해하고 붙잡지 않는다면, 십자가에 대한 초기 가르침이 왜 그랬는지 이해할 수 없을 것이다. 역사가와 신학자가 던져야 하는 다음의 질문들도 이해하지 못할 것이다. 왜, 어떻게 해서 십자가는 그렇게 빨리 전혀 다른 상징적 의미를 얻게 되었는가? 그 혁명적 의미는 하나님과 세상, 이스라엘과 인류에 대해 정확히 무엇을 말해 주는가?

이 모든 것은 우리가 예수님의 십자가형을 이해하려 하고 초대 그리스도인들처럼 생각하려고 할 때 어둡고 위험한 지역으로 들어가고 있음을 뜻한다. 십자가라는 주제를 '포착할' 수 있다거나 간단한 구호로 요약할 수 있다고 기대해서는 안 된다. 초기 그리스도인들이 요약한 내용은 그 자체를 넘어서서 현대 기독교 사상을 포함한 우리 시대의 사고가 익숙하지 않은 영역을 가리킨다. 예수님의 부활이 다른 어떤 세계관에도 정확히 부합하지 않아 아예 거부되거나 주변의 기존 세계관들을 재편시킬 수밖에 없듯이, 십자가는 범주의 재고를 요구한다. 우리는 십자가를 정확히 포착할 수 없으며, 그리스도인이 된다는 것은 무엇보다도 십자가가 우리를 사로잡음을 뜻한다. 우리가 십자가를 너무 손쉽게 우리 것으로 만든다면, 모든 것을 너무나 깔끔하게 설명해 주는 이론과 해설에 십자가를 끼워 맞춘다면 우리가 통제하고 조종할 수 있는 크기로 십자가를 축소하게 될 것이다. 이 책의 목표는 정반대다. 첫 그리스도인들과 예수님께 십자가가 어떤 의미였는지에 대해 더 성경적이고 더 혁명적인 새로운 시각들을 가리키는 것이다.

그리스-로마 세계에는, 예수님의 십자가가 그토록 빨리 특정한 의미―예수님이 "우리를 위해", "우리 죄를 위해" 죽으셨다는―를 얻게 되었는지를 설명하는 데 도움이 될 만한 주목할 만한 특징이 있다. 기독교의 복음 선포에서 너무나 익숙한, 한 사람이 다른 누군가를 **위해 죽었다**는 개념은 고대 유대 문서보다 고대 이교도 문서에서 훨씬 더 확실히 눈에 띈다. (실제로 고대 이스라엘에서는 거의 찾기 어렵다. 앞으로 살펴보겠듯이, 예외도 중요하기는 하지만 말이다.) 에우리피데스의 연극 중 최소 여섯 편에서 이것이 주요 주제다. 고대 전설에는 사람이 신의 호의를 얻거나 복수를 막기 위해 자신이나 가장 사랑하는 딸이나 특별한 동물을 희생하는 이야기가 많다.

이 주제는 대략 성 바울의 동시대 저술에서 놀랍게 표현된다. 루카누스는 율리우스 카이사르와 폼페이우스 사이에 벌어진 이전 세기의 로마 내전을 묘사한다. 당시의 많은 역사가처럼 그는 자신의 인물들을 통해 주제 의식을 표현하는데, 그중에서도 카토의 고결함에 견줄 만한 인물은 없다. 다음은 루카누스의 카토가 정의와 구원에 자기 목숨을 바치면서 말한 내용이다.

> 천국과 지옥의 권세들에 정죄당한 내가 조국의 희생양이 될 수만 있다면! 수많은 적이 데키우스를 공격하고 그가 자기 생명을 바치는 동안 양 군대가 이 몸을 찌르도록, 라인강의 야만인들이 그들의 무기를 내게 겨냥할 수 있도록. 내가 모든 창에 찔리고, 내가 그 사이에 서서 이렇게 모든 공격을 가로막도록! 내 피가 나라들을 구하고, 내 죽음이 로마의 부패로 인한 모든 형벌을 갚도록.… 너희 창을 내게만 향하게

하라. 멸시 받은 법과 정의를 위해 패배한 전투에서 싸우는 나를 향하게 하라. 내 피만이 이탈리아 백성에게 평화를 가져오고 그들의 고통을 끝내리라. 내가 가고 나면, 앞으로 폭군이 될 이는 전쟁이 필요 없으리니.《내전기》2.306-319

다른 예도 많다. 플라톤과 아리스토텔레스, 소크라테스를 비롯한 많은 이들이 법을 위해, 조국을 위해, 친구를 위해, 가족을 위해, 황제를 위해 죽는 것에 대해 이야기한다. 호라티우스의 유명한 금언 "조국을 위해 죽는 것은 아름답고 명예스러운 일이다"《서정시집》3.2.13는 많은 사람들이 말하고 믿은 내용을 요약한 것에 불과하다. 요한복음 11장 50절에서 가야바가 온 나라가 망하는 것보다 한 사람이 백성을 위해 죽는 편이 낫다고 산헤드린에 조언할 때, 그것은 히브리 성경이나 성경 이후의 유대 문헌이 아니라 고대 이교도의 문헌에 나타난 이런 정서를 반영한 것이다.

이것을 어떻게 생각해야 할까? 우리도 일부 사람들(《속죄 *The Atonement*》에서 우리보다 훨씬 더 온전한 증거를 보여 준 위대한 학자 마르틴 헹엘Martin Hengel)처럼 이 모두가 비유대 세계에 복음을 전하기 위한 준비 역할을 했다고 말해야 할까? 사람들이 조국을 위해 목숨을 버린다고 본 마카베오서와 다른 유대 문헌들이 자신들의 경전을 의지하기보다 이교의 자료를 빌려왔다고 생각해야 할까? 아니면, 다른 무슨 차이가 있는가? 차이가 있다면, 어떤 면에서 그런가? 우리는 나중에 기독교의 속죄 이론이 되는 특정 내용에 대한 반대—살인과 폭력이 난무

한 이교도 신앙처럼 보인다는 점—에 타당한 이유가 있다고 제안해
야 하는가? 그렇다면, 우리는 비판하는 이들에게 빌미를 제공하지 않
고도 마땅히 말해야 할 내용을 어떻게 표현할 수 있을까?

물론, 유사점은 여기까지다. 이교도의 문서에서 다른 사람을 대
신해 죽은 사람들은 '고상한 죽음'으로 여겨질 죽음을 맞이한 것이다.
고대 세계의 어느 누구도 십자가형을 그렇게 말하지는 않았을 것이
다. 그런 종류의 죽음에 특별한 의미가 있다는 생각 자체가 이교도 세
계에서는 말도 안 되는 헛소리에 불과했을 것이다. 바울은 그 사실을
잘 알았다. 유사점도 확실하지만 불일치도 확연하다. 바울 시대에 세
속 사회에서 나사렛 예수의 메시지가 어떻게 들렸을지를 살펴보려면,
이 두 요소가 모두 중요하다.

● 유대 세계 내에서

우리가 예수님의 죽음을 살펴보려는 두 번째 의미 맥락은 초기 유대
세계다. 주전 539년 바벨론의 멸망과 주후 135년 바르 코크바의 반
란 실패 사이에는 많은 운동과 사상이 성쇠를 되풀이했고, 외국 정권
이 자주 바뀌었으며, 유대 생활방식을 새로이 표현하려는 시도도 많
았다. 이에 대해서는 다른 곳, 특히 《신약성서와 하나님의 백성 *The New
Testament and the People of God*》 3부에서 자세히 쓴 바 있기에 여기서 반복할 필
요는 없을 것 같다. 초기 그리스도인들이 예수님의 죽음을 "성경대로"
해석해야 한다고 주장했기 때문에 우리는 이 책의 2부에서 실제 성경

자료를 살펴볼 것이다. 하지만 그 전에, 매우 중요하게 주목할 점이 세 가지가 있다.

첫째, 1세기의 유대인들은 21세기의 훌륭한 유대인들처럼 주요 절기와 성일을 중심으로 생활했다. 그중에서 가장 중요한 것이 유월 절인데, 출애굽기에서 이스라엘의 하나님이 애굽 바로의 권세를 깨고 종 되었던 이스라엘 민족을 해방하신 극적인 행위를 기념하는 날이었 다. 이 전체 이야기가 너무도 중요해서 유월절마다 자세히 그 내용을 반복했고 지금도 한다. 노예 생활, 고통, 바로와 그 나라에 내린 재앙 들, 애굽의 장자가 죽은 심판(과 유월절 어린양을 통해 이스라엘이 받은 보호), 홍해를 건넌 일, 광야 생활, 시내산에서 율법(토라) 수여, 그리 고 성막 건축. 우리는 유대 백성이 해마다 유월절을 기념할 때 원년의 해방을 돌아볼 뿐 아니라, 특히 스스로 무언가의 노예가 되었거나 억 압받고 있다고 느낄 때면 또 다른 큰 해방을 내다보는 자유의 절기로 생각했다고 충분히 짐작할 만하다. 이 책의 목적을 뒷받침하는 핵심 은 이것이다. 예수님도 그분이 하실 일을 하기 위한 시기로 유월절을 선택하셨고, 첫 그리스도인들은 그분의 죽음을 이해하는 주요 해석의 렌즈로 유월절을 돌아보았다는 점이다.

하지만 둘째로, 1세기의 많은 유대인은 다니엘서와 그와 유사한 기록의 관점에서 하나님의 새로운 해방 행위를 기대하는 마음을 갈고 닦았다. 여기서(다니엘 9장) 그들은 '포로기'가 단순히 바벨론 생활 70 년이 아니라, 다른 형태로 곧 지속적인 이교도의 압제로 자신들의 시 대까지 계속되고 있다고 확신했다. 포로기의 위대한 예언자들은 이스라엘의 재앙(성전 파괴와 그 결과로 하나님의 임재에서 배제되었다는 느낌을 포함하여)이 이스라엘의 우상숭배와 죄의 결과라고 한결같이 주장했다. 따라서 새로운 구원 행위가 이 기나긴 포로 생활을 끝낸다면, 그것은 '죄 사함'이라는 하나님의 행위가 될 것이다. 죄를 고백하는 연례 성일이 제정되어서 사람들은 대속죄일에 용서를 받았다. 예루살렘 성전이라는 장소 외에는(유월절 제사 후에는 각자 가정에 돌아가 음식을 먹었다), 대속죄일과 유월절은 별다른 공통점이 없었다. 하지만 예수님 시대에 많은 유대인이 '새로운 유월절'과 '죄 사함'이 모두 가능한 큰 행사를 찾고 있었기 때문에 이 둘이 어떤 식으로든 결합된 것으로 볼 수 있다. 예레미야는 죄를 용서받을 수 있는 '새 언약'에 대해 이야기했다.렘 31:31-34 이 모두는 예수님의 행위와 첫 제자들의 인식이 비옥한 토양을 찾을 수 있는 잠재적 의미 틀을 만들어 낸다.

셋째, 우리는 기독교 운동 외부의 I세기 유대인들도 예수님의 첫 제자들이 곧바로 그분의 죽음에 대해 이야기하기 시작한 것과 같은 복잡한 해석을 생각하고 있었다고 상상해서는 안 된다. 일부는 이스라엘이 처한 난관에서 갈 길을 제시해 줄 메시아를, 그게 아니면 최소한 예언자를 기대하고 있었지만, 아무도 그런 인물이 고난을 받으리라고는 생각하지 않았다. 마찬가지로, 어떤 사람들은 끔찍한 고난의 시기가 닥치고 그 시기를 거치면서 이스라엘이 구원을 받으리라고 생각했지만, 아무도 이 고난을 잠재적 메시아와 연결하지 않았다. 어떤 사람들은 이사야 52장의 약속처럼 이스라엘의 하나님이 세상을 심판하고 그 백성을 구원하려고 전혀 새로운 방법으로 다시 오신다고 말하는 본문을 알았지만, 아무도 그 본문을 메시아나 극심한 고난의 가능성과 연결하지 않았다. 초기 기독교 운동에서 예수님의 십자가형을 인정하고 내놓은, 예수님의 죽음을 메시아적 승리로 이해하고 오랫동안 기다려 온 신의 귀환과 연결 짓는 복잡한 해석 범위를 예측한 예상 틀은 없었다. 이 부분은 다른 곳을 찾아보아야 한다.

예수님이 성경을 어떻게 읽으셨고 제자들이 그분의 죽음과 부활의 관점에서 성경을 어떻게 다시 읽게 되었는지는 이 책 3부에서 다시 돌아가 살펴볼 주제다. 지금으로서는 결론적으로, 1세기 그리스도인들의 세계를 살짝 들여다보아야 할 것 같다.

● 신약성경에 접근하기

놀랍게도, 여기에는 우리를 어리둥절하게 만들 만큼 다양한 자료가 있다. 우리는 예수님 이후 첫 50년간 일어난 옛 사상에 대한 새로운 개념과 새로운 이해가 폭발적으로 증가한 것을 잘 알아차리지 못한다. 초기 기독교 저술을 살펴보는 것은 때로 만화경을 보는 것과 비슷하다. 똑같은 모양과 색깔이지만, 그 조합과 무늬가 끊임없이 달라진다. 유대 세계든 비유대 세계든 고대 세계는, 초기 그리스도인들이 예수님과 세상과 자신들에게 벌어진 일을 표현하고 해석하려 애쓰는 동안 갑작스레 쏟아진 주제와 이미지에 우리를 준비시키는 데 도움이 되지 않는다. 그 주제와 이미지들을 하나씩 정렬하는 것만으로도 내 말이 무슨 뜻인지 알게 될 것이다. 각각은 3부에서 자세히 살펴보겠지만, 여기서는 그것들에 주목하는 것이 중요하다. 신약성경 독자들이 이 모든 내용이 얼마나 중요한지 알기는 해도, 그 내용을 일관성 있게 서술하기가 너무 어렵기 때문이다. 내 생각에 그 이유는, 앞 장에서 살펴보았듯이 많은 신학자와 설교자들이 질문의 일부분만 파고들고 나머지를 통합하지 못했기 때문이기도 하다. 나도 여기서 종합적인 처방을 내리지는 않을 것이다. 하지만 이후의 내 주장이 초기 기독교 저술 가운데 심오한 일관성을 드러내는 방향으로 가기를 기대한다.

신약성경은 십자가에 대해 개요든 상세 내용이든 복잡하고 혼란스러운 정보를 전달한다. 많은 이들이 사복음서가 전하는 내용(하나님나라를 선포하고 죽음을 맞이하는 예수님 이야기)과 서신서가 전달하려는 내용(죄인을 구원하시려고 예수님의 죽음을 통해 일하시는 하나님 이야기)을 어떻게든 끼워 맞춰 보려고 애썼다. 그리고는 복음서 내부에서 예수님의 하나님나라 선포와 임박한 죽음을 하나로 보기 어렵다는 것을 깨달았다. 초기 기독교 저술들은 복잡한 방식으로 이스라엘 성경을 참조하여 이를 한 가지 규칙으로 진술하지만("메시아께서 성경대로 우리 죄를 위해 죽으셨습니다"), 이들이 특히 십자가형과 관련하여 자신들이 어떻게 성경을 활용했는지 제대로 이해했다고 보기는 어렵다. 이것은 개별 '증거 본문'의 문제인가, 아니면 성경 전체의 서사 구조의 문제인가? 주석가들을 혼란과 곤란에 빠뜨린 단락이 많지만, 그 중에서도 십자가형에 대한 언급이 그 '중심'에 자리하고 있는 빌립보서 2장 6-11절이 특히 그러하다. 복음서에는 (마지막 만찬 같은) 많은 사건이 등장하고, 서신서에는 (희생제사를 자주 언급하는 것처럼) 많은 의미의 결이 등장하는데, 설명이 불가능하거나 너무 간단한 해석만 주어져 있고 심오한 의미를 파헤치지 않는다. 이것이 예수님의 죽음을 이해하는 '초기 기독교'의 의미 맥락이라면, 우리는 어려운 시간을 맞게 될 것이다.

구체적으로, 예수님의 세계에서는 희생제사의 의미를 두고 합의가 거의 이루어지지 않았다. 예수님과 그분의 초기 제자들 다수는 희생제사라는 단어를 그분의 죽음과 연관 지어 사용했기 때문에(유대인들은 인간 제사를 믿지 않았기에 그 자체로 충분히 놀랄 만한 일이다), 최소한 성전에서 제물로 동물을 잡을 때 부여한 의미라도 분명히 하는 것이 중요할 것이다. 이것은 사람들이 생각하는 것보다 쉽지 않다. 동물이 일종의 전이된 사형을 받았기에 동물을 가져온 예배자가 목숨을 건질 수 있었다는 과거의 의미는 이후 확실히 드러날 이유로 인해 성립되지 않을 것이다. 우리의 생각이 1세기 유대 성전신학 세계에 젖어들 때에야 비로소 그 의미를 깨닫기 시작할 것이다.

이처럼 신약성경의 실제 자료는 우리가 앞 장에서 만난 문제를 조금 작은 규모이지만 똑같이 예리하게 보여 준다. 예수님의 십자가형은 지난 2천 년 동안만이 아니라, 1세기나 그 당시 교회 생활에서도 폭넓은 해석을 낳았다. 우리는 이것을 어떻게 이해해야 할까? 이것이 다음 세대의 세상이나 교회나 개인에게 과연 무슨 소용이 있을까? 이 책은 이런 질문들에 답하기 위해 쓰였다.

첫 그리스도인들이 자신들의 고대의 성경 유산을 어떻게 이해하고 사용했는지 그 개요를 설명할 2부로 들어가기에 앞서, 어떤 논쟁이 있는지를 간단히 말하려 한다. 이후의 설명하는 과정에서 나머지 내용이 채워질 것이다.

첫째, 그리스도인의 소망('천국에 가는 것')이라는 흔한 관점을 '새 하늘과 새 땅'이라는 성경적 관점으로 대체하면 우리가 인간의 문제와 하나님의 해결책을 이해하는 방식에 직접적 영향을 미치리라는 점이 내게는 확실해 보인다. 둘째, 이 흔한 모델에서 우리가 '천국에 가지' 못하게 방해하는 것이 죄인데, 십자가에서 이 죄가 해결된다. 성경적 모델에서 우리가 진정한 인간이 되지(하나님의 형상을 닮아 '왕 같은 제사장'으로 행동하지) 못하게 방해하는 것은 죄뿐만이 아니라 그 배후에 있는 우상숭배다. 우상은 권세, 곧 인간이 하나님의 세상에서 마땅히 행사해야 할 권세를 잡았다. 우상을 숭배하는 인간들이 우상에 권세를 넘겨준 것이다. 하나님의 새로운 세상과 그 안에서 새로워진 인류를 위해서는 이 우상들이 깨져야 한다. 우상숭배의 결과인 죄가 인류를 세상의 신이 아닌 것들의 노예로 삼았기에, 죄를 다루는 것은 단순히 인류를 해방하여 천국에 보내는 것보다 더 심오한 영향을 미친다. 죄에서 벗어난 인류는 우상의 손아귀에서 해방되어 살아 계신 하나님을 예배하고 그분의 형상대로 새로워질 수 있다.

이 모든 내용이 굉장히 추상적인 것 같지만, 성경에서는 놀랄 만큼 구체적이다. 성경에서 죄를 처리하고 우상의 권세를 깨뜨려 새로운 창조세계를 불러오려는 하나님의 계획은 이스라엘 백성에게 집중되어 있다. 신약성경에서 그 초점은 이스라엘을 대표하는 메시아로

좁혀진다. 메시아는 이스라엘을 대신하여 창조세계를 회복하시려는 하나님의 계획을 성취하신다. 이것이 우리가 이 책의 나머지 부분에서 하려는 이야기를 간단히 요약한 내용이다. 예수님의 모든 제자들을 사로잡은 혁명적인 이야기 말이다.

이야기를 더 진행하기 전에 마지막으로 한 가지만 더 소개할 게 있다. 영어에서 죄를 다루는 문제를 흔히 '속죄atonement'라고 표현한다. 이 단어는 영어 성경 번역본의 많은 단락에 나타나기 때문에 이 말에 한 가지 확실한 의미가 있다고 생각하기 쉽다. 사실은 그렇지 않다. 신학 용어가 흔히 그렇듯, 이 단어도 약칭이라고 보면 된다. 어떤 사람들은 '예수님이 십자가에서 성취하신 일'을 가리켜 '속죄'라고 한다. 하지만 성경에 나타난 의미는 훨씬 더 포괄적이어서, 예를 들면 로마서 8장이나 히브리서 전체에서 보듯 예수 메시아의 십자가형뿐 아니라 부활과 승천까지 그분의 사역 전반을 포함한다. 승천하신 주님은 그 백성을 대신하여 아버지께 계속해서 중보하고 계신다(고 성경은 말한다). 이렇게 '속죄'가 앞으로 확장될 수 있다면, 뒤로도 확장될 수 있다. 요한계시록은 "창세 이후로…""죽임을 당한 어린양"13:8, 개역개정을 신비롭게 묘사한다. 그 의미가 무엇이든, 확실히 사복음서는 예수님의 공생애와 멀리는 그분의 탄생 전에 주어진 예언들을 통해 예수님을 "자기 백성을 그들의 죄에서 구원할"마 1:21, 개역개정 자로 묘사한다.

이 모두를 고려하여, 나는 이 책의 논의를 진행하면서 '속죄'라는 단어를 아껴서 사용하려 한다. 이 큰 질문들은 매우 중요하지만, 혁명의 시작과 연관된 궁극적 질문에 집중하고 싶다. 초기 그리스도인들에 따르면, 첫 번째 성금요일 저녁 6시에 세상은 완전히 바뀌었다. 무엇이 달라졌는가? 왜 달라졌는가? 이 혁명적 차이는 오늘날 우리에게 어떻게 도전하는가? 어떻게 우리를 수치스럽고 불명예스럽게 십자가에 달리신 예수님을 따르라는 소명으로 소환하는가?

II.

"성경대로": 이스라엘 이야기

04.

소명 언약

보이스카우트에서 전해오는 케케묵은 이야기가 있다. 스카우트 단원 셋이 길을 건너는 할머니를 도왔다고 한다. 단장이 "왜 세 사람이나 필요했니?"라고 묻자, 아이들은 이렇게 대답했다. "할머니가 길을 안 건너려고 하셔서요."

　　때로 우리는 정반대의 문제를 만난다. 방향은 옳지만 방법이 잘못된 경우다. 이 장을 쓰기 며칠 전, 신문에 어느 십대 소녀의 기사가 실렸다. 아이는 이유 없이 심신이 쇠약해지는 질병으로 오랫동안 고통을 받았다고 한다. 두통이 잦고 시력이 흐려지고 갑작스레 몸무게가 줄었다. 주치의는 아이에게 치즈 알레르기가 있을지도 모른다는 견해를 포함하여 다양한 진단을 내놓았다. 낙심한 어머니는 걱정 끝에 아이를 다른 병원에 데려가 추가로 검사를 받게 했다. 그런데 진짜 병명이 밝혀졌다. 아이의 병명은 뇌종양이었다. 분노와 안도감이 한꺼번에 밀려왔다. 아이는 전문의를 만나 적절한 치료를 받기 시작했다. 엉뚱한 진단을 따라 치료하는 것은 아무 효과가 없다.

　　십자가가 성취한 것에 대한 여러 이론들이(가장 유명한 이론들을 포함하여) 이런 실수를 저질렀다. 이들은 할머니를 도우려던 보이스카우트 대원들처럼 인류가 '천국'에 가려면 도움이 필요하다고 주장했다. 신약성경은 메시아 안에서 "하늘과 땅에 있는 모든 것을 모으시는" 것이 하나님의 뜻이라고 말씀하는데 말이다. 그런가 하면, 인류의 곤경이라는 특정한 진단을 내려서 진짜 질병보다 그 곤경만을 다루었다.

이 두 실수는 서로 강화하는 경향이 있었다. 대부분의 인기 있는 기독교에서는, '천국'(과 현재 '하나님과의 교제')이 목표이고 '죄'(벌을 받아야 할 나쁜 행동)가 문제다. 내가 지금까지 제안한 것처럼, 플라톤화된 목표와 도덕화된 진단은 인간의 제사로 분노한 신성을 달래는 이교화된 '해결책'을 낳는다. 열성적인 신학적 보이스카우트 단원들은 잘못 짚었다. 인간은 '천국'에 가기 위해서가 아니라 새 하늘과 새 땅을 위해 지음받는다. 그런가 하면 똑같이 열성적인 신학적 의사들은 엉뚱한 진단을 내렸다. 인간의 문제는 도덕률을 깨는 '죄'가 아니라—물론 그것도 죄의 일부이기는 하다, 두통과 흐릿한 시력이 진짜로 의료 문제의 일부였듯이—우상숭배와 거기서 비롯되는 진정한 인간성의 왜곡이다. 이 두 실수가 결합하여 서구 신학에 계속해서 따라붙는, 하늘과 땅 이원론을 강화한다. 이 때문에 일부 사람들은 인간의 문제가 우리의 '세속적'이고 '몸 된' 자아와 관련이 있다고 생각하고, 우리의 궁극적 목적은 '영혼'이 이 몸을 벗어나서 시공간과 물질을 벗어난 존재 가운데 안식을 찾는 것이라고 생각하게 된다. 다른 책에서도 주장했고 이 책에서도 계속해서 주장하겠지만, 이는 극히 잘못된 생각이다. '천국'이 '목표'가 아니라, 하나님의 새로워진 창조세계에서 새로워진 인류의 소명이 목표다. 이 목표야말로 창세기부터 계시록까지 모든 성경책이 가리키는 지점이다.

특히, 십자가에 대한 많은 사상과 가르침이 17세기에 '행위 언약 covenant of works'으로 알려진 전통을 전제했다. 1646년 웨스트민스터 신앙고백에 잘 담긴 이 개념은 수많은 대중 신앙의 핵심이다. 여기서 우리는 주의해야 한다. 개신교에도 다양한 분파가 있고, 그 대형 범주 내의 '개혁' 교리에도 분파가 많기 때문이다. 그중 일부는 내가 여기서 제기한 것과 동일한 문제들을 목격하고, 내가 지금부터 제안하려는 방법과 다르기는 해도 크게 동떨어지지 않은 방식으로 대응했다. 나처럼 이런 문제들을 피하기 원한 이들 중 일부는 '행위 언약'이라는 문구를 내가 반대하는 관점과 전혀 다른 방식으로 사용했다. 이 내용을 세세히 제시하는 것은 다음 기회를 노려야겠지만, 내가 '행위 계약 works contract'으로 반대하는 관점을 언급함으로써 여기에 얽매이지 않도록 노력할 것이다.

'행위 계약'은 사람들의 마음속에서 이런 식으로 기능한다. 하나님이 인류에게 도덕률을 지키라고 말씀하셨다. 이들이 에덴동산에서 계속 살 수 있을지는 이 법을 온전히 지키는지 여부에 달려 있었다. 실패하면 죽음이라는 형벌을 받을 것이다. 이것은 모세 율법이라는 더 강력한 도덕률로 이스라엘의 경우에도 반복되었다. 결과는 같았다. 따라서 인류는 천국이 아니라 지옥으로 가게 되었다. 그런데 예수님이 이 도덕률에 온전히 순종하여 죽으셔서 나머지 인류를 대신해 죄의 형벌을 치르셨다. 하나님과 인류의 가장 중요한 합의('행위 계약')는 동일했지만, 예수님이 필요한 일을 하셨다. 예수님을 믿고 그분의 공적에서 혜택을 입어 이 성취를 이용한 사람들은 천국에 가서 하나님과 영원히 교제하는 복을 누린다. 그렇지 않은 사람들은 천국에 가지 못한다. '행위 계약'은 내내 그대로 유지된다.

사람들은 로마서 1-3장을 그 근거로 설명한다. 여기서 한 가지 핵심 용어가 '의', 그리스어로는 '디카이오수네*dikaiosynē*'다. 오랫동안 여러 전통에서 '의'란 우리가 '행위 계약'을 온전히 지키면 얻을 수 있는 윤리적 상태, 또한 (다양한 설명에 따르면) 우리의 도덕적 실패에도 불구하고 예수님이 그 형벌을 대신 받으시고 선물로 '의'를 허락하셨기 때문에('그리스도의 의') 우리가 믿음으로 얻을 수 있는 상태를 의미했다.

솔직히 말하자면, 문제는 이것이 로마서가 말하는 내용이 아니라는 것이다. 이 책의 3부 마지막 장에서 이 단락을 다시 살피겠지만, 지금은 이 정도만 말해 두자. 하나님과 인간의 관계에 대한 이런 관점은 희화화에 불과할 뿐 성경적 관점과는 거리가 멀다. 이런 관점은 성경이 주장하는 것과는 전혀 다른 목표점으로 우리를 데려갈 것이다. 특히 이것은 이스라엘 성경의 실제 의미 곧 성경 자체와 그에 대한 초기 그리스도인들의 해석을 무시한다. 또한 역설적이게도 실재에 비하면 사소하기 짝이 없는, 인간의 곤경이라는 진단을 주장한다. 그대로 내버려 두면, 이 이론은 신약성경이 염두에 둔 것과는 전혀 다른 혁명을 일으킬 것이다.

성경이 제시하는 것은 '행위 계약'이 아니라 **소명 언약**covenant of vocation이다. 여기서 말하는 소명이란 하나님의 세상을 향한 창조주의 목적을 실행하는 참으로 인간적인 과제를 지닌, 참 인간이 되는 것이다. 이 소명의 주요 과제는 '형상을 닮는 것', 창조주의 현명한 청지기직을 세상에 드러내고, 모든 창조세계의 찬양을 그 창조주께 돌려드리는 것이다. 그렇게 하는 이들이 곧 하늘과 땅이 만나는 곳, 위험하지만 신나는 지점에 서라는 부르심을 받은 '왕 같은 제사장'이요 '제사장 나라'다. 이 표현에는 나보다 앞선 수많은 신학자들(모든 '개혁' 신학의 창립자인 장 칼뱅을 포함하여)의 말이 담겨 있다. 이 모든 내용이 다 성경에 들어 있으니 당연한 일이다. 하지만 이것은 대중 설교와 가르침에서 흔히 들을 수 있는 이야기는 아니다.

이 서사에서 창조세계는 일종의 성전 곧 하늘과 땅의 이중성으로 이해된다. 인간은 이 땅의 일부이지만 하늘의 생명과 사랑을 반영하는 이 우주라는 성전에서 '하나님의 형상을 닮은 자'로 기능한다. 이렇게 창조세계는 하나님의 형상을 닮은 자의 청지기 역할하에 기능하고 번창하게 되어 있다. 인류는 지금 특정한 도덕적 기준을 지키고 현재와 내세에 하나님의 임재를 누릴 뿐 아니라, 창조세계의 활기차고 풍성한 삶 가운데 축하하고 예배하고 번성하고 책임을 지도록 부름받았다. 창세기에 따르면, 이것이 인류가 창조된 목적이다.

그렇다면 인간의 곤경이라는 진단은 단순히 하나님의 형상을 지닌 인류가 그분의 도덕률을 깨뜨려서 창조주께 모욕을 준 것—그것도 사실이기는 하지만—만이 아니다. 이 위반은 더 중한 질병의 증상에 불과하다. 도덕률은 중요하지만, 그것이 이야기의 전부는 아니다. 창조세계 내에서 창조세계를 다스릴 책임과 권위를 부여받은 인간은 자신의 소명을 거꾸로 뒤집어서 창조세계 내에 있는 힘과 권세들을 숭배하고 충성을 바쳤다. 이것이 바로 우상숭배다. 그 결과는 종노

룻이며 그 결국은 죽음이다. 이는 비단 인류가 잘못을 저질러서 형벌을 초래했기 때문만은 아니다. 이것은 더 큰 문제의 일부분에 불과한데, 그 큰 문제란 임의적인, 어쩌면 가혹해 보이기까지 한 형벌이라기보다는 오히려 직접적인 결과라고 할 수 있다. 우리가 창조세계(우리가 마땅히 돌봐야 할 바로 그 창조세계!) 내의 힘을 숭배하고 예배할 때, 우리는 우리 자리를 차지하고 기뻐할 다른 세력들에 우리 권력을 넘겨주는 것이다. 이렇게 인류는 자신의 소명을 파기함으로써 자신의 권력과 권위를 신도 인간도 아닌 세력에 양도해 버렸다. 그러자 그 세력들은 온 세상에 만연하여 인류의 삶을 망치고 아름다운 창조세계를 파괴하고 하나님의 세계를 지옥(따라서 사람들이 벗어나기 원하는 장소)으로 바꾸고자 최선을 다했다. 앞서 지적했듯이, 이런 '세력'의 일부는 우리에게 매우 친숙하다(돈, 섹스, 권력). 또 다른 세력은 대중에게는, 특히 만물의 배후에 있는 고소하는 어둠의 '권세'라는 의미에서는 덜 익숙할 수도 있다.

● 왕 같은 제사장으로 부르심

나는 성경에서 인류가 도덕적 기준으로 '땅'을 떠나 '천국'에 가는 자격을 얻는 존재보다는, 하늘과 땅이라는 하나님의 현실 속에서 예배하는 청지기로 살도록 창조되었다고 말하고 있다. 이런 인류의 소명이 요한계시록에 분명히 드러나 있다.

우리를 사랑하셔서 자기 피로 우리를 죄에서 해방시키셨고, 또 **우리를 나라, 곧 그분의 하나님과 아버지의 제사장으로 삼으신** 분에게 영광이 있기를 빕니다. 영광과 권세가 그분에게 영원무궁하기를 빕니다. 아멘. 1:5-6

주님은 두루마리를 받기에 합당하시고,
그 봉인을 떼기에 합당하십니다.
주께서 죽임을 당하셨고, 주의 피로
모든 지파와 언어와
모든 민족과 나라에서,
하나님을 위해 한 백성을 사서,
그들로 우리 하나님을 섬기는 나라와 제사장으로 삼으셨으니,
그들이 땅에서 통치할 것입니다. 5:9-10

첫 번째 부활에 참여하는 사람은 복되고 거룩합니다! 두 번째 죽음은 그들에게 아무런 힘도 쓰지 못합니다. 그들은 **하나님과 메시아의 제사장이 되겠고**, 또 그들은 천 년 동안 **그분과 함께 다스릴 것입니다.** 20:6

세 번째 단락은 소명('왕 같은 제사장')을 반복하지만, 앞의 두 단락에 분명히 나타난 그 소명을 성취한 수단(메시아의 죽음)은 빠져 있다. "우리를 죄에서 해방시키셨고" "하나님을 위해 한 백성을 사신" 예수님의 죽음은 단순히 인류를 '지옥'에서 구하여 '천국'에 들여보내는 것

이 목적—대부분의 그리스도인들은 예수님의 죽음을 이런 식으로 생각한다—이 아니었다. 요한계시록 마지막의 유명한 장면에서 '새 하늘과 새 땅'이 하나가 된다. 하나님과 어린양의 임재 가운데, 구원받은 이들은 창세기의 태초부터 그들에게 맡겨지고 출애굽기에서 이스라엘의 소명으로 재확인된 역할을 돌려받을 것이다. 출애굽기에서 하나님은 새롭게 구출된 백성에게 그들이 하나님의 "보물"이 되고 "제사장 나라"가 되며 "거룩한 민족"이 될 것이라고 약속하신다.19:5-6, 새번역 제사장의 소명은 창조주 앞에서 창조세계를 찬양하는 것으로 요약할 수 있다. 그리고 왕의 소명은 하나님의 지혜와 정의를 세상에 드러내는 것을 뜻한다. 이것이 인류가 하나님의 형상대로 창조된 창세기 I장 26-28절의 직접적인 결과다. 요한계시록은 이스라엘 성경이 빠뜨린 지점에서 이 주제를 정확히 짚어 낸다. 요한계시록은 고대의 소명이 메시아의 죽음을 통해 새롭고 혁명적인 방식으로 갱신되었다고—당연히, 충격적으로—말한다. 우리가 목표를 제대로 잡고(단순히 '천국'이 아니라, 새 창조) 인간의 문제를 적절히 진단한다면(단순히 '죄'가 아니라, 우상숭배와 소명의 부패), 예수님의 죽음에 대한 더 폭넓은 성경적 관점이 눈에 들어오기 시작한다.

이 시점에서 잠시 짧은 여담이 필요할 듯하다. 어떤 독자들은 내가 묘사하고 있는 소명의 두 요소, 곧 '왕'과 '제사장'이라는 부분이 염려가 될지도 모르겠다. 이 각각에 대해 한 마디만 하고 넘어가자.

많은 사람들, 특히 I8세기에 군주제를 철폐한 이들에게 왕이나 여왕이라는 개념은 그 자체가 구시대적이고 불필요하며 모욕적이게까지 보인다. 나도 계속해서 '하나님나라(왕국)'에 대해 이야기하는 이유가 뭐냐는 질문을 자주 받는다. 대개 왕국이란 소수의 사람만 부자와 귀족으로 만들고 수많은 사람들을 억압하고 가난하게 만드는 재앙이 아니냐고 하면서 말이다. 내 대답은 I세기에도 상황이 더 심하면 심했지(헤롯이나 카이사르를 생각해 보라!) 마찬가지였으며, 그럼에도 예수님은 계속해서 왕 되신 **하나님**에 대해 말씀하셨다는 것이다. 왜 그러셨을까?

그 대답은, 인간 규칙의 왜곡은 단지 왜곡일 뿐이기 때문이다. 우리는 왜곡이 우리에게서 좋은 소식을 앗아가도록 허용해서는 안 되는데, 그 좋은 소식이란 하나님이 이 세상을 통치하신다는 것뿐만이 아니라 그분의 통치가 군주들의 평판을 깎아내리는 유의 통치와는 전혀 다른 종류의 통치라는 것이다. 이사야 II장 같은 예언서나 시편 72편 같은 시편들에서 우리는 왕의 부패를 보신 하나님이 군주제를 폐지하겠다고 하지 않고, 가난하고 궁핍한 자들을 최우선으로 보살피는 정의로 다스릴 진짜 왕을 보내겠다고 약속하시는 것을 볼 수 있다. 하나님의 진정한 정의와 자비 가운데 그런 역할과 그런 과제를 담당해야 할 인간의 소명이 자리하고 있다.

'제사장'도 마찬가지다. 많은 사람들이 이 단어를 보고 부패한 지배층, '종교'를 자기 목적대로 운영하고 규칙을 어기는 사람은 누구든 끔찍한 '신의' 형벌을 내리겠다고 위협하는 지배층을 떠올린다. 이번에도, 남용 사례 때문에 적절한 사용이 틀렸다고 말할 수는 없다. 제사장직은 이기적 부정행위를 은폐하는 용도로 자주 드러나기도 하지만, 이 개념은 인간됨에서 매우 중요한 또 다른 일부분이다. 우리 인간은 우리 마음과 찬양과 긴급 중보 가운데 창조주 하나님의 사랑 넘치는 지혜와 그분의 망가진 세상의 끔찍한 고통을 하나로 품고서 하늘과 땅이 만나는 지점에 서 있도록 부름받았다. 성경은 이 제사장이라는 소명이 부패하기 쉽고, 실제로 그런 일이 자주 있었다는 것을 잘 안다. 그럼에도 다시 한 번 성경은 제사장직의 철폐를 주장하지 않고, 온전하고 완전한 정화를 제안한다. 오실 그분이 "레위 자손을 깨끗하게 하되 금, 은같이 그들을 연단하리니 그들이 공의로운 제물을 나 여호와께 바칠 것이라."말 3:3 이 옛 유대의 약속은 예수님의 궁극적 '제사장직'을 미리 가리킨다.

그렇다면 우리는 끔찍한 오용이 왕과 제사장 소명에 대한 잘못된 인식을 불러왔다는 사실에 크게 놀라서는 안 된다. 그 정도쯤은 예상할 수 있어야 한다. 정말로 놀라운 사실은 이런 식으로—인간이 하늘과 땅 사이에 서서 각각을 대표하여 서로를 연결해 주는 성전의 '형상' 같은 역할을 하도록—세상을 만드신 창조주께서 이 프로젝트를 포기하지 않으셨다는 점이다. 갈수록 왜곡은 심해지지만, 원래 세상이 움직여야 할 방식은 그대로 남아 있어서 복음을 통해 다시 한 번 효력을 발휘할 것이다. 세상 예배자들의 마음을 훔치고 그 결과로 세상에 대한 인간의 통치권을 빼앗은 권세들은 인간들이 자신의 왕과 제사장 소명을 되찾기보다 세상을 탈출할 궁리만 하기를 바랄 것이다.

● 화해한 예배자들의 공동체

신약성경에서 예수님의 죽음으로 우리의 소명이 회복되었다고 묘사
하는 곳은 요한계시록만이 아니다. 바울의 유명한 두 본문도 똑같이
이야기한다. 먼저, 고린도후서 5장 21절은 이 본문에서 '행위 계약'
개념을 발견한 과거 세대들이 본질을 흐리고 다른 의미를 덮어씌우
는 바람에 자연스런 해석이 어려웠다. 하지만 바울이 사도직의 본질
을 설명하고 그 내용을 이사야 49장(바울이 좋아하는 본문 중 하나인)
에 대한 새로운 해석과 함께 제시하는 고린도후서 5-6장 전체의 맥락
에서 보면, 그의 생각의 흐름이 요한계시록의 흐름과 같은 것을 알 수
있다. 하나님과 백성을 화해시킨 예수님의 죽음이 인류의 소명을 회
복한다는 것이다.

　　매우 세심하게 구성된 이 단락에서 바울은 똑같은 내용을 세 번
반복하면서 절정으로 이끌고 간다. 각 경우에 그는 먼저 예수님의 죽
음에 대해 말하고 나서, 그 죽음의 결과로 사람들이 부르심을 받은 '화
해의 사역'에 대해 이야기한다.

　　그분[하나님]은 메시아를 통해 우리를 자기와 화해시키시고, **또 우리
에게 화해의 사역을 주셨습니다.**5:18

　　하나님께서 사람들의 죄과를 헤아리지 않으시고 메시아 안에서 세상
을 자기와 화해하게 하셨고, 또 우리에게 **화해의 메시지를 맡기셨습**

니다.5:19

메시아께서는 죄를 모르셨지만, 하나님은 그분을 우리 대신 죄가 되
게 하셨습니다. **이는 그분 안에서 우리로 하여금 언약에 대한 하나님
의 신실하심을 구현하게 하시기 위함입니다.**5:21

마지막 구절의 번역은 논란이 분분하다. 내가 '언약에 대한 신실
하심'이라고 번역한 구문은 대개 '의'로 옮기는 경우가 많다. 이 단어
는 내가 앞서 묘사한 '행위 계약'의 맥락에서 자주 사용된다(그리스도
는 우리 죄를 담당하시고, 그분의 도덕적 성취라는 의미에서 우리는 그분
의 '의'를 받는다). 하지만 나를 비롯한 다른 이들이 다른 곳에서 상세
히 주장했듯이, 이것은 잘못된 생각이다. 바울이 말하는 내용은 고린
도후서 2장에서부터 7장 마지막까지 그를 사로잡고 있는 내용 곧 그
의 사도직의 본질과 동일하다. 21절은 **메시아의 화해하게 하는 죽음
이 인류에게 새로운 소명을 주셨다**는, 바로 위의 나머지 두 구절과 정
확히 똑같은 내용의 추가 진술이다. 여기서 바울은 구체적으로 자신
의 '사도적' 소명을 말하고 있다. 그 요점은 '그리스도 안에' 있는 모든
이에게 쉽게 적용될 수 있지만, 그것이 여기서 주요 주제는 아니다. 그
는 자신이 왜 사도직을 감당하는지, 고린도 교인들이 수치스럽게 여
기는 자신의 고난이 왜 사도직에서 꼭 필요한 부분인지를 설명하고
있다.

바울은 자신이 혁명의 최전선에 서 있다고 생각한다. 예수님의

죽음은 전혀 새로운 세계를 열었고, 바울은 전인미답의 영역으로 사람들을 인도하는 팀의 일원이다. 그는 그분의 언약과 세상을 향한 창조주 하나님의 신실하심을 **선포할** 뿐 아니라 몸소 **구현한다**. 그는 이스라엘의 '종'의 소명을 보여 주는 이사야의 환상을 생각하면서 자신이 가장 좋아하는 이사야 49장을 인용하고 있다. "내가 적시에 네게 귀를 기울였고, 내가 구원의 날에 너를 도우러 왔다."고후 6:2, 사 49:8을 인용 인용한 이사야 본문의 나머지는 다음과 같이 이어진다. "내가 장차 너를 보호하여 너를 백성의 언약으로 삼으며." 바울은 (예수님이 우리 죄를 담당하시고, 우리가 그분의 '의'를 받는) '행위 계약'을 요약하고 있는 것이 아니다. 그는 요한계시록과 똑같이, 예수님의 화목케 하는 죽음이 사람들을 해방하여 그들의 진정한 소명을 찾게 한다는 사실을 경축하고 있다. 메시아의 죽음은 그에게, 더 나아가 예수님을 따르는 모든 이에게, 계속되는 하나님의 계획, 온 세상을 향한 언약의 목적에 동참하라는 소명을 준다.

갈라디아서 3장 13절에서도 비슷한 내용을 볼 수 있다. 바울은 "메시아께서 우리를 대신하여 저주가 되심으로써, 우리를 율법의 저주에서 속량하셨습니다"라고 기록한다. 이 말씀은 추상적인 행위 기반 속죄론이 아닌데도, 맥락을 무시하고 그 역할을 하게 될 때가 자주 있다. 많은 설교에서 예수님의 죽음이 '율법의 저주'(위협적인 도덕률로 보인다)를 제거한다고 가르쳤다. 심지어 어떤 이들은 바울이 이스라엘의 율법 자체를 이 '저주'를 선포할 권리가 없는 나쁜 것으로 간주하고 있고, 예수님의 죽음이 이를 드러냈다고 보았다. 그러나 이런 해석은 바울의 의미와는 거리가 멀다. 그는 그런 설교들에서 흔히 하듯이 이렇게 말하지 않는다. "메시아가 우리 대신 저주가 되셨습니다. **그것은 우리가 죄에서 해방되어 천국에 갈 수 있게 하기 위해서입니다.**" 바울은 14절에서 메시아가 율법의 저주를 받으셨고 "이는 아브라함의 복이 왕이신 예수 안에서 민족들에게까지 흐르게 하고, 우리도 믿음을 통해서 영의 약속을 받게 하려는 것"이라고 말한다.

바울은 메시아의 죽음이 사람들을 지옥에서 구해 낸다고 말하고 있지 않다. 메시아의 죽음이 인류를 하나님과의 교제로 회복한다고 말하고 있지도 않다. 이런 것들도 다 중요하지만, 그가 말하려는 핵심은 아니다. 갈라디아서 3장 전체는 아브라함을 향한 하나님의 약속이 늘 전 세계적인 가족을 내다보았고, 복음서의 사건들이 그 비전을 현실로 구체화했다는 내용이다. 예수님의 죽음으로 혁명이 시작되었고, 그 죽음은 하나님의 약속과 그 약속의 대상인 열방 사이의 방어벽을 제거했다. 그리고 예수님의 죽음은 하나님의 백성에게 성령이 부어져서 그들이 주어진 일을 할 수 있도록 구비시키는 길을 여셨다. 다시한 번 예수님의 죽음을 통해 성취된 일에 대한 성경적 관점은 인류의 소명, 이스라엘의 소명, 온 세상을 향한 더 큰 하나님의 목적의 회복과 관련이 있다.

바울의 글 중에 가장 난해한 로마서 5장 17절에서도 비슷한 내용이 전개되고 있다. 그는 성경 이야기 전반을 훑으면서 아담이 저지른 죄의 결과와 메시아가 하신 사역의 결과를 대비한다. 여기서 우리는 기껏해야, 예수님이 아담이 실패한 의무를 다하셔서 그 백성에게 효력이 미치는 '행위 계약'을 다루게 되리라고 가정할지도 모른다. 하지만 아니다. 예수님의 '순종'이 이 단락에서 중요하기는 하지만, 그런 이유에서는 아니다. 바울이 염두에 둔 것은 이번에도 **소명** 언약이다.

한 사람의 범죄로 말미암아 죽음이 그 사람을 통해 지배했다면, 은혜와 함께 언약의 신분이라는 선물 곧 '의로움'이라는 선물을 풍성하게 받는 사람들은 메시아 예수 한 사람을 통한 생명 안에서 더욱더 지배할 것이니 말입니다.

그들은 생명 안에서 지배할 것이다! '지배하다'라는 단어는 그리스어 어근 '바실레우스*basileus*'에서 파생한 왕의 언어다('왕'이나 '왕국'에서처럼). 우리가 전통적 해석을 따른다면, 메시아의 사역으로 그분의 선물을 받은 사람들이 죽음을 탈출하여 '구원'을 발견하는 결론을 기대할 것이다. (우리가 바울의 방식대로 '구원'을 이해한다면) 이 말도 맞지만, 이것은 여기서든 요점을 확장하는 8장에서든 그가 강조하는 특정한 진리가 아니다. 바울이 말하는 요지는, 복음을 통해 사람들은 하나님의 선물을 받으며 이 복음이 **그들을 메시아와 함께 '지배하는'** 진**정한 인간으로 회복한다**는 것이다.

일단 이 점을 깨달으면, 그 내용이 17절 앞부분에 대한 이해와 로마서 5장 전체에 나타난 '문제' 분석에 다시 적용된다. 핵심은 이렇다. 죄를 지은 인류는, 하나님의 형상을 닮은 자로 '통치하는' 자신들의 마땅한 소명을 다하지 못하게 되었다. 자신들의 권위를 세상 권세,

II. "성경대로": 이스라엘 이야기

궁극적으로는 죽음에 넘겨주었다. 따라서 절정을 이루는 21절의 결론에서 바울은 "죄가 죽음 안에서 지배한다"고 선언한다. 죄란 **인간 소명의 실패**와 그에 수반된 모든 것을 뜻한다. 죄를 지을 때 우리는 우리의 소명과 특권과 가능성을 망가뜨린다. 우리의 생각과 말과 행동에는 결과가 따른다. 원래 그렇게 되어 있다. 하나님의 형상을 닮은 자라는 게 그런 뜻이다. 죄는 좋은 결과를 파괴적인 결과로 바꿔 놓는다. 생명의 근원에서 벗어난 우리는 죽음으로 그 공간을 채우려 한다. **죄와 죽음은 모두 십자가에서 처리해야 한다.** 신약성경 전체와 그중에서도 특히 바울은 이것이 성취되었다고 선언한다. 십자가가 혁명의 출발점인 이유가 바로 그 때문이다.

대부분의 사람들은 바울이 인류의 문제를 설명할 때 '죄'에 초점을 맞춘다고 생각한다. 그렇지 않다. 그가 로마서 1-2장에서 '죄'에 대해 말하는 내용은 우상숭배에 대한 내용보다는 부차적이다. 인간의 가장 큰 실패는 **예배**의 실패다. 로마서 1장 18-25절에서는 '불경건'이 '불의'보다 앞선다. 하나님이 아닌 것을 예배하는 이들은 세상에 왜곡을 불러올 수밖에 없을 것이다. '불의'의 핵심은 그것이 단지 '잘못된 행동'(범인은 비난을 받을 만하다)을 뜻할 뿐 아니라, **하나님의 세상에 강력한 악의 요소를 도입한다**는 뜻이다. 회사의 유익에는 눈곱만큼도 관심 없는 친구들을 이사로 임명하는 어리석은 사업가처럼, 우리는 우리를 망가뜨리고 우리의 원래 목적을 무산시키는 세력들에 통제권을 넘겨주었다.

어떻게 이런 일이 벌어지는지 생각해 보자. 바울은 하나님이 만드신 만물을 통해 그분을 알 수 있다고 설명한다. 모든 인류가 지닌 제사장의 소명은 하나님을 영화롭게 하고, 그분께 감사와 찬양을 올려드리는 것이었다. 그런데 반대로 인류는 "불멸하시는 하나님의 영광을 죽을 수밖에 없는 사람의 형상 같은 모양으로, 그리고 새와 짐승과 파충류의 형상 같은 모양으로 바꾸었"다.롬 1:23 이런 결과는 더 근본적인 '교환'에서 비롯된다. "그들은 하나님의 진리를 거짓으로 바꾸었고 창조자보다 피조물을 경배하고 섬겼지만, 그분은 영원히 찬송 받으실 분입니다."롬 1:25 여기서 바울은 우상이 아니라 진짜 하나님을 예배한다는 고대 이스라엘 사람들의 주장을 반영한다. 이것이 주요하다. 죄에는 대단히 심각한 결과가 따른다. "그런 짓을 하는 사람이 죽어 마땅하다."1:32 하지만 그의 요점은 인류의 이 운명(2:1-16에서 분명히 하듯, 이것도 중요하기는 하지만)보다 훨씬 폭넓다. 바울의 관심사는 **하나님만을 예배하지** 못한 인류의 실패로 인해 창조주의 전체 계획이 위험에 처했다는 것이다. 하나님께 드리는 예배를 통해서만 인류는 그분의 창조세계를 돌보라는 자신들의 소명을 유지하고 그 결실을 맺을 수 있을 것이다.

물론 '우상숭배'는 실제 물리적 형상을 제작하고 숭배하는 일만을 뜻하지 않는다. 우리가 어떤 피조물을 창조주보다 더 우위에 놓을 때마다 우상숭배를 하는 셈이다. 인간이 창조세계의 일부나 창조세계 내의 어떤 세력을 예배할 때 창조된 질서의 일부분에 **자신들의 권력을 내어주는** 것이며, 그러면 그것들이 인간을 다스리게 될 것이다. 따라서 바울에게 '죄'는 그저 도덕률을 어기는 것에 그치지 않는다(물론 그것도 포함하기는 한다). 죄는 훨씬 더 심오해서, 하나님을 예배하지 않거나 참 하나님이 아닌 우상을 숭배함으로써 진정한 인간됨의 표지를 잃어버리는 것이다. 다시 한 번 말하지만, 그런 행동은 마땅히 인류에게 속해야 할 권위를 생명 없는 '세력'이나 '권세'에 내주는 것이다. 인류가 잘못된 행동을 해서 벌을 받아야 한다는 것이 문제의 전부가 아니다. 진정한 문제는, 죄로 표출된 인류의 우상숭배가 그들이 자기 자신과 온 창조세계에 종노릇하는 결과를 가져온 것이다.

그런 다음, 성경은 사람들이 흔히 상상한 것과는 다른 인간의 곤경을 분석한다. '죄'는 그 자체로는 큰 문제가 아니다. 죄는 더 심오한 문제가 숨길 수 없게 드러난 증상인데, 성경 이야기는 더 심오한 그 문제를 다룬다. 거기에는 '죄' 문제도 포함되지만, 그보다 훨씬 더 깊다. 그 심오한 문제란 **인류가 특별한 소명을 위해 지음받았지만 그 소명을 거부하고, 살아 계신 하나님께 등을 돌리고 우상을 섬겼으며, 그 결과 진정한 인간에게 주어진 인류와 세계를 다스리는 권력을 창조세계 내의 '세력'인 우상들에게 넘겨준 것이다.** 이것이 종노릇, 곧 궁극적으로는 죽음의 통치와 부패, 창조주가 지으신 선한 세상의 파괴를 불러왔다.

이 모든 내용을 보면, '죄'가 '죽음'을 낳는 이유는 (흔히 생각하듯이) '죽음'이 사소한 도덕적 결점에 따른 임의적이고 가혹한 형벌이어서가 아니라는 점이 확실해진다. 둘의 연결고리는 훨씬 더 심오하다. 내가 여기서 구분하는 차이는 속도를 위반해서 받은 딱지와 비 오는 날 급커브 길에서 과속으로 일어난 충돌 사고의 차이와 같다. 속도위반 딱지는 임의적이어서 운전 행위와 유기적 연결고리가 없다. 충돌은 운전 행위의 직접적 결과로, 본질적이라고 할 수 있다. 마찬가지로, 죽음은 죄에 대한 임의적 형벌이 아니라, 그 **본질적 결과**다. 인류가 하나님의 형상을 닮아야 할 소명에 실패할 때 발생하는 문제는 단순히 그로 인한 형벌에 그치지 않는다. 문제는, '권세들'이 통제력을 장악하여 창조세계를 향한 창조주의 계획이 의도대로 진행될 수 없다는 것이다.

이것이 이스라엘의 성경 이야기에 고스란히 드러나는 것을 볼 때 이 모든 내용이 더 확실해진다. 바울이 초기 공식 문구를 인용하여 "메시아께서 성경대로 우리 죄를 위해 죽으셨습니다"라고 고린도 사람들에게 이야기할 때 그가 가리키고 있는 이야기가 바로 이 이야기다. 누가복음에서 예수님이 모세와 모든 예언자의 글로 시작하여 모든 성경에 쓴 바 "자기에 관한 일들"을 자세히 설명하실 때도24:27 이야기를 염두에 두신다. 이스라엘 성경의 큰 이야기는 짧은 요약으로는 불가능할 정도로 매우 복잡하고 다양한 측면이 있는데, 이런 복잡성이 중요하다. 신약성경은 고대 성경의 소명 서사―이스라엘의 소명, 인류의 소명―를 재확인해 주고, 이것이 예수님 안에서, 예수님을 통해 그의 백성 가운데서 성취되었다고 주장한다. 따라서 초기 그리스도인들은 이스라엘 성경을 가져다가 예수님의 죽음의 의미에 대한 밀도 있고 촘촘한 진술을 형성한다. 그래서 우리는 이 성경 이야기를 좀 더 자세히 살펴보아야 할 것이다.

05.

"모든 성경에"

우리는 신약성경 저자들이 예수님의 죽음을 통해 인류가 원래의 소명을 회복하고 그렇게 구원받은 인류가 이제는 '왕 같은 제사장'이나 '제사장 나라'라고 주장하는 내용을 살펴보았다. 초기 그리스도인들이 이런 말을 할 때 그들은 창조세계의 원래 프로젝트가 드디어 정상 궤도로 돌아왔다고 주장하면서 창세기 1-2장의 숨은 의미를 되찾을 뿐 아니라, 한 가지 구체적 관점에서 이스라엘의 소명도 되찾고 있다.

> 내가 애굽 사람에게 어떻게 행하였음과 내가 어떻게 독수리 날개로 너희를 업어 내게로 인도하였음을 너희가 보았느니라. 세계가 다 내게 속하였나니 너희가 내 말을 잘 듣고 내 언약을 지키면 너희는 모든 민족 중에서 내 소유가 되겠고 너희가 내게 대하여 제사장 나라가 되며 거룩한 백성이 되리라. 출 19:4-6

이 소명은 이사야서의 여기저기서 찾아볼 수 있는 놀라운 환상을 불러일으킨다.

> 네가 나의 종이 되어
>   야곱의 지파들을 일으키며

이스라엘 중에 보전된 자를 돌아오게 할 것은 매우 쉬운 일이라.

내가 또 너를 이방의 빛으로 삼아

　　나의 구원을 베풀어서 땅 끝까지 이르게 하리라.…

왕들이 보고 일어서며

　　고관들이 경배하리니

이는 이스라엘의 거룩하신 이 신실하신 여호와

　　그가 너를 택하였음이니라. 49:6-7

일어나라. 빛을 발하라. 이는 네 빛이 이르렀고

　　여호와의 영광이 네 위에 임하였음이니라.

보라, 어둠이 땅을 덮을 것이며

　　캄캄함이 만민을 가리려니와

오직 여호와께서 네 위에 임하실 것이며

　　그의 영광이 네 위에 나타나리니

나라들은 네 빛으로,

　　왕들은 비치는 네 광명으로 나아오리라. 60:1-3

　　이런 단락들은 두드러지기는 해도 서로 동떨어져 있지 않다. 이런 내용은 훨씬 더 심오한 주제들을 드러내는 확실한 표지다. 때로 이런 단락들을 참조하여 깨닫는 이런 주제들이 신약성경이 예수님의 죽음과 그 영향에 대해 말하는 내용의 핵심이다.

　　그리스도인들이 '옛 언약'이나 '구약'으로 부르는 이스라엘 성경을 재빨리 훑어본다면, 일부 대중의 추정과 달리 한 가지 큰 이야기를 하고 있음을 발견할 것이다. 그런데 희한하게도 이 이야기에는 확실한 결론이 없다. 뭔가 적당한 결말을 향해 가는 듯하긴 하나 거기에 도달하진 못한다. 히브리 성경은 역대기가 맨 마지막에 위치한다. 영어 성경을 포함하여 대부분의 현대 번역본에서는 열왕기 다음에 역대기가 오고, 예언서로 끝나며, 그중에서도 말라기가 가장 마지막이다. 하지만 마지막이 역대기이든 말라기이든, 구약 전체를 훑어보고 나면 앞을 내다보며 이다음에 무슨 일이 벌어질까 궁금해지기 마련이다.

실제로, 이스라엘 성경의 맨 앞부분인 모세오경만 훑어봐도 똑같은 효과가 나타난다. 오경의 다섯 번째 책 신명기는 "그 후로도 오랫동안 행복했다"는 미래상으로 끝나지 않고, 오히려 경고와 소망이 뒤섞인 도전적 전망을 제시한다. 그러나 성경의 위대한 서막—천지와 인간 창조, 아브라함을 부르심, 애굽의 종살이와 출애굽, 약속의 땅으로 향하는 여정—은 최소한 성경을 엮고 편집한 이들의 관점에서는 고대 이스라엘이 위대한 드라마, 창조주와 그분의 창조세계라는 드라마에서 결정적 역할을 하고 있음을 나타내는 듯하다. 그러나 드라마는 아직 끝나지 않았다. 신명기 마지막에서 이스라엘은 불순종과 포로기, 죽음에 대한 경고를 받는다. 역대기 마지막에 이르러서도 포로기는 진행 중이다. 말라기 마지막에서 하나님은 이들이 돌아오고 만사가 해결되리라고 약속하셨지만, 아직 그 일은 일어나지 않았다. 셰익스피어가 무대에서 공연을 계속 펼치다가 이야기가 정리되어 해결책에 도달하기도 전에 갑자기 중단하는 식의 장난을 치는 모습을 상상하기는 힘들다.

● 이스라엘과 아담

특히, 성경은 이스라엘이 어떻게 **포로 생활**을 하게 되었는지 들려준다. 어떤 의미에서는, 이 이야기 외에는 별 다른 내용이 없을 정도다. 바벨론 '유배'라는 큰 이야기는 결국 그 사건으로 이어지는 다른 사소한 '유배들'로 가득 차 있다. 아브라함은 애굽으로 내려가서 큰 어려움에 봉착할 뻔한다. 그의 아들 이삭도 마찬가지다. 이삭의 작은아들 야곱은 형의 분노를 피해 집을 떠나 14년 동안 조상 땅에 머물다가 하나님이 아브라함에게 약속하신 땅으로 돌아온다. 야곱 가족이 기근을 피해 애굽으로 갔다가 이스라엘 민족은 거기서 400년 동안 머물며 노예가 되고, 유월절과 출애굽이라는 극적 사건을 통해 해방되어 약속의 땅으로 들어간다.

약속의 땅에 들어가서도 생존과 독립을 위한 싸움은 계속된다. 다윗 왕 통치기에 잠시 평화로운 시대를 맞지만, 다윗은 내부 반란으로 쫓겨났다가 돌아와 다시 왕좌를 차지한다. 다윗 이후로 왕국은 '북'(다윗 후손이 아닌 왕들이 다스린다)과 '남'(다윗 후손이 다스린다)으로 나뉘고, 북 왕국은 앗시리아에게 빼앗겨 다시는 회복하지 못한다. 남 왕국—베냐민, 유다, 그들 가운데 산 레위인—은 유지되지만, 이들도 결국 바벨론의 무력에 굴복하고 대부분이 포로로 잡혀 간다. 성전이 파괴된다. 에스겔에 따르면, 여호와가 제사장들과 백성의 충격적인 행동을 보시고 이스라엘을 그 운명에 내버려 두셨기에 이 일이 가능했다. 이렇듯 바벨론의 포로가 된 사건을 대개 가장 **대표적인** '유배'로 언급한다.

이후에 벌어진 일은 어떤 면에서는 가장 혼란스러운 순간이 아닐까 싶다. 두 세대 후에, 바벨론에 있던 포로 일부는 자기들 땅으로 돌아와 성전을 재건한다. 하지만 아주 짧은 기간을 제외하고는, 완전히 독립을 되찾지는 못한다. 이들은 '종노릇'이 계속되는 자신들의 이야기를 반복해서 들려준다. 많은 사람들이 영광스러운 재림에 대한 예언들(특히 이사야와 에스겔)이 아직 이루어지지 않았다고 생각한다. 우리가 포로기 이후로 간주하는 예언자들(학개, 스가랴, 말라기)은 만사가 평안하지 못하다고 경고한다. 특히, 이들은 이사야 52장, 에스겔 43장 등의 약속들에도 불구하고 포로들(혹은 그 일부)이 돌아왔지만 여호와는 돌아오시지 않았다고 생각한다. 말라기는 그분이 **돌아오시리라고** 약속하지만, 아직은 돌아오시지 않은 것 같다. 현재의 종살이를 그치고 이야기를 완성하고 만사를 바로잡으려면 하나님의 새로운 행동이 필요할 것이다.

이런 혼란스러운 상황에서 다니엘서(지금은 일반적으로 주전 2세기에 최종 형태를 갖추었다고 여겨진다)가 새로운 분위기를 가져온다. 예레미야는 포로기가 70년 동안 이어질 것이라고 말했다. 하지만 이제 외국 권력에 대한 끊임없는 종살이 곧 진정한 '포로기'가 훨씬 더 길게, **일흔 이레** 곧 70년의 7배 동안 이어질 것이다.9:24 거의 500년에 달하는 기간이다! 애굽의 종살이도 그 정도로 길기는 했다. 이 또한 하나님의 크신 계획 가운데 있을 것이다.… 하지만 이야기는 아직도 끝나지 않았다. 여전히 결말을 찾아가는 중이었다. 그래서 이 기간에 유대 사상과 저술, 생활에서 가장 부각된 주제가 소망이었다. 이스라엘의 하나님이 온 세상의 창조주이시기에 조만간 만사를 바로잡을 행동을 취하실 것이라는―반드시 그러셔야 한다는!―믿음에서 비롯된 소망 말이다.

'속죄'를 다룬 책들을 읽어 본 사람이라면 이 대목에서 이런 질문을 던질지도 모른다. "온갖 반전과 암울한 비밀투성이인 이 옛날 이야기가 예수님의 죽음과 그 죽음이 첫 제자들에게 지닌 의미와 도대체 무슨 상관이 있나요?" 신약 시대 유대 저술가들이 이스라엘 성경에서 주제와 단락을 언급할 때조차 이 큰 서사 내에서 보지는 못한다. 하지만 신약성경의 관점에서는 이 이야기가 중요했고, 예수님의 죽음과 부활을 통해 그 이야기는 갑작스럽고도 폭발적이고 혁명적으로 초점이 뚜렷해졌다. 많은 이야기와 드라마에서 그렇듯, 우리는 충격적 결말을 통해 그 앞에 전개된 모든 내용을 이해할 수 있게 되었다. 이 결말의 의미는 앞선 이야기의 관점에서 의미한 내용이지만, 결말을 모른다면 이런 식으로 이 이야기를 하지는 않았을 것이다. 이 책에서 내가 주장하는 바는 우리가 이 전체 서사와의 적절한 연관성 가운데 예수님의 죽음을 볼 때에야 비로소 초기 그리스도인들이 실제로 의미한 바에 대해 던지고 싶은 질문들을 해결할 수 있다는 것이다.

초기 그리스도인들이 예수님의 죽음에 대해 기록할 때 그들은 흔히 다른 모델이나 은유로 간주되는 것을 사용했다. 여기에는 노예 시장에서 빌려온 '구속'(속량), 법정에서 빌려온 '칭의', 성전에서 빌려온 '희생제사' 등이 있다. 사람들은 이런 은유들이 서로 들어맞지 않는다고 말할 때가 많다. 핵심 진리에 도달하기 위한 다른 그림들이라는 것이다. 나는 이것이 예수님이 **성경대로** 죽으셨다는 말씀의 의미를 제대로 보지 못한다는 뜻으로 본다.

우리에게 전혀 동떨어진 이미지로 보이는 것들이 사실은 **이 이야기 안에서** 서로와의 관계에서 뜻하는 바다. 이 이미지들을 이 이야기에서 떼어내 버리면 당신은 그것들을 다른 이야기, 대개는 죄인이 지옥이나 천국으로 향하는 추상적 '행위 계약' 같은 이야기에 집어넣게 될 것이다. 우리가 "성경대로"라는 표현에 초기 기독교의 중요성을 온전히 부여할 때에야 비로소 "우리 죄를 위해"라는 문구가 초기 그리스도인에게 온전히 의미한 바를 발견하게 될 것이다. 이는 플라톤화된 구원관과 인간 곤경의 윤리화, 궁극적으로는 구원의 성취에 대한 이교화된 관점을 포기한다는 뜻이다. 플라톤화된 구원관은 혁명의 선두를 둔화시켰다. 인간 곤경의 윤리화는 문제의 일부를 전체인 양 다룬다. 구원의 성취에 대한 이교화된 관점은 성경의 진짜 그림을 왜곡한다.

늘 그렇듯, 해결의 단서는 시작에 있다. **이스라엘과 그 땅 이야기는 에덴동산의 아담과 하와 이야기와 의도적인 병행을 이룬다.** 물론, 우리는 정반대로 구상되고 기록되었다고 생각할 수 있다. 즉 창세기 앞부분을 현재와 같이 배치한 이가 누구든 그는 이스라엘의 더 긴 이야기를 염두에 두고 있었다고 말이다. 이 이야기들은 서로의 이야기를 해석할 수 있도록 의도되었다. 아담과 하와의 이야기를 읽으면, 장구한 이스라엘 이야기의 뚜렷한 의미를 더 가까이서 볼 수 있다. 이스라엘의 전체 이야기를 읽으면, 인류가 겪는 곤경의 진정한 의미가 훨씬 더 크고 비극적인 사건들 가운데 펼쳐진 것을 볼 수 있다.

하지만 이 이야기들은 단순히 나란히 놓고 단지 서로의 '예'가 되어 주기 위해 의도된 것만은 아니다. 창세기는 아브라함과 그 가족 이야기를 이 가족이 **인류의 문제를 해결하는 수단**이 될 것이라는 측면에서 소개한다. 창세기 1-12장 이야기는 그와 같이 진행된다. 하나님께서 아담과 하와의 문제를 되돌려 놓기 위해 아브라함과 사라를 부르셨다. 이렇게 해서 인류를 향한 원래 계획이 제자리를 찾을 것이다. 약속의 땅은 새 에덴이 될 것이다. 이 점은 원래의 성경 본문과 후대에 기독교와 유대교 저술에서 이 이야기를 인용한 많은 곳에서 확실히 볼 수 있다.

세 가지가 결과가 뒤따른다. 첫째, 약속의 땅은 사망과 반대되는 **생명**의 장소가 될 것이다. 신명기는 뒷부분으로 갈수록, 아담과 하와가 동산에서 추방당하여 생명나무에 접근하지 못하게 된 창세기 3장 22-24절을 상기시키면서 이 점을 더욱 강조한다.30:15-20 태초에 인간이 받았다가 잃어버린 생명은 마침내 회복될 것이다. 약속의 땅의 '생명'이 동산에서 추방된 '죽음'의 해결책이 될 것이다.

둘째, 약속의 땅은 **하나님이 임재하시는** 곳이 될 것이다. 원래 하늘과 땅 창조세계는 인류뿐 아니라 창조주 하나님이 거하시는 곳으로 역할을 해야 했다. 창조세계 전체가, 하나님의 '형상'인 인류가 그 중

심에 있는 일종의 성전이었다. 광야의 성막과 이후의 예루살렘 성전
은 축소된 창조세계 곧 하나님이 창조세계를 회복하고 새롭게 하시는
그분의 궁극적 목적의 표지로 자기 백성 가운데 거하실 장소, 하나님
의 강력한 임재가 충만한 곳이 되어야 했다. (수많은 성경 본문이 이 궁
극적 목적을 당연시하지만, 민 14:21; 시 72:19; 사 11:9; 합 2:14 같은 본
문에서 특히 잘 드러난다.) 창세기와 출애굽기를 함께 읽으면, 출애굽
기 마지막 부분의 성막 건축과 그곳에서 대제사장 아론의 역할은 원
래 창조의 갱신이나 회복으로 볼 수 있다. 하나님이 친히 임재하시는
거룩한 장막이라는 '작은 세계'에서 이 이야기는 원래의 창조를 반영
한다. 하늘과 땅이 하나가 된다. 하나님이 신비롭게 임하신다. 하나님
의 형상을 지닌 인간은 그 중심에서 자신의 제사장 역할을 감당한다.

셋째, 이스라엘 성경에는 약속의 땅을 더 큰 무언가를 미리 보여
주는 이정표로 보았다는 표지가 있다. 하나님은 기름 부은 왕에게 "내
게 구하라. 내가 이방 나라를 네 유업으로 주리니 네 소유가 땅 끝까
지 이르리로다"라고 말씀하신다.시 2:8 온 세상을 포함하는 이 '약속의
땅'의 확장은 시편 72편과 89편에서 좀 더 상세하게 반복되고, 이사
야 11장 같은 예언서 본문이 회복된 창조세계에 대한 환상으로 그 그
림을 채운다. 다른 시편과 예언서들도 하나님의 궁극적 목적은 온 세
상이 이스라엘 하나님의 구원하시고 인간성을 회복하시는 통치를 받
는 것이라고 주장한다. 이번에도 성경의 관점은 인간 영혼이 '천국 가
는 것'이 아니라, 약속의 땅이 표상하고 상징하는 약속된 새 창조다.

우리가 예수님의 첫 제자들 마음속에 들어가 이들이 예수님이

"성경대로" "우리 죄를 위해" 죽으셨다고 말한 의미를 이해하려 한다면, (우리에게는) 매우 복잡해 보이는 이 그림에서 각 요소 하나하나가 다 중요하다. 이 모두가 어떻게 들어맞는지, 전체 틀이 어떻게 **전체로** 기능하는지 이해하지 못한다면, 우리는 예수님의 죽음에 대한 관점을 부적절한 약어와 구호로 축소하는 데만 그치지 않고 오히려 그것을 전혀 다른 틀에 집어넣게 되고 말 것이다. 그리고 원래 틀이 남긴 간극을 메우려고 고안된 그 대안 틀은 "우리 죄를 위해" 같은 핵심 문구에 원래의 것과는 미묘하지만 중요하게 다른 의미를 부여하게 될 것이다. 그러면 우리는 이 이야기를 성경과 유대의 맥락에서 제거하여 이교화하는 셈이다.

그렇다면 우리가 아담과 하와 이야기와 이스라엘 이야기를 한편으로는 나란히, 다른 한편으로는 순서대로 읽으면 어떻게 될까? 두 경우 모두, 같은 이유로 생명의 약속이 죽음의 실재로 대체된다. 초기 인류는 창조주의 부르심과 명령을 거부했고, 이스라엘은 훨씬 더 증폭된 언약의 하나님의 부르심과 명령을 거부했다. 포로기라는 끔찍한 비극이 찾아오자 위대한 예언자들은 의미를 찾으려 애썼다. 이교도 무리가 이스라엘을 이기고, 거룩한 곳을 짓밟고, 선택된 백성을 바벨론(인간의 교만이 극에 달했던 창세기 11장의 그 '바벨')으로 끌고 갔다. 이것을 어떻게 이해할 수 있을까? 신명기와 정확히 맥을 같이하는 예언자들의 핵심 통찰은 유배를 일종의 살아 있는 죽음으로 본 것이다. 하지만 이것이 이야기의 끝일 수는 없었다. 아니면, 혼란이 또다시 찾아올 수도 있었을 것이다. 어쨌든—위대한 예언자들은 기도와 시로 이런 통찰을 표현하려고 애썼다—창조주가 언약 백성을 인류를 구원하는 수단으로 선택하셨고 이제는 그 선택된 백성이 구출을 받아야 하는 상황이니, 하나님은 이번에도 똑같이 하실지 모른다. 어쩌면 그분은 추방된 이스라엘 내에서 남은 자, 곧 그 한 사람을 통해 이스라엘을 구원하시려는 이를 부르시기 위해 새로운 방식으로 일하실지도 모른다. 그 구원이 어떻게 성취될지는 미지수로 남았다. 구원이 반드시 이루어져야 한다는 것은 예언자의 믿음에서 비롯된 확신이었다. 이스라엘의 하나님이 정말로 세상의 창조주시라면, 그분에게는 이 일을 반드시 성취해야 할 신성한 의무가 있었다. 이 모든 상황에도 불구하고, 하나님은 그분의 언약에, 창조세계를 위한 그분의 목적에 신실하실 것이다. 초기 그리스도인들은 이것이 이스라엘의 메시아인 예수님을 통해, 그분 안에서 벌어진 일이라고 믿었다.

그러면 어떻게 해서 이 전체 이야기가 다가올 절정의 순간인 '죄 사함'이라는 개념으로 이어졌을까? 왜 바울이나 다른 사람들은 하나님이 "성경대로" 죄를 다루신다고 제안했을까? 이런 질문들에 대답하려면 '죄'에 대한 이전의 논의를 다시 불러내어 발전시키고, 이 큰 이야기 내에서 그것이 어떤 의미인지 보여 줄 필요가 있다.

● 성경의 틀로 본 '죄'와 '유배'

'죄'라는 단어는 그 자체로도 슬프고 추악할 뿐 아니라, 많은 오해를 받고 있기도 하다. 옳든 그르든 간에, 서구 문화에서 죄는 큰 불의와 억압은 무시하고 사소한 개인의 범죄를 트집 잡는 데만 몰두하여 흥을 깨고 남을 비난하고 고결한 척하는 도덕주의를 연상시켰다. '죄'에 대한 이야기라고 하면 흔히 '세상'에 대한 이원론적 거부, '세상을 초월한' 우쭐한 경건주의, 대부분의 인류를 가볍게 영원한 불로 보내 버리는 끔찍한 줄거리를 떠올린다. 물론 '죄'에 대해 지혜롭게 성경적으로 이야기하는 설교자와 교사도 많다. 죄는 여전히 매우 중요한 주제다.

하지만 내가 방금 묘사한 내용이 교회 안팎에서 **수많은 사람들이 '죄'라는 용어를 인식하는 방식**이다. 전에 '내부자'였던 사람들이 이제는 '외부자'가 된 이유 중에는 그렇게 인식된 가르침에 대한 반발도 있다. 뉘우치지 않는 범죄자가 '죄'에 대해 염려하던 시절이 있었다. 오늘날에는 범죄자가 더 이상 염려하지 않는다. 죄가 남의 문제라고 생각하는 이들만이 '죄'에 대해 쉴 새 없이 떠들어 댄다. 그래서 지난 세기 동안 교회를 포함한 서구 세계는 '죄'라는 용어가 매우 부적절하다고 생각하게 되었다. 특히 예수님이 바리새인들에 대해 말씀하셨을 때처럼 죄가 내면 깊은 곳의 부패함은 감춘 채 겉만 깨끗하게 하는 경우가 자주 있기 때문이다. 하지만 우리는 죄 대신에 어떤 용어를 써야 할지 결정하지 못했다.

일부 비판자들은 어느 정도 타당한 이유로 '죄'에 대한 모든 논의의 요점이 사람을 통제하는 방식이라고 제안했다. 사람들은 죄에 대한 이야기는 권력 게임이라고들 했다. 그것이 '건강과 안전'에 지나치게 연연하는 사회와 윤리적으로 동격이라는 것이다. 죄에 대한 이야기는 자유로운 영혼들을 억누르고 다른 사람들의 삶으로 안전 우선

게임을 하기 위해 의도된 것이다. 그것은 생명의 불확정성과 인간이 태어난 목적인 철저한 자유를 받아들이지 않으려는 철 지난 신경증적인 거부를 반영한다.

윤리적 무정부 상태를 두려워하는 교회 내의 일부 사람들은 오래된 규칙을 고수하려고 노력했다. 또 다른 사람들은 최신 유행하는 문제들에 관심을 돌려서, 여전히 강대상을 내리치면서도 이제는 간음보다는 화석 연료에 대해 더 경고한다. 새로운 죄가 오래된 '죄'를 대체했다. 초기 도덕주의의 맹렬한 에너지가 이제는 생태계와 페미니즘, 국가 간 부채 같은 문제들로 옮겨졌다. 그런가 하면, 어떤 사람들은 전체 개념을 다 내던져 버린 나머지, 자기 의—'우리의 삶의 방식'이 '저들의' 방식보다 우월하다는 개념—만이 유일한 '죄'로 남는다. (물론 이것은 우리가 스스로에 만족하지 못하기 때문에 자부심을 갖는 무한 퇴보를 낳는다.)

여기서는 우리가 어쩌다가 이런 뒤죽박죽 상태가 되었는지는 생각하지 않겠다. 현재 목적을 위해 훨씬 더 중요한 것은 탈출 방법을 찾는 것이다. 다행히도, 그 답이 가까이 있고, 그 대답은 초기 그리스도인들이 메시아가 "성경대로 우리 죄를 위해" 죽으셨다고 말한 의미에 도달할 수 있는 직행 노선을 제공한다.

늘 그렇듯, 단어는 그 단어를 언급하는 더 큰 이야기의 맥락에서 의미를 갖는다. 이 경우에, '죄'라는 단어는 **성경이 들려주는 이야기 내에서** 의미를 얻는다. 그 맥락을 벗어나면 방금 언급한 어려움이 발생하게 된다. 사실 성경에는 '악함', '위반'을 비롯하여 부적절하거나 불법한 행위를 가리키는 용어 등 죄를 뜻하는 단어가 여럿이다. 이 단어들은 모두 우리가 앞 장에서 개요를 살펴본 개념으로 수렴된다. 즉 인류와 이스라엘은 어떤 목적을 위해 창조되었는데, 똑같이 그 목적에서 벗어나 그 목적을 왜곡하고 자신들의 소명을 망가뜨렸다.

'죄'를 가리키는 통상적 그리스어는 '하마르티아*hamartia*'인데 '표적을 벗어났다'는 뜻이다. 이것은 당신이 할 일과 하지 말아야 할 일이 적힌 길고 복잡한 목록을 받았는데 그것을 다 지키지 못한 것과는 미묘하지만 매우 중요한 차이가 있다. 성경이 말하는 이야기에서 인류는 어떤 목적을 위해 창조되었고 이스라엘은 그 목적을 위해 부르심을 받았는데, 우리가 수많은 책과 설교, 찬송과 기도를 통해 짐작하듯이 그 목적은 그저 '규칙을 지키는 것'이나 '하나님과 함께하는 것', '천국 가는 것'과는 달랐다. 인류는 '하나님의 형상을 닮은 자'가 되도록, 곧 창조세계의 찬양을 반영하여 창조주께 돌려드리고 창조주의 지혜롭고 사랑 넘치는 청지기직을 세상에 반영하기 위해 창조되었다. 이스라엘은 왕 같은 제사장이 되어 하나님을 예배하고 그분의 구원하시는 지혜를 세상에 나타내기 위해 부름받았다.

성경에서 '죄'—히브리어에는 이를 뜻하는 단어가 다양하다—는 이전의 질병과 불순종이 정점에 달한 것, 곧 **예배**의 실패를 뜻한다. 인류는 인간을 그분의 형상대로 창조하신 하나님을 예배하도록 만들어졌기에 하나님의 형상이라는 능력을 유지하고 새로이 해야 한다. 오늘날의 많은 학자들처럼, 나는 창세기 1장 26-28절에 나오는 '형상'이라는 개념이 인간이 마주 보는 거울 같은 역할을 하도록 의도되

었다는 뜻이라고 이해한다. 우리가 창조된 것은 모든 창조세계의 예
배를 반영하여 창조주께 돌려드리고, 그와 똑같은 방식으로 창조주
의 현명한 주권을 세상에 반영하기 위해서다. **따라서 자신의 창조주
를 예배하는 인류는 제대로 된 세상의 번영을 위해 계획된 핵심이었
다.** 과거나 지금이나 '예배'는 기쁨과 감사와 사랑으로 창조주 하나님
을 바라보고 그분에 대한 찬양을 지혜롭고 확실한 말로 표현하는 것
이다. 이렇게 예배하는 이들은 이 예배로 인해 창조하고 섭리하시는
하나님의 사랑을 세상에 널리 퍼뜨리는 관대하고 겸손한 청지기가 된
다. 이것이 본래 세상이 창조된 의도였다. 십자가의 목적은 우리의 현
상황에서 원래 의도된 목표로 우리를 돌려보내는 것이다.

　물론 우리 모두는 이 소명에 실패했다. 인류가 한 분 하나님을 예
배하지 않고 창조 질서 내에 있는 다른 무언가를 예배할 때는 인간이
자신의 생각과 몸과 마음을 왜곡하여 '잘못된 일을 저질렀다'는 것만
이 문제가 아니다. 물론 그것도 사실이기는 하다. 더 큰 문제는—이
부분이 예수님의 십자가형의 의미를 이해하는 데 핵심이다—그들이
자신들이 섬기는 우상에 인류가 마땅히 행사해야 할 권력과 권위를
부여한다는 것이다. 한 분 참 하나님 대신 피조물을 예배하고 그 결과
인간의 행위를 왜곡하는 것이야말로 '죄'의 본질이다. 앞에서 보았듯
이, 신약성경에서 '죄'를 뜻하는 그리스어 단어는 단순히 '잘못된 일을
저지르다'는 뜻이 아니라 '표적을 벗어나다'는 뜻이다. 여기서 표적은
예배하고 청지기로 살아가는 현명하고 온전한 인간이다. 우상숭배와
죄는 궁극적으로 **책임**을 다하지 못한 것이다. 하나님의 형상을 반영

하라는 거룩한 부르심을 거절하는 것이다. 이것은 곧 사랑과 지혜가 풍성하신 창조주에 대한 모욕이나 마찬가지다. 훌륭한 극작가가 각본을 쓰고 우리가 연기해야 할 멋진 배역을 맡겨 주셨다. 그런데 우리는 버릇없고 미련한 아이처럼 그 각본은 찢어 버리고, 자신을 위하는 듯 하지만 결국엔 스스로를 무너뜨리는 자기만의 줄거리를 써 내려갔다.

주변을 보면 알겠지만, 누군가가 자신에게 주어진 책임을 회피하면 다른 사람이 그 일을 떠맡아야 하는데 그래서는 좋은 결과가 나오기 힘들다. 죄를 짓는 인간은 **신이 아닌 세력에게 그것들에 어울리지 않는 권세와 권위를 넘겨주는 것이다.** 따라서 하나님의 계획이 그분의 창조세계를 구원하고 회복하는 것이고 그 과정에서 인간을 대리인으로 사용하려 하신다면, '죄'는 반드시 다뤄야 할 문제다. 그것이 인간이 세상에서 해야 할 역할을 찬탈해 간 세력이 힘을 잃을 수 있는 유일한 길이다. 그러면 이 세력들은 자신을 하나님의 창조세계의 평범한 일부분에서 왜곡되고 위험한 괴물로 변하게 만들고 자신에게 계속해서 생명을 공급해 주는 산소를 잃고서 죽고 말 것이다.

돈, 섹스, 권력 같은 확실한 예가 이를 잘 보여 준다. 마치 불처럼, 이 '세력들'은 훌륭한 종이지만 나쁜 주인이다. 이것들이 고대 세계에서 신으로 추앙받은 데는 충분한 이유가 있었다. 오늘날에도 많은 사람들이 비슷한 태도를 취하여 (그런 용어를 사용하지는 않지만) 자신을 희생하면서까지 이것들의 온갖 명령에 복종한다. 우리가 이 '권세들'을 극복해야 하는 이유는 이것들이 관여하지 않는 육신을 떠난 삶을 살기 위해서가 아니라, 이것들이 적절하게 기여하는 온전히 인간다운 삶을 살기 위해서다. 이 권세들이 신의 위치에서 내려오면 더 이상 악령이 아니다. 하지만 많은 유대교와 기독교 사상가들이 이 모든 특정한 '권세'나 '세력'의 배후에서 사람들로 하여금 끔찍한 일을 저지르게 만드는 더 어둡고 모호한 힘을 인식했다. '악령'에 대한 중세의 묘사를 더 이상 믿지 않는 자유로운 사고방식을 지닌 많은 서구 사상가들이 20세기 말에 이르러 매우 비슷한 용어를 찾으려 한 것도 당연하다. 21세기는 제쳐두고, 20세기의 악몽 같은 사건들을 단순히 어리석은 인간 행위의 총합이라고만 설명하기는 어렵다.

때로 성경은 이 어두운 세력을 인간이 온전한 인간에 미치지 못하는 행동을 할 때 저지르는 '죄들'(복수형)과 대조적으로 '죄'(단수형)라고만 언급한다. 때로 성경은 '사탄'(사람들을 꾀어 잘못을 저지르게 하고 그 책임을 뒤집어씌우는 '고소자'를 뜻하는 히브리 용어)이라는 반인격적semipersonal 용어를 사용하기도 한다. 하지만 요점은 이것이다. 우리가 '죄'를 저지르는 이유는 어느 정도는 우리가 한 분 참 하나님을 예배하지 못하고 그 대신 창조 질서 내의 사물이나 세력을 예배하기 때문이다. 그럴 때 우리는 우리의 책임을 포기하고, 문제의 그 '권세들'에 마땅히 우리 것이어야 할 진정한 인간의 권위를 내주는 것이다. 그것이 하나님의 새로운 창조세계 곧 약속하신 '새 하늘과 새 땅'이 임하려면 마땅히 다루어야 할, 다소 복잡하지만 일관성 있는 시나리오다. 초기 기독교 저술들은 확실히 이렇게 말한다. 즉 우리가 문제를 '자신의 잘못된 행동'으로 축소하고 십자가를 단순히 그에 대한 하나님의 대답으로 설명하려 한다면, 문제의 핵심에 도달하지 못할 것이다. 또한 어떻게 십자가가 죄를 다루는지도 제대로 이해하지 못할 것이다.

자, 이제 정리해 보자. 인류는 '대리인'이 되도록 지음받았다. 즉 인간은 하나님의 세상에서 그분을 대신하여 행동해야 한다는 뜻이다. 하지만 이것은 예배가 행동을 앞설 때만이 가능하며, 그 심각하고 위험한 왜곡을 피할 수 있다. 창조주를 예배하는 사람들만이 그분의 청지기직을 맡을 만큼 겸손한 자들이다. 이것이 '소명 언약'이다. ('언약'이라는 단어는 그 시점에서는 분명하게 사용되지는 않지만, 인류가 자신의 역할을 담당하기 위해 부르심을 받았다는 하나님의 목적 의식을 깔끔하게 요약해 준다.) **인류가 이를 거역하고 세상으로부터 명령을 받을 때 잃어버린 것이 이것이다.** 이스라엘 전통 내에서 발전된 견해로는, 그것이 곧 '죄'가 근본적으로는 한 분 참 하나님 대신 다른 것을 예배하고 섬기는 우상숭배인 이유다. 인간은 하나님만이 주실 수 있는 삶을 살도록 지음받았기에 하나님이 아닌 것을 예배하는 것은 곧 죽음과 사랑에 빠진 것이나 마찬가지다.

여기에 고린도전서 15장을 비롯하여 바울과 초기 그리스도인들이 예수님의 죽음과 부활의 의미를 설명하는 데 사용한 다른 본문들의 내부 논리를 발전시킨 근본 진리가 있다. 우리는 '죄'를 임의적인 명령을 어기는 것으로, '죽음'은 가혹한 신의 정의가 그 명령을 그대로 따르지 못한 사람들에게 내리는 중벌로 상상할 때가 많았다. 그래서 우리는 예수님과 그분의 죽음을 이 그림에 끼워 맞춰서 가혹한 신의 정의가 예수님을 죽인 것이라고 생각하려 했다. 이 그림이 썩 보기 좋지는 않지만, 그보다 더 중요한 것은 전혀 **성경적이지 않다는** 것이다. "성경대로"가 아니다. 이 주장은 몇몇 특이한 증거 본문을 댈 수 있겠지만, 그것은 이스라엘 성경 전체라는 훨씬 더 폭넓은 맥락을 무시한 처사다. 그 결과 전혀 엉뚱한 의미를 갖게 된다.

그러면 우리가 하나님의 형상을 닮아 그분의 지혜로운 권위를 세상에 드러내고, 창조세계의 기쁜 찬양을 다시 그분께 돌려드리는 인간의 소명을 제대로 이해한다면 어떻게 되는가? 그런 맥락에서 '죄'를 바라본다면 어떻게 되는가?

이 이야기에서 '죄'란 인간이 창조세계 전반을 향한 하나님의 목적 가운데 자신들이 맡아야 할 역할을 거부한 것을 뜻한다. 이것은 소위 **윤리적** 실패 못지않은 **소명의** 실패라고 할 수 있다. 창조주 대신 피조물을 섬기기로 한 이 선택은 생명 대신 죽음을 선택한 것이다. 성경적 사고에서 '죄'와 '죽음'이 떼려야 뗄 수 없을 정도로 긴밀하게 엮여 있는 이유가 바로 그 때문이다. 죄는 임의적 규칙을 위반한 것이 아니고, 죽음도 임의적 형벌을 부여한 것이 아니다. 물론, 사람들, 특히 예언자들은 죄와 죽음을 정당한 형벌이 따르는 법규로 언급하는 경우가 많다. 표면적으로는, 그것이 이 유감스런 상태를 언급하는 자연스런 방식일 것이다. 하지만 마음속 깊은 곳에서는 죄나 죽음에 임의적인 것은 없다. 죄를 선택하면 곧 죽음을 선택하는 것이다. 우상숭배를 선택하면 포로로 잡혀갈 것이다. 사탄의 음성에 순종하면 생명나무에 대한 권리를 몰수당할 것이다. 둘 다 가질 수는 없다.

따라서 성경 저자들이 이스라엘 이야기를 명백한 아담과 하와 이야기로 본다고 할 때는, 동일한 요점을 더 큰 역사적 규모로 확장하고 있는 셈이다. 반복된 경고에도 불구하고, 이스라엘 백성은 배교하고 우상을 숭배하고 주변 국가들의 생활방식을 그대로 따라한다. 레위기 26장과 신명기 28장에서 예언한 대로, 그 결과는 유배다. 창세기 3장은 역사의 장마다 똑똑히 새겨져 있다. 이사야와 예레미야, 에스겔은 포로기가 본질적으로 우상숭배요, 거기에서부터 비롯된 **죄**의 결과라고 반복해서 역설한다. 백성의 죄는 점점 더 높이 쌓여만 갔고, 결국엔 대가를 치르게 되었다. 따라서 유배는 일종의 국가 공동의 **죽음**으로 이해할 수 있다. 이스라엘 땅을 떠난 것은 에덴을 떠난 것이고, 무너진 성전을 떠난 것은 생명나무에서 차단당한 것을 뜻한다. 결국, 이스라엘은 이방 나라들과 다를 바가 없다.

　이 점은 '모세의 노래'인 신명기 32장에서 확실히 두드러지는데, 거기서는 이스라엘이 언약의 하나님을 거부하고 주변국들처럼 행동할 것을 예언한다. (이것은 사도 바울과 역사가 요세푸스가 신명기 32장이 자기들 시대에 실현되리라고 생각했던 1세기를 이해하는 데 중요하다.) 따라서 포로기가 원상태로 회복된다면—그게 정확히 무슨 뜻이든 간에—'죄 사함'과 (죽음과 반대인) 새 생명이 **모두** 이루어지고, 생명을 주시는 하나님의 임재도 회복될 것이다. 사실상의 부활이다. 에스겔 37장은 바벨론에서 구출된 이스라엘의 영광스러우면서도 다소 끔찍한 모습을 부활로 묘사하면서 정확히 그렇게 주장한다.

　이것은 표지판처럼 전혀 다른 것을 가리키는 비유도, 유형도 아니다. (표지판은 병원이나 식당처럼 특정 건물을 상징한다. 상징은 목적지에 도착했을 때 눈에 보이는 실재와 똑같을 필요가 없다. 표지판이 약이나 음식을 제공하지는 않지만, 정확한 방향을 제시해 준다. 많은 그리스도인들이 유배라는 성경 이야기와 회복의 약속을, 정직하지만 본질적으로 전혀 다른 것을 가리키는 표지판으로 생각했다.) 서구 문화는 인류를 향한 하나님의 목적이 이 세상을 떠나 '천국'에서 그분과 함께하는 것이라는 플라톤화된 개념—인류를 향한 하나님의 목적은 창조세계의 찬양을 그분께 돌려드리고 세상에 그분의 형상을 나타내어 결국에는 하늘과 땅이 하나 되게 하는 것이라는 성경 개념과는 반대되는—과 너무 밀착되어 있어서, 내 주장을 듣고 이해한 많은 이들도 여전히 이 내용을 **예수님과 제자들이 살아 낸 이야기의 일부라기보다는** '예화'로 보려 할지도 모르겠다.

아마도 가장 짜증스러운 대화 상대일 그런 사람들은 이스라엘 고유의 역사적·성경적 맥락을 추상 개념으로 '번역하라고' 즉시 주장할 것이다. 마치 이스라엘이 하나님의 회복 프로젝트가 성취될 백성이 아니라 다른 무언가의 예시이기라도 했던 것처럼 말이다. 그런 독자들은 예수님과 그분의 죽음에 대한 새로운 맥락을 만들 수밖에 없을 텐데, 그런 맥락은 "성경대로"의 의미를 왜곡하고 얄팍하게 만들 뿐이다. 그 새로운 맥락은 신구약 성경 전체가 실제로 말하는 내용을 왜곡할 것이다. 이런 일은 예나 지금이나 계속되고 있다. 하지만 우리가 정신을 차린다면, 결국엔 이런 왜곡을 바로잡을 수 있을 것이다.

유배가 이스라엘의 죄의 결과이고 따라서 이 유배를 죽음으로 이해한다면, 이스라엘은 단순히 아담과 하와로 상징되는 인류의 잘못을 대규모로 행한 데 불과한 것이 아니다. 하나님이 그분의 목적 가운데서 독특한 역할을 하도록 부르신 이스라엘 백성은 그것이 아무리 확장된 대규모의 예시라고 해도 **다른 무언가**의 단순한 본보기에 그칠 수 없다. 이스라엘 성경부터가 이스라엘의 우상숭배와 유배, 죄와 죽음을 단순한 전형이 아니라 인간 곤경의 근본적인 악화로 본다. 난파선의 선원들을 구하려고 보낸 구명정이 목적지에 도착하기도 전에 거대한 파도에 휩쓸려 가라앉은 것과 같다.

그럼에도 프로젝트는 계속된다. 초기 기독교 용어로 예수님이 "성경대로" 죽으셨다고 말할 때 그 진정한 의미는, 예수님이 누가복음 24장에서 친히 말씀하셨듯이 하나밖에 없는 그 위대한 서사가 이제 오랫동안 기다려 온 목표를 향해 나아가기 시작했다는 뜻이다. 어떻게든 **이스라엘의 죄 문제를 해결해야만 온 세상 죄를 해결하는 문제를 포함하여 창조세계 전체의 회복 프로젝트가 진전될 수 있다.** 더 폭넓은 성경 서사는 인류 전체의 운명이 아브라함 일가에서 시작된 구출 작전에 달려 있다고 내비쳤지만, 그마저도 이제는 위험에 처한 듯했다. 그래서 개인적 의미와 국가적·우주적 의미에서 필요한 것이 바로 '죄 사함'이었다. 이것은 포로 생활에서 귀환하는 형태를 취할 텐데, 이 귀환은 이스라엘뿐 아니라 온 세상에 막대한 영향을 미칠 것이다.

이것이 이사야 40-55장의 요점이다. 그러나 이 본문을 살펴보면 우리를 기다리고 있는 또 다른 중요한 주제를 찾아볼 수 있다. 이스라엘 하나님의 강력한 구원 행위와 인격적 임재를 통해 포로기가 끝나

고 죄를 용서받고 온 세상이 새 생명을 받을 것이다. 이 믿음이 예수
님의 죽음에 대한 초기 기독교의 이해에서 핵심에 있다. 이 주제를 탐
색하고 어떻게 이 주제가 죄 사함이라는 개념과 연결되는지 보여 주
는 것이 다음 장의 내용이다.

06.

하나님의 임재와
죄 사함

성경에서 하나님의 임재라는 개념은 이야기로 나타난다. 그 이야기의 간략한 형태는 다음과 같다. 창조주는 창조 시에 "바람이 불 때 동산에 거니시"며^{창 3:8} 피조물인 인간과 함께 계신다. 조금 더 뒤에는 하나님이 죄를 지은 인류에게서 모습을 숨기시지만, 운명적인 이 첫 장면에서 숨으려고 애쓰지만 실패한 쪽은 인간이었다. 그 여파로 하나님은 음울한 구경꾼으로 머무시는 듯하다. 인간의 악함을 슬퍼하신 하나님은 홍수로 세상을 멸망시키고 그중에서 한 가족을 구원하여 프로젝트를 다시 시작하시고 결국엔 교만한 바벨탑을 무너뜨리신다. 그런 다음, 창세기 12장에서 그분은 아브라함을 부르시고 그에게 여러 차례 나타나신다. 아브라함은 제단을 세우고 거기서 하나님을 예배한다. 이미 그때부터 약속의 땅에 거하시는 하나님의 임재, 도전하시고 소명을 새롭게 하시는 거룩한 임재를 간헐적이지만 강력하게 의식하고 있다.

이 주제는 계속된다. 고향을 떠나 도망치던 야곱은 하늘과 땅 사이에 사다리가 놓이고 맨 꼭대기에 하나님이 계신 환상을 본다. 야곱은 그곳을 벧엘 곧 '하나님의 집'이라고 부르고, 그곳은 나중에 또 다른 제단이 된다. 하지만 아브라함을 부르신 하나님은 출애굽을 통해 새로운 방식으로 자신을 알리신다. 자신의 이름을 밝히시고(출 3:13-

15과 6:2의 신비로운 "스스로 있는 자"), 율법을 선포하시며,출 20장 무엇보다도 이스라엘 백성이 금송아지를 섬긴 충격적인 우상숭배에도 불구하고 광야에서 성막 가운데 임재하셔서 그들을 약속의 땅으로 인도하신다. 앞서 보았듯이, 성막은 하늘과 땅의 모형, 하나님과 그 백성이 만나는 '작은 세상'으로 계획되었다. 그곳은 작은 에덴이 될 것이다. 하지만 반역한 인류가 오염된 삶으로 거룩하신 하나님을 직접 접촉할 위험 때문에 그곳은 엄격한 조건하에 관리될 것이다.

● 임재와 영광

성막의 가구 한 점이 신약성경에서 중요해지는데, 여기서 그 내용을 간략히 살펴볼 필요가 있다. '언약궤'는 하나님과 이스라엘의 언약인 율법의 돌판을 담아 둔 특별한 상자였다. 새 집주인이 부동산 증서와 보험 증서를 비롯한 중요 문서들을 내화 금고에 보관하고 도시의 통치자와 원로들이 설립 헌장을 공식 보관소에 보관하듯이, 하나님의 백성은 하나님과 이스라엘의 연합 곧 이스라엘을 **향한** 그분의 목적을 말해 주고 상징하는 물건들을 이 언약궤에 보관해야 했다.

언약궤는 무엇보다도 만남의 장소였다. 출애굽기 25장 17-22절은 이 궤 위에서 하나님이 그 백성을 만나실 것이라고 말한다. 양 끝에 새긴 천사가 있는 덮개인 이 속죄소('카포레스*kappōreth*', 그리스어 '힐라스테리온*hilastērion*')는 십자가에 대한 초기 기독교 해석의 한 갈래에서 중요한 역할을 했다. 이렇게 자기 백성을 만나려는 하나님의 의도는 희생제사 제도 전반에 대한 배경을 제공했다. 예배를 위한 기쁨의 제사, 정화를 위한 필수 제사(부정한 것은 아무것도 하나님의 임재에 접근할 수 없었으므로), 죄를 위한 필수 제사 모두가 이 의도를 드러낸다. 신약성경에서 언약궤와 이런 희생제사들을 언급할 때는, 그 자체가 하나님과 이스라엘과 세상이라는 더 큰 이야기의 일부인 하나님과 성막(혹은 성전)이라는 더 큰 이야기의 맥락에서 보아야 한다.

이스라엘 백성이 드디어 약속의 땅에 들어가 그 땅을 정복하고 차지했을 때, 성막은 블레셋에 포로로 잡힐 때(일종의 또 다른 '유배')까지 실로의 사당 안에 있었다. 그러자 다윗은 새 수도 예루살렘에 영구한 신전을 세울 요량으로 성막을 되찾아왔다. 이것이 구약성경에서 가장 의미심장한 짧은 대화의 주제가 되었다. 예언자 나단은 하나님께 '집'을 지어 드리겠다는 다윗의 제안에, 오히려 하나님이 다윗에게 '집'을 지어 주실 것이라고 선언했다. 이것은 예수님 당시 일부 유대인들에게는 중요한 내용이었고, 예수님의 삶과 죽음과 부활의 의미를 곱씹던 초기 그리스도인들에게는 매우 중요한 내용이었다.

여호와가 또 네게 이르노니 여호와가 너를 위하여 집을 짓고 네 수한이 차서 네 조상들과 함께 누울 때에 내가 네 몸에서 날 네 씨를 네 뒤에 세워 그의 나라를 견고하게 하리라. 그는 내 이름을 위하여 집을 건축할 것이요, 나는 그의 나라 왕위를 영원히 견고하게 하리라. 나는 그에게 아버지가 되고 그는 내게 아들이 되리니. 삼하7:11-14

물론 핵심은 '집'이라는 단어와 관련된 언어유희다. 다윗은 건물을 짓겠다며 허락을 구하지만, 하나님은 그에게 가족을 약속하신다. 하나님이 나단을 통해 말씀하시면서 주제를 바꾸신 것인가? 이것은 단순한 말장난에 불과한가? 아니다. 첫째, 다윗의 아들 솔로몬이 예루살렘에 성전을 짓는 책임을 맡을 것이다. 둘째, 다윗의 궁극적 아들은 (특별하면서도 불특정한 의미에서) 하나님의 아들이 될 것이다. 후대의 해석, 특히 예수님의 부활로 발생한 초기 기독교의 해석("내가… 네 씨를… 세워"가 이전에는 전혀 상상해 본 적 없는 의미를 갑작스레 지니게 된다)의 희미한 가능성에서는 솔로몬이 지을 건물은 다윗의 요청에 대한 하나님의 궁극적 대답을 가리키는 표지에 불과했다. 살아 계신 하나님이 자기 백성 가운데 영원히 머무신다면, **벽돌과 회반죽으로 지은 건물이 아니라 다윗의 궁극적 자손인 한 인간 안에서, 한 인간으로 계실 것이다.** 성전에 대해, 하나님이 자기 백성 가운데 거하시는 의도에 대해 생각하고 경축한 모든 내용은 다윗이 계획한 '집'이 인간으로 드러났을 때 전혀 새로운 의미를 띠게 될 것이다.

시편 2, 72, 132편 같은 제왕시들은 이 약속을 경축한다. 매우 흥미롭게도, 시편 89편은 이 약속을 똑같이 경축하면서도, 이 약속이 기대대로 성취되지 않는 이유에 대해 예리하게 질문을 던진다. 우리는 예수님 시대와 그 이후의 독실한 유대인들이 언젠가는 구원이 임하리라는 기대를 품고 계속해서 이 오랜 시들을 노래하고 기도하는 모습을 상상할 수 있다. 이들은 언젠가는 진정한 왕이 오시리라고, 언젠가는 살아 계신 하나님이 온 세상에 책임을 물으시고 자기 백성과 영원히 사시기 위해 돌아오시리라고 기대했다. **어떻게** 이 일을 하실지, 언제, 어디서, 누구를 통해 이 일을 하실지는 불분명했다. 성경이 약속하는 것은 그분이 이 일을 하신다는 **사실**뿐이었다.

솔로몬이 성전을 짓고 수천 마리 동물로 희생제사를 드려 화려하게 봉헌했을 때 하나님의 영광이 성전에 임하셨다. 열왕기상 8장이 그 장엄한 광경을 묘사하는데, 제사장들은 영광스러운 하나님의 임재 앞에 도저히 서 있을 수 없었다.11절 이 장면은 광야에서 성막을 지어 봉헌한 때를 떠올리게 한다.출40장 세상의 창조주가 이 왕가에 한 약속을 성취하시려고 이 건물에 거하기로 하셨다. 여기가 하늘과 땅이 만나는 자리였고, 거기서 하나님의 영광이 온 땅에 충만하리라는 궁극적 의도시72:19에 대한 표지로 '작은 세상'이 탄생했다. 실제로 나중에 예언자 이사야의 환상에서는 하나님의 임재를 둘러싼 천사들이 그의 영광이 온 땅에 충만하다고 노래했다.6:3 우리는 솔로몬의 성전에 여호와의 영광이 이토록 확실하게 나타난 다른 경우는 알지 못한다. 하지만 성전은 주전 587년 바벨론에 멸망할 때까지 기도와 희생제사, 절기 순례의 중심지로 유지되었다. 심지어 성전이 무너진 후에도, 독실한 유대인들은 성전을 향해 기도하곤 했다. 다니엘 6장 10절에서 다니엘이 바벨론에 있는 자기 방에서 그렇게 기도했는데, 아마도 열왕기상 8장 46-53절에 나오는 솔로몬의 기도를 반영한 태도일 것이다.

에스겔서에 따르면, 성전이 파괴될 수 있었던 유일한 이유는 하나님의 영광스러운 임재가 그곳을 떠났기 때문이다. 에스겔 10장과 11장은 바퀴를 포함한 모든 것과 함께 하나님의 영광이 성전을 떠나는 장면을 생생하게 묘사한다. 그 영광은 감람산에 잠시 머물렀다가 알 수 없는 곳으로 출발한다. 영광이 떠나갔다. 이제 성전이 무너지는 것은 시간 문제에 불과했다.

하지만 에스겔서의 마지막으로 치닫는 43장은 하나님이 자기 백성을 깨끗하고 정결하게 하시자 그 영광이 재건된 성전으로 돌아가는 모습을 제대로 묘사한다. 바로 여기서 '부활'의 약속, 유배의 '죽음' 이후 약속된 회복이 등장한다. 이 내용은 우리를 다시 한 번 이사야 40-55장으로 이끈다. 이사야 예언자는 백성이 죄를 용서받고 사함을 받았기에 여호와의 영광이 한 번 더 드러나고 모든 육체가 그것을 보리라고 선언한다. 포로기는 끝나고, 바벨론은 망할 것이다. 옛 언약은 갱신되고, 창조세계는 원래 의도대로 번영할 것이다. 다시 한 번 우리는 이사야 52-53장이 한 사람이 고난을 받고 많은 사람을 대신해 죽는다는 성경의 모든 이미지 중에서 가장 눈에 띄는 본문이라는 데 주목한다. 이 모든 내용 곧 이야기와 약속, 영광과 성전, 포로기와 회복의 풍성한 결합이 제2성전기 동안, 곧 주전 5세기 후반부터 주후 1세기 후반 사이에 사람들의 마음에서 가장 앞자리를 차지했을 것이다.

비록 성전이 재건되었고 로마가 성전을 완전히 무너뜨린 주후 70년까지는 희생제사도 주기적으로 드려졌지만, 제2성전기 내내 아무도 하나님의 임재가 능력과 영광 가운데 돌아왔다고 생각하지 않았다. 모든 거룩한 장소가 그렇듯, 성전도 기억, 그런 의미에서 '임재'에 대한 강력한 의식이 남아 있었다. 그것은 오늘날까지도 이어져서, 독

실한 유대인들이 통곡의 벽에서 기도문을 쓴 종이를 접어 그 거대한
옛 돌 사이 갈라진 틈에 끼워 넣으면서 열렬히 기도하는 이유이기도
하다. 하지만 그들은 후대 랍비들이 '셰키나*Shekinah*' 곧 '성막에 거하시
는 하나님의 임재'라고 한 하나님의 영광이 출애굽기 40장이나 열왕
기상 8장, 이사야의 환상, 에스겔 43장이나 이사야 40장과 52장의 약
속에서와 동일한 방식으로 거기에 계신다고 생각하지는 않는다. 이사
야는 예루살렘 성벽 보초병들이 "여호와께서 시온으로 돌아오실 때
에 그들의 눈이 마주 보[아서]"52:8 소리를 높여 일제히 노래한다고 말
했는데, 그런 일은 일어나지 않았다. 학개와 스가랴, 말라기 같은 포
로기 이후 예언자들은 그런 일이 **일어나리라**고 주장했지만, 아직은
아니었다.

　수백 년 후에 랍비들은 이 기간을 돌아보면서, 체념하는 심정으로
제2성전기가 제1성전기와 비교하여 무엇이 부족했는지 목록을 작성
했다. 제2성전기에 사라진 것들의 목록에서 가장 두드러진 것이 '셰키
나' 곧 여호와의 영광스러운 임재였다. 예수님 시대에는, 결국에는 그
영광이 돌아오리라는 희망이 살아 있었다. 하지만 그 말이 무슨 뜻인
지, 어떻게 벌어지고, 어떤 모습일지는 아무도 정확히 알지 못했다.

　신약성경 저자들이 이 질문들에 제공한 대답은 너무나 폭발적이
고 예상 밖이며 혁명적이어서, 그리스도인을 포함한 대부분의 현대
독자들은 이해하기 힘들었다. 확실한 예를 한 가지 들자면, 요한복음
의 다음과 같은 말씀이다. "말씀이 육체가 되어 우리 가운데 사셨다.
우리가 그분의 영광, 곧 아버지의 외아들의 영광과 같은 영광을 보았

는데, 은혜와 진리로 가득했다."[1:14] 여기서 '사셨다'에 해당하는 단어가 '에스케노센eskēnosen' 곧 '장막을 쳤다'는 뜻이다. 요한은 예수님 안에 새로운 장막, 새로운 성전이 지어져서 하나님의 영광이 마침내 돌아오셨다고 말하고 있다. '말씀'이신 하나님이 육체가 되셨다. 이 영광을 담은 수단이 '아버지의 외아들'이다. 이 복음서 기자는 사무엘하 7장과 관련 시편들을 가져다가 고대의 약속과 오랫동안 기다려 온 소망이 이 메시아, 이 예수, 이 하나님의 아들 안에서 성취되었다고 선언하고 있다. 우리는 이 예수님을 통해 '하나님의 아들'이라는 문구가 성막처럼 하나님이 친히 거하시기로 계획된 건물이었음을 어렴풋이 볼 수 있다. 독자들은 만물을 창조하신 창조의 말씀이 이사야의 약속대로 인간으로 오셔서 열방 앞에 하나님의 영광을 드러내는 것을 보라는 초청을 받는다. 우리가 하나님의 형상을 닮으라는 인간의 목적을 이해하기만 하면, 일부가 가정했듯이 이를 상상하기란 그리 어렵지 않다. 요한복음이 진행되면서 우리는 그 영광이 온전히 드러날 때가 곧 예수님이 십자가에 못 박히실 때임을 깨닫는다. 이것이 바로 요한의 극적이고 혁명적인 십자가 신학의 일부다.

이 모두가 무슨 뜻인지 잘 새겨야 한다. 현대 그리스도인들은 이 시기 유대인들이 진노한 도덕주의자 하나님, 곧 사람들이 자신을 기쁘게 하지 못하면 그들을 지옥에 보내겠다고 위협하는 하나님의 이야기 안에서 산다고 인지하지 않았다는 사실을 주기적으로 기억할 필요가 있다. 자신들이 만사를 바로잡을 수 있다면 '천국'이라는 곳에 가서 하나님과 영원히 살 수 있으리라고 기대하지도 않았다. 일부 고대 이교도들은 그렇게 생각했을 수도 있지만, 대부분의 유대인들은 아니었다.

그들은 예언자들의 예언과 시편의 노래, 족장들에게 주신 옛 약속들이 이루어지기를 바라고 기대하고 기도하고 있었다. 현세**로부터** 건짐을 받는 것이 아니라, 현세 **속에서** 구원받고 새로워지기를 기대했다. 이스라엘의 운명은 쇠퇴를 거듭하며 바닥까지 내려가겠지만, 하나님이 인간의 모습으로 다시 오셔서 새 일을 행하실 때가 올 것이다. 이 새 일을 통해 이스라엘만 포로기의 '죽음' 곧 우상숭배와 죄의 피할 수 없는 결과에서 구출받는 것이 아니라, 열방이 창조주 하나님이 계획하신 새로운 창조세계로 나아올 것이다. 포로 생활에서 구출되어 성전을 재건하고 여호와가 다시 돌아오시는 이 소망 전체를 표현하는 핵심적이고 중요한 방법이 곧 '죄 사함'을 말하는 것이었다. 유배는 죄의 결과였다. 신명기, 이사야, 예레미야, 다니엘, 시편을 비롯한 많은 성경 저자가 주장했듯이, 포로기가 끝나려면 죄를 용서받아야 할 것이다.

이 내용은 여러 곳에서 볼 수 있지만, 가장 두드러진 예는 죄의 결과인 포로 생활을 시의 정수로 표현한 예레미야애가다. 행마다 이스라엘의 죄가 포로 생활의 원인이라고 직접적 관계를 암시한다. 그런 다음, 3장에서 간단히 위로를 언급한 후에, 4장 마지막 부분에서 갑작스레 약속이 등장한다.

딸 시온아, 네 죄악의 형벌이 다하였으니

주께서 다시는 너로 사로잡혀 가지 아니하게 하시리로다.4:22

이 내용은 이사야 40장 1-2절의 약속과 정확히 일치한다.

너희의 하나님이 이르시되 너희는 위로하라. 내 백성을 위로하라.
너희는 예루살렘의 마음에 닿도록 말하며
　그것에게 외치라.
그 노역의 때가 끝났고
　그 죄악이 사함을 받았느니라.
그의 모든 죄로 말미암아 여호와의 손에서
　벌을 배나 받았느니라.

이스라엘의 하나님이 대전사로 오셔서 바벨론의 우상을 깨뜨리고 그 백성을 해방하시며, 온유한 목자로 오셔서 양 무리를 이끌어 젖 먹이는 암컷과 그 어린 양들을 특별히 보살피실 것이다.40:3-11 이 모든 약속이 마침내 종의 노래, 특히 네 번째와 마지막 노래에서 성취된다.52:13-53:12 마침내 이스라엘의 죄가 해결된다.

환희에 찬 포로 귀환을 예측하는 예언들을 모은 예레미야 31장도 마찬가지다. 겹겹이 쌓인 시가 여호와의 강력한 사랑을 선언하고 경축한다. 그 사랑의 결과로 죄를 용서받고 포로기가 끝나며 예루살렘은 재건될 것이다. 이 모두의 핵심에 '새 언약'이 있을 것이다.

여호와의 말씀이니라. 보라, 날이 이르리니 내가 이스라엘 집과 유다 집에 새 언약을 맺으리라. 이 언약은 내가 그들의 조상들의 손을 잡고 애굽 땅에서 인도하여 내던 날에 맺은 것과 같지 아니할 것은 내가 그들의 남편이 되었어도 그들이 내 언약을 깨뜨렸음이라. 여호와의 말씀이니라. 그러나 그날 후에 내가 이스라엘 집과 맺을 언약은 이러하니 곧 내가 나의 법을 그들의 속에 두며 그들의 마음에 기록하여 나는 그들의 하나님이 되고 그들은 내 백성이 될 것이라. 여호와의 말씀이니라. 그들이 다시는 각기 이웃과 형제를 가리켜 이르기를 너는 여호와를 알라 하지 아니하리니 이는 작은 자로부터 큰 자까지 다 나를 알기 때문이라. **내가 그들의 악행을 사하고 다시는 그 죄를 기억하지 아니하리라.** 여호와의 말씀이니라.31:31-34

'죄 사함'은 한 사람의 인생과 세상을 뒤바꿔 놓는 거대한 현실이었다. 사람들은 오래전에 약속된 이 죄 사함을 오래도록 기다렸다. 죄 사함은 이스라엘이 고대하던 회복이 성취된 것인데, 그들은 이스라엘이 회복될 때 온 인류에 새날이 오리라고 생각했다. 보통의 현대 그리스도인이 품은 '소망', '유산', '용서'에 대한 시각이 얼마나 축소되었는지 생각해 보면 깜짝 놀랄 일이다. 우리는 하나님의 영광을 영적이고 개인주의적이며 도덕주의적인 죽 한 그릇과 맞바꾸었다. 그리고 그 과정에서 복음의 핵심 메시지의 의미, 곧 성경대로 메시아의 죽음을 통해 죄를 용서받았다는 의미를 철저하게 왜곡했다. 혁명을 길들여 버렸다.

이 그림에서 세 가지 추가 요소가 관심을 끈다. 첫째, 이사야는 이스라엘의 하나님이 돌아오실 때 왕으로 오신다고 선언했다. 이 내용으로 이 장을 마무리하고, 두 번째, 세 번째 주제는 다음 장에서 자세히 다룰 것이다. 두 번째 주제는 최후의 구속이 단순히 그 백성을 위한 극심한 고난이라는 맥락에서가 아니라, 그 고난이라는 **수단으로** 성취되리라는 믿음이다. 그러나 셋째로, 이 모두를 관통하는 압도적인 주제는, '죄 사함'과 '포로기의 종말'과 이 둘과 연관된 모든 것이 하나님의 언약적 **사랑**의 극적 표현이 되리라는 것이다.

이 세 요소 각각은 유대인의 소망을 담은 기독교 이전의 다양한 표현에서 찾아볼 수 있다. 이 각각은 초기 그리스도인들이 십자가에서 실제로 벌어진 일을 이해하는 과정에서 큰 역할을 했다. 세 요소가 한데 어우러져 그 놀라운 사건과, 이 사건이 오늘날과 이후로도 미칠 지속적 영향에서 핵심을 형성한다.

● 하나님나라

이사야 52장 7절의 유명한 예언은 좋은 소식을 전하는 이들이 바벨론이 망하고 영광스러운 하나님의 임재가 돌아오리라는 소식을 듣고 예루살렘으로 바삐 향하는 모습을 그린다. 이들이 전할 소식은 "네 하나님이 통치하신다!"라는 한마디로 요약할 수 있다. 이스라엘의 하나님이 온 세상의 적법한 왕이라는 이 개념은 이스라엘 성경 곳곳에, 그중에서도 특히 시편에 울려 퍼지고 있다. 온 세상의 창조주이신 이스라

엘의 하나님이 정의로 세상을 통치하시고, 결국에는 영원히 이 정의
를 실행하실 것이다.

물론, 사람들은 그 확실한 반증에도 불구하고 이 신앙을 말이나
노래로 자주 표현했다. 여호와의 강력하고 정의로운 통치를 기리는
시편 98편이나, 적군의 침략에 무방비 상태인 이스라엘을 보시고 예
루살렘을 보호하시는 여호와의 힘을 경축하는 46편을 노래한다고 상
상해 보라. 여러 세대가 발견했듯이, 한 분 참 하나님의 왕권을 언급하
는 것 자체가 저항 행동이었다. 어쩌면 가장 중요한 저항 행동이 가능
한 상황에서도 말이다.

이스라엘 백성은 하나님이 다양한 방식으로 인간사에서 행동할
능력이 있으신데, 그 가운데 일부에는 그분의 목적 가운데서 자기 백
성을 행위자로 동참하게 하시기도 하고 그렇지 않으시기도 하다는 것
을 역사를 통해 배워야 했다. 하지만 중요한 것은, 하나님의 주권적 권
리와 능력에 대한 믿음, 곧 역경 중에서도 번번이 소망으로 표현된 믿
음이었다. 이스라엘의 하나님은 이미 온 세상의 유일하신 참 왕이셨
고, 언젠가는 이 왕권이 영원히 설 것이었다. 이사야 52장의 요점은
확실하다. 당대 최고 권력 바벨론이 갑작스레 멸망하고, 그 권력 아래
포로로 잡혀 있던 이들은 해방될 것이다. 어둠의 세력이 무너지고, 백
성의 죄가 용서받고, 포로기가 끝나고, 영광스러운 임재가 드러날 것
이다. 이 모두가 "네 하나님이 통치하신다!"라는 환희에 찬 외침에 압
축된 하나님나라의 용어다.

이 사건은 무엇보다도 '새로운 출애굽'이 될 것이다. 유대인들은

예수님 시대의 조상들처럼 오늘날까지 유월절을 지킨다. 유월절은 이야기와 절기 가운데서 약속을 성취하시는 해방 행위를 되돌아본다. 하나님은 바로와 그 군대를 물리치고 이스라엘 백성을 해방하셨으며 오셔서 그들 가운데 함께 거하셨다. 사람들은 출애굽 사건을 이사야가 약속한 새로운 출애굽처럼 하나님이 온 우주의 왕 되심에 대한 표지로 경축했다. 출 15:18

하지만 원래 출애굽과 이사야가 약속한 새로운 출애굽에는 차이가 있다. 원래 출애굽은 죄 사함과는 아무 관계가 없다. 애굽 종살이는 이스라엘이 죄를 지은 결과로 여겨지지 않았다. 하지만 바벨론 포로 생활은 죄 때문이었다. 따라서 두 주제가 결합하여 새롭고 복잡한 실재가 되었다. 이스라엘을 외국의 압제에서 해방하는 '새로운 출애굽'은 '죄 사함' 곧 포로지에서의 진정한 귀환도 될 것이다. 이는 초기 그리스도인들이 예수님의 죽음이 성취한 것에 대해 주장한 내용에 새로운 무대를 마련해 준다. 죄 사함과 노예 삼는 권력의 타도는 사실상 같이 간다. 둘 다 하나님나라가 하늘에서와 같이 이 땅에서도 임한다는 것의 핵심 의미를 형성한다.

똑같이 복잡하지만 일관성 있는 핵심이 정치적 반항과 저항이라는 하나님나라 주제를 다룬 또 다른 책 다니엘서에서 등장한다. 다니엘서는 장르와 어조는 전혀 다르지만, 책 전반에 똑같은 주제가 나타난다. 이스라엘의 하나님이 온 세상 나라들을 주권적으로 통치하시고, 언젠가는 그 백성을 이교도의 압제에서 영원히 해방하시리라는 것이다. 이 주제는 다양한 방식으로 표현되는데, 1세기에 중요했고

예수님과 그분의 첫 제자들도 새로운 시각을 제공한 본문은 2, 7, 9장
이라고 볼 수 있다.

2장에서 다니엘은 느부갓네살 왕의 꿈을 해석한다. 왕은 다양한
금속으로 만든 신상이 돌에 맞아 산산조각 나는 꿈을 꾼다. 신상은 세
상 제국의 계승을 상징하고, 돌은 하나님이 세우신, 오실 메시아의 나
라를 나타낸다. 이 주제는 7장의 짐승들이 나오는 환상에서 반복된
다. 그 환상에서는 "인자 같은 이"가 높임을 받고 "옛적부터 항상 계신
이" 옆에 앉아 권세와 영광과 나라를 받는다. 이번에도 짐승들은 이방
제국들을 가리키고, "인자 같은 이"는 최소한 다니엘서의 완성된 형태
에서는 메시아의 나라를 가리킨다. (이는 후대 유대인 사상가들 사이에
서 의문을 불러일으켰다. 메시아가 하나님 곁에 앉아 그분의 권위를 공유
한다는 것이 무슨 의미인가?)

그다음으로 이미 우리가 살펴본 9장 본문에서, 다니엘은 '포로
기'가 연장되고 결국에는 끝나는 환상을 본다. "일흔 이레" 후에는 죄
가 영단번에 해결될 것이다. 그때에 "허물이 그치며 죄가 끝나며 죄악
이 용서되며 영원한 의가 드러나며 환상과 예언이 응하며 또 지극히
거룩한 이가 기름 부음을 받으리라."9:24 본문은 계속해서, 이 사건들
에서 비롯한 동일한 결과로 거룩한 성읍이 무너지고 "가증한 것"으로
성전이 훼손될 것이라고 경고한다.

주전 2세기 독자들은 후자의 사건들을 주전 167년 시리아가 성
전을 훼손한 때와 동일시하는 데 어려움이 없었을 것이다. 초기 그리
스도인들을 포함한 주후 1세기 독자들은 자연스럽게 시리아보다는

로마를 침략하는 제국으로 떠올렸을 것이다. 그리고 이 모두는 포로기의 종말, 죄 사함, 언약의 갱신, 이교 세력에 대한 승리, 마침내 드러난 하나님의 영광, 특히 하나님나라 왕권의 실행이라는 다가올 다면적 현실과 관계가 있다.

물론 하나님의 왕권이나 '하나님나라'는 예수님의 공적 선포에서 주요 주제였다. 그분은 하나님나라를 그분의 사역과 직결하셨다. 예수님과 나중에 그분의 이야기를 전한 사람들 모두 하나님나라를 예수님의 죽음과 직결하여 말했다. 이것만이 십자가의 의미를 다루는 책에서 하나님나라라는 주제에 주목하는 이유를 정당화해 줄 텐데, 이 부분은 3부에서 다시 다루려 한다. 하지만 왕이신 하나님이라는 개념이 1세기 혁명 운동, 곧 예수님의 탄생 무렵에 이미 시작되어 60년대 말 로마-유대 전쟁에 이르러 더 활발해진 운동들에서 중요한 역할을 했다는 개념을 인식하는 것도 중요하다. 예수님이 왕이라는 개념, 죽임당하여 궁극적 왕의 지위를 획득한 왕이라는 개념은 1세기 저항 운동의 지도에 정확히 들어맞는다. 이들은 이스라엘의 하나님이 "허물을 그치고 죄를 끝내며 죄악을 용서하셔서" 악의 세력들에 궁극적으로 승리를 얻으시리라는 혁명 신학을 위해 성경의 주제들, 특히 다니엘서에 의지했다. 우리가 초기 그리스도인들이 메시아께서 "성경대로… 우리 죄를 위해 죽으시고"라고 말하게 된 역사적 맥락을 찾고 있다면, 여기서부터 출발하는 것도 나쁘지 않을 것이다.

이를 좀 더 발전시키려면 조금 전에 언급한 다른 두 주제를 살펴보는 것이 필요하다. 이스라엘의 고난과 임할 하나님나라의 관계, 그리고 전체 그림 아래서 드러난 하나님의 사랑 곧 언약적 신실함이다. 다음 장에서 이 내용을 살펴보려 한다.

07.

고난, 구속, 사랑

다니엘서는 성경 일부분과 성경 이후 유대 문학에서 발견되는 반복된 주제를 증언한다. 이스라엘 하나님이 오랫동안 기다리던 포로기의 종 말이라는 약속을 드디어 성취하셨을 때—우리가 보았듯이, 이는 포로기의 원인이었던 죄의 용서를 뜻했다—이스라엘 백성 전체나 그 백성의 특정 집단은 극렬한 고통의 시기를 통과해야 했다. 이 주제는 100년 전에 알베르트 슈바이처Albert Schweitzer가 예수님의 하나님나라 비전에 대한 '묵시적' 이해라고 부른 내용의 일부로 강조한 바 있다. 이후의 학자들은 슈바이처의 일부 제안을 대폭 수정했지만, 나는 그의 주제에서 이 부분만큼은 여전히 중요하고 핵심으로 여겨야 한다고 확신한다.

하지만 기독교 이전 유대 문학에서 오실 **메시아**, 곧 이 나라나 온 세상을 위해 죽으실 메시아를 암시하는 내용은 찾아볼 수 없다는 점은 처음부터 언급하고 넘어가야 한다. 일부(전부는 아니다) 유대인들은 오실 왕을 기대했지만, 그런 인물은 조상 다윗의 뒤를 이어 군사적 승리를 거두고 이스라엘에 해방을 가져올 것이었다. 일부(전부는 아니다) 유대인들은 고난을 통해 구원이 온다고 믿었지만, 메시아가 친히 그런 고난을 겪으리라고는 생각하지 않았다. 제2성전기 유대인들이 시편 2편이나 110편 같은 핵심 본문을 읽을 때는 메시아를 군사적 정복자로 떠올릴 수밖에 없었다. 이 점은 초기 그리스도인들이 예수님과 그분의 성취를 해석하면서 명백한 폭력성을 제거하고 그런 본문들을 적용할 때 더더욱 두드러진다.

그렇다면 기독교 이전 유대인들이 오실 메시아에 대해 갖고 있던 개념을 고난이라는 개념과 분리하는 게 중요하다. 조금 전에 언급했듯이 알베르트 슈바이처는 오랫동안 기다려 온 새 시대가 극렬한 고난의 시기를 거쳐 오리라는 개념을 대중화했는데, 그 고난에 '메시아의 비애messianic woes'라는 이름이 붙었다. 하지만 '메시아의 비애'라는 이름 자체가 부정확하고 오해할 소지가 있다. 슈바이처는 눈에 보이는 현실을 언급하고 있었다. 이스라엘 성경이 된 책들을 기록한 아주 초기에서부터, 일부 예언자와 시편 기자들은 다가올 구원의 서막인 큰 고난이라는 개념으로 반복해서 돌아오는 듯했다. 그러나 이 고난은 그것이 '메시아의 시대' 직전에 있으리라는 막연한 의미에서 '메시아적'이었다. 때로 이스라엘 성경은 이스라엘의 우상숭배와 죄에서 비롯된 고난을 언급한다. 하지만 많은 시편에서 그렇듯, 때로는 아무 죄가 없는데도 하나님의 백성이나 개인이 고난을 당하곤 한다. 밤이 깊어지면서 고통도 심해지고, 그러다가 새날이 밝을 것이다. 이 모두는 다니엘 12장 1절 같은 본문에서 정점에 다다른다. "이는 개국 이래로 그때까지 없던 환난일 것이며 그때에 네 백성 중 책에 기록된 모든 자가 구원을 받을 것이라."

그다음에는 시편 22편 같은 전통적 '고난' 시편들에서도 이 점을 볼 수 있다. 시편 22편은 절망과 수치심, 고통으로 시작한다.

내 하나님이여, 내 하나님이여, 어찌 나를 버리셨나이까?

   어찌 나를 멀리하여 돕지 아니하시오며 내 신음 소리를 듣지 아니

하시나이까?

내 하나님이여, 내가 낮에도 부르짖고 밤에도 잠잠하지 아니하오나

   응답하지 아니하시나이다…

나는 벌레요 사람이 아니라.

   사람의 비방거리요, 백성의 조롱거리니이다.

나를 보는 자는 다 나를 비웃으며

   입술을 비쭉거리고 머리를 흔들며 말하되…

개들이 나를 에워쌌으며

   악한 무리가 나를 둘러 내 수족을 찔렀나이다.

내가 내 모든 뼈를 셀 수 있나이다.

그들이 나를 주목하여 보고

   내 겉옷을 나누며 속옷을 제비 뽑나이다.… 22:1-2, 6-7, 16-18

   그러고 나서 극적인 변화가 나타나, 승리의 외침으로 분위기가

급변한다.

   내가 주의 이름을 형제에게 선포하고

   회중 가운데에서 주를 찬송하리이다.

여호와를 두려워하는 너희여, 그를 찬송할지어다!

야곱의 모든 자손이여, 그에게 영광을 돌릴지어다!

너희 이스라엘 모든 자손이여, 그를 경외할지어다!…
땅의 모든 끝이 여호와를 기억하고 돌아오며
  모든 나라의 모든 족속이 주의 앞에 예배하리니
나라['말쿠스', 왕국]는 여호와의 것이요
  여호와는 모든 나라의 주재심이로다. 22:22-23, 27-28

이 주제는 이사야서의 종의 노래에서 매우 개인적 표현으로 상
세하게 드러난다.

주 여호와께서 나의 귀를 여셨으므로
  내가 거역하지도 아니하며
  뒤로 물러가지도 아니하며
나를 때리는 자들에게 내 등을 맡기며
  나의 수염을 뽑는 자들에게 나의 뺨을 맡기며
모욕과 침 뱉음을 당하여도
  내 얼굴을 가리지 아니하였느니라. 50:5-6

그는 멸시를 받아 사람들에게 버림받았으며
  간고를 많이 겪었으며 질고를 아는 자라.
마치 사람들이 그에게서 얼굴을 가리는 것같이
  멸시를 당하였고 우리도 그를 귀히 여기지 아니하였도다.
그는 실로 우리의 질고를 지고

우리의 슬픔을 당하였거늘

우리는 생각하기를 그는 징벌을 받아

하나님께 맞으며 고난을 당한다 하였노라.…

그가 곤욕을 당하여 괴로울 때에도

그의 입을 열지 아니하였음이여

마치 도수장으로 끌려가는 어린양과

털 깎는 자 앞에서 잠잠한 양같이

그의 입을 열지 아니하였도다.

그는 곤욕과 심문을 당하고 끌려갔으나

그 세대 중에 누가 생각하기를

그가 살아 있는 자들의 땅에서 끊어짐은

마땅히 형벌 받을 내 백성의 허물 때문이라 하였으리요.

그는 강포를 행하지 아니하였고

그의 입에 거짓이 없었으나

그의 무덤이 악인들과 함께 있었으며

그가 죽은 후에 부자와 함께 있었도다.53:3-4, 7-9

"종"은 계속해서 "강한 자와 함께 탈취한 것을 나[눈다]."12절 이는 확실히 죄 사함일 뿐 아니라 **승리**다. 52장 7-12절에 따르면, 죄 사함을 승리의 열쇠로 보는 데 어려움이 없어야 한다. 어느 경우든, 내가 보기에는, 이스라엘 성경에서 극렬한 고난이 고대하던 구원과 죄 사함의 단순한 **맥락**이 아니라 **수단**인 곳은 이사야 53장뿐이다. 이 점은 우리가 앞서 살펴본 관점에서 훨씬 두드러지는데, 한 사람이 고난을 받아 많은 사람들을 구한다는 이 개념은 전쟁 영웅들의 연설은 물론 호메로스와 에우리피데스를 비롯한 여러 유명 비유대계 작가들을 필두로, 고대 비유대 세계에 널리 퍼져 있었다. 이사야 53장을 기록한 대시인은 이 이교 전통을 넌지시 암시하는 것을 의도했을까? 그렇지는 않은 듯하다.

이사야 40-55장 전체를 읽어 보면, 53장에 등장하는 구속의 고난이라는 주제가 새로운 내용임을 알 수 있다. 종의 노래에서 이 부분까지는, 한편으로는 고난에서부터의 구원을 약속하고, 다른 한편으로는 '종'을 위한 고난이라는 희한한 소명을 언급한다. 그런데 마지막 시 52:13-53:12에서만 이 둘이 하나로 합쳐진다. 여러 훌륭한 시와 다른 예술 양식에서 그렇듯, 이렇게 될 때 우리는 전체 시의 다양한 요소에서 새로운 요소가 유기적으로 자라난 것을 깨닫는다. 그리하여 낯선 새 개념이 동떨어져서 그 의미가 고립되기보다는, 전후 장들의 주요 주제들이 제 의미를 찾아 준다.

다른 어떤 본문보다도 이사야 53장이 신약성경에서 예수님의 죽음의 의미에 대한 성경적 실마리로 사용된 두드러진 방식을 고려할 때 이 관찰은 훨씬 더 중요해질 것이다. 이사야 53장은 이사야 40-55장 전체(혹은 40-66장 전체)나 우리가 살펴보고 있는 이스라엘 전체의 서사 맥락에서 떨어져 나온 증거 본문이 아니다. 한편으로는 이스라엘의 역경과 구원의 약속을 요약한 정수인 동시에, 다른 한편으로는 이 곤경과 이 약속이 한데 물려 있다는 독특하고 새로운 희망의 선언이다. '종'은 이스라엘의 역경을 대표하지만("너는 나의 종이요, 내 영광을 네 속에 나타낼 이스라엘이라"),사 49:3 이 '종'은 단순히 백성 전체를 의인화한 것이 아니라 다른 인물 곧 나머지 백성, 심지어 남은 자들에 반대하는 인물이 된다(50:10에서 "여호와를 경외하는" 사람들은 "그의 종의 목소리를 청종하는" 사람들이기 때문이다). 이 장은 수수께끼 같은 시처럼 여러 비밀을 숨겨 놓고, 이후 세대가 그 비밀을 찾게 만든다. 물론, 많은 초기 그리스도인들이 이 본문에서 예수님과 관련된 비밀을 찾아낼 수 있다고 생각했다.

그런데 이 고난이 죄 사함과 그에 수반되는 모든 것의 원인이 아니라 수단이라는 이사야 53장의 핵심을 그 문학적·역사적 맥락에서 제거하여 다른 서사에 끼워 맞출 때 문제가 발생한다. 그 순간, 이렇게 새로운 방식으로 이 본문을 읽는 사람들은 구속적 고난이라는 개념에 대한 고대 이스라엘의 언약적 맥락을 전혀 다른 맥락 곧 세속 맥락으로 대체하는 위험에 빠진다. 이것이 이 책의 주요 주장 중 하나다. 고대 비유대 세계에 대한 연구가 지금에 와서 사실로 판명된 것들을 가리키는 진짜 이정표들을 아무리 많이 가려낸다 하더라도, 그것이 성경의 온전한 진리를 하자 있는 이정표로 교체한 데 대한 변명은 될 수 없다.

이런 딜레마가, 고난이 용서와 회복의 원인이 아니라 수단이라는 이사야 53장의 주제를 떠올리게 하는 성경 이후 유대 문헌의 두 맥락에서 나타난다. 이 문맥들은 주전 160년대의 극한 고난의 시기를 반영한다. 이교도 시리아가 작고 연약한 유대 나라를 차지했다. 이 싸움에서 죽은 이들을 순교자로 묘사했는데, 우리는 이들의 이야기를 들려주는 대목에서 이사야 53장과 비슷한 내용이나 대리 죽음을 말하는 세속 이야기를 찾아볼 수 있다. 여기서 일곱 형제 중 막내는 신의 형벌을 경고할 뿐 아니라, 순교자의 고난의 구속적 가치를 주장하면서 안티오쿠스 에피파네스에 맞선다.

> 우리는 우리의 죄 때문에 고통을 당하고 있소. 살아 계시는 우리 주님께서 우리를 채찍으로 고쳐 주시려고 잠시 우리에게 화를 내셨지만, 하나님께서는 끝내 당신의 종들인 우리와 화해하실 것이오.… 나는 형들과 마찬가지로 우리 선조들이 전해 준 율법을 지키기 위해 내 몸과 내 생명을 기꺼이 바치겠소. 나는 하나님께서 우리 민족에게 속히 자비를 보여 주시고, 당신에게는 시련과 채찍을 내리시어 그분만이 하나님이시라는 것을 인정하게 해 주시기를 하나님께 빌겠소. 우리 민족 전체에게 내리셨던 전능하신 분의 정당한 노여움을 나와 내 형들을 마지막으로 거두어 주시기를 하나님께 빌 따름이오. 마카베오하 7:32-33, 37-38

여기서 성경을 암시하는 내용은 이사야 53장만이 아니다. 이 젊은 순교자가 이교 폭군에게 도전하는 '시험과 재앙'은 모세와 바로 이야기를 떠올리게 한다. 하나님은 이스라엘 백성의 드라마 같은 출애굽의 서곡으로 애굽인들에게 '재앙'을 내리셨다. 짐작건대, 이것이 핵심일 것이다. 노예가 되어 고난받는 이스라엘에게는 **새로운 출애굽**

이 필요하다. 마카베오의 순교자들은 최초의 출애굽을 돌아보면서, 지금이 두 번째 출애굽 때라고 생각한다. 하지만 이 새로운 출애굽은 첫 번째 출애굽에는 없었던 다른 무언가와 관련이 있을 것이다. 새로운 출애굽은 유대 백성이 고통받는 원인인 죄를 다룰 것이다.[32절] 또한 새로운 출애굽이 온다면, 그리고 그것이 올 때는 포로기를 끝내고 궁극적으로 '죄를 해결해야' 한다. 최소한 이 순교자는 자신의 고난이 그 일부라고 주장하고 있다. 어쩌면 그는 자신의 고난이 그 과정을 완성하리라고 시사하는지도 모른다.

마카베오하가 구성된 방식은 이것이 저자의 의도였다고 암시한다. 고문과 죽음을 그린 이 끔찍한 장면 직후에, 유다 마카베오와 그 추종자들은 안티오쿠스 에피파네스에 대한 놀랄 만한 반란을 시작한다. 이 반란의 성공으로 마카베오(또는 '하스모니아') 가문은 이후 100년 넘게 독립된 유대 왕국의 통치자로 군림하게 된다. 이 점은 이들이 제사장 가문이었지만[마카베오상 2:1] 사독파 곧 대제사장 가문이라는 증거는 거의 없다는 점에서 더 놀랍다. 당연하지만, 제사장인 그들이 아론의 후손이라면, 다윗의 후손이라고 주장할 수는 없었다. 그럼에도 이들은 사실상 '왕 같은 제사장'으로서 제사장-왕 역할을 감당했다. 요한계시록 1, 5, 20장을 비롯한 신약성경 여러 곳에 나타난, 우리가 앞서 논의한 인간의 새로운 소명이 문학적 상상력이 아니라 역사적 사실로 뚜렷이 나타난다. 순교자들의 고난과 이교도의 패배, 성전을 깨끗하게 한 사건을 통해 제사장들의 나라가 등장한다! 마카베오하 7장에서 일곱째 아들의 주장은 첫 번째 핵심을 강조한다. 순교자들의 고난이 **백성의 죄로 말미암은 온 백성의 고난을 끝내고** 승리와 정결이 찾아왔다. 이제 이교도에 대한 승리가 시작될 차례다.

나는 요한계시록 저자가 의식적으로 하스모니아 제사장-왕들을 암시했다고 생각하지는 않는다. 출애굽기 19장 6절을 떠올리게 하는 베드로전서 2장 9절이 그 왕조의 주장을 염두에 두었다고 생각하지도 않는다. 로마의 침략과 헤롯의 상승세를 비롯한 여러 병폐를 막지 못한 하스모니아 왕조는 주후 1세기 중반에 수치스러운 역사를 맞게 되었다. 하지만 둘의 유사성은 고대 성경에 근거한 이스라엘의 더 큰 이야기가 이론만이 아니라 구체적 실천에서 다시 생명을 얻게 되는 방식을 암시한다. 마카베오 제사장-왕들의 백 년 통치는 요한계시록 20장 6절에 나오는 메시아 백성 곧 '왕 노릇 하는 제사장'의 천 년 통치의 먼 사촌으로 보일 수도 있다.

순교자들의 고난이 미친 영향에 대한 마카베오하의 주장의 이론적 근거는 초기 기독교 문서와 추가 유사성을 보이는 흥미로운 단락에 설명되어 있다. 저자는 유대인들이 시리아 지배기에 견딘 끔찍한 고난에 특별한 목적이 있었다고 말한다. 유대 백성이 다른 나라들처럼 최후 심판의 날을 기다리기보다는 자신들이 받아야 할 형벌을 현재에 미리 경험하도록 하기 위해 고난이 허락되었다는 것이다.

나는 독자들이 이 책에서 우리 민족이 당한 재난의 기사를 읽고 실망하지 않기를 바란다. 이 징벌은 우리 민족을 멸망시키려는 것이 아니라 오히려 채찍질하시려는 것이었다. 악한 행동을 오랫동안 그냥 내

버려 두시지 않고 즉시 징계하신다는 것은 하나님께서 지극히 인자하시다는 표지이다. 주님께서는 이방 민족에 대해서는 그들의 죄를 즉시 벌하지 않고 그들의 죄가 막중하게 될 때까지 기다리신다. 그러나 우리 민족에 대해서는 그렇게 하시지 않고 그때마다 벌을 내리셔서 우리의 죄가 절정에 이르지 않도록 해 주셨다. 따라서 주님께서는 우리에게서 자비의 손길을 거두지 않으신다. 비록 우리에게 징벌을 내리신다 하더라도 그것은 당신의 백성을 채찍질하시는 것이지 절대로 버리시는 것이 아니다.6:12-16

일곱째 아들이 나중에 말하는 내용을 감안할 때 저자는 사람들의 기대와는 **사뭇** 다른 표현을 사용한다. 우리는 7장에 나오는 일곱째 아들의 발언을 돌아볼 때 저자가 6장에서 유대 백성의 죄가 절정에 달했고 순교자들은 그로 인한 복수를 견디고 있는 중이라고 말하리라고 기대했을 법하다. 저자는 그런 생각을 하지는 않지만, 그 생각과 그리 멀지 않은 것 같다. 앞으로 살펴보겠지만, 이것은 바울이 로마서 5-8장에서 말하는 내용과 흡사하다.

마카베오 순교자들의 고난과 죽음과 이들의 잠재적 구속의 의미는 구속과 희생의 표현이 두드러지는 마카베오4서에서 더 자세히 논의하고 있다. 이 책은 다른 데서 이스라엘의 전통 철학 사상들을 끌어들여서, 그 자체를 순교자들의 모범적인 미덕을 극찬하는 철학 논문으로 표현한다. 이는 저자가 사실상 '다른 사람을 위해 죽는' 것에 대한 유명한 비유대 전통들을 염두에 두고 있었다는 뜻인지도 모른다.

그는 이 유대 영웅들을 추앙하면서, 일반 유대인들도 비유대 세계에서 칭송받는 그런 고상한 행위의 증거를 보여 줄 수 있다고 말하고 있다. 그럼에도, 여기 사용된 언어는 여전히 유대 종교의식을 함축하고 있는데, 이 의식을 통해 그 땅이 정결케 된다.

이 순간, 고결함과 선을 위해 어머니와 함께 죽은 이들의 미덕을 칭송하는 것이 적절하겠지만, 나는 이들이 안은 명예로 인해 복을 받았다고 말하고 싶다. 만 백성, 심지어 그들을 고문한 사람들까지도 이들의 용기와 인내에 놀랐고, 그들은 조국에 대한 폭정을 무너뜨리는 기폭제가 되었다. 그들의 인내로 폭군을 정복했기에, 그들을 통해 조국 땅이 정결하게 되었다.1:10-11

그다음으로는 이것이 엘르아살의 이야기에서 발전되어 나타난다. "아브라함의 자녀들"에게 "[그들의] 종교를 위해 고상한 죽음을 죽으라"6:22고 권면한 그는 자기를 희생하는 기도에서 하나님께 다음과 같이 말한다.

오, 하나님, 제가 목숨을 구할 수도 있었지만, 율법을 위해 불타는 고통 가운데 죽어 가는 것을 당신은 아십니다. 당신 백성에게 자비를 베푸셔서 우리가 받는 형벌이 그들에게 충분하게 하옵소서. 내 피로 저들을 정결하게 하시고, 저들의 생명 대신 내 생명을 취하소서.6:27-29

마카베오하 개요에서 그다음에 등장하는 일곱 형제의 경우, 일곱 아들의 마지막 연설이 이전 연설만큼 확연히 구속적이지는 않다. 그는 그저 이 나라에 자비를 베풀어 달라고 하나님께 호소하는 반면, 폭군에게는 하나님이 이생과 내세에서 그에게 복수하시리라고 경고한다.12:17 하지만 저자가 순교의 의미를 요약할 때 구속의 어조가 다시, 이번에는 좀 더 온전히 드러난다.

하나님을 위해 성별된 사람들은 이 명예로 존경을 받을 뿐 아니라, 그들 덕분에 원수가 우리나라를 다스리지 못하고, 폭군이 벌을 받고, 조국이 정결하게 되었다는 사실로 존경을 받는다오. 말하자면, 이들은 조국의 죄를 위해 몸값을 지불한 셈이오. 이 경건한 이들이 피를 흘리고 속죄제['힐라스테리온']로 죽음으로써 하나님의 섭리가 전에는 학대받던 이스라엘을 보호하셨소.17:20-22

이는 아마도 이스라엘의 구속과 희생 전통이 다른 사람을 대신한 고상한 죽음이라는 고대 이교 사상과 하나로 모아지는 가장 분명한 단락일 것이다. 이 상이한 전통이 여기서 어느 정도 비율로 나타나는지를 군이 평가할 필요는 없을 것 같다. 정확히 어떤 지점에서 유대 저자가 이교 철학 전통을 끌어다가 유대 순교 이야기를 인간 미덕, 특히 용기와 숭고함의 이야기로 제시하려 최선을 다하는지를 확인하는 것만으로 충분하다. 사람들은 궁금해 할지도 모른다. 이것이 일부 초기 그리스도인들이 우리가 언뜻 보기에는 예수님의 죽음에 대해 매우 유사해 보이는 내용을 말한 이유였는가? 그게 아니라면, 이들은 미묘하게 다른 해석 방향을 따르고 있었던 것일까?

어느 경우든, 핵심은 분명하다. 더 광범위한 유대인의 소망 내부에서, 극심한 고난과 박해를 받던 이들 중 최소한 일부는 그 경험을 하나님의 백성이 구원을 받기 위해 통과해야 할 **과정**일 뿐 아니라, 다가올 구원의 **원인**으로 해석하는 방법들을 모색했다는 징후가 있다. 이들이 어느 정도나 의식적으로 이사야 53장을 의지했는지, 혹은 어느 정도나 고대 비유대 자료를 흉내 냈는지는 논쟁의 여지가 있다. 이 책의 목적을 염두에 둘 때 그 핵심은, 구속적 고난이라는 개념이 확실히 메시아에 대한 기대와 연관되지는 않는다 하더라도, 예수님 당시 유대 세계에서는 존재했다는 점이다. 나는 마카베오서에서 유명한 두 예를 제시했다. 쿰란 문서 중에서도 한두 행을 제시할 수 있을 것이다. 하지만 이 문제 자체는 논쟁의 여지가 없다.

● 하나님의 신실하심과 언약적 사랑

이사야 40-66장에서 계속해서 강조하지만 마카베오서에서는 찾아보기 힘든 주제 한 가지가 이제부터 살펴보려는 마지막 의미다. 창조주 하나님이 그분의 언약 백성을 구속하실 때 그것은 그분의 **신실하신 사랑**의 결과일 것이다.

하나님의 **진노**에 초점을 맞추어 속죄와 구속 이론을 반대하는 일반적 의견은, 이것이 신약의 가장 심오한 주제들에 반대되는 것처럼 보인다는 것이다. 물론 인간의 반항, 구체적으로는 택하신 백성의 반항에 대한 하나님의 진노는 구약성경 전반에 두드러지게 나타난다. 비슷한 내용을 신약성경, 특히 예수님의 가르침에서도 볼 수 있다. '죄'가 하나님의 진노를 부르지 않는다는 의견(성질 나쁜 신들의 희화화에 대한 반작용으로 현대 사상에 자주 등장하는 개념)은 무시할 필요가 있다. 하나님이 죄를 보실 때는, 마치 바이올린 제작자가 연주자가 자신의 사랑하는 창조물을 테니스 라켓처럼 사용하는 모습을 볼 때와 같은 기분이다. 하지만 여기에는 차이점이 있다. 이방 종교의 다양한 표현에서 인류는 진노한 신을 달래려고 애써야 한다. 그런데 이스라엘 성경에서는 그런 일이 벌어지지 않는다. 성경이 약속하는 구속은 자기 백성에 대한 변함없고 흔들리지 않는 사랑 때문에 몸소 행동하시는 하나님의 모습이다.

이 주제는 붉은 줄처럼 성경 전반에 걸쳐 흐르는데, 최소한 신명기까지 거슬러 올라간다.

너는 여호와 네 하나님의 성민이라. 네 하나님 여호와께서 지상 만민 중에서 너를 자기 기업의 백성으로 택하셨나니, 여호와께서 너희를 기뻐하시고 너희를 택하심은 너희가 다른 민족보다 수효가 많기 때문이 아니니라. 너희는 오히려 모든 민족 중에 가장 적으니라. 여호와께서 다만 너희를 사랑하심으로 말미암아, 또는 너희의 조상들에게 하신 맹세를 지키려 하심으로 말미암아 자기의 권능의 손으로 너희를 인도하여 내시되 너희를 그 종 되었던 집에서 애굽 왕 바로의 손에

서 속량하셨나니 그런즉 너는 알라, 오직 네 하나님 여호와는 하나님
이시요 신실하신 하나님이시라. 그를 사랑하고 그의 계명을 지키는
자에게는 천 대까지 그의 언약을 이행하시며 인애를 베푸시되. 신7:6-9

하늘과 모든 하늘의 하늘과 땅과 그 위의 만물은 본래 네 하나님 여호
와께 속한 것이로되 여호와께서 오직 네 조상들을 기뻐하시고 그들
을 사랑하사 그들의 후손인 너희를 만민 중에서 택하셨음이 오늘과
같으니라.… 그는 네 찬송이시요 네 하나님이시라. 네 눈으로 본 이같
이 크고 두려운 일을 너를 위하여 행하셨느니라. 신 10:14-15, 21; 참고 4:37

너는 두려워하지 말라. 내가 너를 구속하였고
    내가 너를 지명하여 불렀나니 너는 내 것이라.…
대저 나는 여호와 네 하나님이요
    이스라엘의 거룩한 이요 네 구원자임이라.
내가 애굽을 너의 속량물로,
    구스와 스바를 너를 대신하여 주었노라.
네가 내 눈에 보배롭고 존귀하며
    내가 너를 사랑하였은즉
내가 네 대신 사람들을 내어 주며
    백성들이 네 생명을 대신하리니. 사43:1, 3-4

그가 말씀하시되 그들은 실로 나의 백성이요

거짓을 행하지 아니하는 자녀라 하시고

그들의 구원자가 되사

그들의 모든 환난에 동참하사

자기 앞의 사자로 하여금

그들을 구원하시며

그의 사랑과 그의 자비로 그들을 구원하시고

옛적 모든 날에 그들을 드시며 안으셨으나. 사 63:8-9

내가 영원한 사랑으로 너를 사랑하기에

인자함으로 너를 이끌었다 하였노라. 렘 31:3

여호와의 인자와 긍휼이 무궁하시므로

우리가 진멸되지 아니함이니이다.

이것들이 아침마다 새로우니

주의 성실하심이 크시도소이다. 애 3:22-23

이스라엘이 어렸을 때에 내가 사랑하여

내 아들을 애굽에서 불러냈거늘. 호 11:1

이 본문들은 성경 전체를 관통하는 한 주제에 대해 성구 사전에서 찾아낸 약간의 표본에 불과하다. 더 중요하지는 않더라도 똑같이 중요한 것은, 이스라엘을 포로기에서 구출하는 것과 새로운 출애굽이라는 강력한 새 일과 그에 수반된 모든 것이 어떻게 해서 자기 백성을 향한 여호와의 깨지지 않는 언약적 헌신의 직접적 결과인지를 지속적으로 설명한 내용이다. '사랑'이라는 단어가 나타나든 나타나지 않든, 다음과 같은 단락들은 시의 힘으로 현실을 담아내고 있다.

보라, 주 여호와께서 장차 강한 자로 임하실 것이요
　친히 그의 팔로 다스리실 것이라.
보라, 상급이 그에게 있고
　보응이 그의 앞에 있으며
그는 목자같이 양 떼를 먹이시며
　어린양을 그 팔로 모아
품에 안으시며
　젖 먹이는 암컷들을 온순히 인도하시리로다.사 40:10-11

그러나 나의 종 너 이스라엘아,
　내가 택한 야곱아,
　나의 벗 아브라함의 자손아,
내가 땅 끝에서부터 너를 붙들며
　땅 모퉁이에서부터 너를 부르고
네게 이르기를 너는 나의 종이라.
　내가 너를 택하고 싫어하여 버리지 아니하였다 하였노라.
두려워하지 말라. 내가 너와 함께함이라.

놀라지 말라. 나는 네 하나님이 됨이라.

내가 너를 굳세게 하리라. 참으로 너를 도와주리라.

　참으로 나의 의로운 오른손으로 너를 붙들리라. 사41:8-10

이런 맥락에서 새로운 약속이 등장하는데, 그 약속은 이스라엘을 향한 여호와의 언약적 사랑이 열방으로 확장된다는 것이다.

나 여호와가 의로 너를 불렀은즉

　내가 네 손을 잡아 너를 보호하며

너를 세워 백성의 언약과

　이방의 빛이 되게 하리니

　네가 눈먼 자들의 눈을 밝히며

갇힌 자를 감옥에서 이끌어 내며

　흑암에 앉은 자를 감방에서 나오게 하리라. 사42:6-7

다시 말해, 비유대 민족들도 나름의 출애굽이 필요하다는 뜻이다! 이것은 정말로 혁명적이어서, 하나님의 사랑에 대한 앞선 본문들의 독점적인 내용에 변화를 가져온다. 이제 이 사랑은 이스라엘만을 **위한** 하나님의 사랑이 아니라, 이스라엘을 **통한** 하나님의 사랑으로 나타난다. 그리하여 이사야55장은 전 세계에 이렇게 호소한다.

오호라, 너희 모든 목마른 자들아,

물로 나아오라.

돈 없는 자도 오라.

너희는 와서 사 먹되

돈 없이, 값없이 와서

포도주와 젖을 사라.…

너희는 귀를 기울이고 내게로 나아와 들으라.

그리하면 너희의 영혼이 살리라.

내가 너희를 위하여 영원한 언약을 맺으리니

곧 다윗에게 허락한 확실한 은혜이니라. 55:1, 3

이 결론으로 가는 길에, 다양한 각도에서 이 메시지가 나와서 강하고 흔들리지 않는 하나님의 사랑을 재차 확인해 준다.

하늘이여, 노래하라. 땅이여, 기뻐하라.

산들이여, 즐거이 노래하라!

여호와께서 그의 백성을 위로하셨은즉

그의 고난당한 자를 긍휼히 여기실 것임이라.

오직 시온이 이르기를 여호와께서 나를 버리시며

주께서 나를 잊으셨다 하였거니와

여인이 어찌 그 젖 먹는 자식을 잊겠으며

자기 태에서 난 아들을 긍휼히 여기지 않겠느냐?

그들은 혹시 잊을지라도

나는 너를 잊지 아니할 것이라.

내가 너를 내 손바닥에 새겼고

　　너의 성벽이 항상 내 앞에 있나니. 49:13-16

나 여호와가

　　시온의 모든 황폐한 곳들을 위로하여

그 사막을 에덴 같게,

　　그 광야를 여호와의 동산 같게 하였나니

그 가운데에 기뻐함과 즐거워함과

　　감사함과 창화하는 소리가 있으리라. 51:3

　　시의 도입부인 40장 1절에서부터 52장 9절("이는 여호와께서 그의 백성을 위로하셨고 예루살렘을 구속하셨음이라")까지 펼쳐지는 하나님의 이 위로 메시지는 "종"이 "멸시를 받아 사람들에게 버림받았다"53:3는 단락에 이르러 최고조에 달한다. 폭넓은 맥락에서 이 단락을 읽으면, 이 본문이 강력한 하나님의 언약적 사랑이 이상하고도 충격적으로 나타난 사건이라고 볼 수밖에 없다. 따라서 '종'의 죽음을 이스라엘의 죄에 대한 궁극적 형벌로 보는 53장 직후에 우리는 언약이 재차 확인되는 것을 발견한다. 이제 죄를 용서받고, 포로기가 끝나며, 여호와와 그 백성은 영원히 하나가 된다.

　　이는 너를 지으신 이가 네 남편이시라.

그의 이름은 만군의 여호와이시며

네 구속자는 이스라엘의 거룩한 이시라.

그는 온 땅의 하나님이라 일컬음을 받으실 것이라.

여호와께서 너를 부르시되

마치 버림을 받아 마음에 근심하는 아내

곧 어릴 때에 아내가 되었다가 버림을 받은 자에게 함과 같이 하실 것

임이라.

네 하나님께서 말씀하셨느니라.

내가 잠시 너를 버렸으나

큰 긍휼로 너를 모을 것이요

내가 넘치는 진노로

내 얼굴을 네게서 잠시 가렸으나

영원한 자비로 너를 긍휼히 여기리라.

네 구속자 여호와께서 말씀하셨느니라.…

산들이 떠나며

언덕들은 옮겨질지라도

나의 자비는 네게서 떠나지 아니하며

나의 화평의 언약은 흔들리지 아니하리라.

너를 긍휼히 여기시는 여호와께서 말씀하셨느니라. 54:5-8, 10

우리는 남을 위해 목숨을 내려놓는 고상한 죽음을 이야기하는
고대 비유대 자료와의 대조점을 놓쳐서는 안 된다. 그 경우에는, 분노

나 위험, 악의, 단순한 불행을 물리치기 위해 애쓰는 쪽은 늘 인간이었다. 이사야는 물론, 신명기, 시편, 예레미야를 비롯한 여러 곳에서는 이스라엘의 하나님이 친히 사람들을 구하셨다. 구원은 모두 그분이 시작하고 성취하셨다. 그분의 사랑이었다.

● 구속과 죄 사함

이 모든 주제가 하나로 들어맞는 것을 볼 수 있을까? 아마도 아닐 것이다. 최소한 이스라엘 성경이라는 한도 내에서는 그렇다. 성경의 어떤 책이나 작가도 내가 이 짧은 개요에서 스케치한 개념들을 한데 모아놓지는 않았다. 이사야서와 시편 일부가 그나마 거기에 가깝긴 하다. 하지만 내 의도는 제2성전기 유대인들의 풍부한 자료를 간략하게나마 기술하는 것이었다. 이들은 이 자료들을 통해 끊임없이 계속되는 포로기의 혼란에 대해, 자신들의 끝나지 않은 이야기에 대해, 약속된 혁명이 언제, 어떻게 도래하는가라는 질문에 대해 되돌아볼 수 있었다. 여기에서부터 우리의 전반적 연구에 특히 관련이 있는 세 주제가 드러난다.

첫째, 이 고대 저술들은 제2성전기 하나님의 백성에게 한편으로는 '포로기의 종말'이, 다른 한편으로는 '죄 사함'이 필요했다고 끊임없이 주장한다. 이스라엘의 죄가 포로기의 원인이었기에, 용서와 '귀환'은 동전의 양면과 같았다. 신약성경에서 메시아께서 "성경대로… 우리 죄를 위해 죽으셨다"는 복음의 요약을 만날 때 이것이 그런 언어의 자연스런 근거지다. 포로기를 원상태로 되돌려 놓을 만한 일이 벌어졌다. 포로기를 불러온 죄가 영원히 해결되었다. 이것이 십자가 사건에 대한 혁명적 관점의 단초다.

둘째, 오랫동안 기다려 온 이 위대한 사건은 궁극적인 새로운 출애굽, 최후의 유월절이 될 것이다. 바벨론에 대한 승리는 애굽에 대한 승리의 축소판이다. 출애굽의 이미지들을 단락마다 적용해 보면, 각기 다른 본문에서 바벨론이나 시리아나 로마를 다룬다 하더라도 고대 애굽의 종살이 기억은 절대 멀리 있지 않다. 죄 사함과 포로기의 종말 그리고 유월절과 출애굽이라는 이 주제들을 한데 모으면, 유월절이 이전에 뜻한 바와 속죄의 날 자체가 뜻하는 바를 초월하는 완성된 구속이라는 개념을 발견할 수 있다. 신약성경에서 죄 문제의 해결, 포로 귀환, 하나님나라와 그 관련 사상들을 다루는 개념들과 불가분하게 하나로 합쳐진 유월절 사건들의 구체적인 설정을 특별히 강조할 때 이 사상들의 조합은 자연스런 의미 맥락을 제공한다.

셋째, 유월절 배경은 (구출과 여호와의 임재라는 극적인 주제를 통해) 이스라엘 하나님의 인격적이고 강력한 사역을 통해 구속이 임할 것이라는 의미에 일조한다. 마카베오는 남을 대신한 '고상한 죽음'이라는 비유대 주제들에서 차용하여, 순교자들이 신의 진노를 대신 떠맡았을 수도 있다는 가능성을 시도해 보는지도 모른다. 하지만 그런 식으로 해석할 수 있는 유일한 성경 본문인 이사야 53장은 한 분 하나님의 강력하고 변함없는 사랑이라는 주제를 노래하는 비할 데 없는 시의 절정을 이룬다. 우리가 신약성경에서 하나님의 사랑을 이 위대한 용서와 새로운 출애굽의 강력한 동인으로 반복해서 강조하는 내용을 발견할 때, 곧 초기 그리스도인들이 "하나님이 세상을 이처럼 사랑하사 독생자를 주셨으니", "나를 사랑하사 나를 위하여 자기 자신을 버리신 하나님의 아들", "다른 어떤 피조물이라도 우리를 우리 주 그리스도 예수 안에 있는 하나님의 사랑에서 끊을 수 없으리라"라고 말할 때, 우리는 이들이 특히 이사야서와 다니엘서에 집중된 이 전체 서사를 끌어들이려 하고 있었다는 점을 의심하지 말아야 한다.

이 점은 몇몇 주요 신학적 질문 앞에서 훨씬 더 예리하게 전면에 부각된다. 이사야서에 나오는 '종'의 수치스럽고 잔인하고 불의한 죽음이 이스라엘을 향한 하나님의 사랑과 무슨 관계가 있는가? 더군다나 이 '종'은 도대체 누구인가? 이 마지막 질문은 수많은 세대의 학자들을 잠 못 이루게 했다. 나는 이 불확정성이 꽤나 의도적이라고 생각한다. 앞서 이야기했듯이, 다른 많은 시인과 작가들처럼 이사야 40-55장을 쓴 사람이 누구든 그 역시 이 점이 쉽게 드러나길 원치 않았다. 다양한 가능성을 배제하길 원치 않았던 것이다. 여기서 이 오래된 곤란하고 다각적인 질문을 다시 제기하고 싶지는 않다. 하지만 이미 길어진 이 장을 마무리하면서 두 가지만 짧게 언급하려 한다.

첫째, 종의 노래의 순서42:1-9; 49:1-7(혹은 1-12절도 가능); 50:4-9; 52:13-53:12는 최소한 이사야서 앞부분에 나오는 '왕의' 단락9:2-7; 11:1-10과 아마도 메시아 본문이 함축하는 뒷부분의 유사한 단락61:1-4; 63:1-6을 담고 있는 것처럼 보인다. 이 나라와 이 나라를 대표하는 왕 사이에는 유명한 유동성이 있어서, 이 왕은 백성의 운명을 좌우하는 열쇠를 쥐고 있다. (이 역시 오래되고 난해한 질문이지만, 일종의 '왕의 대표성'은 이 본문들과 당시 세계에 상당히 들어맞는다.) 그렇다면 '종'은 일종의 '기름 부음을 받은' 인물로서, 그의 사역을 통해 여호와는 이스라엘과 열방에 정의를 가져다주실 것이며, 시편 2편과 72편 같은 본문을 상기시킨다. 이 왕 같은 '종'이 소명에 순종하여 불의하고 수치스러운 죽음을 죽게 하셨다는 충격적 발견은 최소한 이사야서의 예상 독자들에게는(어쩌면 예언자 자신에게도) 받아들이기 힘든 내용이다. 하지만 이것이 이 시가 가리키는 바인 듯하다. 하나님의 나라, 하나님의 승리, 하나님의 죄 사함이라는 주제는 모두 이 지점으로 수렴된다. 따라서 이 '종'이 하나님의 구원의 목적들을 성취하실 오실 왕이라면, 우리는 그의 끔찍한 죽음이—일부 시편의 도움을 받아—그분의 소명을 이루기 위해 꼭 필요한 일로 비쳐질 가능성을 상상할 수 있다. 이미 기름 부음을 받았지만 아직 왕으로 인정되지는 않았던 다윗은 골리앗과의 전투에 나서야 했다. 그는 온 백성을 대표하는 한 사람이었다. 마찬가지로, 이 '종'은 백성의 오래된 죄악의 결과들을 스스로 떠맡으셔야 했다.

하지만 최소한 다윗은 골리앗을 물리쳐서 죽이지 않았는가! 어떻게 가상의 왕 같은 종의 **죽음**이 이스라엘 하나님의 극진한 사랑의 목적의 일부일 수 있단 말인가? 이 대목에서 두 번째 핵심이 등장한다. 다음 시에서는 여호와의 강력한 행동을 하나님의 '팔'로 묘사한다.

보라, 주 여호와께서 장차 강한 자로 임하실 것이요
친히 그의 팔로 다스리실 것이라.40:10

여호와의 팔이여, 깨소서, 깨소서.

　　능력을 베푸소서.

옛날 옛 시대에

　　깨신 것같이 하소서.

라합을 저미시고 용을 찌르신 이가

　　어찌 주가 아니시며

바다를, 넓고 깊은 물을 말리시고

　　바다 깊은 곳에 길을 내어

구속받은 자들을 건너게 하신 이가

　　어찌 주가 아니시니이까? 51:9-10

여호와께서 열방의 목전에서

　　그의 거룩한 팔을 나타내셨으므로

땅 끝까지도 모두

　　우리 하나님의 구원을 보았도다. 52:10

마지막으로, 여호와의 '팔'이 '종'의 인격과 운명으로 드러난다.

우리가 전한 것을 누가 믿었느냐?

　　여호와의 팔이 누구에게 나타났느냐?

그는 주 앞에서 자라나기를 연한 순 같고

　　마른 땅에서 나온 뿌리 같아서. 53:1-2

이 내용이 말이 되려면, 여호와의 영으로 기름 부음을 받은[42:1] '종'이 이스라엘 하나님의 강력한 구원의 사랑을 **구현하고 있다**고 보는 방법밖에 없다. 격동하는 바다 같은 이 강력한 시가 토해 낸 다른 수많은 질문처럼, 이것은 우리가 독단적일 수 있는 문제가 아니다. 마치 예언자는 자신이 말하고 있는 내용을 믿지 못한 채 어두움을 가리키고 있는 듯하다. 하지만 그는 세 가지는 안다고 주장한다. 첫째, 여호와의 기름 부음을 받은 자를 통해 구원이 올 것이다. 둘째, 거기에는 극심한 고난과 죽음이 동반될 텐데, 이를 통해 이스라엘의 포로기를 불러온 죄들이 마침내 해결될 것이다. 셋째, 이 성취는 여호와 자신의 사역이 될 것이다. 그 내용은 이후 본문이 묘사한 것과 같다.

여호와께서 이를 살피시고
　　그 정의가 없는 것을 기뻐하지 아니하시고
사람이 없음을 보시며
　　중재자가 없음을 이상히 여기셨으므로
자기 팔로 스스로 구원을 베푸시며
　　자기의 공의를 스스로 의지하사.[59:15-16]

내가 본즉 도와주는 자도 없고
　　붙들어 주는 자도 없으므로 이상하게 여겨
내 팔이 나를 구원하며
　　내 분이 나를 붙들었음이라.…

그들의 모든 환난에 동참하사

　자기 앞의 사자로 하여금 그들을 구원하시며

그의 사랑과 그의 자비로 그들을 구원하시고

　옛적 모든 날에 그들을 드시며 안으셨으나.63:5, 9

이 책 2부에서 우리가 살펴본 모든 본문을 꺼내서 무슨 연금술로 그 내용을 신약 신학으로 바꾸기란 불가능할 것이다. 제2성전기의 그 어떤 자료도, 예수님 시대 이전 유대인들이 우리가 초기 그리스도인들에게서 발견하는 신선한 생각들을 지어내고 있었다는 가정을 뒷받침하지 않는다. 하지만 초기 그리스도인들이 이 점을 주장하고 그들이 살아가고 있던 새롭게 서술된 세계를 유지하기 위해 "메시아께서 성경대로 우리 죄를 위해 죽으셨다"고 말하고, 유월절 시기 예수님의 죽음 이야기를 말한 것을 볼 때, 이런 것들이 그들이 의도한 주제였다고 확신할 수밖에 없다. 이것들이 곧 그들이 새롭고 결정적이며 혁명적인 대단원을 형성한다고 본 서사들이었다. 이런 배경에서 그들은 구원의 관념적이지 않은 목표를 어렴풋이 보았고, 이방인의 표현보다는 유대인의 표현에서 이 목표가 이루어졌다고 선언했다. 첫 번째 성금요일 저녁에, 옛 하나님의 약속이 성취되어 죄가 해결되고 권세는 무너졌다. 메시아께서 성경대로 우리 죄를 위해 죽으셨다.

따라서 이제부터는 이 혁명적 메시지를 자세히 설명하고 있는 초기 기독교의 핵심 본문으로 들어가 보자.

III.

혁명적 구출

08.

새로운 목표,
새로운 인류

엠마오로 가는 길에서 부활하신 예수님을 만난 두 제자는 그분을 알아보지 못하고 이렇게 하소연했다. "우리는 그분이 이스라엘을 속량하시기를 바랐습니다."눅 24:21 예수님이 여전히 신분을 숨긴 채 이들에게 진행 중인 상황을 설명해 주시기 시작했는데, 그분이 하신 말씀은 "너희가 잘못 알았구나. 이스라엘을 구원한다는 말은 다 잊어버려라. 내게 더 좋은 계획이 있단다" 하는 뜻이 아니었다. 오히려 그분은 이렇게 말씀하셨다. "이 일은 **반드시** 일어났어야 합니다. 메시아는 고난을 겪으셔야 하고, 그런 다음 자기의 영광에 들어가십니다!" 그러고 나서 "그분은 모세와 모든 예언자부터 시작하여 전체 성경 곳곳에 기록된 자기에 관한 일들을 설명해 주셨다."24:26-27 확실히, 그분의 대답은 '이스라엘의 구원'을 철저하기 재정의하셨다. 이 말씀은 전반적인 기대를 전혀 새로운 초점, 곧 예수님의 독특한 역할로 집중시켰다. 예수님은 전체 성경 이야기가 그분의 죽음과 부활이라는 사건들을 향해 전진해 왔다고 주장하셨다. 최근에 일어난 일들은 단순히 예기치 못한 반전이 아니라, 그 이야기의 성취로 보아야 했다.

그러나 재정의가 곧 포기는 아니다. 예수님 시대의 많은 유대인들은 하나님이 그분의 오랜 약속들을 드디어 성취하신다는 것이 무슨 뜻일지를 두고 기도하고 생각해 왔다. 딱 들어맞는 유일한 분석은

없었다. 많은 집단과 교사, 예언자 지망생들이 다양한 해석을 제안했
다. 예수님의 구체적인 재정의(와 그 재정의를 보여 준 누가)는 그 지형
에 속해 있으면서도, 이전에 상상한 모든 것을 초월하여 그 지형을 뒤
바꾼다. 토라와 예언서, 시편에 다양하게 표현된 이스라엘의 소망은
이스라엘(이나 인류나 신실한 자들)을 이 세상**으로부터** 빼돌리는 구출
작전이 아니라, 세상을 **위한** 구출 작전이었다. 이 작전을 통해 구속받
은 인류는 자신이 원래 창조된 역할을 다시 한 번 더 감당하게 될 것
이다. 이것은 정의와 자비가 영원히 다스리는, 새로워진 세상을 위한
소망이었다. 예수님은 이 소망을 포기하고 '구원받은 영혼이 천국 가
는 것'을 지지한다고 설명하고 계신 것이 아니라, 새 창조에 대한 이
소망이 전혀 예상치 못한 방식으로 성취되었다고 말씀하고 계셨다.
혁명은 이미 시작되었다. 그 금요일 저녁, 비록 그들은 알지 못했지만
세상이 달라졌다.

이 이야기를 읽는 우리 관점에서는, 모든 면에서 이중 재정의가
필요하다. 첫째, 이교의 압제에서 구출된다는 유대인들의 소망 곧 온
세상을 위한 새로운 정의와 평화, 여호와가 그분의 성전으로 궁극적
으로 돌아오시는 것을 철저하게 재정의한다. 이스라엘 메시아의 십자
가형과 부활을 그 이야기의 한가운데에 놓고 새로운 초점으로 삼는다
면, 모든 게 달리 보인다. 둘째, 기독교 세계는 오랫동안 "영혼이 구원
받아 천국 간다"는 '구속'의 의미를 고수하고 가르쳤는데, 이는 복음
이 우리에게 "하늘에서와 같이 땅에서도" 임할 하나님나라를 약속한
다는 신약성경, 다시 말해, 하늘에 있는 것이나 땅에 있는 것이 다 메

시아 안에서 통일된다거나, 또 달리 말하면 "정의가 깃들 새 하늘과 새 땅"벧후 3:13 같은 메시지와는 상당히 동떨어져 있다. 우리가 그 이상한 밤에 혼란을 느낀 제자들처럼, 어떻게 옛 성경적 소망이 예수님을 중심으로 재정의되었는지 이해하는 법을 배운다면, '천국'과 관련된 '기독교' 문화의 기대감을 훨씬 더 철저하게 수정한 시각을 받아들일 수밖에 없다. 일단 그렇게 되면, 이 책의 이 대목에서 맴도는 두 가지 주요 질문에 맞닥뜨리게 된다.

그 두 질문이란 다음과 같다. 첫째, 이 약속된 새 세상에서 인류의 부르심은 무엇인가? 둘째, 인간의 실패('죄')를 인정한다면, 어떻게 인류는 구원을 받아 그 부르심을 성취할 수 있겠는가?

'선한' 사람들이 궁극적 상태('천국')에 도달하기 때문에 인간의 삶은 도덕적 성취 여부에 따라 측정된다는 견해가 일반적이었다. 이런 관점이 우리가 앞서 살펴본 '행위 계약'을 낳는다. 이런 일반적 관점은 모든 인류가 도덕적 시험을 통과하지 못했기에 구원을 받아야 한다고 주장하고, 이 대목에서 예수님의 죽음이 효력을 발휘한다. 일부 매우 대중적인 사고에서, 이런 관점은 도덕적 실패에 대한 '형벌'은 다른 곳에 가해지고 예수님이 친히 모든 사람에게 부족한 '도덕적 성취'를 제공하신다는 '구원'관을 낳는다. 내가 제안했듯이, 이런 사고의 일부 형태는 이스라엘 성경이나 신약성경에서 찾아볼 수 있는 내용보다는 인간의 죽음으로 진노한 신을 달랜다는 이교 개념에 더 가깝다.

다시 말해, 수많은 현대 대중 기독교 사상은 세 층위의 실수를 범했다. 우리는 종말론을 **플라톤화**했고(약속된 새 창조를 '천국에 가는 영혼'으로 대체했다), 그로 인해 인간학을 **도덕화**했으며(인간의 소명에 대한 성경의 개념을 도덕적 성과에 대한 질적 검토로 대체했다), 그 결과 우리의 구원론 곧 '구원'에 대한 이해도 **이교화**되었다(우리가 곧 살펴볼 진정한 성경적 개념들을 '하나님이 자신의 진노를 만족시키려고 예수님을 죽이셨다'는 개념으로 대체했다).

이것은 상당히 극단적인 비난이다. 심각한 단순화라고 지적하는 사람도 있겠지만, 사람들이 교회에서 배웠다고 생각하는 것을 오랫동안 경험한 바에 따르면 그렇지 않다. 그런가 하면, 내가 신앙의 기본을 부인하면서 사람들의 관심을 끌려 한다고 비난하는 사람도 있을 것이다. 하지만 내가 보기에는—그리고 이 책의 나머지 내용이 이를 증명해 주리라고 믿는데—사물을 바라보는 새로운 방식을 이해하게 되면, 옛날 방식에서 최선이었던 것을 유지하면서도 그 새로운 틀에서 비성경적 요소들은 잃어버리게 된다. 새로운 창조세계는 우리가 기도와 성경 공부, 성례전, 하나님나라를 위한 세상의 사역에서 잠깐씩 감지하는 하늘과 땅의 만남을 완벽하게 지닌, '천상의' 세계가 될 것이다. 인간의 소명에는 강력하고 타협 불가능한 윤리적 요소도 확실히 있는데, 이 요소는 '하나님의 형상을 닮는' **소명**이라는 더 큰 범주 가운데 자리할 때 사라지기보다는 오히려 강화된다. 3부에서 계속해서 살펴보겠지만, 구원의 수단에는 자기 백성을 **대표하고 대신한** 예수님의 죽음이 포함되는데, 많은 이들이 다소 추상적 범주로 이해하는 그런 의미에서는 아니다.

이 모두의 핵심에는 참 인간이신 예수님의 성취가 있다. 그분은 창조주 하나님을 궁극적으로 구현하신(또는 '성육신하신') '형상'이시다. 하늘에서와 같이 땅에서도 하나님나라를 임하게 하려는 예수님의 사역의 절정이라고 할 수 있는 그분의 죽음은, 인간의 잘못 곧 도덕률 위반을 통해서가 아니라(물론 도덕률 위반도 문제가 되지만, 이것이 핵심은 아니다) 창조주를 예배하고 그분의 지혜로운 청지기직을 세상에 반영해야 할 형상을 잃어버린 인간의 실패를 통해 세상에 퍼진 파괴적 권세들을 이기신 승리였다. 예수님의 죽음에 이런 효력이 있는 이유는 (우리가 곧 살펴보겠듯이, 그분이 대표하고 대신하신다는 의미에서) 이스라엘 예언자들이 오래전에 약속한 '죄 사함'을 성취하셨기 때문이다. 우리가 플라톤화, 도덕화, 이교화된 사고에서 벗어나 이스라엘 성경의 세계("메시아께서 성경대로 우리 죄를 위해 죽으셨다")로 들어갈 때 이 모든 내용이 이치에 맞는다. 그것이 많은 그리스도인들이 상상하는 것과는 다른 종류의 의미이지만 말이다.

이제, 누가의 이야기로 돌아갈 준비가 된 것 같다. 앞서 살펴본 이야기에서, 두 제자가 부활하신 예수님과 함께 엠마오로 가고 있었다. 예수님은 이스라엘의 소망을 철저하게 재정의하시며 이 소망이 그분의 죽음과 부활로 성취되었다고 설명해 주셨다. 하지만 누가가 쓴 두 책 누가복음과 사도행전을 전체적으로 살펴보면, 똑같은 종류의 재정의가 면면히 흐르고 있는 것을 알 수 있다. 이스라엘의 소망을 포기한 것이 아니라 재확인해 주었다. 하지만 당대의 다른 많은 유대 집단이 그랬듯, 초기 그리스도인들은 이 재확인에는 실제 사람들, 특히 예수님을 둘러싼 재정의가 필요하다고 보았다.

하지만 이런 재정의는 예수님이 아니라 세례 요한과 함께 시작된다. 세례 요한의 아버지 사가랴는 다음과 같은 노래로 이스라엘의 하나님을 찬양했다. 누가가 사가랴가 오해했다고, 이스라엘이 엉뚱한 것을 소망했다고 말하려는 의도로 이 내용을 아주 생생하게 묘사했다고 보기는 힘들다. 오히려 그 반대로, 이 노인은 이상한 성취를 일별한 듯했다.

> 주 이스라엘의 하나님 찬양 받으소서!
> 그분이 자기 백성에게 오셔서 자유를 주셨습니다.
> 그분은 다윗의 집, 자기 종의 집에서
> 우리를 위해 구원의 뿔을 세우셨습니다.
> 이는 오래전부터 거룩한 자들,
> 곧 예언자들의 입을 통해 그분이 약속하신 그대로,
> 우리 원수에게서 구원하시고, 미워하는 자에게서 구출하셨으며,
> 우리 조상에게 자비를 베푸시고, 그분의 거룩한 언약을 지키셨습니다.
> 그분은 우리 조상 아브라함에게 맹세하신 대로,
> 우리를 두려움과 적들에게서 건지셔서
> 우리로 주님을 예배하게, 마지막 날까지
> 그분의 얼굴 앞에서 거룩하고 의롭게 하셨습니다. 1:68-75

조국의 구원이라는 이 초대형 비전은 계속해서 아기 요한의 소명에 구체적으로 초점을 맞춘다.

아가야, 너는 지극히 높으신 분의 예언자라 불릴 것이다.

주 앞에 가서 그분의 길을 예비하여,

그분의 백성으로 그들의 모든 죄를 용서함으로 말미암는

구원을 알게 하여라. 1:76-77

다시 한 번 '죄 사함'이 오래된 약속의 성취를 가리키는 핵심으로 등장한다. 이 약속의 실제 효력은 '천국에 가는 것'이 아니라, 오랫동안 기다려 온 이 민족의 구원이다. **이것이 "죄 사함"과 "성경대로"라는 개념이 가리키는 목적이다.** 이스라엘 성경 일부에서처럼, 신약성경에서는 이 목적이 유대인들뿐 아니라 전 세계로 확장될 것이다. 누가복음에서 성전에서 아기 예수를 만난 시므온이 불렀다고 언급하는 짧은 찬송이 이를 확실히 보여 준다.

내 눈이 주의 구원을 보았는데,

주께서 모든 백성들 앞에 준비하신 것입니다.

민족들에게는 계시의 빛이요,

주의 백성 이스라엘에게는 영광입니다. 2:30-32

누가복음 앞부분에서 마지막으로 가 보면, 예수님이 제자들에게 하신 말씀에서 정확히 이런 전환이 일어나고 있는 것을 볼 수 있다. 시편과 예언자들이 분명히 밝혔듯이, 이스라엘의 소망이 성취됨으로써 세상의 모든 민족이 한 분 참 하나님의 백성으로 환영을 받게 된다.

그런 다음 예수께서 말씀하셨다. "내가 아직 너희와 함께 있었을 때 너희에게 말한 것이 바로 이것이다, 모세의 율법과 예언서와 시편에서 나에 대해 기록한 모든 일이 반드시 이루어져야 했다." 그런 다음, 예수께서 그들의 마음을 열어 성경을 깨닫게 하셨다.

예수께서 말씀하셨다. "이렇게 기록되어 있다. 메시아는 고난을 겪고 셋째 날에 죽은 사람들 가운데서 살아나야 하고, 그의 이름으로 죄 용서를 위한 회개가 예루살렘에서 시작하여 모든 민족에게 전파되어야 한다. 너희는 이 모든 일의 증인이다. 이제 보아라. 나는 아버지께서 약속하신 것을 너희에게 보낸다. 너희는 위로부터 오는 능력을 입을 때까지 이 성에 머물러 있어라." 24:44-49

다시 말해, '죄 사함'은 이스라엘에 약속하신 구원의 복을 요약해 주는 **동시에** 비유대인들을 한 가족으로 환영하는 주요한 복으로 볼 수 있다. 신명기 30장, 예레미야 31장, 다니엘 9장을 비롯한 많은 본문에서 이스라엘의 오랜 황량함을 끝내는 데 필요한 핵심이 '죄 사함'이라고 암시했다. 또한 비유대 나라들이 우상숭배에 종노릇한 것과 그에 수반된 모든 것에서 벗어나려 한다면, 이들에게 '죄 사함'이란 곧 과거와의 결별을 의미할 것이다. 시편의 표현을 따르자면, "뭇 나라의 고관들이" 모여 "아브라함의 하나님의 백성이 되기" 때문이다. 47:9 이 것이 바울이 메시아의 가족 중에서 믿는 이방인과 믿는 유대인 사이에 동등한 지위를 주장하는 주요 근거가 될 것이다. 신명기가 암시한 대로 참 하나님께 돌아온 믿는 유대인들은 메시아의 죽음과 부활을 통해, 오랫동안 기다려 온 언약의 갱신과 '포로기의 종말'이라는 고대의 성경적 의미에서 '죄 사함'을 경험하고 있었다. 살아 계신 하나님을 섬기려고 우상을 버리고 돌아온 믿는 이방인들은 이들의 완전한 포용을 목적으로 한 하나님의 사면을 통해 '죄 사함'을 경험하고 있었다.

사도행전에 기록된 초기 설교에는, 이 '죄 사함'의 개념을 예수님에 관한 좋은 소식을 믿은 결과로 나타날 핵심으로 강조하는 모습이 뚜렷하다. 오순절에 베드로는 청중에게 다음과 같이 강하게 권면했다. "돌아서십시오[다른 말로 하면, 신 30:2에서처럼 "돌아오라" 또는 "회개하라"]!… 각각 메시아 예수의 이름으로 세례를 받아 죄를 용서받으십시오. 그러면 성령의 선물을 받을 것입니다."2:38 요한의 세례도 마찬가지로 회개와 '죄 사함'을 강조했다.눅 3:3 메시아 예수의 이름으로 주는 세례에는 언약의 갱신이라는 복을 주는 목적이 있었다. 다음 장인 사도행전 3장은 신명기와 예언자들의 약속과, 만물을 새롭게 하시는 더 큰 소망을 불러일으키면서 이 메시지를 강화한다.

하지만 하나님께서 메시아가 고난을 받아야 한다고 모든 예언자의 입을 통해 약속하신 바를 이렇게 성취하셨습니다. 그러면 이제 회개하고 돌아서십시오. 여러분의 죄가 지워지게 하십시오. 그러면 주의 임재로부터 새롭게 되는 때가 오고, 하나님께서 메시아로 택하고 임명하신 예수를 여러분에게 보내실 것입니다. 예로부터 거룩한 예언자들의 입을 통해 말씀하신 때, 곧 하나님께서 모든 것을 회복하실 때까지 예수께서는 마땅히 하늘에 계실 것입니다. 모세는 이렇게 말했습니다. '주 너희 하나님께서 너희를 위해 나와 같은 예언자를 너희 형제들 가운데서 일으키실 것이다. 그가 너희에게 무슨 말을 하든지 너희는 그의 말에 주목해야 한다. 그 예언자의 말을 듣지 않는 사람은 누구든지 백성에게서 끊길 것이다.' 사무엘부터 그의 뒤를 이어 말해 온 모든 예언자도 이날에 대해 말했습니다. 여러분은 그 예언자들의 자녀이고, 하나님께서 여러분의 조상들과 맺으신 언약의 자녀입니다. 그때 그분은 아브라함에게 '네 씨 안에서 이 땅 위의 모든 가족이 복을 받을 것이다'라고 말씀하셨습니다. 하나님께서 자신의 종을 일으키셔서 가장 먼저 여러분에게 보내셨습니다. 이는 여러분 각 사람을 사악한 행동에서 돌아서게 하여 여러분에게 복을 주시기 위함입니다. ₃:₁₈₋₂₆

이 마지막 구절은 지난 한두 쪽에서 불거진 혼란스런 의혹들, 곧 '죄 사함'이 실제 악행을 가리키지 않고 ('포로기의 종말'을 뜻하는) 순전히 기술적인 의미로 사용되고 있었다는 의혹들을 누그러뜨려 주어야 마땅할 텐데, 절대 그렇지가 않다. 이것은 양자택일의 문제가 아니다. 내 요점은, 우리가 초기 설교에서—(우리 추측으로) 해당 사건들보다 최소한 한 세대가 지나서 글을 쓰고 있는 누가가 여기서 좀 더 발전된 '속죄 신학'을 주입하려 하지 않는다는 점이 매우 흥미롭다—하나님의 구조 활동 목표가 성경의 서사와 예언들에 명쾌하고도 견고하게 뿌리 내리고 있음을 발견한다는 것이다. 이것이 곧 "성경대로 우리 죄를 위해 죽으셨다"는 말씀이 실제 뜻한 바다. 이스라엘을 회복하고 비유대인들을 이 회복된 백성으로 맞아들인다는 성경의 서사(사도행전 2-3장에는 아직 드러나지 않지만)는 예수님의 죽음과 부활을 통해 시작되었는데, 넓게는 국가 차원에서, 좁게는 개인 차원에서 작용하는 이 모든 내용을 한 구절로 요약한 것이 곧 '죄 사함'이었다.

　　물론, 사도행전 앞부분에 보면 회개가 필요한 구체적인 '죄'가 한 가지 있었다. 유대 지도자들이 예수님을 메시아로 인정하기를 거부한 것이다. 대제사장과 사두개인들이 사도들을 "그 사람이 피 흘린 책임을 우리에게 돌리고 있"다며 고소한 이유가 그 때문일 것이다.5:28 베드로의 대답은 앞서 언급한 핵심을 간략히 반복한다. 그가 말한 내용의 근본 취지는 "우리가 예수님에 대해 알기에 그분에 대해 계속해서 말해야 한다"는 것이 아니라, "예수님과 성령을 통해 일어난 일이 이스라엘 예언의 성취"라는 것이다. 즉 법정은 이스라엘 조상의 전통에 충실하지 못했다는 이유로 제자들을 고발할 수 없다.

> 우리 조상들의 하나님께서 여러분이 폭력을 써서 나무에 매단 예수를 살리셨습니다. 하나님께서 그분을 지도자이자 구세주로 삼아 자신의 오른편으로 높이시고, 이스라엘이 회개하고 죄를 용서받게 하셨습니다. 우리는 이 일에 증인이며, 하나님께서 자신에게 복종하는 사람들에게 주신 성령도 증인이십니다.5:30-32

　　따라서 여기서 다시 한 번 복음의 목적을 진술하는데, 그 목적은 곧 '죄 사함'이 이스라엘을 속박에서 해방한 새 세상이다. 사도행전 전

체에서 그렇듯이, 여기서도 우리는 이 주제가 새로워진 인간의 소명
이라는 개념 안에서 펼쳐지는 방식을 보기 시작한다. 이 새로운 하나
님의 목적들에서 적극적 역할을 하기 위해 성령으로 무장한 "우리는
이 일에 증인이다."

　　사도행전에서 이다음으로 '죄 사함'을 언급하는 곳은 비유대인
들을 환영하는 더 넓은 맥락에서다. 사도행전 10장에서 베드로가 고
넬료의 집에 가서 복음을 선포한 내용에는 최후의 심판에 대한 언급
이 추가되는데, 이를 제외하고 나머지 내용은 우리가 조금 전 살펴본
단락과 매우 비슷하다. 누가는 이 점이 비유대인들에게 매우 중요한
메시지라고 본 듯하다. 이제 이 "믿는 사람들"에는 비유대인들도 확실
히 포함된다. .

　　그분은 하나님께서 자신을 산 자와 죽은 자의 심판자로 임명하신 사
　　실을 사람들에게 선포하고 증언하라고 우리에게 명령하셨습니다. 그
　　분이 바로 그분이시라고, 그분을 믿는 사람은 누구나 그 이름을 통해
　　죄를 용서받는다고 모든 예언자가 증언했습니다! 10:42-43; 17:31도 보라

　　사도행전에서 이 주제를 마지막으로 언급하는 곳은 바울이 비시
디아 안디옥에서 전한 설교다.

　　그러니 내 형제자매 여러분, 이것을 아시기 바랍니다. 그분을 통해 죄
　　용서가 선포되었다는 사실과, 모세의 율법으로는 여러분이 모든 일에

서 의로워질 수 없었지만, 믿는 사람 모두가 그분으로 말미암아 의로
워진다는 사실 말입니다.13:38-39

이 내용은 복음이 여전히 성경의 성취 가운데 있으면서도 활짝
열려서 온 세상을 포함하는 지점으로 직접 이어진다.13:46-47 많은 유대
인들의 성난 반대에 부딪힌 바울과 바나바는 이 복음을 부인하는 이
는 "하나님의 새 시대의 생명을 받을 자격이 없다"고 선언한다. 그래
서 이들은 이방인들에게 향하면서 이사야 49장 6절을 인용한다. "내
가 너를 민족들의 빛으로 삼았으니, 너는 땅 끝까지 구원을 전하는 자
가 될 것이다."

이 모두는 우리를 어디로 데려가는가? 우리는 ("메시아께서 **우리
죄를 위해** 죽으셨다"는 초기 복음 공식과 직결되는) '죄 사함'이라는 표
현을 초기 그리스도인들이 어떻게 사용했는지를 새롭게 이해함으로
써 내가 복음의 '목적'이라고 부른 것을 새롭게 이해할 수 있다. 이 목
적은 "죽고 나서 천국 가는 것"이 아니다. 사도행전은 이런 내용을 언
급하지 않는다. 사도행전 전체는 다음을 전제한다. 첫째, 예수님의 죽
음과 부활로 하나님나라는 이미 본격적으로 시작되었다.1:6; 8:12; 19:8;
20:25; 28:23, 31 둘째, 이 나라는 예수님이 재림하실 때 최종적으로 완성될
것이다.1:11; 3:21 셋째, 이 마지막 새 세상에서 모든 하나님의 백성은 새
로운 몸의 생명으로 부활할 것이다.4:2; 24:15, 21; 26:23 1장 9-11절에 나오
는 예수님의 경우를 제외하고, 사도행전에는 사람들이 "천국에 간다"
는 말은 단 한마디도 없다. 게다가 그분의 '승천'은 사람이 "죽어서 천

국에 간다"는 대중적 이미지와는 아무 상관이 없고, 보좌에 앉으셔서 온 세상을 다스리시는 것과 상관이 있을 뿐이다. 참고. 고전 15:25 사도행전에서 '죄 사함'은 오늘날 대부분의 사람들이 상상하는 서사와는 전혀 다른 서사에 속한다. 다른 곳에서처럼 여기서도 죄 사함의 목적은 이미 시작되었고 오는 세대에 완성될 하나님의 세상에서 사람들이 그분의 형상을 지닌 인류로 온전한 역할을 감당하게 하는 것이다.

　　죄 사함은 사도행전에서 죄가 사람들을 하나님과 분리하고 은혜가 그 관계를 회복한다는 메시지로 묘사한 복음의 핵심도 아니다. 물론 베드로를 비롯한 나머지는 그것도 참이라고 동의했을 것이다. 이들도 우리처럼 이사야 59장 2절("오직 너희 죄악이 너희와 너희 하나님 사이를 갈라놓았고 너희 죄가 그의 얼굴을 가리어서 너희에게서 듣지 않으시게 함이니라")을 알았지만, 초기 그리스도인들은 그런 용어로 복음 메시지를 설명하지 않았다. 이들은 하나님이 예수님을 통해 일종의 영적 체제, 곧 누구나 언제라도 회개하고 하나님의 죄 사함을 확신하며 하나님의 사랑의 임재를 새롭게 체험할 수 있는 체제를 세우셨다고 제안하지 않았다. 다시 한 번 말하지만, 나는 어느 초기 그리스도인이라도 이런 말을 부정하리라고는 생각하지 않는다. 그러나 이들이 이런 식으로는 표현하지 않았다는 점이 흥미롭다. 이 모든 내용은 근대 서구의 경건이라는 훨씬 더 후대에 속한 의미다. 이 의미도 중요하지만, 원래의 더 큰 성경적 그림을 제공하지는 않는다.

　　우리가 성경의 '죄 사함'이 함축하는 바에 충실하려면, 이 모든 의미가 **훨씬 더 큰 무언가**, 훨씬 더 혁명적인 무언가의 일부라고 주장해야 한다. 이 더 큰 실재가 정말로 중요한 것이다. 더 작은 실재, 곧 죄인인 내가 하나님의 용서하시는 사랑을 알아야 한다는 것은 개인 한 사람 한 사람에게는 꼭 필요하다. 하지만 역사가 보여 주듯이, 그 실재는 플라톤화된 복음 내에서 너무 쉽게 이해할 수 있으며, 이런 복음은 창조 질서는 아예 포기한 채 현재의 초연한 영성과 미래의 초연한 구원만을 강조한다.

이렇게 해서 혁명은 또다시 길들여진다. 더 큰 실재는, **시간과 공간과 물질로 된 실제 세상에서 무슨 일이 벌어졌고 그 결과로 만사가 달라졌다**는 것이다. 예수님이 돌아가신 금요일 저녁 6시에 무언가가 달라졌고, 그 변화는 근본적이었다. 하늘과 땅이 만나서 우주의 '새 성전'이 지어졌다. "하나님께서 메시아 안에서 세상을 자기와 화해하게 하셨고."고후 5:19

전혀 예상치 못한 일이었다. 예수님 이전의 어떤 유대인도 이런 종류의 메시아 서사를 생각해 보지 못했다. 하지만 부활 후에 제자들이 예수님의 죽음에 대한 자신들의 원래 반응—누가가 엠마오로 가던 두 제자를 묘사한 내용에서 이런 반응을 생생하게 볼 수 있다—을 재고할 수밖에 없었을 때 우리는 이들이 새로운 믿음과 씨름하는 것을 알 수 있다. 제자들은 이 일련의 사건들을 전혀 예상하지는 못했지만, 고대의 예언이 적절히 성취되어 이 사건들을 통해 **오랫동안 기다려 온 새 시대가 드디어 시작되었다**고 보게 되었다. 이것은 새로운 종류의 종교를 발명하는 것이 아니었다. 고대 유대인들의 세속적인 소망을 없애고 '영적' 실재를 받아들이는 것과도 상관이 없었다. 그보다 훨씬 더 혁명적이었다. 그것은 하나님나라를 "하늘에서와 같이 땅에서도" 이루어지게 하는 것이었다.

이 새로운 현실에서, '죄 사함'은 단순히 한 개인의 체험이나 도덕 명령에 그치지 않았다(물론 그것도 포함하지만). 죄 사함은 새로운 존재 상태, 새로운 세상, 전형적인 죄 사함의 순간인 부활의 세상을 가리키는 이름이었다. 옥문이 열린 순간, 간수는 이미 압도당한 상태를 암시한다. 바울이 말했듯이, 메시아가 다시 살아나신 일이 없으면, "여러분의 믿음은 무의미하고, 여러분은 아직도 죄 가운데 있을 것입니다."고전 15:17

이제 첫 제자들은 '죄 사함'을 **세상의 존재 방식에 대한 사실**, 예수님의 죽음이라는 단 한 번의 성취에 뿌리내리고 그분의 부활로 드러났으며 성령을 통해 변화된 제자들의 삶으로 실행된 사실로 보였다. 죄 사함은 '유월절'이나 '새로운 출애굽'을 말하는 또 다른 방식이 되었다. 혹은 하나님나라 선언문인 이사야 52장과 '종'의 사역을 담은 53장에 곧바로 이어지는 54-55장에서처럼, '죄 사함'은 '새 언약'과 '새 창조'를 뜻하게 되었다. 복음은 이 새로운 실재를 선언했다.

초기 그리스도인이라면 다 잘 알았듯이, 죽음을 물리치신 예수님의 부활을 믿는 믿음이 아니고서는 이해하기 힘든 이 새로운 실재는 최종적인 새 창조, '새 하늘과 새 땅'에서 궁극적 열매를 맺도록 계획되었다. 이 내용은 다른 곳, 특히 《마침내 드러난 하나님나라》에서 길게 다루었으니 핵심을 반복하거나 자세히 설명할 필요는 없을 듯하다. 에베소서 1장 10절이 다 말해 준다. 만물 곧 하늘과 땅에 있는 모든 것을 메시아 안에서 통일되게 하는 것이 하나님의 계획이었다.

요한계시록의 마지막 장면21-22장이 잘 설명해 준다. 새 하늘과 새 땅은 궁극적 성전 곧 하나님이 모든 사람의 눈에서 눈물을 닦아 주실 새 세상의 역할을 한다. 고린도전서 15장은 이 궁극적 실재의 성취를 메시아의 싸움이라는 이미지로 묘사한다. 죄와 죽음을 이미 정복하신 예수님은 죄와 죽음을 비롯한 모든 원수가 완전히 멸망할 때까지 다스리실 것이다. 로마서 8장은 이를 새로운 피조물이 옛 피조물의 태에서 태어나는 것으로 묘사하면서, 이 훌륭한 비유를 출애굽 사건들에 대한 강력한 암시로 엮어 낸다. 결국에는 이 피조물 자체가 '출애굽'하여 부패의 종살이에서 해방되어 하나님의 자녀들이 영화로워질 때 찾아올 자유를 공유할 것이다. 이것이 궁극적 소망이다.

이 모든 하나님의 구출 계획의 '목적'은 예수님을 통해 성취되었다. 이 모두는 이스라엘의 옛 소망이 성취된 것이다. 사람들의 기대와는 달랐지만, "성경대로" 이루어졌다. 이전에는 아무도 이스라엘 성경을 이렇게 해석하지 않았지만, 예수님과 관련된 사건들은 그분을 따르는 이들에게 다른 대안을 남기지 않았다. 예수님께 일어난 일에 다른 의미가 있을 수 없었다. 그리고 이 모두는 '죄 사함'이라는 문구로 요약할 수 있다. 구속받은 영혼이 시공간과 물질로 된 이 세상을 떠나 더 나은 곳으로 간다는 내용은 이 중에 전혀 없다. 이스라엘의 소망이 예상치 못한 희한한 방식으로 성취되었을 뿐이다.

그렇다면 '죄 사함'은 우리가 상상한 것보다 훨씬 더 큰 실재가 틀림없다. 죄 사함은 (유행어를 사용하자면) '우주적이다.' 개인이 죄 사함을 공유할 때, 곧 자신이 용서받았다는 것을 아는 안도감을 느낄 때 이들은 깨닫든 깨닫지 못하든 간에 새로운 창조세계라는 큰 합창단에서 '내부 파트' 중 하나를 노래하는 법을 배우고 있는 셈이다. (우리 파트가 알토라면) 알토가 중요하다. 전체 화음에서 알토는 꼭 필요하다. 하지만 합창단에 알토밖에 없다면 노래 전체가 어떤지 알기 힘들 것이다. 구원의 목적에 대한 플라톤화된 시각 아래 있는 서구 교회가 맞닥뜨린 문제가 바로 이와 같다.

앞서 간단히 살펴보았듯이, '몸이 없는 천국'이라는 플라톤화된 개념의 핵심 문제는, 그 운명을 기대하거나 준비하면서 현재 인간의 삶이 어떠해야 하는지에 대해 잘못된 관점을 불러온다는 것이다. 일반 대중이나 심지어 잘 배운 많은 그리스도인들조차 '천국'을 '착한 사람'이 가는 곳, 다시 말해 '나쁜 사람'은 갈 수 없는 곳이라고 생각한다. 물론, 복음의 표준 가르침으로 이런 개념은 금세 조정될 수 있다. 우리 모두는 '나쁜 사람'이기에 누군가가 '천국에 간다'면, 필시 우리의 나쁜 점을 어떻게든 해결하고 다른 누군가의 '선함'이 '우리에게 전가되었기' 때문이다.

하지만 이 사고방식 전체의 문제는 **도덕 행위를 '천국'에 들어갈 수 있는 자격으로 보는 개념 자체가 왜곡**이라는 것이다. 앞서 보았듯이, 우리는 궁극적 끝에 대한 시각 곧 종말론을 플라톤화했고, 그에 맞춰 인간이 어떤 존재이고 어떤 존재가 되어야 하는지에 대한 생각 곧 인류학도 '도덕화했다.' 이는 기독교 윤리라는 전통으로 이어졌는데, 나는 《톰 라이트와 함께하는 기독교 여행 *Virtue Reborn*》에서 이를 인간에

대한 성경적 소명 곧 하나님의 형상을 지닌 그분의 '왕 같은 제사장'
으로 대체해야 한다고 주장했다.

제사장직은 '윤리 행위'를 핵심 요소로 포함한다. 하지만 '용서'
처럼 이 윤리 행위도 더 큰 실재를 가리킨다. 곧 하나님의 현재 창조
세계에서의 적극적인 역할로 예상할 수 있는 하나님의 미래 세계에서
의 적극적인 역할에 대한 인간의 소명 말이다. 물론, 이것이 준비가 되
면, 우리는 이전과 똑같은 움직임을 취해야 한다. 우리는 이 소명에서
모두 실패한다. 예수님은 구원하시는 왕 같은 제사장으로서 이스라엘
의 소명을 성취하시고, 그분의 죽음은 (요한계시록 5:9-10에서 말씀하
듯이) 우리를 속량해서 늘 의도한 대로 우리가 '나라와 제사장'이 되게
한다. 이 점이 확실해지면, 우리가 궁극적 목적에 대해 그리고 이생과
내세에서 인간의 소명에 대해 믿는 내용이 예수님의 죽음이 인류와
세상을 재앙에서 구원하는 방식에 대해 우리가 믿는 내용에 영향을
미치는 것을 알게 될 것이다. 우리의 '구원'관은 인간의 가능성과 역경
에 대한 우리의 관점과 긴밀하게 묶여 있고, 또한 우리의 최종 운명에
대한 관점과도 긴밀하게 묶여 있다. 한 가지를 조정하면, 나머지 모두
를 조정해야 한다.

여기서 다시 한 번 사도행전이 도움이 된다. 사도행전은 '왕 같
은 제사장'이라는 문구를 사용하지는 않지만, 이 문구가 가리키는 실
재를 묘사한다. 사도행전은 하나님의 새로운 세상에서 살아가는 법을
배우고 있는 인류에게 벌어진 일을 묘사한다. 이들은 **예배하고 증언
한다**. 예배가 '제사장' 주제에 상응한다면, 증언은 '왕' 주제에 상응한

다. 곧 살펴보겠지만, 둘 다 이스라엘의 소망과 소명과 긴밀한 관계가 있다. 그것은 다음과 같이 시작한다.

그리하여 사도들은 함께 모였을 때 예수께 이렇게 질문했다.
"주여, 주님이 이스라엘에 나라를 회복시켜 주실 때가 지금입니까?"
예수께서 대답하셨다. "시간이나 날짜를 아는 것은 너희가 상관할 바가 아니다. 아버지께서 모든 것을 자신의 직접적 권위 아래 두셨다. 그러나 이런 일이 있을 것이다. 성령이 너희에게 오시면 너희가 능력을 받을 것이다. 그러면 너희는 예루살렘과 유대 전역과 사마리아와 땅 끝까지 가서 내 증인이 될 것이다."1:6-8

여기서 우리는 교회의 소명과 이스라엘의 옛 소망 사이의 연속성과, 그 소망이 이제 변화되는 방식이 한 지점으로 집중되는 것을 볼 수 있다. (물론 이 모두는 우리가 앞서 살펴본 누가복음 24장 본문과 정확히 일치한다.) '나라'가 '이스라엘에 회복되는' 것은 과연 어떤 모습일까?

● 십자가가 형성한 나라

이 질문에 직면한 이 시기의 많은 유대인은 최소한 세 가지를 언급했을 것이다. **첫째**, 이스라엘은 이방 권력자의 지배에서 해방되어야 한다. **둘째**, 이스라엘의 하나님은 아마도 메시아라는 대리인을 통해 온 세상 통치자가 되어 정의와 평화의 새 시대를 여실 것이다. **셋째**, 하나님의 임재가 그 백성과 함께하셔서, 그들이 하나님을 온전히 진심으로 예배하게 될 것이다. 물론, 더 많은 내용이 있었을 것이다. 살펴보아야 할 예언도 많고, 성취되기를 기도한 약속도 많았을 것이다. 하지만 이 세 가지가 출발점이 될 것이고, **사도행전은 어떻게 이 세 가지가 구체적으로 이루어졌는지를 보여 주는 이야기다.**

사도행전은 "성경대로" '죄 사함'이 좌우명이었던 한 백성이 세상으로 나가서 하나님나라와 예수님의 주권을 선언하는 모습을 묘사한다. 사도행전 마지막 부분에서는 바울이 로마에서 이 일을 했다.28:31 하지만 이 일이 이루어진 방식은 기독교 이전 유대인들이 이스라엘이 해방되고 권력자들이 무너지고 하나님에 대한 진정한 예배가 회복되리라 꿈꾸던 방식과는 거리가 멀었다. 사도행전은 예수님과 성령을 통해 오랫동안 기다려 온 해방이 일어났다고 주장한다. 십자가와 하나님 말씀의 능력으로 권력자들이 무너졌고, 예루살렘 성전이 아니라 신자 공동체에서 살아 계신 하나님의 강력한 임재가 드러났다고 주장한다.

후대 교회, 특히 지난 300-400년간의 서구 교회가 하나님나라의 소망에 대한 이런 재정의를 '세속적' 실재에서 '천상의' 차원으로 옮겨가는 '영성화'로 상상하기란 얼마나 쉬웠겠는가. 누가가 하나님나라의 연기를 염두에 두고 있다고 생각하기는 또 얼마나 쉬웠을까. 그래서 예수님이 제자들에게—내가 제안했듯이—"맞다. 하지만 너희가 생각하는 방식과는 다르다"고 하시지 않고, "아직 아니다. 하지만 그 사이에 너희가 할 일이 있다"고 대답했다고 생각하기가 쉬웠을

것이다. 물론, 완전한 나라는 아직 오지 않았다. 누가는 그 점을 매우
분명히 한다. 예수님은 만물을 심판하고 회복하기 위해 다시 오실 것
이다.^{행 1:11; 3:31; 17:31} 하지만 예수님이 마지막 만찬에서 하신 말씀처럼,
그분의 죽음과 부활은 새날 곧 하나님나라라는 실재를 열게 될 것이
다.^{눅 22:18} 누가복음과 사도행전에 대한 상대적으로 현대적인 해석이
'하나님나라'의 의미를 단순히 예수님의 재림으로 축소한다면, 그것
은 우리 잘못이지 누가의 잘못이 아니다.

　하나님나라의 세 가지 상징을 역순으로 살펴보자. **첫째**, 진정한
예배의 회복이다. 사도행전은 에베소서 1장 10절처럼 새로운 성전이
라는 실재를 하늘과 땅이 하나가 되는 것으로 묘사한다. 부활하신 인
간 예수님은 하늘로 들려 올려지시고, 이로써 그분의 위격 안에서 하
나님의 선한 창조세계의 두 영역을 하나로 합하신다. (이 시점에서 중
요한 문제에 직면해야 하는데,《마침내 드러난 하나님나라》7장에서 이 문
제를 다루기도 했다. 우리는 고대 세계에서 '하늘'을 '저 위에' 있는 곳, 일
반적인 우주론 내의 어느 위치로 상상했으리라고 추측할 때가 많았고, 그
런 추측을 고대 에피쿠로스주의자들과 그 후계자들이 제안한 신과 인간의
거주지 사이의 거대한 간극에 투사한다. '하늘'은 '하나님의 공간'이고 '땅'
은 '인간의 공간'을 뜻하며, 처음부터 중첩되고 맞물린 이 둘이 예수님 안
에서 최종적으로 온전히 하나가 되었음을 깨달으면, 문제는 사라진다. 기
독교 신학에서 늘 그랬듯, 우리는 예수님으로부터 시작해서 그분을 중심으
로 우리 사상을 조정해야지, 우리의 기존 세계관에 그분을 끼워 맞추려 해
서는 안 된다.) 하지만 예수님의 승천으로 하늘과 땅이 이미 합쳐져서

'땅'의 일부—예수님의 인간 몸—가 온전히 '하늘'에 있다고 하면, 성령이 강력한 바람으로 제자들에게 임한 사도행전 2장에서처럼 그 반대 방향으로도 다시 합쳐진다. **이것은 불과 구름이 성막을 채운 사건이나 하나님의 영광스러운 임재가 솔로몬의 성전을 채운 사건에 맞먹는 신약성경의 사건 중 하나다.**

여기에 예수님과 성령님과 함께 새 창조가 존재하게 되었다는 믿음의 근거가 있다. 예루살렘 성전이라는 '소우주' 대신, 친히 예수님과 성령님으로 충만한 백성이 새로운 성전 곧 새로운 세상의 시작이 된다. 첫 제자들이 가장 중요한 의미에서 그 나라가 이미 임한 것처럼—다른 의미에서는, 헤롯과 카이사르가 여전히 건재하기에 확실히 미래의 일이었지만—말한 것은, 이 새로운 실재 가운데 거하며 이 실재를 살아 냄으로써만 이해가 된다. 그래서 예수님의 첫 제자들은 새로운 성전 백성으로 구성되었고, 사도행전에 나오는 대부분의 논쟁은 다음과 같이 성전에 집중된다. 스데반에 대한 고발과 그의 대답,6-7장 바울과 지역민들의 충돌,14장 아테네와 에베소 성전에서의 충돌,17-19장 예루살렘 성전에서의 충돌.21:28-29; 24:6; 25:8 또한 이 새로운 공동체의 새로운 생명 자체가 예배에 뿌리박고 있었다. 이 공동체는 "하나님께서 행하신 권능 있는 일들"2:11을 선포하고, "사도의 가르침"과 "공동생활", "빵을 떼는 일과 기도"2:42를 중심으로 새로운 삶의 양식을 정립했다. 최소한 처음에는, 옛 성전과 평범한 가정 영역을 하나로 연결하려고 애썼다.

그들은 날마다 모두 함께 성전에 모였다. 그들은 여러 집을 돌아다니며 빵을 떼고, 기쁘고 진실한 마음으로 음식을 먹었으며, 하나님을 찬양하며 모든 사람의 호감을 얻었다. 2:46-47

사도행전에 등장하는 이후의 많은 장면은 새로운 예배의 삶과, 어떻게 사도들이 이 새로운 삶의 양식을 통해 제사장처럼 하늘과 땅의 불편한 교차로에 서 있는지에 초점을 맞춘다. 사도들은 성경에 기초한 예배와 중보, 위험과 순교 가운데 하늘과 땅을 하나로 모은다. 사도행전 4장 24-31절 같은 장면들이 요점을 잘 보여 준다. 또 다른 생생한 예는, 스데반이 예수님이 하나님의 우편에 서 계신다고 증언하고는 자신을 죽이는 자들을 위해 기도하면서 예수님의 중보에 동참하는 장면이다. 7:56-60 이런 장면들이 **제사장 같은** 장면이다. 사도행전은 초대교회 이야기를 이스라엘의 하나님이자 세상의 창조자의 강력한 임재와 회복된 예배의 이야기로 들려준다.

둘째, 이 하나님이 온 세상을 다스리신다는 소망이 있다. 예배와 기도에서 증언이 나오기 시작한다. '증언'은 단순히 "제가 이런 경험을 했는데, 당신도 좋아할 것 같아서요"라고 말하는 것이 아니다. 새로운 상황이 존재하게 되었다고 선언하는 것이다. 앞에서 보았듯이, 이 역시 제자들이 놀란 청중에게 고대의 예언이 성취되었고, '죄 사함'이 **실제 시공간에서 이루어졌으며,** 이제 온 세계가 그 창조자와 회복자의 이름으로 정렬되어야 한다고 선언하는 오순절 날부터 시작된다. 예수님을 이스라엘의 메시아로 선언하는 것은 이 일이 지금 벌어지

고 있고 '죄 사함'이 그 모든 것의 핵심이라고 말하는 것이다. 이 증언
은 사도행전 8장에서 빌립이 에티오피아 내시에게, 10장에서 베드로
가 고넬료에게 하듯이 여러 다양한 복음 선포 장면을 통해 계속되다
가 12장에서 첫 번째 결정적 장면에 도달한다. 헤롯 아그립바 1세는
교회에 심각한 위해를 가하려 하지만, 천사가 베드로를 옥에서 풀어
주고 헤롯 자신이 갑작스레 죽음을 맞으면서 뜻을 이루지 못한다. 다
음과 같은 누가의 말이 이런 입장을 분명히 밝힌다. 헤롯이 죽었지만
"하나님의 말씀은 자라나고 번창했다."행 12:24 여기에 **하나님나라**에 대
한 중요한 내용이 있다. 궁극적으로 말하자면, 세상 나라들은 하나님
나라에 비해 힘이 없다는 게 드러날 것이다. 세상 나라들이 예수님을
따르는 이들을 박해하고 죽일 수는 있겠지만, 이는 예수님에 이어 다
른 신약성경 저자들이 하나같이 강조했듯 하나님나라를 더 강하게 만
들 뿐이었다. 그 나라는 정확히 예수님의 죽음을 통해 성취되었고 그
분을 따르는 이들의 고난을 통해 실행되었기 때문이다.

    따라서 우리는 바울의 생애 내내 그가 예수님이 주님이시고, 온
나라와 세계의 통치자들이 궁극적으로 그분의 지휘를 받는다는 믿음
가운데 담대하게 산 것을 볼 수 있다. 이것이 이방인들을 향한 바울의
소명의 기초다. 바울이 고린도전서 2장 8절에서 암시하고 골로새서 2
장 13-15절에서 확실히 밝히듯이, 이교 세계를 다스리던 '권세들'이
십자가에서 패하고 무너졌기에, 전에 종 되었던 사람들이 이스라엘
메시아의 해방하시는 새로운 통치에 충성할 수 있게 되었다.

    그렇다고 해서 바울이 매를 맞거나 성읍에서 쫓겨나거나 옥에

갇히거나 돌에 맞는 일을 피할 수는 없었다. 예수님이 친히 반복해서 경고(또는 약속!)하셨듯이 하나님나라는 그렇게 움직이지 않는다. 사도행전에 기록된 마지막 일련의 사건들 곧 바울의 재판과 로마행, 난파, 최종 도착은 하나님나라의 역설적 성격을 강조하는 방식으로 기술되어 있다. 부패한 위정자들, 잔혹한 군인들, 무능한 뱃사람들, 폭풍우, 치명적인 독사 등 세상 권세들은 바울이 로마에 도착하는 것을 막지 못했고, 그는 가택 연금 중에도 하나님나라를 선포하고 주 되신 예수님을 "매우 담대하게 가르쳤으며, 아무도 그를 막지 못했다."28:31

이 모두가 이스라엘 메시아의 죽음과 부활과 승천과 성령이라는 강력한 선물로 하나님의 세상이 회복되었고, 하나님나라가 시작되었으며, 예수님을 믿고 성령님이 내주하는 이들은 왕 같은 제사장이 되었다고—이들은 예배와 증언으로 하나님나라의 사역을 앞당기고 있다—누가가 말하는 방식이다. 권세들을 물리치고 이미 결정적 승리를 거두었다. 혁명은 이미 시작되었다.

셋째, 따라서 (돌아오셔서 통치하시는 이스라엘의 하나님을 칭송하는) 예배와 (구원하시는 참된 주님을 세상에 선포하는) 증언 이후에는 이스라엘이 이방 통치로부터 구원을 받으리라는 소망이 등장한다. 사람들은 이것이 다른 차원에서 벌어지는 사건들에 남겨졌다고 생각할지도 모르지만, 그렇지 않다는 것을 아는 것이 중요하다. 이스라엘의 메시아 예수님이 죽은 자들 가운데서 부활하셨을 때 이스라엘은 죽음에서 해방되고, 그와 함께 바벨론이 부과한 모든 궁극적 포로 생활로부터, 모든 폭군의 궁극적 무기로부터 해방되었다. 이방인 선교의 흥분 가운데서도 고대 이스라엘에 대한 반사 작용은 잊히지 않는다. 이스라엘보다 앞서 이교 사자의 입으로 들어가신 예수님의 죽음은 베드로가 청중에게 "하나님께서 여러분을 이 사악한 세대로부터 구출하시도록 하십시오!"^{행 2:40}라고 충고할 수 있는 숨 돌릴 틈을 만들었다. "그러므로 이스라엘 온 집안은 이 사실을 알아야 합니다. 하나님께서 예수를 주와 메시아가 되게 하셨습니다. 여러분이 십자가에 못 박은 분인 이 예수를 말입니다."^{2:36} 다수의 성직자를 비롯한 수많은 유대인이 이 메시지를 믿고 새로워진 공동체의 일부가 되었다.^{2:41, 47; 4:4; 5:15; 6:7; 11:24; 21:21} 우리는 누가가 대부분의 다른 초기 기독교 작가들처럼 예수님께 초점을 맞춘 메시아 공동체를 해방되고 구속받은 사람들로 보았다는 사실을 의심해서는 안 된다. 이들 가운데서, 이들을 위해, 이방 권력자들로부터 구출하겠다는 오래 기다려 온 약속이 성취되었다.

따라서 누가는 우리가 이 책 4장에서 살펴본 대로, 요한계시록 1, 5, 20장의 문구가 이야기한 진실을 역사에 써넣었다. 다른 신약성경 저자들도 방법은 다르지만 동일한 내용을 주장한다. 예수님을 따르던 이들에게 무슨 일이 벌어졌는가? 이들은 그저 흥미진진한 새로운 개념들을 알게 되어 관심 있는 사람들에게 나누고 싶은 것이 아니다. 이들은 사람들에게 이 악한 세상을 탈출하여 "천국에 갈 수 있는" 방법을 발견했다고 말하고 있지 않다. 오히려 예배하고 증언하는 하나님 백성으로 활동하고 있다. 출애굽기 19장의 "제사장 나라"로, 이사야 49장의 "종"으로, 이스라엘의 하나님을 예배하고 그러면서 그분이 온 땅의 하나님이심을 발견하는 시편 속 백성으로 말이다.

어떻게 이렇게 되었을까? 초대교회 전체가 그 대답이다. 이스라엘 메시아의 죽음과 부활, 승천을 통해서, 성령의 능력을 통해서 가능했다. 하지만 우리가 이 이야기를 볼 때마다 부활과 승천과 성령이 이 전체 사건에 꼭 필요하기는 하지만, 예수님의 죽음에 의미가 없다면, 그분의 죽음이 이후 다른 사건들의 서막에 불과하다는 것 이상의 의미가 없다면, 그중 어느 하나라도 있을 수 없는 일임을 번번이 발견한다.

계시록 5장에서 보좌 주위에 있던 이들은 "주께서… 주의 피로 하나님을 위해 한 백성을 사서, 그들을 우리 하나님을 섬기는 나라와 제사장으로 삼으셨으니, 그들이 땅에서 통치할 것입니다"9-10절라고 찬양했다. 이것이 늘 큰 구원 행위의 목표였다. 초기 그리스도인들은 고대 이스라엘의 창조주 유일신교, 종살이와 출애굽의 성경 이야기, 포로 생활과 귀환, 성전 파괴와 재건, 창조세계의 궁극적 회복을 붙들었다. 비록 자신들이 생각한 대로는 아니지만 이 모든 일이 이루어졌다고 믿었다. 자신들이 오래전에 약속된 새로운 세상에 살고 있다고 믿었다. 이 새 세상에서 예수님은 이미 주로 등극하셨고 하나님은 전혀 새로운 방식으로 주권을 행하고 계셨다. 이들은 자신들이 왕 같은 제사장처럼 예배자와 증인으로 살아가라는 부름을 받았음을 깨달았다. 또한 나사렛 예수님이 십자가에 죽으셨을 때 이루어진 일 덕분에 이 모두가 가능할 뿐 아니라 실제로 일어났다고 믿었다. 주후 33년 니산월 14일 저녁 6시에 이 일이 성취되었다. 비록 이후로 사흘간 아무도 몰랐(고 상상하지도 못했)고, 눈에 띄는 효력이 나타나기까지는 그보다 훨씬 더 긴 시간이 소요되었지만 말이다.

이 큰 서사 곧 이스라엘의 삼중 소망과 왕 같은 제사장이라는 새로운 소명을 염두에 둘 때에만, 우리가 예수님의 죽음을 초기 그리스도인들과 똑같은 방식으로 해석하고 있다고 확신할 수 있다. 오로지 이렇게만 이 혁명의 원래 의도를 제대로 파악할 수 있다.

이제 이 핵심 사건을 묘사하고 해석하는 초기 문헌들에 뛰어들 준비가 된 것 같다.

09.

예수님의 특별한 유월절

그렇다면 첫 그리스도인들은 어떻게 예수님의 죽음을 해석했는가? 그들은 그분의 죽음에 대해 어떻게 말했고, 그 말은 무슨 뜻이었으며, 어떻게 그런 관점에 도달했는가? 이 질문들이 드디어 우리를 이 책의 핵심 과제로 이끈다. 나는 "우리 죄를 위해 죽으셨다"나 "성경대로"라는 표현의 의미에 대해 우리가 지닌 일반적 서구의 전제들로 접근해서는 안 된다고 주장했다. 앞서 한 것처럼, 과거로 거슬러 올라가서, 첫째, 이런 표현들의 실제 의미의 배경이 되는 1세기 유대인들의 전제와, 둘째, 이 첫 그리스도인들이 이 새로운 비전을 어떻게 실행에 옮겼는지를 조사할 필요가 있었다.

　이제 이 모든 조사를 마쳤으니 근본 질문으로 다시 돌아가자. 바울 시대에 이미, 초기 그리스도인들은 세상이 깜짝 놀랄 만한 의미와 함의가 있는 일, 그 일의 결과로 세상이 전혀 다른 곳으로 변하게 될 어떤 일이 십자가에서 벌어졌다고 믿었다. 혁명이 시작된 것이었다. 우리는 '속죄'—앞에서 살펴보았듯이, 우리가 흔히 생각하는 것보다 훨씬 더 복잡한 단어다—를 자세히 설명하기 위해서는 부활, 승천, 성령, 믿음의 삶, 죽은 자들의 궁극적 부활, 만물의 회복에 대해 이야기할 필요가 있다는 점을 분명히 해야 한다. 하지만 그럼에도 다음과 같은 질문은 여전히 적절하고 필요하며 반드시 물어야 한다고 주장해야 한다. 첫 번째 성금요일 저녁 6시에 어떤 변화가 있었고, 어떻게 그런 변화가 일어났는가? 이것이 이제부터 집중해서 살펴보아야 할 과제다.

그 즉시 우리는 매우 기이한 현상을 만나게 된다. 당신은 기독교 신학자들이 예수님의 죽음의 의미를 추적하려 한다면 예수님에서부터 시작할 것이라고 생각할지도 모른다. 대부분은 그렇지 않다. 나는 '속죄'를 다룬 책을 여러 권 소장하고 있는데, 복음서에 크게 관심을 둔 책은 거의 없고 내가 기억하기로는 예수님에서부터 시작하는 책은 한 권도 없다. 유명한 구절인 마가복음 10장 45절("인자는 섬김을 받으러 온 것이 아니다. 인자는 섬기는 자가 되어 왔고, 자기 목숨을 '많은 사람을 위한 몸값'으로 지불하러 왔다")을 강조하지만, 대개 거기서 더 이상 나아가지 않는다. 설령 그렇게 하더라도, 예수님의 죽음을 "하늘에서와 같이 땅에서도" 이루어지는 그분의 하나님나라 선언과 연결하는 법은 거의 없다. 예수님이 예루살렘으로 가기로 작정하셨고 (따라서) 당국과 일종의 결전을 강요하셨다는 사실을 강조하지도 않는다. 그것도 그 나름의 의미가 있는 속죄일도, 초막절도, 교회력의 다른 어떤 절기도 아닌 유월절에 말이다.

예수님의 마지막 유월절에 대한 논의는 그분이 마지막 만찬에서 하신 말씀에만 집중하는 경향이 있었다. 그 내용은 중요하기 때문에 나중에 다시 살펴볼 것이다. 하지만 그보다 더 큰 맥락이 중요한 영향을 미친다. 그런데 초기 '속죄' 신학은 그런 맥락을 무시하곤 했다. 나는 그 점이 매우 이상하다고 생각한다. 지금부터는 이런 결함을 메우

려 애쓰는 한편, 예수님이 유월절을 선택하신 것과 그 의미를 중점적
으로 살펴보려 한다.

처음부터 복음서의 전반적 신뢰성을 언급해 두는 편이 좋을 듯
하다. 여기서 나는 다른 곳에서 정리한 좀 더 길고 복잡한 주장들을
기본 전제로, 예수님의 공생애를 기록한 복음서가 상당히 역사적이라
는 데 동의하려 한다. 이 부분은 그 동안 초기 기독교 연구에서 폭풍
의 중심이었는데, 지금은 이 문제들을 또다시 논의할 시점이 아니다.
다행히도, 아무리 회의적인 학자들이더라도 다음과 같은 내용에는 대
부분 동의하기 때문에 복음의 역사성에 중요한 문제가 걸려 있지는
않을 것 같다. 즉 예수님은 유월절 절기에 예루살렘에 가서 죽으셨다,
공생애 기간 동안 그분은 자신의 사역을 통해 이스라엘의 하나님이
새로운 방식으로 왕이 되실 것을 선포하셨다, 십자가에 붙은 명패가
암시하는 이 주제가 예수님의 죽음의 '의미'에 대한 초기 대중의 인식
을 일부 형성했다, 예수님은 고난을 통해 하나님나라가 임한다고 다
양한 방식으로 분명히 말씀하셨다. 이 중 일부는 당시에도 이해하기
힘든 내용이었으니 우리에게도 그럴지 모른다. 하지만 폭넓게 동의를
얻고 있는 이 내용들이 견고한 발판이 된다.

속죄 연구가 임박한 죽음에 대한 예수님 자신의 관점을 대부분
무시한 것이 사실이라면, 그럼에도 사람들은 신학자들이 사복음서를
읽고서 예수님의 죽음에 대한 초기 그리스도인들의 관점에 대해 배우
고 싶어 할 것이라고 가정할지도 모른다. 하지만 이 역시 '속죄' 연구
의 주요 흐름은 아니었다. 신학자와 설교자들이 마가복음 10장 45절

뿐 아니라 요한복음 3장 16절("하나님이 세상을 이처럼 사랑하사…")을 언급할지는 모르겠지만, 사복음서 저자들이 다양한 방식으로 전달한 실제 이야기가 예수님의 십자가형의 신학적 의미를 이해하는 데 어떻게 기여하는지에 대해서는 깊이 있고 상세하게 심사숙고하지 않는다. 때로는 일부 복음서 저자들이 이 문제에 특정한 관점을 갖고 있지 않다는 의견이 제시되기도 한다. 오랫동안 누가에 대해 이렇게 말하는 것이 유행이었으나, 앞으로 살펴보겠듯이 누가는 그 누구보다도 더 십자가에 강력하고 중요한 의미를 부여하기 때문에 그런 주장은 매우 이상하다고밖에 볼 수 없다.

내 생각에는, 우리가 하나님의 구출 계획을 플라톤화된 '목표'— 죄 많은 영혼이 구원받아 '천국'에 가는 것이 중요하다는 생각—로 가정한다면, 복음서 저자들과 예수님조차도 상대적으로 그 주제에 대해 거의 말씀하시는 바가 없다는 점이 문제인 듯하다. 사람들은 그 때문에 신학자들을 비롯한 교계 사람들이 근본 전제들에 질문을 제기했다고 생각했을지도 모르겠다. 어쩌면 그 사람들은 우리의 구원관이 잘못되었다고 생각했을지도 모른다. 대체로, 이런 일은 일어나지 않았다. 물론 많은 예외가 있지만, '속죄'를 연구하고 그에 대해 글을 쓰는 사람들은 대부분 사복음서를 '배경 이야기'로 간주했다. 실제로 복음서가 십자가 서사에 일부 성경 자료를 집어넣지만, 그 외에는 구원을 세상에 가져온 이 특정한 죽음을 어떻게 이해해야 하는지에 대해서는 별로 하는 말이 없다(고 사람들은 생각해 왔다). 다시 한 번, 나는 이 문제에 다르게 접근하여, 각기 나름의 방식을 취하는 사복음서 저자들 가운데서 전체 구조에 기여하는 중요한 주제들을 파악해 보기를 제안한다.

이쯤 해서 또 다른 여담도 적절하지 않을까 싶다. 일부에서는 신약성경 사복음서 옆에 예수님의 생애를 다룬 다른 초기 문서들을 나란히 두는 것이 유행이었다. 따라서 소위 도마복음을 비롯한 이와 유사한 문서들을 사복음서와 비교하거나 더 중요시하곤 했다. 이것은 불안정한 교회가 정경만을 고압적으로 주장하여 궁지에 몰린 입장을 방어하려 애쓴 데 따른 자연스런 반작용이라고 할 수 있다. 하지만 '다른 복음서'를 향한 움직임은 단순한 반작용 이상이다. 이런 움직임은 특히 계몽주의 철학에서 나타나는데, 이 '다른 복음서' 일부에 표현된 고대 철학인 영지주의가 '계몽주의' 사상 자체는 물론, 지난 200-300년간 서구에서 문화 프로젝트가 작동해 온 구체적인 방식들에 반향이 있다는 점이 종종 주목을 받았다. 핵심은 이렇다. 도마복음과 그와 비슷한 대부분의 문헌은 예수님의 십자가형을 언급하지 않고 그 내용을 언급하는 문헌들은 전혀 다른 해석을 제공하기에, 이런 해석들이 이전의 관점들을 나타내고 정경 복음서들은 이후의 해석을 나타내는지 여부에 대해 의문이 제기되어 왔다.

때로, 흔히 Q자료로 알려진 문헌(마태복음과 누가복음에는 있지만 마가복음에 없는 유사한 전통)이 여기서 인용되곤 했다. 그 정의상, Q자료에는 당연히 수난 서사가 빠져 있는데, 그 시점에서 마태복음, 마가복음, 누가복음이 완전히 겹치기 때문이다. 그래서 일부에서는 Q자료가 예수님의 죽음과는 상관없는 초기 예수 신앙을 반영하는 문서

일 수 있다고 제안했다. 그런 제안은 역사와 논리의 실패를 드러낸다. 마가복음이 예수님의 죽음 이야기에서 마태복음과 누가복음과 겹친다는 사실이, 마태복음과 누가복음이 겹치는 부분으로만 구성된 가상 문서가 예수님의 죽음을 몰랐거나 관심이 없었다고 말하는 근거로 사용되기는 힘들다.

역사 문제에서는, 바울이 고린도전서 15장 11절에서 한 말을 매우 심각하게 받아들여야 한다. "메시아께서 성경대로 우리 죄를 위해 죽으셨습니다"3절로 시작하는 전통이 모든 초기 그리스도인의 보편적 선언이었다는 것이다. 고린도인들은 바울 이외의 교사들도 알았는데, 어떤 면에서는 바울에 반대하는 이들이었을 것이다. 바울이 그리스도인들이 와서 다음과 같이 말할 줄 알았다면 이 말을 했을 리 없다. "그런데 바울 선생, 도마복음 그리스도인들은요? Q자료 그리스도인들요? 그 사람들은 예수님의 죽음에 크게 신경 쓰지 않는 것 같은데요." 아니다. 바울은 이렇게 말하고 있다. "나나 그들이나, 우리는 이렇게 전파하였고, 여러분도 이렇게 믿었습니다."11절

● 부활

그렇다면 우리가 예수님의 죽음을 해석하기 위해 복음서를 보려고 할 때는 어디서부터 시작해야 할까? 가장 먼저 깨닫는 것은, 십자가형 자체는 맥 빠질 정도로 평범한 의미 이외에는 다른 아무 '의미'도 없었다는 점이다. 로마의 '정의'는 이번에도 가장 잘하는 일을 하고 있었을

뿐이어서, 반대의 조짐이 조금이라도 있으면 짓밟아 버렸다. 로마는 (다시 한 번 되새기자면) I세기 내내 수많은 젊은 유대인을 십자가에 처형했다. 십자가형은 지독하게 익숙한 사건이었다. 저녁이 지나고 예수님의 시신을 십자가에서 내려 장사하는 동안에도, 예수님을 따르던 이들과 그분의 어머니, 본디오 빌라도, 조롱하던 군중을 비롯한 그 누구도 "그래서 예수님이 우리 죄를 위해 죽으셨다!"고 말하지 않았다. "성경대로 이 일이 일어났다!"고 말하는 사람은 아무도 없었다. 우리에게 있는 증거에 따르면, 이스라엘의 메시아가 세상 죄를 위해 죽으리라고 기대한 사람은 아무도 없었다. 예수님이 십자가에 달리신 그날 저녁, 혁명 같은 사건이 시작되었다고 생각한 이는 단 한 사람도 없었다.

마태복음과 마가복음 모두 처형을 관장한 백부장이 예수님이 진실로 "하나님의 아들"이었다고 중얼거린 이야기를 기록한 것은 사실이다(누가복음에서 백부장은 예수님이 "의인"이었다고 말하는데, 이는 예수님 옆에 달린 강도가 직전에 한 말에 동의하는 내용이다23:47, 41). 백부장의 세계에서 '하나님의 아들'이라는 표현은 물론 티베리우스 황제를 가리켰다. 복음서 저자들이 감지하고, 아마도 백부장 자신도 의도했을 이 아이러니는 심오하지만, 초기 그리스도인들의 신앙고백 같은 데 근접한 것은 아니다.

제자들에게 앞으로 있을 일을 경고하고 그 의미를 설명하려는 예수님의 반복된 시도에도 불구하고, 그분의 갑작스런 체포와 재판과 처형 과정은 아무런 설명도, 위로가 되는 숨은 의미도 없는 끔찍한 충격으로 다가왔다. 앞서 살펴보았듯이, 고대 유대 세계의 일부 사람들은 메시아가 오시기를 고대하고 기도하고 있었다. 예수님을 따르는 이들은 그분이 많은 사람들이 메시아에게 기대한 행동(군림하는 이방 세력에 맞서 전투를 지휘하는 것 등)을 하시지는 않았지만 그분이 바로 그 메시아라고 결론을 내리기까지 했다. 하지만 메시아가 나타나신다고 해도 그 이방 세력의 손에 끔찍하게 죽음을 맞이하리라고는 아무도 생각하지 않았다.

마찬가지로, 이 책 제2부에서 보았듯이, 고대 유대 세계의 일부 사람들은 이전 세대 순교자들의 운명을 숙고하곤 했다. 어떤 사람들은 그 순교자들의 고난과 고문, 끔찍한 죽음이 이상하고 어두운 하나님의 계획 가운데서 역할을 했으리라고 제안했을지도 모른다. 소수의 고난이 많은 사람들을 구원하는 수단이 되었다는 것이다. 하지만 그렇게 고난받는 인물이 메시아일 것이라고 가정한 사람이 있다는 증거는 없다. 후대에 가서 기독교적 해석의 요소들이 전해지겠지만, 그 요소들이 새로운 구성을 이루려면 새로운 자극이 필요했다. 첫 번째 성금요일 저녁에는 아무도 '속죄 신학'의 출발점으로 보일 만한 것을 생각해 내지 못했다.

모든 사람의 이야기를 종합하자면, 그 첫 번째 자극은 예수님이 돌아가시고 나서 셋째 날에 등장했다. 예수님의 제자들이 그분이 십자가에서 돌아가시리라고는 생각지도 못했던 것처럼, 그분이 죽은 자들 가운데서 몸으로 부활하시리라고도 기대하지 못했다. 사복음서 마지막에 나오는 이야기들의 충격과 초반의 몰이해, 계속되는 의심, 숨

막힐 듯한 흥분은 무슨 일이 벌어졌는지와 그 일을 아무도 기대하지 못했다는 사실을 오롯이 담아낸다.

당시의 언어로, '부활'은 '천국에 간다'는 뜻이 아니었다. 예수님이나 그분의 '영혼'이 몸이 없다는 의미에서 '살아남았다'는 뜻도 아니었다. 그것은 확실히 그 의미에서 **벗어났다.** 사후에 몸이 없는 생존 상태를 나타내는 그런 단어들은 따로 있었다. 많은 문화권의 많은 사람들이 최근에 죽은 사람에 대해 그런 생존 방식을 상상하는 것을 보통으로 생각했을 것이다. '부활'이라는 단어는 달랐다. 부활은 몸이 죽은 일정 기간 이후에 새로운 몸의 생명을 의미했다. 많은 1세기 유대인들이 이런 의미에서 '몸의 부활'을 믿었다. 하지만 그들에게 몸의 부활이란 최후에 모든 하나님의 백성이 죽은 자들 가운데서 일어나는 궁극적 사건이었다. 그것은 하나님의 새로운 세상, 그분의 새로운 창조 세계, '오는 세대'의 출발점이 될 것이었다. 몸의 부활은 **모든** 하나님의 백성에게 **종국에는** 일어날 일이었지만, 엉망진창인 세상이 계속되고 있는 역사의 중반에 부자연스럽고도 갑작스럽게 한 사람에게 일어날 일은 아니었다. 나를 비롯한 여러 사람들이 다른 곳에서 상세하게 주장했듯이, 우리가 1세기를 이해할 수 있는 유일한 방법은 예수님의 첫 제자들이 그분이 죽은 자들 가운데서 몸으로 부활하셨으며, 그것이 하나님의 '새 시대'가 시작되었다는 뜻이라고 정말로 믿었다고 말하는 것이다.

우리가 그 믿음을 이해할 수 있는 유일한 방법은 그들이 속임을 당한 것이 아니라 (비록 세상은 그 진실을 받아들일 준비가 되어 있지 않았지만) 진실을 말하고 있었다고 말하는 것이다. 예수님은 정말로 온전히 몸이 다시 사셨는데, 사실상 그 몸은 이전보다 더 온전히 산 상태였다. 그분은 죽음을 통과하여 다른 편으로 나오셨고, 그분의 몸은 새 창조의 시작이셨다. 이것은 단순한 '소생'의 문제가 아니라, 새롭게 변화된 종류의 몸이었다. 앞장에서 암시했듯이 이 부분은 좀 더 설명이 필요하지만, 이 새로운 몸은 창조된 실재의 연결된 두 차원 곧 성경이 말하는 '하늘'과 '땅', 하나님의 공간과 우리의 공간에 동일하게 존재하셨다. 이 모든 것이 예수님의 부활이라는 특별하고 전혀 예상치 못한 사건과 함께 주어졌다.

그리고 우리는 이 부활에서 십자가형에 대한 해석의 출발점을 발견한다. 십자가는 그다음에 일어난 일의 관점에서 뜻하는 바를 의미했다.

요즘 사람들이 다 알듯이, 그 시대 사람들도 죽은 사람이 새로이 변화된 몸으로 나타나는 것은 고사하고 살아 돌아올 수 없다는 것을 알았다. 그런 일이 가능하려면 뭔가가 반드시 일어나야 했다. 옥문이 열려 있다면, 누군가 그 과정에서 감시병을 제압하고 잠긴 문을 연 사람이 있어야 한다. 예수님의 죽음에서 어떤 부분에 그런 효과가 있어야만 한다. 누가복음에 따르면, 예수님이 엠마오로 가던 혼란스러운 제자들에게 자신의 죽음이 단순히 끔찍한 사건이나 실수가 아니라 **이스라엘 성경의 오랜 서사를 특이한 방식으로 성취하신 것이라고** 설명하시면서 친히 이 해석 과정을 시작하셨다. 지금부터 차근차근 알아보겠지만, 우리는 그 서사 안에서 그분이 "우리 죄를 위해" 죽으셨다는 주장의 심오한 의미를 찾게 된다. 초기 그리스도인들이 자신들의 기본 신념을 요약한 이 **공식 문구**("메시아께서 성경대로 우리 죄를 위해 죽으셨습니다")는 실제로 일어난 **이야기**에 근거하고 있다.

　예수님이 부활하시고 나서 그 즉시 '속죄 신학' 같은 것이 생겨나지는 않았다. 사복음서와 사도행전 초반의 비슷한 단락에 등장하는 부활 이야기들은 실제 일어난 일을 복잡하고 흥미롭게 해석한 것이지만, 그중 어느 것도 예수님의 죽음 자체에 대한 해석을 제공하지는 않는다. 중요한 예외가 있다면, 앞서 보았듯이 누가복음에서 예수님이 메시아가 하나님의 계획에 따라 고난을 받아야 한다고 설명한 대목이다.24:26 하지만 누가복음의 예수님을 비롯한 그 누구도 그 이유를 설명해 주지는 않는다.

　앞서 살펴보았듯이, 사도행전에도 그런 설명은 없다. 사도행전은 바울서신 이후에 쓰였을 뿐 아니라(바울이나 다른 누군가가 서신서에 담긴 일부 신학을 자세히 설명하는 한두 장면을 포함하고 싶은 유혹을 상상해 보라), 앞으로 살펴보겠듯이 누가 자신이 십자가에 대한 굉장히 정교한 이해를 믿었기 때문에(그는 이런 이해를 공식으로 드러내기보다 서사에 엮어 냈다) 이 점은 훨씬 두드러진다. 마치 "메시아께서 **우리 죄를 위해** 죽으셨다"는 구체적인 믿음이 50년대 초까지는 일반적으로 동의하는 공식의 중심이었는데도, 예수님이 죽으시고 새 생명으로 부활하셨다는 사실에서 직접 추론되어 나오지 않은 것처럼 보인다.

　일단 **주어진** 명시적 의미를 조사해 보고 나서야, 즉시는 아니더라도 이내, 그 명시적 의미가 나타난 단계를 추측할 수 있다. 틀림없이, 부활은 예수님이 수치스러운 죽음에도 불구하고 정말로 이스라엘의 메시아라고 그분의 제자들을 설득했다. 제자들은 자신들이 발견할 새로운 의미가 있다면 성경에서 발견할 수 있으리라는 것을 재빨리 분별했다. 하지만 그 과정을 어떻게 시작했는지는 전혀 다른 문제다.

예수님의 죽음에 대한 해석이 성금요일의 어두운 시간에만 집중되지도 않았다. 부활에서부터 성령의 선물까지 이어진 일련의 사건들은 서로 다른 사건과의 관계에서 하나같이 의미가 있었다. 특히 히브리서가 분명히 밝히듯이, 예수님의 죽음을 어떤 면에서 '희생'이라는 의미로 이해해야 한다면, 그 의미는 그분의 죽음만으로는 완성될 수 없었다. 앞에서 살펴보았듯이, 고대 히브리 성경에서 희생제물의 죽음은 그 의식의 핵심이 아니라 예비 행위에 불과했다. 중요한 것은 그 이후에 모든 불순함을 '덮는' 생명을 상징하는 피가 제단에 올려진다는 것이었다. 히브리인들에게 그 일은 예수님이 돌아가신 시점이 아니라, 그분의 부활과 승천 이후에 일어났다. 게다가 바울서신과 복음서에서처럼, 예수님이 처형되셨을 때 역사적·신학적으로 실제로 일어난 일을 크게 강조할 때조차 그 온전한 의미는 당시 예수님의 제자들의 삶과 사역에서 일어난 일과의 관계에서만 이해할 수 있다. 성령의 능력으로 자신이 변화되고 다른 사람을 변화시키는 인간의 삶은 그 자체가 이 사건의 '의미'다. 하지만 그럼에도 또다시 핵심으로 돌아가, 그리스도인 첫 세대가 예수님의 죽음을 어떻게 이해했는지 묻는 것은 이치에 맞는 일이다.

● 예수님은 왜 유월절을 선택하셨나?

합리적인 역사적 의심을 초월하여 우리가 예수님의 죽음에 대해 확실히 아는 것들이 있다. 첫째, 예수님은 로마인들이 반역자와 노예 등을 위해 마련한 방법으로 처형당하셨다. 로마인들은 십자가형을 통해 단순히 이들을 처치할 뿐 아니라 수치를 안겨 주고 싶어 했다. 둘째, 로마의 사형 집행인들은 십자가에 달린 예수님의 머리 위에 명패를 달았다. 보통은 그런 식으로 처형당하는 범죄자의 죄명을 적었다. 예수님의 경우에는, 당시 사용하던 세 언어로 모두 적었는데 그 내용을 확실히 알리기 위해서였다. 거기에는 "유대인의 왕 나사렛 예수"라고 적혀 있었다.

이것은 무엇을 증명해 주는가? 단순히 잘못 알고 썼을 수도 있다. 일부는 로마 병정들이 자신들의 주장을 정당화하기 위한 희생양을 찾고 있을 때 예수님이 어쩌다 보니 운이 없어서 그 시간, 그 자리에 있게 된 무해한 교사라고 생각하기도 했다. 모든 게 속임수였을 뿐, 어쩌면 그분은 스스로를 '왕'으로 생각해 본 적이 없었을지도 모른다. 이런 제안은 또 다른 확고한 역사적 자료와 충돌한다. 나사렛 예수는 짧은 공생애 기간에 '하나님나라'에 대해 끊임없이 말씀하시고, 거기 내포된 강력한 혁명적 주제를 자신의 사역과 가르침과 연결하셨기 때문이다.

교회 안팎의 현대 주석가들은 예수님이 뜻하신 '하나님나라'와 고대 유대인들의 기대 혹은 그분의 임박한 죽음을 연결하기가 매우 힘들다는 것을 깨달았지만, 내가 보기에 이 연결고리는 양방향 모두 잘 이어진다. 예수님은 지금이 이스라엘의 하나님이 시편과 이사야서, 다니엘서 등의 고대 예언이 분명한 길잡이가 되어 준 방식으로 '왕이 되실' 때라고 확실히 선언하고 계셨다. 이것은 필연적으로 혁명처럼 보였고(혁명으로 묘사되기 쉬웠고), 신경이 곤두선 제국의 권력자들로부터 눈길을 끌 수밖에 없었다. 예수님이 이런 성경 본문들을 소명과 관련하여 혁신적으로 해석하여 '하나님나라'에 대한 기대감을 수정하고 계셨다 하더라도, 그래서 헤롯이나 로마 관리 같은 통치자들의 의구심의 대상이기보다, 유대인의 의제를 가진 집단들의 적대감의 표적일 때가 많았다 하더라도, 그분은 여전히 이런 기대를 불러일으키고 계셨다. 어떤 식으로든 "예수님이 하나님나라를 선포하시고 자칭 메시아로 죽으셨다"라고 말하는 것은 역사적 의미가 있다. 우리가 예수님에 대해 아는 모든 것을 종합하면, 나는 그분이 우리처럼 이 연결고리를 알고 계셨고 **그것을 자신의 기도와 성경 묵상 가운데서 소명으로 이해하셨다**고 말하는 쪽으로 기운다.

물론 한 사람이 어떤 소명을 느끼는지 그 내면을 들여다보기란 쉽지 않다. 인간의 마음과 상상력은 심오하고 신비롭다. 하지만 어떤 사람이 평소 특정 내용을 말하는 습관이 있고, 알맞고 적절한 순간에 위험하더라도 자신이 언급했던 핵심을 주장하는 결정적 행동을 취할 때 우리는 상당히 안전하다고 할 수 있다. 그런데 우리가 예수님의 죽음에 대해 확실히 아는 내용의 핵심에는 그 일이 발생한 시기가 있다. 그때는 유월절이었는데, 예수님이 이 시기를 택하신 데는 의도가 있

는 것이 분명해 보인다. 예수님은 예루살렘과 그 당국과의 최종적이
고 운명적인 상징적 대결을 위해 모든 유대인이 출애굽을 기념하느라
분주한 때를 선택하셨다. 그들은 이 시기에 하나님이 오래전에 행하
신 그 일을, 더 큰 규모로 다시 행해 주시기를 기도했다.

　말이 되지 않는가? 하나님나라를 선언하는 것은 마침내 하나님
이 그 백성을 노예 삼은 어둠의 세력을 무너뜨리신다고 선언하는 것
이다. 하나님나라를 선언하는 것은 이제 하나님이 그 백성을 구출하
고 재정비하여 새 생명과 새 과제를 주시고 재편하실 때라고 말하는
것이다. 하나님나라를 선언하는 것은 이사야 52장 7-12절에서처럼
하나님이 친히 돌아오셔서 능력으로 그분의 영광을 보여 주시리라고
말하는 것이다. 이 각각의 세 주제는 예수님의 공생애의 가르침과 활
동, 치유(특히 축귀), 소외된 자들과 '죄인들'과 함께 즐기심, 열두 제자
를 부르심(그분 주위로 이스라엘 백성을 재건하신다는 확실한 표지), 하
나님이 하고 계신 일을 설명하는 방식으로 그분이 하고 계신 일을 분
명히 가리키는 이야기들을 들려주심의 특징으로 볼 수 있다. 확실히
이 중 많은 내용이 완곡한데, 그럴 수밖에 없는 이유가 있다. 우리는
유대인의 맥락과 메시아의 함축적 의미를 건너뛰고 '하나님이라고 주
장하는' 예수님으로 바로 들어가는 식으로 역사적 조사를 소홀히 해
서는 안 된다. 많은 신학자와 설교자가 그런 우를 범했다. 중요한 부분
에 대한 답변은 고사하고 질문조차 던지지 못해서 너무 쉽사리 전혀
다른 서사가 되어 버렸다. 하지만 우리가 퍼즐 조각을 다시 맞춘다면
이사야 52장의 함축하는 바는 여러 곳에서 분명해진다. 특히 예수님

이 마지막으로 예루살렘으로 올라가시면서 다시 돌아오는 주인 이야
기를 말씀하실 때 이것은 오랜 포로 생활 끝에 사람들이 고대하던 이
스라엘의 하나님이 돌아오시는 것을 확연하게 암시한다.

어느 경우든, 이 책의 논지에서 중요한 것은 **예수님이** 자신이 해
야 할 일을 이루시고 고난받으실 때로 **유월절을 선택하셨다**는 점이
다. 이 사실만으로도 그분이 자신의 공생애에 매우 극적이고 이야깃
거리가 풍부한 절정을 염두에 두셨다는 것을 이미 말해 준다. 예수님
은 이것이 이스라엘의 하나님이 왕이 되는 길이라고 믿으셨다. 유월
절을 배경으로 삼고 인간과 비인간 적대 세력과 반복해서 충돌하셨기
에, 그분이 이 과제를 이스라엘의 출애굽 해방과 나란히 보셨다고 가
정할 만한 이유는 충분하다. 모세가 바로와 그 수행원들과 대면하고
애굽에 '재앙'이 내리고 나서, 출애굽이 있었다.

출애굽 서사의 모든 요소와 예수님의 사역과 가르침의 모든 요
소가 똑같이 맞아떨어진다고 제안할 필요는 없다. 그렇게 하면 오히
려 핵심을 놓치고 만다. 중요한 것은, **전체** 유월절 배경이 예수님이 마
지막으로 예루살렘에 올라가시면서 예상하신 **전체** 사건을 이해할 수
있게 해 준다는 점이다. 유월절은 "지금 자유!", "지금 하나님나라!"를
선포했다.

이것이야말로 예수님이 전달하시려고 했던 내용, 예수님이 **일어
나리라 믿으셨던** 내용인 것 같다. 예수님은 사람들이 이해해야 할 새
로운 이론을 제공하고 계신 것이 아니었다. 그분은 어떤 조짐이 있는
데 그 일이 곧 벌어질 것이라고 선언하고 계셨다. 그 사건을 통해 자

유와 하나님나라는 전혀 새로운 차원에서 실재가 될 것이다. 예수님은 혁명을 시작하고 계셨다.

그분이 예루살렘에서 하신 일은 이 모든 내용을 뚜렷하게 만든다. 예수님이 성전에서 하신 행동은 그것만으로 다양한 해석이 있을 수 있어서, 이후로 수많은 토론을 이끌어 냈다. 사람들이 예수님의 유일한 하나님나라 운동을 '종교'로 바꾸려 할 때마다 그것은 '종교적' 기득권을 정화하고 상업주의에 반대하려는 시도로 비쳐졌다. 이것은 매우 훌륭하고 때로는 꼭 필요한 일이지만, 유일한 새로운 유월절 곧 독특한 출애굽 운동과는 아무런 관련이 없다.

하지만 예수님이 성전에서 하신 일^{막 11:12-18}을 유월절의 맥락에 놓으면, 모세가 바로와 대면한 사건이 곧장 떠오른다. 임박한 성전의 몰락이 바벨론의 몰락을 떠올리게 하는 표현이 들어 있는 자료^{막 13:1-31} 등를 포함하면 이런 연관성은 고조된다. 더 구체적으로, 예수님이 성전에서 하신 일(아마도 다가올 파멸을 예견한 예레미야와 같은 상징으로 해석된다)은 드디어 자기 백성에게 돌아오신 이스라엘의 하나님이 성전이 다른 장소가 되기를 원하고 그렇게 되어 가고 있음을 발견하셨다고 선언하는 그분의 목적과 어떤 면에서는 관련이 있었음이 틀림없다.

이는 또다시 출애굽을 가리킨다. 모세는 이스라엘 사람들이 애굽을 떠나려는 목적이 자신들의 하나님을 예배하기 위해서라고 바로에게 내내 강조했다.^{출 3:12, 18; 4:23; 5:1-3; 7:16; 8:1, 20; 9:1, 13; 10:3, 24-26} 출애굽기의 절정은 20장에 나오는 율법 수여가 아니라, 하늘과 땅이 원래의 계획대로 하나가 되는 새로운 창조세계를 상징하는 '축소판' 혹은 '작은 세계'인 성막 건설이다. 예수님이 '새로운 출애굽'을 가리키는 것들을 말씀하고 행하셨다면, 당대의 많은 사람들은 이것이 현재의 성전을 갱신하거나 대체한다는 뜻으로 이해했을 것이다. 예를 들어, 사해사본을 쓴 사람들은 현재 성전의 계층은 돌이킬 수 없을 정도로 부패했고, 그들 자신이 진정한 성전 곧 이스라엘의 하나님이 친히 거하시고 예배를 받으실 장소라고 믿었다. 이런 내용을 실행에 옮기려는 시도는 매우 위험했지만, 당시에도 이런 생각을 할 수는 있었다.

　예수님은 이런 내용을 믿으셨을까? 모든 징후를 보건대, 그러셨던 것 같다. 그리고 그분은 이를 유월절과 연관 지으셨다.

　그 주간에 예수님이 하신 또 다른 주요한 행동은 제자들과 함께 특이한 식사를 계획하시고 주관하신 일이었는데, 이 식사는 급속히 진행되고 있는 사건들에 대한 예수님의 해석에서 핵심인 듯하다. 이 부분은 다른 데서도 강조했지만, 반복할 가치가 있다. 다가올 자신의 죽음에 대해 제자들에게 설명하기 원하셨던 예수님은 어떤 이론이나 본보기, 비유 같은 것을 제시하시지 않고 **식사** 곧 유월절 식사를 마련하셨다. 물론 제자들이 유월절 식사라고 생각한 것은 사실상 전혀 다른 의미를 지니게 되었다. 출애굽이라는 대사건까지 1,500년을 거슬러 올라가는 대신—물론 유월절에는 모든 사람이 그 사건을 가장 먼저 떠올릴 수밖에 없었겠지만—그분은 유월절 식사의 의미를 뒤집어서 그 다음날 벌어질 일을 **내다보는** 것을 가장 중요한 의미로 만드셨다. 그 자리에서 예수님이 하셨다고 기록된 말씀들을 우리가 이해하려 시도하기 전에, 이미 우리는 합당한 역사적 의심을 넘어서서 예수님이 자신의 임박한 죽음을 **오실 하나님나라**와 연관하여 보셨다는 것을 안다.

　예수님은 앞으로 벌어질 일이 지난 몇 년간 끊임없이 싸웠던 어둠의 세력들을 마주하여 물리치리라고 믿으셨던 것 같다. 이스라엘의 하나님이 애굽의 권세와 홍해의 힘까지 물리치셨던 것처럼, 예수님은 하나님이 다가올 사건을 사용하셔서 이스라엘과 온 인류를 포로 삼았던 모든 어둠의 세력을 타도하시리라고 믿으셨다. 궁극적인 해방의 순간이 다가올 것이다. 예수님은 마지막 식사 자리에서 잔을 나누며 친구들에게 말씀하셨다. "내가 너희에게 말한다. 이제부터 하나님나라가 올 때까지 포도나무 열매로 빚은 것을 마시지 않을 것이다"(눅 22:18; 마 26:29에서는 같은 내용을 좀 더 길게 말씀하신다). 이 사건보다 훨씬 후대에 기록한 복음서 기자들은 이 예측이 실현되었다고 확실히 믿었다. 예수님이 승리하셨다. 궁극적 유월절에 걸맞게, 이제 곧 일어날 어떤 일을 통해 하나님은 모든 세상 권세를 무너뜨리고 거기에 묶여 있던 자기 백성을 영원히 해방하실 것이다.

　따라서 나는 그 일을 예수님의 죽음을 이해하는 고정점으로 간주하려 한다. 예수님은 자신에게 곧 일어날 일을 이스라엘의 고대 유월절 전통과의 관계에서 이해하셨고, 이것은 하나님나라의 시작에 대한 그분의 신념과 직결되었다. 왕이신 하나님의 능력은 예수님의 공생애에서 이미 생생하고 극적으로 나타났다. 하지만 예수님은 자신의 죽음을 통해 이 왕의 능력이 이스라엘뿐 아니라 온 세상을 해방할 결정적 승리를 쟁취하리라고 믿으셨다. 온 세상이 구조되고 치유되고 회복되고 용서받을 것이다.

오랜 약속의 성취, 종살이에서의 해방, 홍해 도하, 구름기둥과 불기둥으로 오신 하나님, 상속의 약속 등 유월절과 출애굽이라는 주제는 굉장히 당혹스럽고도 확실하게 응집되어 있다. 이 모든 것이 비유와 치유, 약속과 경고 가운데 예수님의 공적 선포와 개인적 가르침의 일부를 형성했다. 이제 이 모두가 모여 위업을 성취했다.

이 시점까지는, 예수님이 자신의 죽음에 부여하고 계신 신학적 의미는 단순히 자유를 주는 위대한 승리인 듯했다. 세례를 받으신 후 처음으로 하나님나라를 선포하신 시점부터 마지막 만찬에서 임박한 하나님나라에 대해 암울한 말씀을 하실 때까지 줄곧 그것이 증거의 중요한 의미다. 하지만 어떻게 이 승리를 얻을 것인가? 어둠의 세력을 물리치려면 어떻게 해야 하는가?

여기서 우리는 예수님 개인의 소명에 대한 비전뿐 아니라, 신학적으로 말해서 첫 번째 성금요일에 무슨 일이 벌어졌는지에 대한 신약성경 전체 그림의 핵심에 한 발짝 더 가까이 다가간다. 나는 예수님이 고난받으실 죽음을 포함하여 마지막으로 극적인 상징적 행동들을 나타내실 순간으로 유월절을 선택하셨다고 강조했다. 다른 절기가 아니라 유월절을 택하셨는데, 특히나 대속죄일을 피하셨다. 하지만 2부에서 봤듯이, 예수님 시대에 이르러 이스라엘의 긴 이야기는 두 가지가 최소한 잠재적으로 결합하는 시점에 도달했다. **예수님이 그 백성의 죄를 다루셔서** 세상 권세들에 승리하실 것이다.

어떻게 서사가 작동했는지 생각해 보라. 다니엘 9장과 이후의 여러 문헌에 따르면, 이스라엘은 바벨론이 망한 이후에도 '포로기가 지속되고' 있었다. 갱신과 개혁과 혁명이 일어났지만 역경은 계속되었고, 이런 현실은 로마 병정들과 총독이 등장하는 유월절 시기의 예루살렘에서 눈에 띄게 두드러졌다. 총독은 평소에는 가이사랴라는 항구 도시에 머물지만, 위험하기로 악명 높은 해방절 기간에는 몸소 상황을 살피고자 예루살렘에 모습을 나타냈다.

하지만 이 연장된 역경을 분석하면, 이스라엘이 여전히 '죄 가운데' 있었다는 것이다. 이것이 '포로 생활에서 돌아온' 이후에도 이스라엘의 죄와 그로 인한 노예 상태를 한탄한 에스라와 느헤미야는 물론, 이사야와 예레미야, 에스겔, 다니엘의 견해였다. 따라서 이스라엘이 악한 권세들에 여전히 묶여 있는 한에는 새로운 출애굽이 필요했다. 하지만 그 속박의 원인이 이스라엘의 죄였기 때문에 이 죄 문제를 해결해야만 했다. 그렇다면 유월절 승리와 포로기를 종식하는 '죄 사함', 이 두 주제의 결합이 신약성경 여러 부분의 특징이 될 것이다.

이 책에서 내가 주장하는 바는, 이 결합이 마지막 만찬 곧 예수님이 몸소 택하시고 구상하신 해석 틀로 곧장 돌아간다는 것이다. 이런 근거에서, 나는 우리가 드디어 초기 기독교 '속죄' 신학의 핵심 요소들을 이들을 가둔 이교의 속박에서 구출하는 방법을 볼 수 있다고 제안할 것이다. 우리는 전체 그림의 핵심에서 누군가를 죽이고 피를 요구하는 진노하시는 하나님이 아니라, 죄의 파괴력을 자신에게 전가하는 언약을 지키시는 하나님의 형상—나는 매우 심사숙고하여 이 단어를 사용했다― 을 만난다.

　이 책의 서두에서 보았듯이, 이것은 이 이야기가 여전히 간직한 놀라운 힘을 설명하는 방향으로 나아간다. 그리고 이론보다는 **이야기로서** 그 힘을 유지한다. 다양한 이론들이 이 이야기, 특히 그것이 속한 고대 유대의 이야기와 동떨어져서 그 중심 주제들이 전혀 다른 의미를 갖게 되는 상이한 이야기와 이미지, 실례 등에 미묘하게 재배치될 때 더욱 그렇다. 이것은 예수님을 따르는 이들이 오늘날까지 "이를 행하여 그분을 기념하는" 것처럼 구체적으로 **행동화된 이야기로서** 그 힘을 유지한다. 하지만 그것이 우리를 '성체 제정의 말씀'으로 데려간다. 이 안에서 '포로기의 종식'이라는 주제가 자리를 잡고, 하나님나라를 가져오는 유월절이라는 더 큰 주제를 해석한다.

　떡을 두고 하는 말씀은 몇 가지 방향으로 울려 퍼진다. "이것은 너희를 위해 주는 내 몸이다"(눅 22:19; 마 26:26과 막 14:22에는 "너희를 위해 주는"이 빠져 있다; 고전 11:24은 "너희를 위한"). 예수님이 자신을 전통 식사의 무교병이나 유월절 양, 혹은 둘 다나 그 이상과 동일시하고 계시느냐는 질문은 핵심을 놓친 것이다. 실행된 상징주의는 그런 양자택일 방식으로 작동하지 않는다. 핵심은, 유월절 식사가 원래 유월절의 모든 사건에 초점을 맞추었다는 점이다. 해마다 먹는 음식은 예배자와 그 원래 사건을 연결해 주었다. 특히, 애굽에서 급히 탈출한 정황을 상징하는 떡과 집 문설주에 피를 바른 양은 복잡하고 급하지만 상징이 담긴 일련의 행동을 말해 주었다. 이스라엘 백성은 자신들의 하나님이 친히 그들을 구원하고 계신 것을, 종살이에서 구출

하여 약속된 유산으로 향하는 여정으로 인도하고 계신 것을 이해하게
될 것이다. 유월절 식사는 그 일이 영단번에 일어났고, 우리는 그 영향
을 받은 백성의 일원이라고 말해 주었다. 예수님이 떡을 두고 하신 말
씀은 이를 탈바꿈하여 이제 이렇게 말해 주었다. 새로운 유월절이 **일
어날 텐데**, 이후에 이 음식을 나누는 사람들은 **그 영향을 받은 백성으
로** 여겨지고 그들을 통해 더 넓은 세상에 이 일이 일어날 것이다.

　잔도 마찬가지다. 예수님은 "이 잔은 너희를 위해 흘리는 내 피로
맺은 새 언약"이라고 말씀하셨다. 누가복음의 표현이 이렇고,22:20 마
태복음에서는 "이것은 내 언약의 피, 곧 죄 용서를 위해서 많은 사람
을 위해 흘리는 피"26:28라고 말한다. 마가는 간단하게 "이것은 내 언약
의 피, 곧 많은 사람을 위해 흘리는 피"14:24라고 기록한다. 바울은 고
린도 교회의 성찬 문제를 논하면서 예수님의 말씀을 인용한다. "이 잔
은 내 피로 맺는 새 언약이다. 너희가 이 잔을 마실 때마다 나를 기념
하여 이것을 행하여라."고전 11:25

　기록마다 다른 미묘한 차이점들을 해석하는 방식은 다양하다.
초기의 견실한 사본들이 군데군데 조금씩 다른 단어를 사용한다는 사
실을 감안한다면, 이런 차이점들은 더 복잡해진다. 이 점은 쉽게 설명
할 수 있다. 다른 복음서의 내용뿐 아니라 정기 예배에서 특정한 표현
이 어떻게 반복되는지를 기억했던 필사자들은 자연스레 이런저런 단
어나 구를 끼워 넣거나 생략하곤 했다. 우리의 목적에는 다행스럽게
도, 이것이 핵심에 영향을 미치지는 않는다. 어쩌면 (이미 먹고 마신 음
식의 양은 말할 것도 없고) 같은 날 밤에 있었던 이후의 사건들을 감안

할 때 예수님의 초기 제자들 사이에서 이미 조금씩 다른 버전을 발견
할 수 있다는 것도 놀라운 일은 아닐지 모른다. 긴장과 흥분의 순간에
예고 없이 제자들에게 쏟아진 낯설고 놀라운 단어들이었으니 말이
다. 중요한 것은, 식사와 전체 행사, 그 다음날 일어난 사건들을 관통
하는 중요한 유월절 주제 내에서 예수님은 이 새로운 유월절이 오랫
동안 기다려 온 궁극의 해방이라는 수단으로 자유를 불러오는 승리
를 나타내리라고 주장하셨다는 점이다. '죄 사함'은 궁극의 유월절이
일어나는 수단이 될 것이다. 우리는 이 연관성을 곧 설명할 것이다.
이것은 우리가 이미 '죄'를 인간의 소명과 관련하여 분석한 내용과 관
련이 있다.

　　그렇다면 어떻게 '죄 사함'이 가능할 것인가? '피'에 대한 언급은
예수님의 죽음을 희생으로 해석하는 것을 암시한다. 선량한 유대인
이라면 피를 마시는 것은 꿈도 꾸지 않을 테니 물론 이것은 추악한 이
야기가 될 것이다. 어떤 사람은 다윗 왕 초기의 이야기를 떠올릴지도
모르겠다. 다윗 왕은 자신을 위해 베들레헴 우물로 물을 길러 갔던 세
용사의 "피를 마시기"를 거부했다.삼하 23:17 이는 만약 그가 우물물을
마셨다면, 세 용사가 목숨을 걸고 그에게 물을 길어다 주었다는 사실
에서 이득을 본 셈이 된다는 것을 확실히 암시한다. 하지만 '피'와 '언
약'이라는 단어를 나란히 언급하는 것은 그 주요 의미가 예레미야 31
장에서 말하는 언약의 갱신과 관련이 있음을 강력하게 암시하는데,
이 언약 갱신은 출애굽기 24장 3-8절에 나오는 원래 언약 의식과 관
련이 있다.

거기서는 희생제사를 드리고 피는 양푼에 담는다. 반은 제단에 뿌리고, 나머지 반은 "이는 여호와께서 이 모든 말씀에 대하여 너희와 세우신 언약의 피니라"라고 말하면서 백성에게 뿌린다. 여기서 '말씀'은 당연히 토라의 말씀을 가리킨다. 여기서도 더 자세히 살필 필요는 없을 듯하다. 핵심 의미는 확실해야 한다. 예수님은 공생애를 통해 마치 위대한 회복, 곧 신명기 30장 이후로 약속되고 수많은 예언과 시편에서 이런저런 방식으로 언급된 위대한 새 언약의 순간의 행위자가 되는 것이 자신의 소명이라고 믿으시는 것처럼 말씀하고 행동하셨다. 예수님이 자신의 생애가 충격적인 종말을 향해 가는 것을 보시면서 이 언약의 회복의 순간을 명쾌하게 말씀하실 것이라는 데 놀라서는 안 된다. 정말로 놀라운 것은, 그분이 그 회복의 순간을 자신의 죽음과 직접 결부하시고, 자신의 피를 출애굽기 24장에 나오는 희생제물의 피처럼 언급하신다는 점이다. (우리는 희생제물에 대한 이 언급에 동물들이 이스라엘 백성 대신 '형벌을 받고 있다'는 뜻이 없다는 점을 다시 한 번 지적한다. 따라서 예수님이 이 시점에서 '피'를 언급하신 것에도 그런 의미는 없다. 엉뚱한 데서 정답을 찾으려 해서는 안 된다. 그렇게 하면 잘못된 답이 되고 만다.)

여기까지는 역사적 근거가 확실하다. 예수님은 마지막 순간을 위해 유월절을 선택하셨다. 유월절은 늘 왕국의 때였는데 이번은 궁극적인 때, 악의 세력에 진정한 승리를 거두는 때가 될 것이었다. 예수님은 잔을 두고 하신 말씀을 통해 이 새로운 유월절, 의도된 새 출애굽을 진정한 '포로 귀환' 곧 궁극적 '죄 사함'을 가져올 언약의 갱신으로 해석하셨다. 둘은 같이 간다. 사람들을 죄와 그 죄의 영향력에서 해방하는 것은 승리를 얻는 수단을 뜻할 것이다. 하지만 이것은 우리를 이 연결고리의 마지막 질문으로 인도한다. 어떤 의미에서, 어떤 방법으로 예수님의 죽음은 '죄 사함'이라는 결과를 가져오는가?

그 답은 이스라엘 성경에 대한 예수님의 창의적 재해석에 달려 있(어야 한)다. 이 부분은 역사적 근거가 덜 확실하다. 우리는 초대교회가 예수님의 죽음을 "성경대로" 일어난 일로 해석했다는 것은 확실히 안다. 그러니 초기 제자들은 예수님의 죽음 이야기를 다시 들려줄 때 자신들이 성취되었다고 믿은 성경을 그대로 따라했을 것이다. 하지만 그렇다고 해서 우리에게 예수님의 의도를 따라갈 수 있는 흔적이 전혀 없다는 뜻은 아니다. 가능성이 높은 시나리오를 수렴하고 생성하는 방향이 있다.

우선, 우리가 앞서 살펴본 단락들이 있다. 이 단락들을 종합하면 알베르트 슈바이처가 '메시아의 비애'라고 요약한 사상의 흐름의 바탕이 된다. 주전 8세기 호세아 예언자에서부터 쿰란 문서에 이르는 문헌들은 최후의 구속이 고난의 시기를 통과하여 올 것이라는 신념을 증명해 준다. 우리가 보았듯이, 일부 문헌은 이 일이 소집단에 집중되리라고 상상했다. 이사야 52장 13절에서 53장 12절은 이 일이 한 개인, 곧 이스라엘이 스스로를 위해 하지 못할 일을 대신하고 그렇게 함으로써 이스라엘이 세상을 위해 부름받은 일을 세상을 위해 하게 될(49:6; 아마 52:13에 반영되었을) '종'에게 집중되리라고 꽤 구체적으로 진술했다. 맥락을 무시한 대리적 고난 개념(내가 제안하고 있듯이, 이교화된 개념)들의 폐해를 파악한 앞선 세대의 학자들은 예수님의 소명을 고려하는 내용에서 이사야 53장을 제거하려 했다. 하지만 나를 비롯한 많은 이들은 하나님나라의 도래, 여호와의 재림, 언약과 창조세계의 회복이라는 온전하고 적절한 맥락에서 볼 때 이 이사야 본문이 자신의 소명이 성취되는 방식에 대한 예수님의 이해에서 핵심이었다고 확신(하고 상당히 자세히 주장)했다. 예수님은 자기 백성보다 먼저 가셔서, 그들이 받을 고난을 친히 짊어지셨다.

다음 장에서 살펴보겠지만, 누가복음은 속죄 신학을 언급하지 않는다는 대중의 인상과 달리, 누가복음에서 특히 이 주제를 이끌어 낸다. 하지만 우리는 우리가 아는 한 예수 이전 유대 세계에서 전례가 없고, 이를 기록한 복음서 기자들 이외에는 초대교회가 더 이상 발전시키지도 않았던 여러 사건과 말씀을 통해 예수님에게까지 거슬러 올라갈 수 있다. 누가복음에 암탉과 새끼 이야기가 있다.^{눅 13:34} 예수님은 암탉이 새끼를 보호하듯이 날개 아래 모으고 싶어 하시지만, 사람들이 거부한다. 푸른 나무와 마른 나무 이야기도 있다.^{눅 23:31} 예수님은 로마의 분노가 유대 백성에게 떨어지게 될 원인인 폭동의 죄가 없는, 푸른 나무이시다. 하지만 그분 주변에는 온통 반란에 열을 올리는 젊은 선동가들 곧 큰불이 닥칠 마른 나무뿐이다. 이것은 바울 시대 이후의 교회가 예수님의 죽음의 의미에 대해 분별하거나 기술하거나 이론화한 방법이 아니다. 이런 암시들은 전례가 없고 이후의 발전이 없었는데도—혹은 그렇기 때문에—전통에 남아 있었던 듯하다.

그러고 나서 예수님이 잡히실 때 동산에서 사건이 발생한다. 예수님은 세 친구가 "시험에 들지 않도록" 깨어서 자신과 함께 기도하기 원하셨다.[눅 22:40] 여기서 우리는 슈바이처의 주제에 가까워진다. '시험' 또는 '시련'이 이스라엘에 닥치고 있었다. 극심한 고난의 시기가 해일처럼 밀어닥칠 것이다. 예수님은 제자들이 자신과 함께 고통받지 않도록 작정하셨다. 그런 일은 얼마든지 일어날 법했다. 혁명 지도자로 지목된 누군가와 가까운 이들은 21세기와 마찬가지로 1세기에도 수배와 처벌의 대상이었다. 그들이 자신을 잡으러 왔다면 다른 사람들은 놓아 주라는 예수님의 주장을 전한 요한에 따르면,[18:8] 왜인지 그 혼란스럽고 침울했던 끔찍한 밤에 '시련'이라는 주제가 기억되었다.

물론 회의론자들은 (그 어떤 역사 인물에 대한 동기를 복원할 때도 그렇듯이) 그런 복원에서 어떤 요소라도 트집을 잡을 수 있다. 하지만 우리가 예수님의 유월절 선택에서 비롯된 그림 한가운데서 확실한 증거를 제시하면, 이런 파편들은 예수님이 자신의 소명을 해석하신 일관성 있고 타당한 방식으로 보일 수 있다. 어쩌면 이 소명은 요한의 세례를 받고 하늘에서 음성이 들린 때까지 거슬러 올라가는데, 그 음성("이는 내 아들, 내 사랑하는 자다. 내가 그를 기뻐한다"[마 3:17])은 시편 2편 7절의 왕의 소명("너는 내 아들이라. 오늘 내가 너를 낳았도다")과 이사야 42장 1절의 '종'의 소명("내가 붙드는 나의 종, 내 마음에 기뻐하는 자 곧 내가 택한 사람을 보라")을 합친 것이다. 그조차 나중에 이 본문들을 해석하면서 부여한 개념으로 간주한다 하더라도, 그런 신념들의 씨앗이 이미 예수님의 말씀과 행동에 존재하지 않았다면 초대교회의 누군가가 이런 계통을 따라 생각하기 시작한 이유를 여전히 설명해야 한다.

이 모두의 배후에는 복음서가 묘사하는 예수님 초상의 한 가지 특징이 있는데, 사람들은 이 특징을 자주 지적하지만 이 구체적 논의에 자주 등장하지는 않는다. 만나는 사람마다, 가는 마을과 공동체마다 예수님이 주신 인상은 변함이 없었던 것 같다. 그분은 어디를 가든, 수상한 도덕적 배경 때문에 사회에서 소외당하는 사람들과 먹고 마시면서 하나님나라의 오심을 축하하셨다. 그분은 어디를 가든, 어두운 영의 세력에 사로잡혀 내면이 타락한 이들을 비롯하여 온갖 종류의 환자들을 고쳐 주셨다. (우리가 이를 어떻게 해석하기 원하든, 예수님이 귀신을 내쫓으셨다는 점은 확실하다. 그래야 우리는 그분이 어둠의 세력과 한 패라는 그분에 대한 고발들을 설명할 수 있다.예를 들어, 마 12:24 이는 확실히 초대교회가 꾸며낸 고발은 아니었다.) 또한 그분은 어디를 가든, **죄 사함**을 주셨다. 이제 우리는 죄 사함이 성전에 가서 개인적으로 얻는 것인 동시에, 언약 갱신이나 포로 귀환 같은 더 큰 복의 약칭이라는 것을 안다.

이 모두를 포함하여 훨씬 더 많은 부분에서, 예수님은 권력 있는 긍휼의 사람 혹은 긍휼이 많은 권력자로 다가오신다. 사복음서의 다양한 표현에도 불구하고, 이런 묘사는 놀랄 정도로 일관성이 있다. '사랑'이라는 단어는 현대 영어에서 심하게 남용되고 있어서 감상주의에 빠지기 쉬운데, 특히 예수님을 경건하게 묘사한 내용에서 그렇다. 하지만 예수님이 까다로운 정치 문제는 피하시고, 아이들이 가까이 오는 것을 막는 제자들과 누가 가장 크냐는 문제로 다투는 제자들을 꾸짖으시고, 아이들을 환대하고 안아 주고 복 주시며, 진실하지만 잘못 판단한 질문자와 대화하실 때 그를 주목하여 보고 사랑하시는 모습을 보여 주는 복잡한 장을 읽을 때면,막 10:16, 21 우리는 예수님에 대한 이런 묘사가 설득력 있다고 느낀다.

예수님이 야망이 가득 찬 제자들을 꾸짖으시고 나서 "인자는 섬김을 받으러 온 것이 아니다. 인자는 섬기는 자가 되러 왔고, 자기 목숨을 '많은 사람을 위한 몸값'으로 지불하러 왔다"라고 말씀하실 때 그 말씀의 의미는 이미 마가복음 10장과 복음서 전반에 걸친 서사에 드러난 의미다. 이것은 그것을 뒷받침할 수도 있고 그렇지 않을 수도 있는 역사적 시나리오에 덧붙여진 신학 원리가 아니었다. 예수님의 모든 행동과 말씀에서 핵심이었다. 요한이 예수님의 죽음으로 귀결되는 긴 단락의 서두에서 자기 백성을 늘 사랑하셨던 예수님이 그들을 "이제 끝까지 사랑하셨다"13:1라고 말할 때, 그는 자신의 주요 주제 중 한 가지를 요약하고 있다. 하지만 복음서의 묘사를 읽는 사람들은 아무도 이 요약이 우리가 사복음서 기사에서 본 예수님의 모습과 충돌한다고 느끼지 않는다. 오히려 이치에 맞는 진실처럼 느낀다. 다락방에서부터 겟세마네와 대제사장의 집, 빌라도의 법정, 끔찍한 골고다 언덕까지 휘몰아치듯 정신없이 이어지는 서사에 이런 묘사를 겹쳐 보아도 우리는 바울과 함께 "나를 사랑하여 나를 위해 자신을 내주신 하나님 아들"갈 2:20이라고, 혹은 요한과 함께 "예수께서는 세상에 있는 자기 백성을 항상 사랑하시되, 이제 끝까지 사랑하셨다"13:1라고 고백하게 된다.

그렇다면 이것이 우리가 예수님에 대해 발견하는 내용이다. 예수님은 하나님나라가 하늘에서와 같이 땅에서도 이루어지리라고 선언하신다. 이를 분명히 상징하는 것이 유월절이고, 예수님은 이스라엘의 하나님이 그들을 억압하던 어둠의 세력으로부터 드디어 그 백성을 구원하러 오신다는 상징과 언어로 말씀하시는 순간으로 유월절을 선택하신다. 이스라엘에 주둔한 군대는 이 어둠의 세력이 외형상으로 드러난 상징에 불과했다. 자신이 예레미야 31장 31절의 **새** 언약을 시작하고 있다는 예수님의 주장과 연관되어, 출애굽기 24장 8절에서처럼 '언약의 피'는 유월절 어린양의 피를 재해석한 듯하다. 하지만―이것이 극적인 승리라고는 보기 힘든, 점령 세력의 손에 예수님이 죽으심을 통해 일어난다는 분명한 사실에도 불구하고―이 새로운 유월절이 권세들의 패배로 여겨질 수 있는 이유는 예수님의 죽음이라는 똑같은 사건이 예레미야의 새 언약, 곧 죄가 용서받고 드디어 포로기가 끝나는 언약의 출발로 여겨질 것이었기 때문이다.

언약의 갱신은 소위 **대표 대리적**representative substitute 원리로 설명된다. 이스라엘의 전형인 '종'이 이스라엘과 온 세상, '많은 사람'의 운명을 스스로 떠안는다는 것이다. 이 원리 자체는 예수님이 나환자나 부정한 여인, 들것에 실린 시체를 만지실 때마다 인간으로서 반복해서 보여 주신 신실한 사랑이다. 그래서 예수님이 요한복음에서 또다시 "어느 누구도 친구를 위해 목숨을 내놓는 것보다 더 큰 사랑을 할 수 없다"15:13라고 말씀하실 때 이것이 새로운 말씀으로 들리지는 않는다. 오히려 지금까지 해 온 방식을 요약해 주는 말씀이다. 너무나 자주 시도되었던 것처럼, 예수님에 대한 추상적 서사에 속죄 이론들을 덧붙일 필요는 없다. 우리가 이미 가진 예수님의 실제 이야기들에서 속죄 이론들이 비롯되기 때문이다. 사복음서가 '속죄 신학'에서 충분히 활용되지 않았다는 점은 놀랍다.

예수님의 첫 제자들은 나중에 그 일들을 돌아보고 나서야 비로소 그 마지막 주에, 마지막 만찬과 십자가에서 무슨 일이 진행되고 있었는지 깨달았다. 특히, 그들은 유월절의 핵심 요소, 이사야 52장 7절의 하나님나라 선언("네 하나님이 통치하신다!")이라는 핵심 사실이 이스라엘 하나님의 인격적이고 영광스러운 임재요, 자신들이 알지도 못하는 사이에 바로 그것을 목격하고 있었다는 것을 나중에야 비로소 깨달았다. 요한이 이 점을 매우 명쾌하게 말하지만, 나머지 세 복음서 저자들과 바울도 자기 나름의 방식으로 이야기한다. 결국 그 끝을 하나로 묶어 주고 전체 사건에 그 유일한 의미를 부여해 주는 것이 이 요소다. 이 요소를 제거하면, 우리에게는 또다시 한 사람이 바퀴에 스스로를 내던져 결국 반대 방향으로 향하게 되는, 이교화한 교리만 남는다.

이것이 슈바이처의 이미지였다. 이것은 강력하고 그 나름의 요점이 있다. 하지만 단순한 인간에 불과한 예수님이 굉장히 크게 오해해서 이스라엘 하나님의 손을 움직이려 애쓴다고 너무 쉽게 제안하는 경향이 있다. 우리는 초기 그리스도인들이 이 지점에서 자신들이 하고 싶은 말을 할 수 있는 적절한 언어가 없었다고 의심할지도 모른다. 우리도 그 점에서는 적절한 언어가 없는 것이 확실하다. 하지만 우리

가 유월절과 새로운 출애굽에 대해 이야기하고 있다면, 이사야가 말
한 영광스러운 하나님의 임재의 회복에 따른 언약의 갱신과 죄 사함
에 대해 이야기하고 있다면, '여호와의 팔'을 이상하게 구현한 듯한 이
사야서의 '종'에 대해 이야기하고 있다면, 권력과 지혜와 긍휼의 놀라
우면서도 익숙한 조합으로 유명하신 어떤 분에 대해 이야기하고 있다
면 이 이야기를 요약하기 위해 바울을 다시 한 번 살피는 것이 이치에
맞는다. 슈바이처의 이미지에서처럼 이 요소를 제거하면, 모든 것이
무너져 또 다른 종류의 이교 신앙이 될 수 있다. 그것을 제자리에 놓
으면, "성금요일에 무슨 일이 벌어졌는가?"라는 질문에 대한 답은 간
단하다. 물론 그 답의 함의는 깊이를 알 수 없지만 말이다. "하나님께
서… 메시아 안에서 세상을 자기와 화해하게 하셨"다.고후 5:19

물론 해야 할 이야기는 더 많다. 그러면 이제 고난받는 하나님에
대해 이야기할 차례인가? 하나님이 자신을 십자가에서 버리셨다고
느끼셨음을 암시하는 예수님의 외침은 어떻게 되는가? 이런 부분들
은 나중에 다시 살필 것이다. 하지만 복음서 전반에서 받는 중요한 **역
사적** 인상은 이스라엘의 하나님이 **자신이** 하리라고 말씀하신 일을 하
고 있는 인간, 이스라엘의 하나님이 구약성경에서 면면히 자신이 되
리라고 말씀하셨던 존재를 구체화하고 성육신하신 인간에 대한 것이
다. 구름기둥과 불기둥이—매를 맞고 망가진 인간을 닮은, 이상하고
잊기 힘든 형태이긴 하지만—백성을 구원하려고 돌아왔기에 새로운
유월절이 일어났다. 자기 백성에 대한 하나님의 헌신을 상징하는 피,
하나님의 보호와 자기를 주는 사랑을 말해 주는 생명의 피 덕분에 언

약이 갱신되었다. 바울은 사도행전 20장 28절에서 "하나님께서 자신
의 피로 사신 하나님의 교회"에 대해 말한다. "여호와의 팔"이 "찔림은
우리의 허물 때문이요 그가 상함은 우리의 죄악 때문"^{사 53:5}이라서 죄
사함이 이루어졌다. 십자가는 이스라엘 하나님이 죽음으로 나타내신
영원한 사랑이 실제로 드러난 것일 뿐 아니라 그 암호화된 상징이 되
었다.

10.

구출 이야기

영국인들은 풍자 감각, 특히 자신들에게 적용하는 풍자 감각으로 유명하다. 자기를 비하하는 유머는 최소한 이론상으로는 영국인들에게 흔하다. 최근의 예로 〈WₗA〉라는 훌륭한 BBC 시트콤을 들 수 있겠다. WₗA는 BBC 본사의 우편번호다. 자신들이 조롱하고 있는 회사를 위해 일하는 사람들이 만든 풍자는 웃기면서도 시사하는 바가 크다. 이제는 유명해진 한 에피소드에서, 중년의 방송 간부가 어떤 프로그램에 대한 문제를 해결하려고 안간힘을 쓰고 있는데, 다른 젊은 일벌레 홍보 사원이 자신의 주장을 가지고 계속해서 이 간부에게 질문을 던진다. 이 간부는 사원에게 자신이 질문을 이해하지 못한다고 반복해서 설명하려 애쓰고, 이 사원은 자신의 제안이 모든 문제를 해결하고 그 프로그램을 성공시킬 것이라고 설명하려 애쓴다.

결국 참다못한 간부는 사원에게 분을 터뜨리고 만다. "자네는 내 말을 전혀 듣지 않는군!"

그러자 그 성격에 걸맞은 답이 돌아온다. "저는 똑똑히 듣고 있어요! 당신들이 엉뚱한 말을 해서 그렇지!"

나는 사람들이 속죄에 대한 관점을 세우고 예수님의 죽음의 의미를 이해하려는 과정에서 어떻게 사복음서를 꾸준히 무시했는지를 곰곰이 생각하던 순간이 떠올랐다. 이론과 기획들을 성금요일에 있었던 일을 얼마나 정확하게 이해하느냐로 대체하는, 그런 내용에 대한 교회 내 토론의 오랜 전통은 앞서 우리가 보았듯이 모든 사람이 지옥에 갈 죄인이라는 전제하에 기독교의 핵심이 천국에 가는 것이라고 가정하는 세계—특히 대중문화—에서 왔다. 어떻게 그 목표에 도달할 것이냐가 관건이다.

사복음서는 이 주제에 대해서는 말해 주는 바가 거의 없다. 아무도 "천국 가는 것"에 대해 이야기하지 않는다. 예수님이 말씀하신 '하늘나라'는 '천국'이라는 장소를 뜻하는 것이 아니라, '천국'의 통치 곧 **땅에서도** 이루어질 하나님의 다스림을 뜻한다. 복음서에서 "지옥 가는 것"에 대해 경고하는 사람도 거의 없다. 사복음서에 나오는 끔찍한 경고들은 대부분 임박한 이 세상의 재앙, 즉 예루살렘의 멸망과 그와 관련된 다른 사건들에 대한 것이다. 마태복음 10장 28절과 그 병행 구절인 누가복음 12장 4-5절에서처럼 그 수준을 넘어가는 이야기도 가끔씩 등장하지만, 이런 차원이 핵심이라기보다는 당연하게 여겨지는 듯하다. 예수님의 죽음으로 발전하는 과정 곧 복음서에서 때로 '확장된 서론이 붙은 수난 서사'로 묘사되는 사실을 자세히 묘사하고 있음에도, 네 저자는 자신들의 기사를 예상된 질문—이 죽음이 어떻게 죄인들의 죄를 사해 주고 그들이 천국에 가게 해 주느냐—에 대한 답변으로 발전시키는 데 딱히 관심이 없는 듯하다.

우리는 사복음서 저자들과, 십자가가 '죄'와 '지옥' 문제를 어떻게 해결해 주는지 매주 설명해 주는 현대의 설교자인 '복음 전도자들' 사이의 대화를 상상할 수 있다. 고대의 네 저자는 고개를 저으면서 자신들이 기록한 이야기를 다시 들려주려 애쓴다. 어떻게 예수님이 하늘에서와 같이 땅에서도 하나님나라를 시작하셨는지, 어떻게 그분의 십자가형이 그 성취에서 결정적이고 핵심적인 순간이었는지에 대해서 말이다. 현대의 복음 전도자들은 자신들의 이론과 도표, 편안한 예화들로 답한다. 고대 저자들은 결국 폭발하고 만다. "내 말을 전혀 듣지 않는군요!" (어쨌거나 "성경을 믿는 데" 헌신한) 현대의 설교자들은 "똑똑히 듣고 있어요. 당신들이 엉뚱한 말을 해서 그렇지!"라고 답한다.

물론 현대의 독자와 설교자들은 성경에 실제로 기록된 내용에도 불구하고 그것들이 '제대로 된 내용'을 말하게 하는 방식을 발명해 냈다. 우리는 문맥을 무시하더라도 우리 계획에 들어맞도록 여기서 한 절, 저기서 한 구절을 골라내는 데 능숙해졌다. 그래서 앞서 살펴본 대로, 마가복음 IO장 45절("인자는… 자기 목숨을 '많은 사람을 위한 몸값'으로 지불하러 왔다")은 이사야 53장을 적용하는 근거로 여겨지는데, **이는 내가 앞서 묘사한 문맥을 벗어난 방식으로 해석된 것이다.** 예수님이 십자가에서 마지막으로 하신 말씀인 요한복음 I9장 30절을 때로 "다 이루어졌다!"로 번역하기도 한다. 그러면 이 말씀은 예수님의 소명의 완성을 창세기 2장 2절의 창조의 완성과 나란히 놓는 요한의 주장을 뒷받침하는 표현보다는,요 17:4도 보라 계산을 끝냈다는 말이나 특정한 속죄 신학에 들어맞는 기술로 둔갑한다.

사람들은 마지막 만찬에서 예수님이 잔을 두고 하신 말씀을 덜 인용한다. 예수님이 '죄 사함을 위해' 피를 흘리셨다는 개념을 그 '보통' 이야기로 생각할 수 있음에도 말이다. 개신교나 복음주의 전통의 설교자들이 자신들의 의도보다 더 성례전적 의미에 끌릴까 봐, 마지막 만찬에 초점을 맞추기를 꺼려한 게 문제가 아닌가 한다.

어떤 경우든, 사람들이 현대 서구 교회에서 '십자가의 의미'를 설교하거나 가르칠 때는 사복음서 저자들이 들려주는 큰 이야기, 곧 하나님나라나 성전(을 무너뜨리겠다는 예수님 말씀도 포함하여), 본디오 빌라도, 예수님의 추종자들, 십자가 밑에서 조롱하는 군중 이야기 등을 진지하게 고려하는 일이 드물다. 이 책에서 내 목적은, 사복음서 저자들이 '엉뚱한 이야기를 하는' 것 같아서 그들과 대화하려는 사람들을 설득하여 잠시 입을 다물고 그들이 실제로 들려주는 이야기(들)에 귀를 기울이게 하는 것이다. 이 장은─그것이 책 한 권으로 가능하기라도 한 것처럼─모든 내용에 대해 철저한 기사를 제공하려 하지는 않겠지만, "첫 번째 성금요일에 정확히 무슨 일이 벌어졌는가?"라는 질문에 대해 사복음서가 답을 주는 과정에서 이 사복음서가 우리를 인도하는 방향과 관련하여 일부 실마리를 제공하려 한다.

물론 "정확히 무슨 일이 있었는가?"라는 질문은 모호하다. 어떤 면에서 그 답은 상대적으로 분명하다. 배신, 체포, 한밤중의 엿듣기, 로마의 부당한 처벌, 폭력, 채찍질, 눈물, 죽음, 매장. 하지만 그 기저에 있는 질문은 이것이다(거의 모든 서사에서처럼, 우리는 늘 '기저'라는 부분 곧 동기와 의미를 살피는 데 유의해야 한다). 즉 하나님과 세상과 관련하여 무슨 일이 벌어지고 있었는가? 이것은 예수님의 소망 곧 그분의 하나님나라 선언을 성취(하거나 실패)하는 데 무슨 의미가 있었는가? 어떻게 이 사건은 예수님의 사역을 완성하거나 망치는가? 예수님은 설교와 치유와 가르침을 몇 년 더 하고 싶으셨는데 예상치 못한 시간에 예상치 못한 장소에서 잡히신 것인가, 아니면 그분의 소명에 대한 인식에 이 끔찍한 결말이 어느 정도 자리 잡고 있었던 것인가? 어떤 답을 하든, 우리는 하나님의 의도와 성취에 대해 무엇을 말할 수 있는가?

"왜 예수님이 죽으셨는가?"라는 질문에 따른 동일한 이중 질문과 대답은 이것이다. 당신은 역사적 이유를 들 수 있다. 즉 예수님이 성전에서 하신 일 때문에 대제사장들이 분노했고, 로마인들은 그분을 반군 지도자로 의심했고, 바리새인들은 그분의 왕국관이 몇몇 지점에서 자신들의 견해와 충돌한다는 이유로 예수님을 미워했다. 혹은 또 다른 역사적 이유를 들자면, 예수님을 따르던 이들이 그분을 지켜주지 못해서 예수님이 죽으셨다고 할 수 있다. 사실은 그중 한 사람이 예수님을 당국에 고발했을 정도다. '왜'라는 질문은 역사적 차원에서조차 꽤나 복잡해질 수 있다. 하지만 우리는 신학적 차원에서도 '왜'라는 질문을 던질 수 있다. **하나님의** 이유는 무엇이었을까? 이미 사도행전에서 이상한 조합을 살펴본 바 있다. 하나님이 의도하셨지만, 너희(유대 지도자들)가 악하여 예수님을 이방인 손에 넘겨주어 계획을 실행에 옮겼다는 것이다.[2:23; 4:27-28] 여기서 핵심은 이것이다. '왜?'("어떻게 예수님의 죽음이 우리가 죄 사함을 받아 천국에 갈 수 있다는 뜻일 수 있는가?")라는 질문에 대한 '신학적' 답을 찾는 서구 교회는 대체로 역사적 대답, 사실상 역사적 질문들을 무시했다. 역사적 질문들은 상황과 무관한 세부사항으로 여겨졌다.

정말 그런가? 그 답은 확실히 '아니오'다. 신학적 답변을 찾기 원한다면 역사적 질문과 답변을 찾아야 한다. 거기서 답을 찾지 못한다면, 그것은 우리가 엉뚱한 질문에 대답을 찾고 있다는 뜻인지도 모른다. 복음서가 '엉뚱한 이야기를 하는' 것처럼 보인다면, 어쩌면 무엇이 '제대로 된 내용'인지에 대한 우리 생각을 조정해야 할지도 모른다.

이 점을 생생하게 보여 주는 주요 주제가 우리가 예수님의 소명에 대한 자신의 이해와 관련하여 이미 살펴본 관계 곧 하나님나라 선언과 십자가형의 관계다. 수많은 독서와 가르침, 설교, 학문 연구에서 그 관계를 모순으로 표현했다. 하나님나라 프로그램이라는 긍정적인 메시지와 시간에 이어서 부정적이고 재앙과 같은 십자가의 시간이 임했다는 것이다. 혹은, 십자가에 긍정적 가치를 부여한다면("예수님이 우리 죄를 위해 죽으셔서 우리가 천국에 갈 수 있다"), '하나님나라'라는 주제는 어떻게 되는 것인가? 하지만 사복음서 모두에서 두 주제는 확실히 같이 간다. 두 주제는 서로 설명해 준다. 하나님나라는 예수님의 사역 전반을 통해 오는데, 그분의 수치스러운 죽음으로 성취된다. 십자가는 '유대인의 왕'의 십자가다. 속죄 신학을 포함한 우리 전통이 불가분의 관계인 이 두 주제를 갈라놓았다.

● 복음서 저자들에게 귀 기울이기

특히, 사복음서는 예수님의 이야기를 **이스라엘의 하나님이 마침내**

돌아오시는 이야기로 들려준다. 과거에 너무 자주 무시된 이 주제는 최근 학자들의 연구 분석에서 1순위를 차지하게 되었다. 마가가 말라기 3장과 이사야 49장의 예언하는 사자들과 세례 요한을 나란히 놓으면서 복음서를 시작할 때, 그 핵심은 이 사자들이 단지 오실 메시아뿐 아니라 여호와를 위한 길을 준비하고 있다는 것이다. 요한이 창세기와 출애굽기를 떠올리게 하는 여러 표현으로 복음서를 시작할 때―말씀이 육신이 되어 하나님의 영광을 드러낸다는 14절과 그 아들을 통해 보이지 않는 아버지를 드러낸다는 18절에서 요한복음 서문은 절정에 이른다―그는 독자들이 예수님이 단지 시편 2편과 사무엘하 7장 등에 나오는 다윗 가문의 왕이라는 의미에서 '하나님의 아들'이지만은 않다는 것을 이해할 수 있는 장을 마련하고 있다. 요한복음의 예수님은 유일한 창조주 하나님이요 이스라엘의 언약의 하나님의 살아 계신 구현이다. 하나님의 '아들'의 메시아적 언어는 이를 표현하는 (아마도 예수님 자신에게로 돌아가는) 완벽한 도구로 인식된다. 마태복음에서 천사가 요셉에게 태어날 아이가 "임마누엘" 곧 "우리와 함께하시는 하나님"이 되리라고 말하고, 예수님이 자신을 따르는 이들에게 "너희와 항상 함께 있겠다"고 말씀하는 장면으로 마태복음이 끝날 때, 눈치 빠른 독자들은 이 점을 염두에 두고 전체 이야기를 읽어야 한다는 것을 안다. 누가의 탄생 이야기는 훨씬 더 분명해서, 마리아의 태에 있는 아이를 "거룩한 분" "하나님의 아들"이라고 말한다. 눅 1:35 누가복음이 절정을 향해 가면서 예수님의 예루살렘행은 확실히 이스라엘의 하나님이 "그 백성을 찾아오신 때", 19:44 곧 심판과 구원을 위해

친히 오시는 때로 여겨진다. 이 그림을 완성하려면 해야 할 이야기가
훨씬 더 많지만, 이 책의 목적을 위해서는 이 정도로 충분할 듯하다.

　　그렇다면 우리는 사복음서가 모두 예수님의 이야기를 그분의 긍
휼과 사랑을 반복해서 부각하는 방식으로 들려준다는 데 놀라지 말아
야 한다. 우리는 이미 그분의 긍휼과 사랑이 두드러진 특징이라는 점
은 확인했다. 제2성전기 유대 세계에서 예언자나 메시아가 되려는 인
물이 반드시 그럴 필요는 없었다. 우리는 요세푸스의 저술에서 잠시
만나는 메시아가 되려는 이들을 포함한 지도자들이나, 예수님의 공생
애 이후로 거의 100년 뒤에 실패한 최후의 혁명을 이끈 시몬 바코흐
바에 대해서 잘 알지 못한다. 하지만 그들에게서 우리가 예수님의 이
야기에서 발견할 수 있는 성품 같은 인상은 받지 않는다. 그 점에서는,
세례 요한도 "[마음이] 오만하지 않고 겸손하다"거나 그를 따르는 이
들에게 "[그들이] 간절히 필요로 하는 쉼을" 준다고 그려지지는 않는
다.^{마 11:29}

　　예수님을 낭만적이거나 감상적으로 그리는 오랜 전통이 우리를
실망시키는 것은 이런 부분이다. '유순하고 온유한 예수님'이라는 감
상적인 그림과 그런 그림이 불러일으키는 반발—때로 바리새인들에
게 엄격하게 경고하시는 예수님의 모습을 강조하는—에 너무 익숙해
진 나머지, 고대의 전통을 긍정하는 것과 현재의 오용을 비판하는 것
사이에서 위험한 선을 밟고 있는 공인쇼ㅅ이 동시에 모든 종류의 사람,
특히 고통 가운데 있는 사람들을 세심하게 보살피는 것으로 유명하다
는 것이 얼마나 이상한지 알아차리지 못했다. 여기서 이 점을 강조하

는 이유는, 단순히 그것이 중요하지만 쉽게 간과되는 복음서의 특징이기 때문이 아니라, 사복음서 저자 모두에게 이것이 예수님의 죽음이라는 그림을 의도적이고도 명쾌하게 그려 주기 때문이다. 그 그림은 무방비 상태의 죄 없는 아들을 맹비난하는 성난 아버지의 관점이 아니라, 죽음에 이르기까지 **하나님의 사랑을 몸소 표현함으로써 그 사랑을 구현하는** 누군가의 관점이다.

성경 인용 한두 절이나 암시, 특이한 저자의 '여담'으로 끼어든 것이 아니라, 이야기에 엮여 들어가 있는 이런 특징에 좀 더 관심을 기울였다면, 소위 '속죄' 신학의 충격적이고 비성경적인 일부 특징—과 때로 그에 동반된 사회적·문화적 파생물—을 피할 수 있었을지도 모른다. 앞서 보았듯이, 요한은 예수님의 죽음에 이르는 일련의 사건들을 기술하기 시작하면서 이것이 예수님의 끊임없는 사랑의 완성이라고 강조한다.[13:1] 하지만 이것이 유일한 사건은 아니다. 요한이 보기에는, 예수님이 온갖 종류의 인생을 바꾸시는 일련의 사건들에 암시되어 있었던 것이 두드러지게 나타난 것뿐이다. '선한 목자' 같은 성경의 이미지도 동일한 내용을 주장한다.

사복음서에 나타난 예수님의 초상에서 균형을 이루는 요소는, 예수님과 그분의 메시지와 성취에 대한 끊임없는 적대감이다. 나는 다른 곳에서 (예수님 이야기를 아무 역사적 맥락 없이 홀로 세우기 원하는 현대 사상의 우려되는 일부 경향에 반대하면서) 모든 사복음서 정경이 예수님의 이야기를 예언 전통[막 1장; 눅 1-2장]과 아브라함,[마 1장] 아담,[눅 3장] 천지 창조[요 1장]까지 거슬러 올라가는 이스라엘의 더 큰 이야기와 세심하게 연결 짓는다고 주장했다. 하지만 그렇다고 해서 일부에서 터무니없이 상상하듯이, 복음서 저자들이 단순히 이스라엘 이야기를 일종의 '점진적 계시' 곧 매끄러운 크레셴도나 꾸준한 발전으로 이어져 마지막에 예수님이 궁극적 성취로 나타나시는 것으로 그리고 있다는 뜻은 아니다. 사람들은 이스라엘의 이야기를 절대로 그렇게 보지 않았다. 예를 들어, 시편 105편(과 어두운 측면을 확실히 드러내는 시편 106편을 동시에 수반하는 어느 경우에서든)처럼 철저히 긍정적으로 다시 들려주는 경우조차도 말이다. 선택 받은 백성의 이야기가 쭉 잘 이어지다가 때로 어둠과 비극에 휩싸이는 것이야말로 악의 긴 이야기다.

악은 이스라엘 성경에서 수많은 형태로 등장한다. 악은 홍수 전후 세대의 악한 모습과 바벨의 교만에서 생생하게 드러난다. 하지만 아브라함의 부르심 이후로는, '악'이 아브라함의 가족 밖에만 존재한다는 인상을 받지 않는다. 아브라함조차 그의 모든 후손처럼 결함이 많다. 그중에서도 특히 야곱이 받은 "이스라엘"이라는 새 이름은 이후로 그 가문의 호칭으로 자리 잡는다. 모세의 공생애는 계획된 살인으로 시작된다. 여호수아서와 사사기는 새로운 나라의 명성을 세워 주지 않는다. 다윗, 솔로몬, 히스기야, 요시야 같은 위대한 왕들에게조차 심각하고 파괴적인 약점이 있다. 예언자들로 말할 것 같으면, 여호와의 진정한 말씀에 귀 기울이고 그 말씀을 전하기 원한 예언자들에게도 사람들 특히 통치자들이 듣기 원하는 말을 해 줄 사람이 수백 명은 될 듯하다. 앞에서 보았듯이, 유배 자체가 이스라엘과 그 결과의 궁극적 실패를 암시한다. '악'은 금세 잊힐 사소한 사건이나, 또는 한쪽으로 밀어 두거나 다른 나라들을 탓할 수 있는 문제가 아니다. 악은 보편적이다. 이스라엘 성경에 따르면, 악은 다른 어디만큼이나 이스라엘에 그 증거가 만연하다.

사복음서는 이 동일한 질병이 한 지점으로 수렴되는 것을 본다. 마태복음 시작 부분에는 아기 예수님을 죽이려는 헤롯의 계획과 애굽으로의 피신이 등장한다. 마가복음에서는 바리새인들과 헤롯 왕 지지자들이 처음부터 예수님께 반대하여 음모를 꾸민다. 누가복음에서는 예수님의 고향인 나사렛 사람들이 그분을 절벽으로 떨어뜨리려 한다. 요한복음의 예수님은 2장의 성전 사건과 5장의 안식일 치유 사건 같은 초기에서부터 요주의 인물이다. 먹구름이 끼기 전, 예수님의 행복한 초기 사역에 대한 19세기 환상에 상응하는 '갈릴리의 봄' 같은 것은 없다. 처음부터 줄곧 먹구름뿐이었다. 이 모두가 복음서가 답을 주는 '왜'의 일부다. 예수님의 하나님나라 선언은 동료 유대인들이 고대하던 것과는 전혀 달랐다. (불안한) 통치 계층은 그분의 출생부터 위협으로 느꼈다. 거룩한 장소(성전), 거룩한 법(토라), 거룩한 날(안식일)과 관련된 예수님의 행동은 그분과 관련되었다는 이유만으로 위험하고 체제 전복적으로 여겨졌다. 통치자들과 당국만 예수님께 반대한 것은 아니었다. 초기부터, 고대 전통을 자신들이 오래 기다려 온 새 시대에 대한 소망으로 엄격하게 적용하려 하는 포퓰리스트 압력 집단인 바리새인들도 예수님의 하나님나라 선언에 반대했다. 그다지 놀랄 일도 아니다.

　　여기서 한 가지 비유가 도움이 될 듯하다. 우리 스코틀랜드 사람들은 독립을 주장하는 정치인들을 익히 알고 있다. 당신이 그렇게 독립을 주장하는 정당에 소속해 있다고 가정해 보자. 그런데 자기만의 독립 운동을 시작하겠다는 다른 정당이 나타났다. 그들은 전통 의상(킬트)이나 국가를 대표하는 상징적 음식(해기스와 위스키), 국가의 악기(백파이프)를 전혀 중요시하지 않는다. 그런 새 정당이 전폭적 지지를 얻기 시작했다고 생각해 보자. 당신은 질투와 의분("도대체 자기들이 뭐라고 생각하는 거야?")을 느끼지 않겠는가. 예수님이 이런 경우였다. 그분은 하나님나라에 대해 말씀하면서도, 유대인을 하나님의 백성으로 표시하는 모든 것을 무시하는 듯했다! 나사렛을 비롯한 여러 마을 회당에 모인 사람들의 반응에서처럼, 우리는 이 배후에서 이 새로운 하나님나라 가르침에 대한 일관된 반대와, 평화와 화해, 반대쪽 뺨 대기, 십 리를 동행하기 등에 대한 예수님의 가르침에 넘어가지 않겠다는 결심을 감지할 수 있다. 이런 가르침은 그들의 바람이나 기대에 어긋났다. 예수님이 예루살렘이 평화의 길을 거부했기 때문에 그들에게 닥칠 일들을 경고하셨을 때눅 19:42 그분이 제안하신 하나님 백성이 되는 새로운 길에 대한 완강한 적대감이 최고조에 도달한 것을 알 수 있다. 실제로 모든 사복음서 저자들이 자신들의 서사에 어떤 구호를 덧붙이거나 성경 구절을 인용하는 정도가 아니라, 서사의 핵심으로 주장하는 요점이 그것이다. 이렇게 악이 세력을 결집하고 최고조에 달하여서 때가 되었을 때, 예수님의 죽음이 급증하는 악의 세력과 (말하자면) 단순히 신학적으로만이 아니라 인과관계로 연결되었다.

이 모두는 특히 우리가 보이지 않(지만 때로 큰 소리를 내)는 악의 세력과 예수님의 오랜 싸움으로만 묘사할 수 있는 것에 집중되어 있다. 초기 그리스도인들이 귀신을 내쫓거나 자신들이 싸우는 문제를 언급하는 경우가 사도행전의 한두 사건을 제외하고는 대부분 마태복음, 마가복음, 누가복음에 나온다는 점이 두드러진다. 따라서 예수님이 맞닥뜨린 적대 세력이 그들이 사로잡은 운 없는 사람들을 타락시키고 망하게 한 것도 아니었다. 이 존재들은 예수님을 헐뜯고 그분과 그 나라의 사명을 중대한 위험에 빠뜨리는 일에 몰두한 것 같다. 그중 하나는 이렇게 말한다. "나는 당신이 누구인지 아오. 당신은 하나님의 거룩하신 분이시지!"막 1:24 복음서 저자들이 이런 반대에 맞닥뜨린 예수님을 묘사한 내용을 보면, 세상의 온갖 다양한 악이 접근하는 것을 알 수 있다. 예수님은 번번이 악령을 내몰고 악령으로 고통받는 사람을 고치시는데, 그래서 복음서 저자들은 악이 목숨을 노리고 다가올 때 예수님이 최후의 큰 구원 행위를 하시리라고 말하고 있다. 그 구원을 통해 마침내 그분의 진정한 정체성이 드러날 것이다. 이 '축사逐邪'는 보이지 않고 모호하지만 매우 센 유사 인격, 악의 세력의 강력한 구속에서 이스라엘뿐 아니라 온 세상을 영원히 해방할 것이다. **다시 말해, 이것이 복음서 저자들이 예수님이 악의 세력에 대해 독특한 승리를 거두셨다고 설명하는 방식인데, 서사에 승리라는 개념을 덧붙이지 않고 서사에서부터 그 개념이 드러나 절정에 다다르게 한 것이다.**

사복음서가 하나님나라가 시작되는 이야기뿐 아니라 악이 최고조에 달해서 메시아에게 망하게 되는 이야기를 들려주고 있다는 것을 일단 인식하면, 우리는 이것이 사복음서(와 바울서신)에서만이 아니라 사도행전에서도 드러나는 것을 깨닫는다. 사도행전 4장에서 베드로와 요한은 다리를 저는 사람을 고쳐 주고 예수님을 전했다는 이유로 대제사장과 장로들 앞에 끌려온다. 관리들은 사도들에게 훈시하고 더 이상 예수님의 이름으로 말하지 말라고 경고한다. 물론 이 경고는 베드로와 요한에게 아무 영향을 주지 못한다. 이들은 자기 사람들에게 돌아와서 있었던 일을 보고하고, 모두가 함께 시편 2편으로 기도한다.

> 어찌하여 민족들이 격분하며,
> 어찌하여 백성들이 헛된 생각을 하는가?
> 땅의 왕들이 들고일어나고
> 통치자들이 함께 모여
> 주님을 대적하고, 그분의 기름 부은 받은 메시아를 대적했다.4:25-26, 시
> 2:1-2 인용

이 시편은 계속해서 하나님이 그분의 메시아를 세우셨다고 선언하는데 그 메시아가 세상을 심판하고 모든 통치자에게 책임을 물으실 것이다. 이 단락은 유명해서 그 시기의 다양한 유대 전통에서 자주 설명하던 것이다. 이 대목에서는 이 시편 전체를 염두에 둔 것이 틀림없다. 여기서 그것은 특별한 의미를 얻었다. 시편이 예언했듯이, 헤롯과

빌라도의 형상을 한 악이 함께 모였고, 하나님은 그에 맞서 온 세상에 정의를 가져올 진정한 왕을 세우셨다. 이 일은 특히, 예수님의 강력한 이름으로 나타나는 희한한 치유 사역을 통해 일어날 것이다.

> 그러니 이제, 주여, 그들의 위협을 지켜보시고 주의 종들인 우리가 주의 말씀을 아주 담대히 말하게 해 주십시오. 주께서 치유의 손을 뻗어 주의 거룩한 자녀 예수의 이름을 통해 표적과 놀라운 일이 일어나게 해 주십시오.4:29-30

마태복음 4장과 누가복음 4장의 시험 서사에서 사탄이 하는 도전과 주장과, 십자가에서 예수님을 조롱하는 내용("네가 하나님의 아들이거든…")마 27:40; 4:3, 6; 눅 4:3, 9 사이의 두드러진 유사성에서 그와 동일한 요점—악이 함께 모이고 쓰러진다—이 확실히 드러난다. 십자가 처형 장면에서 우리는 앞서 예수님의 머릿속에서 속삭이던 음성이 이제 대제사장들과 다른 구경꾼들의 조롱으로 바뀌는 것을 확실히 들을 수밖에 없다. 예수님은 먼저 '강한 자'를 이겨야 그 집을 강탈할 수 있다고 말씀하셨다. 사탄과의 전쟁에서 먼저 승리해야 이후 예수님의 공생애에서 귀신을 내쫓을 수 있다고 말씀하시는 듯하다.마 12:29 이제 전쟁이 다시 시작되어 위기에 이르렀다. 그분은 자신을 잡으러 온 병사들에게 "마침내 너희의 때가 왔고, 어둠의 권세도 왔다"라고 말씀하신다.눅 22:53

이와 직결된 것이 세상 모든 나라에 대한 권세를 손에 넣으라는 사탄의 주장이다. 이 주장은 마태복음 4장 9절에는 암시적으로, 누가복음 4장 6절에는 명시적으로 나오고, 예수님이 하늘과 땅의 모든 권세가 자신에게 있다고 주장하는 마태복음 28장 18절에서는 확실히 반전된다. **무슨 일이 벌어졌기에 사탄이 권좌에서 물러나고 그 자리에 예수님이 앉으셨는가.** 복음서 저자들은 자신들이 바로 그 일의 전개 과정을 들려주고 있다고 생각한다.

흥미롭게도, 요한복음에는 귀신을 쫓아내는 이야기가 없다. 세례 받으신 사건(성령이 예수님께 내려오셨다는 세례 요한의 말만 언급한다)이나 마지막 만찬(제자들의 발을 씻기신 사건은 강조하지만, 떡이나 포도주는 언급하지 않는다)처럼 예수님의 생애에서 유명한 다른 이야기들도 언급하지 않는다. 하지만 많은 주석가가 세례와 마지막 만찬의 의미가 요한복음 전체에 스며 있다고 보듯이, 우리도 예수님이 귀신을 내쫓으신 사건의 의미가 요한복음 서사 전반에 스며 있으며, 예수님이 십자가로 가시는 동안 새롭고 구체적인 초점으로 다가온다고 보는 편이 옳다. 12장에서부터 19장까지 그 점은 더 분명해진다. '이 세상의 통치자'(눅 4:6의 사탄을 떠올리게 하는 존재)는 쫓겨나고, 모든 민족이 예수님께 나아올 것이다.12:31-32 하지만 이야기가 전개되면서, '이 세상의 통치자'는 우리 상상보다 더욱 복잡한 인물임이 매우 분명해진다. 다락방을 떠날 채비를 하시는 예수님은 '이 세상의 통치자'가 자신을 잡으러 온다는 것을 아신다.14:30 사탄이 유다의 마음에 들어와 13:2 그를 뛰어난 '고발자'로 만든다. 유다의 행동을 통해 인류 역사 전체에서 경악을 유발하는 큰 고발이 예수님께 제기된다. 그 결과, 제국 세력이 예수님의 반대편에 서고 18-19장의 마지막 결전에까지 이를 것이다. 이것이 요한이 들려주는 이야기의 내부 역학의 일부다.

그런 다음, 예수님은 자신이 보낼 성령이 오셔서 그들로 하여금 맞닥뜨릴 억압에서 견딜 뿐 아니라, 세상에 책임을 묻게 할 것이라고 제자들을 안심시키신다.16:8-11 하지만 소위 예수님의 고별 담화13-17장 에는 임박한 대결과 그 대결의 의미로 가득하다. (앞 장에서 한 주장에 서처럼) 예수님이 제자들에게 식사의 형태로 임박한 죽음에 대한 자신의 해석을 주셨듯이, 요한도 그 마지막 식사에서 예수님이 하신 담화의 형태로 자기 나름의 해석을 준다. 드디어 군병들이 들이닥치고 예수님이 대제사장의 집과 본디오 빌라도에게 끌려갈 때 요한의 독자들은 이 모든 일의 의미를 최소한 대략적으로는 이미 안다.

이것은 1세기 바울이나 교회 전통의 후대 신학자들을 읽는 것처럼 단순히 다른 데서 지어낸 추상적 계획으로 그 의미가 정해지는 죽음에 대한 '서사 배경'이 아니다. 요한에게는 이 이야기 자체가 그 '의미'다. 왜냐하면 선한 세상의 창조 이야기와 어둠이 빛을 이길 수 없다는 이야기로 시작된 책의 절정에 자리한 예수님의 죽음에서 가장 중요한 점은, 드디어 여기서 그분이 본디오 빌라도의 형상을 한 '이 세상의 통치자'와 맞서고 계시다는 것이기 때문이다. 빛은 어둠 속에서도 빛나고, 어둠은 빛을 끌 수 없다. 마치 그렇게 해냈다는 듯이, 잠시 동안은 위세가 등등하겠지만 말이다. 요한복음의 서사가 전개되고 온갖 종류의 나머지 부분이 짜여 들어가면서, 독자들은 예수님의 죽음을 그분이 12장에서 예측한 승리의 관점과 요한이 13장 앞부분에서 강

조한 사랑의 관점에서 이해하도록 초대를 받는다. "어느 누구도 친구
를 위해 목숨을 내놓는 것보다 더 큰 사랑을 할 수 없다."15:13 그리고
요한이 수많은 다양한 서사 단서에서 암시했듯이, 이것이 바로 예수
님이 하고 계신 일이다. 승리와 사랑은 둘 다 이야기 자체에서 나온다.
이것이 곧 십자가에 대한 요한의 해석이다.

　　물론 사복음서 모두 유월절에서 이야기의 절정에 도달한다. 나
는 예수님이 해야 할 일을 하시기 위한 적절하고 의미 있는 때로 친히
유월절을 고르신 과정을 이미 살펴보았다. 예수님을 유월절 어린양으
로 묘사한 요한은 그 상관관계를 가장 분명히 보여 준다.1:29, 36; 19:36 하
지만 여기서 우리는 승리의 유월절이 죄를 해결하는 유월절로 바뀌는
것을 보는데, 어린양이 "세상 죄를 지고 가는 분"이기 때문이다.1:29 천
사가 아기의 이름을 "예수"('여호와가 구원하신다')라고 지으라 하면서
"그분은 자기 백성을 그들의 죄에서 구원하실 분이기 때문이다"라고
설명하는 마태복음 1장 21절의 도입부에서처럼, 여기서 '드디어 여호
와가 돌아오신다'는 주제와 늘 연결된 '마침내 포로에서 해방된다'는
주제는 진정한 유월절이라는 더 큰 주제 안에 위치한다. 예수님이 몸
소 한데 모으신 이 주제들의 결합을 따라서, 복음서 저자들은 예수님
이 죄를 거두어 가심으로 악의 세력에 대승을 거두는 모습을 각기 다
양한 방식으로 목격했다.

　　이 동일한 결합—곧 죄와 유배를 극복하고 거둔 어둠의 세력에
대한 큰 승리—이 복음서에서 예수님을 '인자'로 자주 암시하는 것의
핵심이다. 이 책에서는 그 동안 수많은 논의를 거친 '인자'라는 표현을

자세히 해설하지는 않을 것이다. 이 표현은 매우 명시적으로, 때로는 암시적으로 다니엘 7장의 시나리오를 떠올리게 한다. 거기에는 짐승 넷이 등장하는데, 넷째 짐승에게서 '작은 뿔'이 나온다. 그 뿔 때문에 장면이 바뀌어 거룩한 왕좌가 등장하고 거기서 심판을 베푸는데, '인 자 같은 이'가 옛적부터 항상 계신 이 앞으로 인도되어 그 곁에서 심 판하신다. 이 인물에게 "권세와 영광과 나라를 주고 모든 백성과 나라들과 다른 언어를 말하는 모든 자들이 그를 섬기게 하였"다.7:14 뿔 소 리가 잦아들고 짐승들이 정죄를 받고, 인간의 형상을 통해 행사된 하 나님나라가 드디어 시작된다.

요세푸스는 I세기에 이스라엘 성경의 한 신탁이 유대인들을 로 마에 대한 전쟁으로 몰고 갔다고 말하는데, 그가 다니엘서를 염두에 둔 것이 분명해 보인다. 다니엘 2장에는 '돌'이 신상을 무너뜨리고 태 산을 이룬다는 메시아 예언이 나온다. 다니엘 9장에는 포로기가 연 장되고 그 후에 "기름 부음을 받은 자가 끊어져 없어질 것"이지만26절 "허물이 그치며 죄가 끝나며 죄악이 용서되"리라는24절 예언이 나온 다. 이런 내용을 다니엘 7장과 합쳐 보면, 그 그림은 확실히 사복음서 저자들이 제공하는 그림과 같다. 예수님은 진정한 메시아이시고, 그 분의 통치가 세상 권력의 통치를 무너뜨릴 것이다. 다시 말해, 이 그림 은 신화적 은유라는 선정적인 색채로 보이지만, 새로운 유월절이 될 것이다. 하지만 이 그림은 죄를 끝냄으로써 이를 성취할 것이다. 앞서 자주 보았듯이, 이 죄의 종식은 포로기의 종말과 여호와의 다시 오심 을 의미한다.

사복음서 기자들이 예수님의 죽음의 의미를 자신들이 이야기하는 서사 곧 예수님의 하나님나라 선언에서부터 '유대인의 왕'이라는 명패가 붙은 그분의 십자가형까지의 큰 그림에서 찾는다는 점은 이미 여러 차례 확실히 이야기했다. 그들은 모두 다양한 방식으로 이 하나님나라와 십자가의 결합을 강조하고 있다. 누가는 당시 사람들이 기대하거나 반드시 원한 형태는 아니었지만 하나님이 예수님을 통해 이스라엘을 해방하셨다고 이런저런 방식으로 여러 차례 말한다. 나는 하나님나라를 불러오는 승리의 십자가라는 이 전반적 주제 내에 2차적이지만 중요한 '죄 사함'이라는 중요한 주제가 자리 잡은 것을 볼 수 있다고 제안했다. 죄 사함은 예수님이 몸소 주기적으로 강조하신 부분으로, 당연한 이유로 논란을 초래했다.

● 대표 대리

이제 내가 제안하고 싶은 것은, 이 큰 그림 안에서 복음서 저자들이 이 '죄 사함' 곧 '포로 귀환'이 **어떻게** 이루어지는지도 설명했다는 점이다. 한 사람이 많은 사람을 대신하여 죄 사함이 이루어진다. 예수님이 죄 없이 죽으시고, 몸소 전체 유대인을 대신하여 형벌을 받으셔서 죄 사함이 이루어진다. 처음부터 예수님이 하나님나라의 성격을 철저한 자기 희생과 자기 부인과 연관 지어 재정의하셨기에 죄 사함이 이루어진다. (그리고 그것은 단순히 윤리적 요구가 아니라 실상은 개인의 소명인 것처럼 보인다.) 예수님이 공생애를 통해 힘을 재정의하셨고 그분의 끔찍한 죽음이 그 재정의를 궁극적으로 보여 주었기 때문에 죄 사함이 이루어진다. 이 네 문장은 요한복음, 누가복음, 마태복음, 마가복음 일부를 요약한 것인데, 우리는 각각을 좀 더 자세히 살펴봐야 한다. (물론 각 문장에 최소한 한 장 전체를 할애할 수도 있지만, 이 책의 목표는 모든 세부 사항을 밝히는 것이 아니라 개요를 제시하는 것이다.)

요한복음에서, 비록 자신에게는 정치적 술책에 불과했겠지만, 대제사장 가야바가 진리를 밝힌다. "민족 전체가 없어지느니, 차라리 한 사람이 백성을 위해 죽게 하시오."11:50 요한은 그 해의 대제사장인 가야바가 영감을 받아 예언을 했다고 설명한다. 자기 스스로는 그렇게 생각하지 않았겠지만 말이다. 요한에 따르면, 이는 "이 말은 예수께서 그 민족을 위해 돌아가실 것이라는 뜻이었다. 또 그 민족뿐 아니라 흩어진 하나님의 자녀들을 한데 모으기 위해서 돌아가실 것"11:51-52 이라는 뜻이었다.

이것은 12장의 또 다른 관점에서 표현된 진리를 암시한다. 그리스인 몇이 예수님 뵙기를 청하니 예수님이 "내가 땅에서 들릴 때, 모든 백성을 내게로 이끌 것이다"12:32라고 말씀하신다. '이 세상의 통치자'가 '쫓겨나면' 그의 통치에 사로잡혀 있던 이들이 자유를 얻을 것이다. 이런 사고의 흐름은 이스라엘 성경에 뿌리박고 있는, 하나님이 이스라엘을 위해 드디어 하신 일이 전 세계에 영향을 미칠 것이라는 가정하에 이치에 맞는다. 이것은 이방인 선교에 대한 심오한 신학적 근거다. 그전까지는 이방인 선교가 불가능했지만, 어둠의 세력이 패배

한 지금은 가능성이 열리게 된다. 그 종은 이 나라를 위해 죽을 것이
지만, 그렇게 함으로써 본래 이스라엘이 부름을 받았지만 할 수 없었
던 일을 온 세상을 위해 할 것이다. 열방을 오랜 속박에서 해방시켜
하나님의 한 백성에 동참할 수 있게 할 것이다. 요한일서에서도 동일
한 사고의 흐름이 포착된다. "의로우신 분, 메시아 예수… 그분은 우
리의 죄를 속죄하시는, 우리의 죄뿐 아니라 온 세상의 죄까지도 속죄
하시는 희생 제물이십니다."2:1-2 이런 사고는 바울의 글 배후에 면면
히 흐르고 있다.

　　요한서신에서 요한복음으로 돌아가면, 다양한 대목에서 예수님
이 다른 사람들의 운명을 짊어지셨다는 암시와 표시가 있다. 요한은
이 개인적 교환을 예수님이 '이 세상의 통치자'를 이기신 더 큰 서사
에 엮어 냈다. 그래서 8장 초반에서 군중은 간음한 여자를 돌로 칠 준
비가 되어 있지만, 8장 마지막에 가서는 예수님을 돌로 치려 한다. 군
대가 예수님을 체포하자 그분은 함께 있던 사람들은 보내 달라고 말
씀하신다(18:8; 요한은 예수님이 아버지가 주신 사람은 아무도 잃어버리
지 않겠다고 하신 17:12 말씀을 참고하여 이를 설명한다). 그리고 이 모
두는 두드러진 성경의 이미지로 표현된 큰 주제 아래서 벌어진다.

　　모세가 광야에서 뱀을 들었던 것처럼 인자도 똑같이 들려야 할 것이
　　니, 이는 그를 믿는 모든 사람이 하나님의 새 시대의 생명에 참여하게
　　하려는 것이다.3:14-15

이 말씀은 이스라엘 백성이 모세에게 계속해서 불평하다가 불뱀에 목숨을 잃고 있었던 민수기 21장 4-9절을 언급한 것이다. 하나님은 모세에게 놋뱀을 만들어서 장대 위에 매달라고 명령하신다. 뱀에 물린 사람은 누구나 그것을 보면 살 수 있었다. 따라서 놋뱀은 문제와 그 문제에 대한 하나님의 해결책을 동시에 상징하게 되었다. 이 오랜 이야기와 요한복음에서 예수님이 이 이야기를 암시하는 방식을 둘러싼 가정과 신화적 울림 등은 우리의 관심사가 아니다. 중요한 것은, 여기서도 근본적인 문제가 해결되고 있는 것을 보아야 한다는 것이다. 인류 전반을 괴롭힌 죄와 죽음은 예수님이 십자가로 가시는 길의 어느 한 지점으로 모아질 것이다. 그래서 모든 사람이 그 사건을 바라보고 뱀에 물린 **자신들의** 상처, 자신들의 죄와 죽음이 해결된 것을 깨닫도록 말이다. 이는 전체 이야기의 의미를 담은 요한의 유명한 진술과 직결된다. "하나님께서 세상을 얼마나 사랑하셨는지, 자신의 하나뿐인 각별한 아들을 주셔서 그를 믿는 사람은 누구나 멸망하지 않고 하나님의 새 시대의 생명에 참여하게 하실 정도였다."3:16 그러므로 요한에게 더 큰 승리는 한 사람이 많은 사람을 대신해 죽는, 친밀하고 인격적인 교환 수단으로 성취된다.

누가복음은 하나님나라라는 **목표**가 실현되는 **수단**을 이와 비슷하게 설명해 주는, 몇몇 선명한 개인적 장면에서 이를 표현한다. 예수님은 누가복음 독자들이 알기에는 그분이 짓지도 않은 죄로 잡혀 왔지만, 그것이 당시 많은 혁명 집단의 특징이다.23:2 따라서 예수님은 **이스라엘 전체의 반역을 대신하여**, 강도와 혁명가의 죽음을 죽으실 것이다. 누가가 바라바와 예수님을 '교환'한 내용을 다소 장황하게 설명한 부분이 그 점을 포착하고 있다.

> 그들이 다 함께 소리쳤다. "그를 없애 버리시오! 우리에게 바라바를 놓아주시오!"(바라바는 그 도시에서 일어난 폭동과 살인 때문에 감옥에 갇혔다.)… 빌라도는 그들의 요구를 들어주는 판결을 내렸다. 빌라도는 그들이 요구한 사람, 곧 반역과 살인 때문에 감옥에 갇혔던 자는 풀어 주고, 예수는 그들의 뜻대로 넘겨주었다. 23:18-19, 24-25

우리가 혹시라도 잘못 알아들었을까 봐, 누가는 재차 이야기한다. 이번에는 예수님과 함께 십자가에 못 박힌 두 강도의 이상한 대화를 통해서다.

> 거기에 달려 있던 악당 하나도 예수를 모욕하기 시작했다. "너는 메시아가 아니냐? 너 자신도 구출하고, 우리도 구출해라."
>   그러나 다른 하나는 그를 나무라며 말했다. "너는 하나님이 두렵지도 않으냐? 너도 그와 똑같은 운명 아닌가! 우리는 죽어 마땅하다. 우리가 자초한 것이니 말이다. 하지만 이 사람은 잘못한 일이 하나도 없지 않은가." 23:39-41

이번에 누가는 질문 자체를 진일보하게 만든다. 예수님은 자신이 아니라 다른 사람이 마땅히 받아야 할 죽음을 대신 죽으실 것이다.

그 희한하지만 강력한 진리를 목격한 사람은 예수님을 향해 이렇게 말한다.

> 그가 계속 말했다. "예수여, 당신이 마침내 왕이 되실 때 나를 기억해 주소서." 23:42

이 말은 예수님의 유명한 말씀, 곧 그분이 마지막 만찬에서 제자들에게 약속하셨듯이, 하나님나라가 그 누구의 기대보다 더 빨리 오리라는 약속을 끌어낸다. 예수님의 죽음이 그 나라를 가져올 것이기 때문이다. 물론 여기서 '낙원'은 예수님이나 질문한 사람의 궁극의 안식처가 아니다. 예수님의 '나라'는 사람들이 '죽어서 가는 하늘나라'도 아니다. 이 본문을 이렇게 오독하는 경우가 많기는 했지만 말이다. 누가는 누가복음은 물론 사도행전에서도, 하나님 백성의 궁극적 목적지는 부활이라고 번번이 강조한다. 하지만 바로 그날, 예수님을 믿는 모든 사람에게는 부활이라는 최종 도착지 이전의 행복한 동산 곧 중간상태인 '낙원'이 주어질 것이다. 죄 있는 자들의 죽음을 대신 죽으신 죄 없는 예수님의 죽음을 통해 하나님의 주권적 통치가 전혀 새로운 방식으로 시작될 것이기 때문이다. 그 통치의 결과는 세계적이고 우주적인 만큼이나 개인적이고 친밀할 것이다.

> 예수께서 대답하셨다. "내가 네게 진실을 말한다. 네가 바로 오늘 나와 함께 낙원에 있을 것이다." 23:43

이런 사고의 흐름은 십자가 밑에서 예수님의 죽음을 지켜보던 백부장이 다른 사람들처럼, 그분은 죄가 없고 '의로운 분'23:47이었다고 주장하는 데서 결론에 도달한다. 누가복음에는 마가복음 10장 45절 같은 '공식'이나 '교리'가 없기 때문에 십자가에 대한 신학적 해석이 없다고 주장하는 이들에 맞서서, 우리는 누가에게 십자가가 특히 두 가지 역할을 한다고 주장해야 한다. 첫째, 십자가는 어둠의 세력이 패배하는 수단이다(22:53을 다시 주목하라). 그리하여 하나님나라 곧 세상에 대한 새로운 주권적 통치가 마침내 시작될 수 있었다. 둘째, 죄 없으신 예수님이 죄인들의 죽음을 대신 죽으시기에 이 일이 성취된다. 실제로, 누가복음에서 '몸값(대속물)'을 언급하지는 않지만, 예수님의 입을 통해 이사야 53장을 언급하는 내용이 등장한다.

> 내가 너희에게 말한다. '그는 불법자로 여김 받았다'고 성경이 말하는 것이 반드시 내게서 성취되어야 한다. 그렇다. 나에 관한 모든 일이 그 목표점에 도달해야 한다. 22:37, 사 53:12을 인용

이런 관점에서, 우리는 십자가형에 대한 누가의 신학적 이해를 부인하려는 시도 배후에 있는 진짜 의제가 무엇인지 궁금해질 수밖에 없다.

예수님이 심판이 임박한 동료 유대인들과 자신을 동일시하고 계셨다는 생각은 사실상 누가복음 전체의 더 큰 서사에 새겨져 있다. 특히 9장에서부터 예수님은 자기 백성에게 그들의 머릿속을 떠나지 않

는 대재앙에 대해 끊임없이 경고하고 계신다. 하나님나라에 대한 그분의 메시지는 다른 길을 제시하지만, 예수님이 지지하시는 평화의 길을 거부하겠다는 결정은 결국 이들을 폐허로 이끌 것이다. 예수님은 빌라도가 성전에서 갈릴리 순례자들의 대학살을 부추겼다고 말씀하지만, 그 사건만 특별하지는 않았다. "회개하지 않으면 너희도 모두 똑같이 멸망할 것이다." 실로암에서 망대가 무너져서 열여덟 사람이 죽었다. "회개하지 않으면 너희도 모두 똑같이 멸망할 것이다."13:1-5 **똑같이**. 이 말은 무슨 뜻일까?

여기서 예수님은 죽은 후에 '지옥'(게헨나?)에 떨어질 사람들을 말씀하고 계시지 않다. 예수님이 지옥에 대해 자주 말씀하시지는 않았지만(앞서 보았듯이, 12:5은 그 예외다), 물론 그것도 우리가 잊어서는 안 될 실재이긴 하다. 오히려 예수님은 19장 42-44절에 나오는 성전에서의 상징적 행동을 통해 결정적으로 경고하시고19:45-46 이후 두 장에 걸쳐 그 행동을 해석해 주신 내용에서처럼, 로마 군대와 예루살렘의 무너진 건물들을 말씀하고 계신다. 예언자 같은 종들뿐 아니라 포도원 주인의 아들에게조차 귀 기울이기를 거부한 소작농들처럼,20:9-19 하나님의 백성에게 심판이 임하고 있다. 하지만 이 비유의 절정은 주인의 아들 곧 예수님이 죽임당하실 것이라고 말해 준다. 누가는 이렇게 이야기함으로써 바라바와 십자가에 달린 강도 이야기 같은 작은 시나리오들은 물론 이 큰 시나리오에서 예수님이 이 목이 곧은 나라에 예언하셨던 죽음을 담당하실 것이라고 암시한다. 사도행전의 복잡하고 역설적인 요약들에서처럼, 예수님의 메시지를 거부한 백성

의 악함이 이스라엘 하나님의 전반적인 구원 계획과 만나서, 예수님
의 죽음은 그분이 그들에게 예측한 죽음이 될 것이다.

그 둘의 만남 자체가 누가의 십자가 신학에 대해 많은 것을 말해
준다. 그 내용을 묵상하다 보면, 우리는 갑자기 로마서 5장 끝부분에
와 있다. 악은 한 장소에만 초점을 맞췄지만, 죄가 더한 곳에 은혜가
더욱 넘쳤다. 예수님은 자기 목숨을 희생해서라도 새끼를 보호하려
애쓰는 암탉 같으셨다.13:34 그분은 스스로는 불을 맞이할 준비가 되어
있지 않지만 그분 주변의 마른 잔가지들에게만 어울릴 운명을 맞닥뜨
리러 가는 푸른 나무 같으셨다.23:31 누가가 외부에서 부여한 그 어떤
교리보다 전체 서사를 통해 말하고 있는 내용은, 신학적 해석뿐 아니
라 역사적 실재로도 한 사람이 많은 사람의 죄를 대신 감당했다는 것
이다.

옛 공식 문구들이 이런 종류의 서사의 약칭이라는 것을 알기만
한다면, 우리가 원한다면 그 문구들을 사용할 수도 있다. 예수님이 이
스라엘의 메시아로서 자기 백성을 **대표하시기** 때문에 그분만이 정당
하게 그들을 **대리하실** 수 있다. 그 대리를 통해 (복음서 전체에서처럼)
국가적으로도, (23장의 사례에서처럼) 개인적으로도, 더 큰 실재가 발
생한다. 예수님은 이스라엘과 온 세상 죄의 무게를 스스로 짊어지고,
축적된 악의 세력 아래 죽으신다. **그래서 이제 드디어 하나님나라가**
온전히 임할 수 있다. 이제 예수님의 왕 같은 대표 대리적 죽음을 통
해 메시아가 "자기의 영광에 들어가"신다.24:26 온 세상을 다스리는 그
분의 새로운 통치가 시작되었다.

내가 보기에는, 마태가 이 주제를 두드러지게 나타내지는 않지만 앞의 그 어떤 내용에도 이의를 제기할 것 같지는 않다. 하지만 우리가 마태복음에서 발견하는 것은, 강조점만 제외하면 누가복음에서 발견한 것과 별반 다르지 않은데, 그것은 원래 하나님나라의 의제가 이미 십자가의 의미의 전조가 된 방식이다. 마태도 남들처럼 예수님의 왕 같은 죽음을 포함한 전 생애를 "하늘에서와 같이 땅에서도" 이루어질, 오실 하나님나라와의 관계에서 이해한다. 하지만 그 하나님나라가 어떤 모습일지, 하나님이 이스라엘과 온 세상에 어떻게 '신권 정치'를 세울 의향이신지 가장 명쾌하게 요약한 사람은 마태일 것이다.

(다른 여타 신과는 대조적인) 이스라엘의 하나님이 왕이 되실 때 그 모습은 과연 어떨까? 하나님의 뜻을 폭력으로 사람들에게 강제하는 군대와 경찰의 모습은 아닐 것이다. 전혀 다른 권력을 사용하실 것이다.

영이 가난한 사람은 복이 있다! 하늘나라가 너희 것이다.
슬퍼하는 사람은 복이 있다! 너희가 위로 받을 것이다.
온유한 사람은 복이 있다! 너희가 땅을 상속받을 것이다.
하나님의 정의에 주리고 목마른 사람은 복이 있다! 너희가 만족할 것이다.
자비로운 사람은 복이 있다! 너희가 자비를 받을 것이다.
마음이 깨끗한 사람은 복이 있다! 너희가 하나님을 볼 것이다.
평화를 이루는 사람은 복이 있다! 너희가 하나님의 자녀라 불릴 것이다.

하나님의 길을 걷다 박해받는 사람은 복이 있다! 하늘나라가 너희 것이다.

사람들이 나 때문에 너희를 헐뜯고, 박해하고, 너희에 대해 온갖 악한 말을 거짓으로 늘어놓을 때, 너희는 복이 있다! 기뻐하고 즐거워하여라. 너희가 하늘에서 받을 상이 크다. 너희 앞에 온 예언자들도 그렇게 박해받았다.5:3-12

산상수훈이나 '팔복'으로 알려진 이 유명한 본문은 이렇게 묘사된 사람들에게 복을 약속하는 내용으로 대개 해석한다. 하지만 잠깐만 생각해 봐도, 그 말도 확실히 맞지만 그것은 사실상 2차 진리라는 것이 드러난다. 중요한 것은, 이들을 통해 하나님나라가 시작될 것이라는 점이다. 우리는 여기서도 '천국'에 대한 오해라는 흔한 덫을 주의해야 한다. '천국'은 '하나님나라'를 말하는 마태의 방식이고, 마태가 주기도6:10와 부활하신 예수님에 대한 최후의 주장28:18에서 스스로 확실히 하듯이, 하나님나라는 '땅'과 동떨어진 '하늘'이 아니라 땅에서도 시작될 천국의 통치다. 따라서 12절에서 약속한 "너희가 하늘에서 받을 상"은 사람들이 '천국에 가서' 그 상을 받는다는 뜻이 아니다. 너희의 상이 땅에서 드러날 때까지 하나님의 임재 가운데 안전하게 보관되어 있다는 뜻이다.

어찌 됐든, 이 '복'에서 핵심은 이 내용이 하나님나라가 실행에 옮겨질 방식을 드러낸다는 것이다. 하나님나라는 심령이 가난한 자, 애

통하는 자, 온유한 자, 의에 주리고 목마른 자, 긍휼히 여기는 자, 마음
이 청결한 자, 화평하게 하는 자, 예수님이 개척하고 계신 길에 헌신하
려고 욕과 박해를 받을 준비가 된 사람들을 통해서 실현된다. 이 중에
서 의에 주리고 목마른 자, 긍휼히 여기는 자, 화평하게 하는 자 같은
일부 특징은 확실히 '활동적'이지만, 중요한 것은 목록 전체다. 이런 사
람들을 통해 하나님의 주권적 통치가 시작될 것이다. 이들은 세상의
소금, 세상의 빛이 되는 법을 배울 것이다.5:13-16 용서와 화해의 길,5:21-
26 순결의 길,5:27-32 정직의 길5:33-37을 배울 것이다. 특히, 5장의 절정에
도달하면서, 이들은 비폭력의 길 곧 원수를 사랑하고 박해하는 자를
위해 기도하는 법을 배울 것이다.5:38-48 이들은 다른 뺨을 대고, 십 리
를 동행하고, 속옷과 겉옷까지 내줄 것이다. 그렇게 해서 자신들이 하
늘에 계신 아버지의 진정한 자녀임을 드러낼 것이다.5:39, 41, 40, 45

　　마태가 복음서에서 말하는 다른 여러 내용 중에서도, 그가 5장에
정리된 하나님나라 의제가 예수님을 따르는 이들이 시도해야 할 윤리
의 단순한 개요가 아니라 예수님 자신의 소명을 극적으로 보여 준다
고 강조하고 있다는 점은 의심의 여지가 없는 듯하다. 사람들이 예수
님을 때리고 조롱할 때도 그분은 저항하지 않고 자리를 지키실 것이
다. 로마 군인들이 예수님께 십자가를 지우고 골고다까지 가게 할 때
도 그분은 말없이 그리하실 것이다. 그들이 그분의 옷을 벗겨 나눠 가
질 것이다. 예수님이 돌아가실 때 로마 군인 중 한 명이 그분이 진실
로 하나님의 아들이었다고 선언할 것이다.26:67; 27:30-32, 35, 54 이런 연상
이 우연일 리 없다. 이 내용은 마태가 하나님나라와 십자가에 대해 말

하고 싶은 내용을 최소한 일부나마 표현한다.

마태에게 예수님의 고난과 죽음은 하나님이 왕이 되시는 수단, '모든 권세'가 예수님께 주어지는 수단이다. 이것은 비단 '새 윤리'뿐 아니라 새로운 종류의 행동, 새로운 생활방식을 위한 본보기가 되고, 이를 통해 하나님의 구원하시는 통치가 세상에 임해 영향을 미칠 것이다. 그 통치는 예수님의 독특한 하나님나라 소명을 통해, 그분이 결국에는 임마누엘만이 하실 수 있는 일을 하시기 위해 세상의 멸시와 악의와 적의를 스스로 짊어지심으로써 나타날 것이다. 마태가 아브라함에서 다윗, 포로기, 메시아에 이르는 족보로 스케치한 이스라엘의 긴 이야기가 성취되었다. 이렇게 해서 이스라엘 하나님의 구원 계획이 실행에 옮겨졌다. 이스라엘은 세상의 운명을 짊어졌고, 메시아는 이스라엘의 운명을 짊어지셨다. 그분의 죽음을 통해 세상의 헤롯과 빌라도들이 책임을 추궁당하고, 하나님의 통치—예수님을 따르는 이들의 삶에 드러난 팔복이 그 특징인—가 시작되었다.

마지막으로, 마가는 흔히 분명한 '속죄 신학'으로 인정받는 복음서의 저자인데, 그 근거가 종종 문맥을 벗어난 한 구절이다. 그 구절을 제자리에 돌려놓으면, 예수님이 예루살렘에서 겪으실 죽음에 대한 놀랄 만한 해석을 제공한다. 하지만 그것은 훨씬 더 큰 전체의 일부로 그렇게 해석할 수 있다. 이번에도 그 큰 전체와 해당 한 구절에 대한 구체적인 집중의 양상이 내가 이 책에서 내내 주장하는 내용을 뒷받침해 준다. 신약성경 전반에서 예수님의 죽음은, 사람들을 세상**으로부터** 구출하여 '지옥'을 피해 '천국'에 가게 하는 것이 아니라, 이 세상

안에서의 강력한 혁명 곧 새로운 종류의 권력이 가득한 혁명으로 여겨진다.

문제의 단락은 이 부분이다. 야고보와 요한이 예수님께 한 가지를 청했다(마태복음의 병행 구절에서는 이들을 대신해 어머니가 요청한다). 둘은 예수님이 "그곳에서 [주님의] 모든 영광 가운데"^{막 10:37} 계실 때, 곧 예수님이 그분의 길을 막고 있는 모든 지상 권세를 타도하고 예루살렘에서 왕이 되실 때 그분의 양편에 앉고 싶어 한다. 이들은 오실 '하나님나라'에 대한 I세기 유대인의 그림 속에서 여전히 살고 있고, 예수님이 이야기 내내 강조하신 재정의는 거기에 아무런 변화도 주지 못했다. 이들은 예수님이 (아마도 큰 전쟁 후에?) 왕위에 오르시기를 기대하고 있다. 그때에는 예수님께 '오른팔'뿐 아니라 '왼팔'도 필요할 것이다. 예수님의 권력뿐 아니라 그에 따른 적절한 보상도 나눠 가질, 충성되고 믿을 만한 동료들 말이다.

우리는 이것이 (다른 무엇보다도) 상당한 권력 게임이라고 의심할 수도 있다. 모든 복음서가 예수님의 가장 가까운 동료로 언급하는 베드로에게는 안드레라는 형제가 있었고, 두 사람은 곧 임할 나라에서 중직을 차지하기에 가장 자연스러운 인물로 생각됨 직하다. 야고보와 요한은 그다음 첫째로 꼽힐 인물이다.

하지만 이 모든 자리다툼은 전혀 핵심을 놓친 것이다. 첫째, 그 나라는 제자들이 기대한 방식으로 오지 않을 것이다. 예수님은 그들이 받을 세례를 말씀하시는데,^{10:38} 이는 그분이 받으실 고난을 암시하는 듯하다. 복음 이야기의 출발점에 있었던 그분의 세례가 그 고난의 이정표였기 때문이다. 그분은 '잔'도 말씀하시는데, 이는 이후의 겟세마네 동산 장면14:36에서 뚜렷해지는 소명을 암시한다. 그분은 그 백성이 더 이상 마실 일이 없도록 '하나님의 진노의 잔'을 마지막 한 방울까지 깨끗이 비우셔야 한다. 특히, 렘 25:15-17; 49:12; 5:7; 애 4:21 신약성경 한두 단락에서 '세례'가 예수님의 죽음과 연관이 있지만(로마서 8장과 골로새서 2장이 떠오른다), '잔'이라는 개념은 복음서의 예수님에 대한 전통에만 나타난다는 점이 눈에 띈다.

어찌 됐든, 야고보와 요한은 이 수수께끼 같은 경고가 앞으로 닥칠 큰 전쟁이나 고난에 적용된다고 해석하는 듯하다. 둘은 그 고난도 예수님과 함께 나눌 수 있다고 자신 있게 말한다. 예수님은 그들이 큰 고난에 맞설 수 있을지도 모르겠다고 인정하신다.10:39 하지만 본문의 역설이 고조되면서, 예수님은 "영광 가운데" 자신의 좌우에 앉는 것은 그분이 줄 것이 아니라고 경고하신다. 자리 주인은 따로 있었다.10:40 마가의 이야기가 소름 끼치는 결말에 도달해서야 비로소 독자들은 그 뜻을 깨닫는다. 야고보와 요한은 예수님이 인류를 사로잡고 있던 모든 권세를 물리치고 **하나님나라를 불러오는 영광스러운 일을 완성하실 때** 그분과 동행하려고 그분의 양 옆자리를 요청하고 있었다. 하지만 그 자리는 '유대인의 왕'이라는 명패를 달고 십자가에 달리신 예수님 양옆에 매달린 두 사람 몫이다.

이것이 정말 마가가 뜻한 바인가? 그렇다. 왜 그런지 설명해 보겠다. 예수님의 죽음이 하나님나라를 성취하신다. **죄인들을 대신하여 자기 목숨을 '많은 사람을 위한 몸값'으로 주시기 때문이다.** 예수님은 두 종류의 전혀 다른 권세를 묘사하셔서 이를 설명하신다.

> 너희는 이방 나라들에서 어떻게 하는지 안다. 그들의 소위 통치자라
> 는 자들이 어떻게 행동하는지 생각해 보아라. 그들은 백성 위에 군림
> 한다. 지체 높고 힘 있는 자들이 나머지 사람들을 마음대로 부린다. 하
> 지만 너희는 그래서는 안 된다. 너희 가운데 누구든지 크고자 하면 섬
> 기는 자가 되어야 한다. 너희 가운데 누구든지 으뜸이 되고자 하면 모
> 두의 종이 되어야 한다. 알지 못하겠느냐? 인자는 섬김을 받으러 온
> 것이 아니다. 인자는 섬기는 자가 되러 왔고, 자기 목숨을 '많은 사람
> 을 위한 몸값'으로 지불하러 왔다. 10:42-45

여기서 우리는 이후 세대에게 예수님의 십자가형의 의미에서 핵
심으로 자리 잡은 두 요소의 온전한 통합을 본다. 새로운 종류의 권세
가 세상에 나타나는데, 그 권세는 자신을 주는 사랑의 권세다. 이것이
성금요일에 시작된 혁명의 핵심이다. 보통의 수단으로는 보통의 권세
를 무너뜨릴 수 없다. 한 세력이 또 다른 세력을 압도한다면, 여전히
'힘'이 이기는 것이다. 하지만 세상 모든 권세를 이긴 하나님의 승리의
핵심에는, 오래된 예언자적 소명에 순종하여 '많은 사람의 대속물'로
목숨을 주는, 자신을 주는 사랑이 있다. 이 문구가 암시하는 이사야 53
장에 나온 대로, 많은 사람을 대신한 한 사람의 죽음이 핵심이 될 것
이다. 그 죽음이 권세를 타도하고, (예루살렘 성벽 파수꾼들이 똑똑히 목
격한 하나님의 영광스러운 임재와 함께) 하나님나라를 안내하며, 언약

을 새롭게 하고, 창조세계를 본래의 목적으로 회복한다.

마가복음 10장 35-45절은 어떻게 예수님의 죽음이 이스라엘 메시아의 소명을 완수하시고, 죄인들을 대신하러 오셔서 세상을 종으로 삼은 어둠의 세력들을 무너뜨리셨는지에 대한 신약성경의 복잡하지만 일관된 관점을 담고 있다. 새로운 유월절은 새로운 포로기를 종결하는 '죄 사함'으로 완성되었고, 후자는 많은 사람의 자리를 대신한 한 사람을 통해 완성되었다. 마가가 이 단락(단락 전체를 꼼꼼하게 살펴볼 시간은 없었지만)과 마가복음 전체를 통해 지금 우리에게 들려준 내용을 요약한다면, 우리는 "메시아께서 성경대로 우리 죄를 위해 죽으셨습니다"라고 말할 수 있겠다.

물론 이것은 이 요약을 진술하고 설명하고 있는 바울서신을 가리켜 준다. 하지만 그 전에, 복음서에 나타난 예수님의 죽음에 대해 마지막으로 생각해 볼 내용이 몇 가지 더 있다.

첫째, 마태복음, 마가복음, 누가복음, 요한복음이 '사실상' 교리 문구에 해당하는 내용을 단순히 서술 언어로 말하는 것이 아니라는 점을 주지하는 것이 중요하다. 오히려 그 반대다. 교리 문구가 서사나 이야기를 간략히 압축한 형태다. 이 이야기는 실재다. 역사적 현실, 살과 피로 된 현실, 이스라엘의 현실, 삶과 죽음이라는 현실**에 대한** 이야기다. 기독교 신학의 플라톤화 경향—여기서 '속죄'의 **목표**는 하나님나라가 하늘에서와 같이 땅에서도 이루어지는 것이 아니라, 하나님의 백성이 땅에서 구조되어 하늘로 올라가는 것으로 여겨졌기 때문에—은 암암리에 복음 서사의 의미를 축소하라고 우리에게 가르쳐 주었다. 그렇게 되면 복음은 요한의 표현으로는 "말씀이 육체가 [된]" 방식을 전혀 다른 것으로 표현하는 단순한 도구, 곧 '진리'를 **설명하기보다** 진리의 **예를 드는** 도구에 그친다.

그렇다면 사복음서 저자들에 관한 한, 예수님의 죽음의 의미는 이 서사에서 끌어내거나 거기에 부여한 신학적 주제가 아니다. 예수님의 죽음의 의미는 이 '땅의' 이야기와 동떨어진 유비나 '유형'인, '천상의' 진리가 아니다. '초자연적'이거나 비역사 드라마를 배경으로 한 실제 역사 이야기도 아니다. 수많은 보통의 '속죄' 이론에서 사복음서를 주변화하는 것은 단순한 우연이 아니다. 이것은 '속죄'를 공중에서 일어나는 거래로 본 직접적·장기적 결과로, 그 결과들은 실재 인간의 삶, 계속되는 인류의 이야기와는 거의 관련이 없다.

그 '목표'는 '천국에 간다'는 머나먼 목표로 여겨졌다. 복음서는 기본적으로 그 이야기가 아니라(물론 복음서에서는 사후의 궁극적 미래를 인지하고 있다) 하늘에서와 같이 땅에서도 이루어질 하나님나라에 대해 이야기하기 때문에 무시되었다. 사람들은 후대 신학이 염두에 둔 목표에 부응하는 듯한, 문맥을 벗어난 이상한 말만 이따금 파고들 뿐이었다. 앞서 보았듯이, 그 결과가 도덕화된 인간의 소명과 이교화된 속죄 신학이다. 이사야 53장을 암시하는 마가복음 IO장 45절 같은 문장을 문맥을 무시하고, '소명 언약'보다는 '행위 계약'으로 만들어 버렸다. 성경 전반에서 소명 언약이란, 죄 문제가 해결되고 인간이 해방되어 창조주 하나님의 크신 목적의 일부인 그분의 형상을 닮은 자가 될 수 있다는 것이다. 복음서에 드러난 이 십자가의 비전은 우리로

하여금 하나님나라나 속죄에 대해 역사와 상관없는 동떨어진 이해에 만족하지 못하게 한다.

따라서 둘째로는, 우리가 바울서신을 채 살펴보기 전이라도 십자가의 도전이 우리에게 새롭게 다가오는 것을 알 수 있다. 십자가는 정말로 혁명적이다. 하나도 잃어버릴 게 없다. 우리는 (당연히!) "우리 죄를 위해 죽으신" 예수님이라는 개념을 포기하지 않아도 된다. 오히려 그것이 중요한 핵심이다. 하지만 그 개념은 초점을 다시 맞추고, 문맥을 다시 설정하고, 하나님의 진노가 아니라 깨지지 않는 그분의 언약적 사랑—예수님의 실제 인격과 삶, 행동과 가르침에 구현된—이라는 서사 안에 자리 잡아야 한다. 이는 그 언약을 우리가 누리려면, 이 이야기에서 유익을 얻으려면 '속죄'가 어떻게 '효력'을 발휘할 수 있는지에 대한 이런저런 이론처럼 특정한 추상 교리를 믿는 데 그쳐서는 안 된다는 뜻이다. 앞서 보았듯이, 추상 개념이 왜곡을 가져올 수는 있어도 도움이 될 수 있다.

하지만 복음서는 우리에게 **이 이야기를 자신의 이야기로 만들라고** 초청한다. 온갖 우여곡절이 많은 이 서사 안에서 살아가라고, 예수님을 따르고 그분의 하나님나라 사역을 목격한 무리 가운데 살아가라고, 우리가 (그 심오한 모호성을 알기 때문에) 두렵고 떨리는 마음으로 교회의 삶이라고 부르는 지속적인 장기 서사 안에서 살아가라고 초청한다. 특히, 초창기 예수님의 제자들이 알았던 것처럼, 우리도 마지막 만찬이 다시 되살아나는 반복되는 식사를 통해 우리 자신의 이야기를 만들어 가야 한다. 그것이 예수님이 그분을 따르는 이들이 그분의 죽음을 단순히 이해할 뿐 아니라 자신의 것으로 만들기 원한 방식이라면, 그것을 궁극적 하나님나라의 표지와 맛보기로 진지하게 받아들일 이유는 충분하다. 그 안에 우리도 '죄 사함'을 공유한 사람들이라는 확신을 담고서 말이다. 복음서는 복음서를 읽는 사람들에게 세상을 위해 팔복 백성이 될 수 있는 에너지와 방향 감각을 준다. 예수님이 십자가에서 이미 승리하시고 세상의 정당한 통치자가 되셨으며, 그분의 평화와 화해의 길이 세상 모든 권세보다 더 강력하다는 것이 드러났음을 우리는 안다.

마태와 마가가 들려준 복음서 이야기에서 우리가 반드시 돌아가 봐야 할 순간이 있다. 온전한 그림을 염두에 둘 때에야 비로소 그 복잡한 문제를 풀어 나가기 시작할 수 있기 때문이다. 그것은 마태복음 27장 46절과 마가복음 15장 34절에 나오는 소위 유기의 외침이다. "나의 하나님, 나의 하나님, 왜 나를 버리셨습니까?" 나는 모든 사복음서 저자가 예수님을 이스라엘의 하나님 여호와의 살아 계신 구현으로 보았다고 강조했다. 또한 이들은 여기까지와 십자가 죽음을 포함한 예수님의 하나님나라 성취를 한 분 하나님의 성취로 보았다. 예수님이 자신을 역사의 바퀴에 내던져서 방향을 바꾸려 했다고 한 (알베르트 슈바이처가 사용한) 유명한 설명에서처럼, 이 외침은 하나님을 설득하려는 인간의 노력이 아니었다. 오히려 역사의 주인이 약속을 받은 백성을 대표하는 사람의 모습으로 오셔서 해야 할 일을 감당하셨다. 그렇다면 하나님을 구현한 이 존재가 어찌해서 '나의 하나님'께 나를 버리셨냐고 외칠 수 있었을까? 우리가 이 질문으로 돌아가야만 그 답

을 얻을 수 있을 뿐 아니라, 그 답이 어떻게 세상의 어두운 현실과 도
전 가운데 있는 제자들의 삶과 일에 영향을 줄 수 있는지 보여 줄 수
있을 것이라고 믿는다.

II.

바울서신과
십자가

예수님의 죽음의 의미를 궁금해하는 사람들이 신약성경에서 답을 얻으려 할 때는 대개 바울서신을 찾아본다. 바울서신에는 그에 대한 답이 넘쳐난다. 바울서신에서 예수님의 죽음을 언급하지 않는 페이지는 없다시피 한 것 같다. 바울서신을 언뜻 훑어보기만 해도 당황스러울 정도로 많은 이미지가 등장한다. 유월절 양이신 메시아, 속죄 제물, 저주받은 자, "나를 사랑하여 나를 위해 자신을 내주신" 분, "우리 대신 죄가 되게 하"신 분, "부요하셨지만 여러분 때문에 가난해지"신 분, "통치자들과 권세자들"을 이기신 분, "속죄소"(이 말이 로마서 3:25의 '힐라스테리온'의 올바른 번역이 맞다면, 개역개정은 "화목제물") 등. 우리는 바울이 한 번만 확실히 말해 주었으면 얼마나 좋았을까 한숨을 내쉴지도 모르겠다. 아니면, 여러 번 말하더라도 똑같은 표현을 사용했다면 얼마나 좋았을까.

물론, 바울을 우리 구미에 맞게 얼마든지 변형할 수 있다. '행위계약'을 받아들인 이들이 좋아하는 형벌적 대속론 같은 한 가지 계획을 세울 수 있다. 며칠 전, 모르는 사람에게서 장문의 이메일을 받았다. 그는 '전가'라는 개념에 근거한 전체 신학 계획을 아주 자세히 설명했다. 우리 죄가 예수님께 '전가되고', 그분의 의가 우리에게 '전가되었다'는 이론이다. 그는 19세기와 20세기에서부터 최신 주창자들에 이르기까지 정통한 학자들을 폭넓게 인용하여 자신의 이론을 펼쳤다. 정치인의 연설이 그렇듯, 그런 기획 내에서는 거의 모든 것이 가능할 수 있다. 당의 정책과는 동떨어진, 말도 안 되는 증거들을 왜곡해서 그럴싸하게 만들거나 한쪽으로 조용히 치워 버릴 수 있는 것이다. 희생제사의 언어가 '형벌적 대속론'을 뜻할 수 있(다고 전제하곤 한)다. 제사 드리는 사람의 죄에 대한 형벌로 동물을 죽인다고 생각하기 때문이다. 권세에 대한 승리는 우리가 죄의 죄책과 형벌뿐 아니라 권세로부터 해방되었다고 이야기하는 극적 방식이 될 수 있다. 하지만 정치 집회의 지적인 청중처럼, 바울서신을 신중하게 읽은 독자들은 이 기획에서 우리는 오로지 한 가지 이야기만 들었다고 결론을 내릴지도 모른다. 이 이야기에는 강력한 진리가 들어 있을지는 모르나, 이 이야기가 속한 다른 모든 이야기들과의 관계에서와 이 이야기가 진정한 의미를 얻게 되는 관점에서 들려지지 않기 때문에 왜곡되고 있다고 말이다.

물론 이 장에서 내 의도는, 바울이 십자가를 언급한 모든 구절을 해설하는 것이 아니다. 그러려면 책 한 권이 따로 필요할 것이다. 그런 본문들에 대한 여러 해석을 놓고 토론하려면 책 한 권이 더 필요하다. 그보다는 몇몇 핵심 단락을 통해 바울이 예수님과 복음서와 마찬가지로 다양한 각도에서, 매우 다양한 맥락에서 두 가지를 말하고 있음을 보여 주려 한다. 이 둘은 초기 그리스도인들이 이해한 큰 그림을 구성한다.

첫째, 바울은 구속의 목표에 대한 초기 그리스도인들의 관점

을 공유했다. 인류가 구원받는 것은 '천국'(바울은 이것을 목표로 언급
한 적이 없다)에 가기 위해서나 그저 '하나님과 영원히 함께하기 위해
서'(물론 사실이나, 이것이 핵심은 아니었다)가 아니라, 새로운 창조세계
를 위해서였다. 그리스도인들은 현 세계와 앞으로 올 세상에서 왕과
제사장 같은 인간의 일을 공유하려 했다. 큰 진노가 현세에 임하겠지
만, 예수님께 속한 이들은 진노하심에서 구원을 받아 새로운 창조세
계를 위해 살아갈 것이다. 롬 5:9; 살전 1:10

둘째, 그 목표는 예수님의 죽음이라는 **수단으로** 이루어질 것이
다. 그분의 죽음으로 죄와 죽음의 권세가 패배했다. 이스라엘의 메시
아 예수님이 '죄를 위해' 죽으셔서 그 패배가 성취되었다. 이스라엘과
세상을 대표하는 예수님은 죄에 대한 하나님의 정죄를 온전히 짊어지
셔서 '그분 안에' 있는 모든 사람이 죄로 인해 고통받지 않게 하셨다.

내가 보기에, 이 두 가지는 확실하다. 바울의 모든 설명처럼, ("지
옥을 탈출"하거나 "천국에 가는") 보통의 '목표'를 넘어서서 바울이 염
두에 둔 목표를 보지 않는다면 이것도 실패할 것이다. '소명 언약' 안
에서, 예수 메시아에게서 구원을 발견한 인류는 전에 이를 가로막았
던 어둠의 세력의 유혹과 방해물에서 해방되어 지금 여기서 역사하는
새로운 창조세계 내에서 능동적 참가자가 될 것이다. 바울이 보기에,
예수님의 죽음에는 강력한 **과거의** 중요성이 있었지만, 그것을 깨닫고
하나님 사랑의 궁극적 계시로 경축하는 이들은 그 깨달음 덕분에 거
룩함과 연합, 고난과 사명의 삶으로 부름받고 회복된 것을 발견하게
된다. 그것이 오늘날에도 그렇듯, 1세기 교회의 핵심 소명이었다.

그럼에도 우리는 큰 서사를 압축한, 다양한 바울의 상용구들에
서부터 시작하려 한다. 우리는 고린도전서 15장 3절을 여러 번 반복
해서 보면서, 이 문구를 1세기 배경에 놓으면 오늘날 흔히 해석하는
방식과는 사뭇 다른 관점이 드러난다고 지적했다. "메시아께서 성경
대로 우리 죄를 위해 죽으셨습니다." 이 문구를 이해하기 위해 자연
스럽게 가장 먼저 살펴보게 되는 곳은 이스라엘의 '죄들'을 다룬 성경
기사다. 창조주 하나님이 창조세계에 주신 약속과 목적을 마땅히 지
녀야 할 이스라엘은 자신들이 저지른 죄 때문에 포로로 잡혀갔고, 이
포로기는 예언자들이 표현한 의미에서 1세기까지 계속되었다. 고린
도전서 15장의 더 큰 맥락은 '성경대로 죽으신' 십자가의 성취가 당시
에는 하나님나라를 세우고 초반의 결정적 승리—부활에 완성될—를
얻는 사건으로 여겨졌다는 점을 분명히 한다. 이 요약은 더 긴 논거
내에 있는 다른 한 줄짜리 진술들에도 나타나 있는데, 데살로니가전
서 5장 10절("그분이 우리를 위하여 죽으신 것은, 우리가 깨어 있든 잠들
어 있든 그분과 함께 살게 하시려는 것입니다")이나 로마서 14장 8-9절
("우리는 살아도 주를 위해 살고 죽어도 주를 위해 죽습니다. 그러므로 사
나 죽으나 우리는 주께 속합니다. 이런 까닭에 메시아께서 죽으셨다가 다
시 살아나셨으니, 이는 죽은 자와 산 자 모두의 주가 되시려는 것입니다")
을 떠올릴 수 있다. 바울은 복잡한 주장 내에 자리한 똑같은 요점에
호소할 수 있다. "그러면, 알다시피, 약한 사람 곧 메시아께서 위하여
죽으신(!) 그 형제나 자매는 바로 당신의 '지식' 때문에 망합니다."고전
8:11 바울은 자신의 모든 독자가 메시아의 죽음이 '그들을 위한' 것이라

는 믿음을 그리스도인의 기본 정체성으로 가지고 있다고 당연히 여길 수 있다.

기본 요점을 좀 더 자세히 설명한 다른 상용구들도 있다. 각 바울 서신 앞부분에서는 앞으로 전개될 주장에 대해 유력한 실마리를 제공하는 경우가 많은데, 갈라디아서도 예외가 아니다. 바울은 갈라디아서 1장 4절에서 메시아 예수 우리 주님이 "우리 아버지 하나님의 뜻에 따라 현재의 악한 세대로부터 우리를 건지시려고 우리 죄를 위하여 자신을 내주셨습니다"라고 선언한다. 혹은 바울이 갈라디아서에서 자주 호소하게 될 성경 서사의 언어로 표현하자면, 새로운 유월절(노예 삼은 권세로부터 해방)은 포로 생활("우리 죄를 위하여")에서의 구출을 통해 성취되고, 이 모두는 오래된 하나님의 목적("하나님의 뜻에 따라")을 성취하기 위해 일어났다.

갈라디아서는 잠시 후에 다시 살펴볼 것이다. 그 전에, 고린도전서 1장 서두에서 예수님의 죽음을 반복해서 언급하는 동일한 연결고리에 주목할 필요가 있다. 여기서 바울이 **왜** 혹은 **어떻게 해서** 메시아의 십자가에 능력이 있는지는 설명하지 않지만, 그것을 당연히 전제하고 이 전제를 강력한 수사에 녹여내는 것 같다.

알다시피, 십자가의 말씀은 멸망당하는 자들에게는 미친 짓입니다. 하지만 구원받는 우리에게는 하나님의 능력입니다.… 알다시피, 유대인은 표적을 찾고 그리스인은 지혜를 찾습니다. 하지만 우리는 십자가에 못 박힌 메시아를 전하는데, 이분은 유대인에게는 걸림돌이고 그리스인에게는 어리석음이지만, 유대인이든 그리스인이든 부르심 받은 사람들에게는 메시아, 곧 하나님의 능력이자 하나님의 지혜입니다. 알다시피, 하나님의 어리석음이 사람보다 지혜롭고 하나님의 약함이 사람보다 강합니다. 1:18, 22-25

이는 그렇지 않다면 기이하고 설명하기 힘든 언급, 곧 다음 장에서 세상 권세를 물리친 십자가의 승리를 전제하는 언급을 뒷받침한다.

그러나 우리는 성숙한 사람들 가운데서는 지혜를 말합니다. 하지만 이것은 현 세상의 지혜나 사라져 가는 현 세상 통치자들의 지혜가 아닙니다. 그렇습니다. 우리는 신비 속에 감춰진 하나님의 지혜를 말합니다. 이것은 하나님께서 우리의 영광을 위해 세상이 시작되기 전에 미리 준비하신 지혜입니다.

현 시대의 통치자 중에는 이 지혜를 아는 사람이 아무도 없었습니다. 그들이 알았더라면, 알다시피, 영광의 주를 십자가에 못 박지 않았을 것입니다. 2:6-8

여기서 바울이 설명하지는 않지만 암시하는 바는, 나사렛 예수의 십자가형이 '통치자들'의 권세를 타도했다는 것이다. 이 표현은 갈라디아서 1장 4절의 두 번째 단계("현재의 악한 세대로부터 우리를 건지시려고")를 떠올리게 하고, 골로새서 2장 15절의 난해한 진술("통치자들과 권세자들의 무장을 벗겨 내시고, 그분 안에서 일어난 그들에 대한 승리를 축하하며, 그들을 대중의 멸시를 받는 구경거리로 내보이셨습니다")을 확실히 기대하고 있다. 이 간략한 언급에서 주목해야 할 요점은, 바울이 자신의 모든 독자가 그런 개념들이 확고해진 초기 전통들에 익숙하고, 그와 그의 동료들이 초기 개종자들에게 최소한 어느 정도는 설명했다고 전제할 수 있다는 것이다.

특히, 우리는 이것이 바울에게 성경으로 가득한 기억이나 그가 무작위로 언급할 수 있었던 사소한 이미지와 비유, 모델을 문화적으로 인지하는 지성을 뒤집는 문제는 확실히 아니었을 것이라고 가정해야 한다. 그는 어떤 사람이 다른 누군가나 대의를 위해 '대신 죽는다'는 것이 비유대권에서 어떤 의미인지 확실히 알고 있었을 것이다. 또한 피를 요구하고 사람을 죽이기 원하며 무고한 피해자를 우연히 찾아내는 무심하거나 변덕스럽거나 악한 신의 개념에 신빙성을 부여할 수 있도록, 말해야 할 내용을 말하는 위험도 틀림없이 인식하고 있었다. 그럼에도 그가 계속해서 "메시아께서 우리 죄를 위해 죽으셨습니다"라고 말할 수 있었던 것은 "성경대로"라는 한정 문구와 연관이 크다. 이 문구의 가능한 의미와 함의에 대해서는 앞서 설명했으니, 여기서 더 이상 반복할 필요는 없을 것 같다. 하지만 바울에게는 이것이 매우 중요했다.

이 성경적 배경의 중요한 특징도 죽으신 분이 이스라엘의 메시아라는 바울의 반복된 주장에서 강조한 바 있다. 예수님의 메시아 됨은 지난 100-200년간 바울 연구에서 주요 주제가 아니었고, 이런 상태는 핵심 특징을 이해하지 못한 실패를 뜻했다. 이런 누락에는 바울의 지성이 기능한 전반적인 유대적·성경적 방식 곧 그가 아담과 아브라함, 모세와 왕정과 포로기의 더 큰 줄거리를 바라본 방식을 경시한 성향이 따라온다. 물론, 근대 서구의 기준에 따르면, 그런 것들은 대체로 부적절한 과도한 '소음'에 불과하다. 그런 것들은 우리 죄에 대한 형벌이 어떻게 무고한 피해자에게 쌓였는지, 그래서 그가 성공적으로 실행에 옮긴 '율법 행위'가 우리에게 '전가될' 수 있었는지를 설명하는 소위 핵심 과제─실제 성경적 언약 신학이나 그 신학을 바울의 세계에서 자주 표현한 실제 서사가 필요 없는, 표준 '행위 계약'─로부터 우리의 집중을 흩뜨린다.

바울의 예수님을 이스라엘의 메시아로 보기를 거부한다면, 우리는 바울이 예수님의 죽음에서 발생했다고 이해한 내용을 절대 이해하지 못할 것이다. 하지만 우리가 이 점을 깨닫는다면, 그렇지 않으면 서로 삐걱대고 충돌했을 모든 요소가 전혀 새롭고 일관성 있는 전체로 수렴될 수 있다. 그것은 교회가 바울이 한 이야기라고 상상한 내용과는 정반대로, 바울이 실제로 이야기한 내용이 대규모로 전 세계에 가진 함의와 함께 오늘날까지 우리에게 도전을 줄 수 있다. 이것이 진정한 혁명적 신학이다. 바울은 예수님이 정말로 우리 죄를 위해 죽으셨다고 말하는 방식으로 단순히 이런저런 은유를 제공하고 있지 않았다. 그는 성경 서사라는 극적이고 충격적인 해결책을 제공함으로써, 예수님의 죽음을 깨달은 사람들에게 전혀 새로운 과제가 주어지는 새로운 세계를 일으키고 있었다.

이 과제들 중에는─처음부터 확실히 하기 원하는 짧은 상용구들 중에서 마지막으로 소개하자면—예수님을 따르는 모든 사람의 연합이라는 골치 아픈 과제도 있다. 지난 400년간, 그리스도인들이 예수님의 죽음의 의미를 죄인들이 천국에 갈 수 있는 공식 수준으로 축소한 곳마다 바울이 극히 강조한 내용은 점점 덜 강조하는 모습을 볼 수 있다.

> 메시아께서 하나님의 진실하심을 나타내시려고 할례 받은 사람들의 종이 되셨는데, 이는 곧 족장들에게 주신 약속을 확증하시고, 민족들이 하나님의 긍휼하심 때문에 하나님을 찬양하게 하시려는 것입니다. 이는 성경이 말하는 바와 같습니다. "그런 이유로 내가 민족들 가운데서 주를 찬양하고 주의 이름을 노래할 것입니다." 롬 15:8-9

이는 다른 주제들을 다시 소개한다. '종'이신 메시아가 여전히 실마리다. 그분은 아브라함 백성의 운명을 약속된 목적으로 이끄셨는데, 그것은 그들이 이 세상을 떠나 천국에 갈 수 있게 하기 위해서가 아니라, 열방 중에서 찬양의 백성이 되게 하기 위해서였다. 바울에 관한 한, 현재의 분열된 교회의 삶과 죽음 이후의 머나먼 '천국'이 아니라, 지금 여기서 하나 된 예배가 늘 하나님이 염두에 두신 메시아 죽음의 목적이었다.

● 갈라디아서

사람들의 오해를 많이 사는 갈라디아서는 연합이라는 주제가 가장
확실히 나타난 곳이다. 학생과 교수, 교인들의 한결같이 반복된 가정
에도 불구하고, 갈라디아서는 '구원'에 관한 책이 아니다. 갈라디아서
에는 '구원'이나 '구원하다', '구주' 같은 단어를 전혀 찾아볼 수 없다.
물론 '구원'이 주요 주제이고 그에 해당하는 단어가 자주 등장하는 로
마서의 많은 병행 구절에서 본 것처럼, '구원'이라는 개념을 전제하기
는 한다. 하지만 갈라디아서의 핵심 주장은 '구원받는 방법'과는 전혀
관계가 없다. 그렇게 관계가 있다고 가정하는 것은—보통의 '행위 계
약'이 그 질문에 대답하는 적절한 틀이라고 가정하는 것은 말할 것도
없고—갈라디아서의 핵심을 놓치는 것이요, 바울이 말하지도 않는
내용을 억지로 끌어내어 그가 **정말로** 말하려는 내용을 가로막는 것
이다.

　　갈라디아서는 **연합**에 대한 책이다. 메시아 안에서, 특히 그분의
죽음을 통해, 한 분 하나님은 아브라함에게 하신 약속을 행하셨다. 하
나님은 그에게 **한 가족을 주셔서 믿는 유대인과 믿는 이방인이 한 몸
을 이루게 하셨다.** 바울이 갈라디아서에서 십자가에 대해 한 말은 모
두 이 목적을 겨냥한다. 십자가 때문에 모든 신자는 대등하다. 이것이
갈라디아서에서 말하는 십자가의 '목표'라면, 우리는 '수단'에 대해 훨
씬 더 나은 개념을 얻을 것이다. 이 책 다른 곳에서처럼, 우리의 과제
는 그 '목표'를 '천국에 가는' 플라톤화된 해석에서, 그 '수단'을 '진노

하신 하나님이 예수님을 벌하신다'는 이교화된 해석에서 구출하여, '속죄 신학'에 대한 보통의 인식을 어둠과 불쾌한 신비에서 벗어나, 활기를 주고 적실성 있는 진리로 변형하는 것이다.

사실 '진리를 드러내는' 것이 갈라디아서의 내용이다. 바울에게 예수님의 죽음과 부활('구원'처럼 부활도 거의 언급되지는 않지만)이라는 메시아 사건은 한 분 하나님이 예수님을 통해, 비유대 국가들을 유사 신성의 종으로 삼고 유대인들을 죄의 권세 아래 종 삼았던 '권세들'을 이기고 거두신 승리를 드러낸다. 언제나처럼, 바울을 비롯한 성경 저자들이 사람들을 종살이에서 해방하는 이야기를 할 때는 출애굽 서사의 유월절 이야기를 반영하기 마련이다. 여기에는 예외가 없다. 하지만 사실상 갈라디아서의 핵심이라고 할 수 있는 그 부분을 이야기하기 전에, 시작과 끝을 먼저 간략하게 살펴보아야 한다. 메시아의 죽음이 갈라디아서 전체의 논지를 이끌고 있다는 점은 분명하다.

다시 말하지만, 가장 먼저 여는 인사가 있다.

우리 아버지 하나님과 메시아 예수 우리 주께서 주시는 은혜와 평화가 여러분에게 있기를 바랍니다. 주께서 우리 아버지 하나님의 뜻에 따라 현재의 악한 세대로부터 우리를 건지시려고 우리 죄를 위하여 자신을 내주셨습니다.1:3-4

자주 지적하듯이, 이것은 우리가 앞서 정리한 것처럼 위대한 유대 서사들에서 가능한 두 가닥의 의미를 한데 모은 것이다. "우리 죄

를 위하여"가 죄 사함과 포로 귀환 부분에 해당하고, 이를 통해 '새로
운 유월절' 부분이 나타난다. '새로운 유월절'은 원조 출애굽처럼 이방
제국들의 정치적 종살이에서 풀려나는 것이 아니라, 죄의 권세 아래
있던 궁극적 종살이에서 풀려나는 것이다. 여기서 죄는 (로마서 7장에
서와 같이) 궁극적 원수, 사탄, 참소자를 대신하고 있다. 아무튼 바울
이 이 짧은 서두에서 말하는 내용은 표준 유대 종말론의 지형에 속하
는데, 그 시간은 이 세상이 여전히 뒤죽박죽인 '현재 세대'와 하나님이
세상과 자기 백성을 '현재 세대'의 온갖 악에서 구원하시는 '오는 세
대'로 나뉘었다. 바울은 예수님의 죽음을 통해, 예수님이 "우리 죄를
위하여" 죽으셔서 이 일이 일어났다고 선언한다.

    이와 균형을 맞추기 위해 갈라디아서 서두에서처럼 마지막 부분
에도 십자가의 개인적 의미와 세계적(일부 사람들은 '우주적'이라고 하
는) 의미가 결합된 또 다른 선언이 등장한다. 갈라디아서 전체가 이
둘을 하나로 묶어 주었고, 이제 바울은 둘을 함께 요약한다.

> 그런데 하나님께서 내게 우리 주 메시아 예수의 십자가 말고는 자랑
> 하지 말라고 금하십니다. 그분을 통해 내게는 세상이 십자가에 달렸
> 고, 나는 세상에 대해 그러합니다. 알다시피, 할례도 아무것도 아니요,
> 할례 받지 않은 것도 아무것도 아닙니다. 중요한 것은 새 창조입니다.
> 이 기준에 일치하게 사는 모든 사람, 바로 하나님의 이스라엘에게
> 평화와 자비가 있기를 바랍니다. 6:14-16

물론, 부활에서 새 시대가 확실히 시작되었다면 비로소 이 모든 내용이 말이 된다. 바울이 고린도전서 15장 17절에서 설명하듯이 예수님의 십자가형 자체는 이런 의미를 지닐 수 없었다. 메시아가 다시 살아나시지 않았다면, "여러분은 아직도 죄 가운데 있을 것"이다. 이는 '당신이 개인적으로' 죄 사함을 경험하지 못했기 때문만이 아니라, 세상 전체가 오랫동안 기다려 온 고비를 넘기지 못했기 때문이다. 이 것이 갈라디아서의 서두와 마지막을 이해하는 핵심이다. 새로운 세상이 시작되었고, 이스라엘의 메시아 예수님의 죽음이 구세계의 권세를 파괴하는 수단이었다. 예수님께 속한 이들은 이제 "새 창조", "하나님의 이스라엘"의 일부다. (이 마지막 문구는 논란이 많은데, 많은 독자들이 바울이 '이스라엘'이라는 단어를 이스라엘 메시아의 전체 백성—유대인이든 비유대인이든—을 가리키는 데 사용했다는 암시에 반대했기 때문이다. 하지만 이런 내 해석이 확실히 갈라디아서의 전반적 사고와 흐름을 같이하는 듯하다.)

예수님을 믿는 이방인들이 아브라함에게 약속하신 한 가족의 온전한 구성원이고 따라서 어떤 경우에도 할례 받을 생각을 해서는 안 된다는 갈라디아서 전체의 주장이 이 양괄식 구조에 녹아 있다. 바울은 확실히, 모세 율법이 의도적으로 제한된 시간 동안 하나님이 주신 목적에 쓸모가 있는 임시 제도임을 염두에 두고 있다. 그 제한된 시간이란 아브라함에게 주신 원래 약속과, 메시아가 창조하신 한 가족에게서 그 약속이 성취되는 기간 사이의 일종의 긴 괄호 같은 것이다. 이 임시 기간은 이스라엘의 애굽 체류처럼, 이스라엘과 비이스라엘 국가들이 똑같이 공유하는 종살이 형태였다. 하지만 후자의 중심에는 이 전체 인류의 노예 상태를 다루기 위해 계획된 압축적 유월절 서사가 있다. 예수님과 성령을 보내시려는 하나님의 계획은 고비를 넘어, 전체적으로는 온 세상과 구체적으로는 메시아 백성을 악의 권세가 치명타를 입은 새로운 세상으로 인도하시려는 행동이었다.

> 우리도 마찬가지입니다. 어린아이였을 때, 우리는 '세상의 초보 원리들' 아래서 '종살이'하고 있었습니다. 그러나 기한이 찼을 때, 하나님께서 자기 아들을 보내셔서 여자에게서 나게 하시고 율법 아래 나게 하셨습니다. 그것은 그분이 율법 아래 있는 사람들을 속량하셔서, 우리가 아들로 입양될 수 있게 하시려는 것이었습니다.
>
> 그리고 여러분이 아들이기 때문에, 하나님께서 자기 아들의 영을 우리 마음에 보내셔서 '아바, 아버지'라 부르게 하셨습니다. 그러므로 여러분 각 사람은 이제 더 이상 종이 아니라 아들입니다! 그리고 아들이면, 하나님으로 말미암은 상속자입니다. 4:3-7

이 단락에서 십자가를 구체적으로 언급하지는 않는다. 하지만 다른 단락들과의 긴밀한 유비는 바울이 율법 아래에 있는 자들을 "속량하시는" "하나님의 아들"을 이야기할 때 우리가 이것이 십자가형을 언급한다고 해석해도 무방함을 확실히 해 준다. 이것이 문제의 핵심이다. 하나님은 '새로운 출애굽'(이 단락은 출애굽을 암시하는 내용이 가득하다)을 통해 오래전 약속하신 그분의 계획을 성취하셨다("기한이 찾을 때"). 그리하여 이제 유대인과 이방인을 불문하고, 종이었던 이들이 "아들"(이스라엘을 '하나님의 아들'로 보는 것도 출애굽을 암시한다)로 환영을 받을 수 있다.

출애굽과 관련하여 한 가지만 더 언급하자. 하나님은 출애굽을 통해 자신을 새롭게, 아들과 아들의 영을 보내시는 하나님으로 계시하신다. 그래서 바울은 "하지만 이제 여러분은 하나님을 알게 되었습니다. 아니, 하나님께서 여러분을 아셨다고 하는 편이 더 낫겠습니다. 그런데 여러분은 어떻게 다시 그 약하고 옹색하기 짝이 없는 초보 원리들 나부랭이로 돌아가, 또다시 그것들을 섬기려고 합니까?"[4:9]라고 묻는다. 다시 말해, 예수 메시아를 믿게 된 사람들은 하나님의 아들과 그의 성령 가운데 활동하는 하나님의 계시를 통해 한 분 참 하나님을 온전히 알게 되었다. 하지만 그러고 나서 이들이 할례를 받는다면, 이들은 이 새로운 계시가 있었다는 사실을 부정하게 될 것이다. 마치 새 시대가 시작되지 않은 것처럼, 자신들이 이전에 몸담았던 구시대를 똑같이 계속해서 살아가는 조금 다른 방식을 원하게 될 뿐이다. 이 책의 목적을 위한 핵심은 이것이다. 메시아의 십자가가 중요한 변화를 가져왔다. 바울 자신이 6장 14절에서 말하고 우리가 2장 19-20절에서 살펴보겠듯이, 이렇게 해서 구시대가 "십자가에 못 박히고" 그들이 십자가에 못 박혔다.

그렇다면 어떻게 해서 이 '새로운 유월절'이 발생했는가? 성경 서사에 깊이 영향을 받은 누군가에게서 기대할 법한 대로, 그 답은 '하나님께서 지속되는 포로기의 문제를 다루심으로써'다. 이 책에서 내내 살펴보았듯이, 이 두 가닥은 예수님과 연관된 메시아 사건들의 면면에 흐르고 있다. 유월절―하나님의 궁극적 구출 계획이요 활동하시는 하나님의 궁극적 계시―이 먼저이지만, 이스라엘의 포로 상태를 감안할 때 이 새로운 유월절이 효과가 있으려면 '죄 사함'이 있어야 했다. 그래서 그렇게 일이 진행되었다.

'율법의 행위' 진영에 속한 사람은 저주 아래 있기 때문입니다! 그렇습니다. 그것이 바로 성경이 말하는 바입니다. "율법 책에 기록된 모든 것을 굳게 붙들고 이행하지 않는 사람은 다 저주 아래 있다."… 메시아께서 우리를 대신하여 저주가 되심으로써, 우리를 율법의 저주에서 속량하셨습니다. "나무에 달린 자는 모두 저주받은 자다"라고 성경이 말하는 대로입니다. 이는 아브라함의 복이 왕이신 예수 안에서 민족들에게까지 흐르게 하고, 우리도 믿음을 통해서 영의 약속을 받게 하려는 것입니다.3:10, 13-14

여기서 바울의 설명은 난해하고 암시적이지만(11-12절을 포함하면 더 그렇다), 이 인용문에서 실마리를 찾을 수 있다. 인용문의 출처는 신명기 27장이다. 이스라엘 백성이 약속의 땅에 들어가기 전에 모세가 언약 조항을 정리한 부분인데, 이 조항이 경고가 되고, 경고는 다시 예언이 된다. 신명기는 나쁜 짓을 해서 벌을 받는 개인을 가볍게 생각하지 않는다. 저주에서 용서와 축복으로, 거기서 다시 저주로 돌아가는 악순환을 제시하지도 않는다. 물론 그런 악순환이 사사기를 비롯한 성경에 자주 등장하지만 말이다. 오히려 신명기는 그 반대로, 한 가지 서사를 상정하는데, I 세기에는 그런 방식으로 해석되었다. 이스라엘 **전체가** 반항하고, 불순종하고, 우상을 섬기므로 이스라엘 전체가 궁극적 저주를 받아 그 땅에서 쫓겨날 것이다. 아담과 하와가 동산에서 쫓겨나는 이야기가 장기적으로 적용된 이야기다. 그러고 나서 결국에는 회복될 것이다. 하지만 어떻게 회복이 일어나고, 그 회복은 어떤 모습일까?

문제는, 이것이 이스라엘에게만 문제를 일으키는 것이 아니라는 점이다. 물론, 시편 기자가 "우리가 이방 땅에서 어찌 주님의 노래를 부를 수 있으랴?"시 137:4, 새번역라고 불평하듯이, 이스라엘 사람들에게도 큰 문제이긴 했다. 하지만 신명기는 이스라엘의 건국 헌장인 모세오경 끝부분에 위치했고, 이스라엘 역사의 시작인 아브라함을 부르신 사건은 이스라엘뿐 아니라 온 세상의 영광스러운 미래를 늘 상상했다. 그렇다면 창세기부터 계속된, 열방을 향한 축복에 도대체 무슨 일이 생긴 것인가? 마치 먼 마을에 긴급한 소식을 전하러 간 배달 차량이 운전자의 태만 때문에 눈더미에 갇혀 버린 것과 같았다. 발이 묶여 운전자가 고립된 것도 문제지만, 전해야 할 소식을 전하지 못하는 게 더 큰 문제다.

이것이 바울이 예수님이 "저주"를 받아 "아브라함의 복이 왕이신 예수 안에서 민족들에게까지 흐르게" 된 이유를 말할 때 뜻한 바를 설명해 준다. 이 본문을 설명한 많은 사람들과 달리, 그는 '저주'를 선고한 율법이 틀렸다거나 예수님이 사람들 개인의 죄를 용서해 주시려고

'저주'를 받으셨다고 말하지 않는다. 물론 바울은 그것도 중요하다고 말했겠지만, 하나님이 아브라함에게 약속하신 한 가족과 그 가족의 탄생 과정을 다룬 이 본문에서 그가 주장하는 핵심은 아니다.

그러고 나서 본문은 '포로기'가 끝났다고 선언한다. 이스라엘을 대표하는 메시아가 친히 '저주'를 받으셔서 저주가 사라졌기 때문이다. 잠시만 전통적 표현을 사용하자면, 이것은 틀림없는 '형벌'이요(신명기의 저주보다 더 큰 '형벌'은 없을 것이다) 틀림없는 '대속'이다(메시아의 저주받은 죽음은 더 이상 다른 사람들이 저주 아래 있지 않다는 뜻이다). 하지만 이런 '형벌적 대속'은 흔히 이 이론이 들어 있다고 하는 서사와 별 관계가 없다. 그 서사는 여기 인용한 성경 본문의 완곡한 표현이 다음과 같은 뜻을 간접적으로 전달한다고 말한다. "우리가 죄를 지어서 하나님이 예수님께 벌을 주셨고, 우리 모두는 이제 의롭다." 그 서사는 신명기의 이스라엘이 윤리적 도전을 받았지만 실패하여 구원을 받아야 하는 인류의 본보기라고 말한다. 이런 것들은 이 본문에 '행위 계약'을 부여하려는 시도에 불과해서, 모든 구절을 왜곡하는 결과를 낳는다. 이 단락은 '소명 언약'—구체적으로는 이스라엘의 소명, 아브라함의 씨의 소명—이 온 세상을 축복하는 수단이 된다고 이야기한다. 예수님이 저주를 받으셔서 이제 열방으로 복이 흘러갈 수 있다. 그리고 본문 마지막에 등장하는 '우리' 유대인들도 언약 갱신에 대한 확실한 표지 곧 온전한 '유업'의 계약금인 성령을 받을 수 있다.

따라서 갈라디아서 3장 1-14절은 신명기의 '유배의 저주'를 무효화하는 십자가의 성취에 초점을 맞춘다. 이 단락은 메시아의 **대표**

적 사역을 통해 이 일이 일어났음을 분명히 한다. 메시아가 이스라엘을 대표하시기 때문에 정당하게 **대리**로 행동하실 수 있다. 이번에도 나는 요점이 분명하지 않을 경우에만 전통적 표현을 쓰지만, 내 생각에 훨씬 더 중요한 것은 예수님의 죽음이 '유배' 문제를 해결한다고 말하는 이 본문이 4장 1-11절의 새로운 유월절이라는 더 큰 주제와 직결되는 방식이다. 이것은 1장 4절의 요약에서 말씀한 그대로다. 메시아께서 "현재의 악한 세대로부터 우리를 건지시려고"(4:1-11에 부합한다) "우리 죄를 위하여 자신을 내주셨"다(3:10-14에 부합한다). 이 둘은 정확히 같이 간다. 하나가 다른 하나의 수단이다.

플라톤화된 왜곡과 비교해 볼 때, **목표**는 아브라함에게 그의 후손이 세상의 상속자가 되리라고 하신 약속의 성취다(로마서 4:13을 보라). **문제**는 인간의 죄나 그 죄로 인한 죽음 같은 일반적 문제가 아니다. 하나님이 아브라함만이 아니라 아브라함을 통해 온 세상에 약속하신 것이 문제다. 신명기에서 주장하듯이, 약속을 받은 민족이 신명기의 저주 아래 있다면, 그 약속들은 더 넓은 세상으로 확산될 수 없다. 그렇다면 **수단**은 이스라엘의 메시아 예수님이 이스라엘의 저주를 감당하시는 것이다. 그렇게 하면 죄와 '유배'의 결과들을 해결하여 '현재의 악한 세대'의 권세를 영단번에 깨실 수 있다. 죄가 용서되면, '권세들'은 힘을 잃고 만다. 우리가 성경 서사의 작동 방식을 이해하여 "메시아께서 성경대로 우리 죄를 위해 죽으셨습니다"라는 말씀의 제대로 된 효력을 볼 수 있다면, 복잡한 성경 본문이 논리 정연하게 눈에 들어오게 된다.

　　바울은 이미 2장에 나오는 예수님의 죽음의 효력에 대한 가장 유
명한 선언에 이 모두를 요약했다. 장문의 자전적 서두(1-2장의 많은 부
분은 바울 자신의 이야기로, 갈라디아의 현안에 특별히 적실성이 있는 부
분을 강조하고 있다)는 안디옥에서 교회를 가르는 행위로 베드로를 책
망한 사건에서 절정에 이른다. 베드로는 예루살렘에서 온 방문자들
이 메시아를 믿지만 할례는 받지 않은 비유대인들과 자신이 함께 먹
는 모습을 보고 어떻게 생각할지 염려하여, 이방인들을 떠나 물러갔
다. 우리는 이것이 유대인 신자들이 한 식탁(이나 한 방)에서 식사하고
비유대인 신자들은 다른 곳에서 식사하는 결과로 나타났다고 전제해
야 한다. 교회의 연합은 상대적으로 최근까지도 현대 서구 기독교에
서 긴급한 주제가 아니었기에, 이 본문은 다른 내용 곧 '구원'의 기제
에 대한 내용으로 읽혔다. 하지만 바울은 메시아에게는 두 가족이 아
니라 한 가족이 있으며, 이를 부인하는 것은 복음 자체를 부인하고 메
시아의 십자가형을 불필요하게 만든다는 사실을 강조한다.

　　이 점을 지적하려고 바울은 어떤 사람이 '메시아 안에' 들어오면
무슨 일이 벌어지는지 자신의 예를 든다. 그는 '자신의 체험'이 특별
하다거나 남들이 따라야 할 '영적 체험'의 기준을 세우는 것처럼 묘사
하지 않는다. 예수님이 이스라엘의 메시아임을 믿게 된 유대인으로서
자신에게 벌어진 일을 묘사할 뿐이다. 그래서 베드로를 비롯하여 그
의 말을 듣는 모든 사람과 이 편지를 듣고 있는 갈라디아인들에게, 메
시아의 죽음과 부활에 "현재의 악한 세대"에 속한 이전의 모든 정체
성을 죽이고 새로운 정체성을 창조하는 효력이 있음을 분명히 하기

위해서다.

> 나는 율법을 통해 율법에 대해 죽었는데, 이는 내가 하나님에 대해 살기 위해서입니다. 나는 메시아와 함께 십자가에 못 박혔습니다. 내가 살아 있지만 내 안에 사는 것은 더 이상 내가 아니라 메시아이십니다. 내가 지금도 육체 가운데 사는 삶은, 나를 사랑하여 나를 위해 자신을 내주신 하나님 아들의 신실하심 안에서 사는 것입니다. 2:19-20

우리는 갈라디아서 1장 4절의 결정적인 절정부에 나타난 강력한 울림을 놓쳐서는 안 된다. "우리 죄를 위하여 자신을 내주셨습니다." 계속해서 이어지는 똑같이 중요한 내용도 놓쳐서는 안 된다. 베드로가 자신의 행위로 암시하고 갈라디아인들이 할례를 받을 경우 암시할 수 있듯이, 어떤 사람이 단순히 유대 율법을 지킨다고 해서 하나님 백성에 속할 수 있다면, 메시아가 죽으실 필요는 없었을 것이다. 2:21 예수님이 죽은 자들 가운데서 다시 사셨다면, 그분은 진정한 하나님의 메시아다. 롬 1:3-4 하지만 그분이 그때나 지금이나 정말로 메시아라면, 그분의 죽음은 수치스러운 비극이 아니라 구원하시는 승리 혹은 **유일한** 구원의 승리였다. 그리고 그 죽음으로 포로기가 끝났다면, '죄 사함'은 우주에 새겨진 새로운 실재이고, 우리를 노예 삼던 오랜 '권세들'은 '새로운 유월절'을 통해 영단번에 패배했다. 그렇다면 중요한 것은, 여전히 죄와 죽음이 지배하고 유대인과 이방인이 따로 식사하는 옛 세상으로 돌아가는 것이 아니라 그 새로운 세상에서 살면서 그 세상을 경축하는 것이었다.

특히, 여기서 우리는 바울에게 메시아의 죽음이 갈라디아서의 요지—비유대인이 할례를 받지 않고도 아브라함에게 약속하신 가족에 포함된다—와 밀접하게 연관되는 것을 본다. 우리는 다시 한 번 세 가지 요점을 확인할 수 있다. 첫째, 이 사건이 발생한 것은, 하나님이 '현재의 악한 세대'를 무효라고 선언하시고 '오는 세대'를 시작하셨기 때문이다. 그리하여 '현재의 악한 세대'의 권세들 곧 이전에 사람들을 포로 삼았던 권세들에게는 더 이상 이들을 죄수로 가둬 둘 아무 권리가 없다. 새로운 유월절은 모든 노예가 이제 자유를 얻었다는 뜻이다.

둘째, 이 목표를 달성한 수단이 바로 '죄 사함'이다. 바울이 2장 15절에서 암시하듯이 이방인들을 배제하자는 유대인(이나 유대인 메시아 신자)들의 주장이 그들이 '이방 죄인'이기 때문이라면, 이 주장은 메시아가 "우리 죄를 위하여 자신을 내주셨"기 때문에 뒤집힌다. 따라서 유대인이든 비유대인이든 '그리스도 안에' 있는 사람은 누구든지 '죄인'으로 취급될 수 없고, 그런 근거로 이방인을 배제해야 한다는 주장은 기각되어야 마땅하다.

셋째, 유대인(과 1:13-14에서 말한 대로 독실하고 열심 있는 전형적 유대인인 바울 자신)이 예수님을 이스라엘의 메시아로 인정하고 메시아의 가족으로 들어오는 것은 "나를 사랑하여 나를 위해 자신을 내주신 하나님 아들"을 선언하는 것이다. 그렇게 해서 유대인들도 전혀 새로운 정체성, 궁극적 이스라엘의 정체성, 메시아의 정체성을 받는다. "내가 살아 있지만 내 안에 사는 것은 더 이상 내가 아니라 메시아이십니다." 따라서 이스라엘에 대한 메시아의 대표적 지위와 아브라함의 가족을 위한 하나님의 목적들을 통해 해석된 메시아의 십자가형은 한 언약 가족, 곧 죄 사함을 받은 하나님 백성, 이미 '오는 세대'의 삶을 경축하는 백성의 창조와 유지를 뜻한다.

이것이 갈라디아서의 핵심 주장이지만, 여기서 그치지 않는다. 바울이 '선행'으로 '의'를 획득하려는 인간적 시도나 소위 '율법주의'를 반대하고 있다는 이전의 해석들은 늘 갈라디아서 5장에서 문제가 발생했다. 그는 5장에서 갑자기 방향을 돌려 싸움과 다툼을 그치고 행동을 삼가라고 청중에게 말한다. 그러면 결국 '선행'을 해야 한다는 말이 아닌가? 하지만 이런 해석 방향은 그것이 바울의 요점을 얼마나 놓치고 있는지를 드러낸다. 우리가 십자가에 대한 바울의 관점의 주요 두 단계를 상기해 본다면, 모든 게 확실해진다.

첫째, 새로운 유월절이 일어났다. 따라서 이제 당신은 성령이 이끄시는 '오는 세대'에 살고 있고, 당연히 그에 합당하게 행동해야 한다. '육신의 일'은 '현재의 악한 세대'에 속했으므로 잊어야 한다. 그러기 위해 성령의 도우심을 받아 도덕적으로 힘쓰는 것은 '율법의 행위'에 대한 이전의 주장과는 아무 상관이 없다. (이런 문제는 '육신의 일'과 복음으로 그 일을 버리는 것을 인간의 소명에 대한 보통의 윤리적 관점과 그것이 조장하는 구원에 대한 '행위 계약'적 관점으로 해석할 때만 불거진다.) 바울이 가리키는 도덕적 수고는 메시아의 가족에 속하게 될 때 실제로 발생한 일을 인식하는 것과 관계가 있다. 바울이 2장 19-20절에서 말한 대로, 그것은 예수님과 함께 십자가에 못 박힌다는 뜻이었다. "메시아 예수께 속한 사람은 육체와 함께 정욕과 욕망을 십자가에 못 박았습니다."5:24 복음으로 인한 거룩함은, 십자가에 못 박히고 부활한 메시아 백성의 의무다. 세상은 그들에게 못 박혔고, 그들은 세상에게 못 박혔다. 십자가 때문에 그들은 새로운 창조세계의 일부가 되었다. 이것이 바로 우리가 낡은 '행위 계약'을 떠나 새로운 유월절 백성으로 성경적 '소명 언약'을 받아들일 때 벌어지는 일이다.

둘째, 갈라디아서 1장 4절대로, 메시아께서 "우리 죄를 위하여 자신을 내주셨"기에 이 새로운 유월절, 곧 어둠과 '현재의 악한 세대'의 권세들에 대한 승리가 성취되었다. 이 권세들에 승리할 수 있었던 이유는, 인류와 세상을 사로잡은 이 권세들의 엄청난 장악력이 우상숭배와 죄의 힘을 의지했기 때문이다. 인류 전반, 바울의 성경 해석에서는 특히 이스라엘이 이전에 정당하게 자기들 것이었던 권위를 권세들에게 넘겨주었다. 따라서 메시아가 율법의 정당한 저주 아래 '죄를 위하여' 죽는 것은 승리를 얻는 데 반드시 필요한 수단이었다. 이 두 단계—하나님의 승리인 유월절, 그 승리의 수단으로서 죄를 위한 메시아의 죽음—가 갈라디아서의 모든 내용을 뒷받침한다.

그렇다면 이것이, 거의 2천 년 전 터키 중남부의 소집단에 보낸 짧고 예리한 서신에 정리된 십자가의 의미가 시공간의 경계를 초월하여 오늘날의 교회에 동일하게 긴급하고 혁명적인 도전들을 제기하는 이유라고 할 수 있다. 우리도 자칫 속아서 메시아 안에서 교제권의 경계를 결정하기 위해 인종 구별을 허용하기 쉽다. 우리가 행위가 아니라 믿음을, 율법이 아니라 은혜를 믿기 때문에 복음의 윤리적 도전을 조용히 치워 놓아도 괜찮다고 가정하기 쉽다. 십자가에 대한 바울의 메시지는 우리에게 선택의 여지를 주지 않는다. 연합과 거룩함, 그 둘에 동반되는 고난은 메시아의 죽음에 뿌리를 둔다. 그것들이 없어도 된다고 여기는 것은 메시아가 죽으실 필요가 없었다고 여기는 것이나 마찬가지다. '현재의 악한 세대'가 여전히 아무 문제 없이 세상을 장악하고, 이방인들이 여전히 '권세들'의 깨지지 않는 통치 아래 있다고 시사하는 것이다. 하나님의 정체성, 하나님의 **사랑**(2:20에 나온 대로)이 궁극적으로 계시되지 않았다고 전제하는 것이다. 그것은 복음을 부인하는 것이다.

● 고린도전·후서

바울이 고린도에 보낸 서신에는 예수님의 십자가의 의미를 자기주장의 기초로 제시하는 단락이 많다. 어디에서도 십자가가 성취한 내용이나 그 성취의 이유나 방식을 완벽하게 설명하지는 않는다. 우리는 고린도전서 1-2장에서 그가 십자가에 못 박힌 메시아라는 메시지가 유대인들에게는 추문이요 비유대인들에게는 광기에 가깝다는 사실에 열중한 모습을 이미 살펴보았다. "현 시대의 통치자들"이 나서서 "영광의 주를 십자가에 못 박"았을 때 그들은 암묵적으로 제 무덤을 판 셈이었다. 이곳을 비롯한 많은 곳에서, 우리는 바울이 두어 줄을 더 할애하여 자신의 말이 정확히 무슨 뜻인지, 특히 어떻게 해서, **왜** 이 죽음에 **이런** 효력이 있는지를 설명해 주었으면 얼마나 좋았을까 하고

생각한다. 그는 여러 곳에서 유월절 이미지, 특히 '누룩'을 없애는 것
과 값을 지불하고 '속량하는' 개념을 가져다가 메시아 백성이 이전 노
예 시절에 지녔던 삶의 방식을 떠나야 한다고 주장한다. 이것은 그의
독자들이 이미 출애굽 이야기에 익숙하여 연관성을 찾을 수 있다는
점을 암시한다.

묵은 누룩을 깨끗이 치워, 여러분의 참 모습인 새 반죽 곧 누룩 넣지
않은 반죽이 되십시오. 알다시피, 지금은 유월절이고, 이미 유월절 양
곧 메시아께서 희생되셨습니다! 이제 우리가 할 일은, 옛 생활의 누룩
없이 또 악행과 사악함의 누룩 없이 명절을 제대로 지키는 것입니다.
지금 우리에게 필요한 것은 누룩 넣지 않은 빵이고, 그것은 성실과 진
실을 뜻합니다.…

여러분의 몸이 여러분 안에 계신 성령 곧 하나님께서 여러분에게
주신 영의 성전이고, 따라서 여러분은 여러분 자신의 것이 아님을 모
릅니까? 여러분은 아주 비싼 값을 치르고 산 사람들입니다! 그러니
여러분의 몸으로 하나님을 영화롭게 하십시오. 5:7-8; 6:19-20

그는 10장에서 다시 유월절 주제로 돌아가는데, 이번에는 원래
유월절 서사에 백성이 반항하고 잘못을 저지르고 벌을 받는 때가 빈
번했다고 지적한다. 그는 고린도 사람들에게 "이런 일들은 본보기로
그들에게 일어났고, 우리에게 교훈이 되도록 기록되었습니다. 시대
의 마지막이 이제 우리에게 임박했기 때문입니다"10:11라고 경고한다.

즉 최후의 유월절 백성인 우리는 우리가 맞닥뜨린 도전들을 원 세대의 관점에서 이해해야 한다. 유월절도 물론 주의 만찬의 배경이고, 원래 유월절처럼 그 식사는 뒤를 돌아보기도 하고 앞을 내다보기도 한다. "이 빵을 먹고 잔을 마실 때마다, 여러분은 주님이 오실 때까지 그분의 죽음을 선포하는 것입니다."11:26 다시 말해, 그들은 메시아의 영단번의 죽음을 자신들의 기본 정체성으로 주장하고 있기에, 그에 걸맞게 살아야 한다.

이 모두는 또다시 우리가 '윤리적' 명령이라고 생각하는 것에 부응하는 듯하지만, 그것은 '종말론적' 지침으로 보는 편이 더 낫다. '세상 끝날'이 다가오고, (다시 말해) '현재의 악한 세대'가 정죄받고 '오는 세대'가 시작되었으니, 이들은 현재의 악한 세대가 아니라 오는 세대에 산다는 것이 무슨 뜻인지 배워야 한다. 여기서 내 요점은, 세부 행동을 위해 이 말의 모든 함의를 찾아내는 것이 아니라, 고린도를 비롯한 다른 곳의 신자들이 분별하여 실천에 옮겨야 할 새로운 사회적·문화적 양상을 살피는 것이다. 또한 꽤 다양한 문제들을 다루고 (안전하게 말해서) 교회 구성원의 대부분이 날 때부터 유대인이 아닌 교회에 보낸 서신에서, 바울이 어느 정도나 유월절을 염두에 두고서 반복해서 자신의 주장에 자연스럽게 등장시키느냐 하는 점이다. 바울은 아무데서도 메시아가 죽으신 **목표**나, 그 죽음이 그 목표를 성취한 **수단**을 명쾌하게 말하지 않는다. 하지만 그는 고린도전·후서 전체에서 이 죽음이 그 궁극적 의미를 찾게 될 배경이 유월절이라고 전제한다.

그 점이 고린도전서의 마지막 주장, 곧 15장의 부활 논의에 진정

성과 깊이를 부여한다. 여기서 그 기저에 있는 주제가 승리다. "하나
님께 감사드립시다! 그분이 우리 주 메시아 예수를 통해 우리에게 승
리를 주십니다."15:57 바울은 예수님이 **이미** 세상을 다스리고 계신다
고 전제한다. "알다시피, '그분이 모든 원수를 자기 발아래 두실 때'까
지, 그분이 계속 다스리셔야 합니다."15:25; 시 110:1을 인용 따라서 신자들의
미래의 부활을 주장하기 위해 바울은 다른 모든 이보다 앞선 예수님
의 유일한 부활의 중요성을 설명한다. 이 '우주적' 승리는 결국 죽음
자체가 사라지는 결과(물론 이것이 '부활'의 의미이긴 하다)를 낳을 것
이다. 죽음이 패할 수 있고, 예수님이 부활하셨을 때 원칙적으로 죽음
이 패한 이유는 예수님이 십자가에서 죄를 해결하셨기 때문이다.

　　이 장은 최후의 승리를 다루지만, 15장 서두는 초기 복음 요약을
반복하면서 어떻게 그런 일이 생길 수 있는지 설명해 준다. "메시아께
서 성경대로 우리 죄를 위해 죽으셨습니다." 그래서 앞서 인용한 성경
구절에서처럼, "메시아께서 일으켜지시지 않았다면, 여러분의 믿음
음 무의미하고, 여러분은 아직도 죄 가운데 있을 것입니다."15:17 고린
도 사람들이 "아직도 죄 가운데 있"는 이유는 진정으로 회심하지 않
아서도, 그들의 믿음이 약해서도, 변화된 삶의 증거를 보여 주지 못해
서도 아니다. 메시아가 다시 살아나신 일이 없으면 그렇다는 것이다.
메시아가 다시 사셨을 때 **죽음을 정복하셨다. 죄 문제가 해결된 것이
다.** 그것이 연결고리다. 그것이 성경대로, 모든 '권세들'로부터의 자유
라는 메시지(유월절 메시지)가 '죄 사함'의 메시지(포로 생활의 종말이
라는 메시지)와 직결되는 이유다.

고린도후서는 고린도전서와 분위기는 물론이고 문체도 전혀 다르다. 그 이유는, 첫 장에서 말하듯이 바울이 에베소 사건으로 완전히 무너졌기 때문인 듯하다. 그는 무슨 일이 있었는지 말하지는 않지만, 그 사건으로 생명의 위협을 느끼고 정신과 마음의 균형에도 중대한 영향을 받았던 듯하다. 무엇보다도, 그는 고린도 교회로부터 그를 크게 심란하게 만든 내용과 어조의 메시지를 확실히 받은 것 같다. 서로 경쟁하는 교사 집단이 있는데, 그들이 바울과 그의 사역, 그의 방식, 특히 고난을 경멸하는 말을 퍼부었다. 그가 자신들처럼 진정한 사도였다면, 그런 고난을 받지 않았을 것이라면서 말이다! 물론, 우리는 바울의 반응을 통해서만 이 내용을 알 수 있지만, 그가 말하는 내용과 방식으로 보건대 그들은 그가 교회에 수치를 불러오고 있다면서 그를 뒤흔들려 하고 있었다. 어떻게 바울처럼 학대받는 사람을 그들이 존경할 수 있단 말인가?

그에 대한 대답으로 바울은 메시아와 그분의 십자가라는 메시지가 어떻게 자신의 사역을 형성했는지 설명한다. 고린도후서에는 우여곡절이 많아서, 바울이 북부 그리스로 가는 길에서 구술한 것처럼 보이는 매끄럽지 못한 단락도 있다. 하지만 그 중심에는 이런 메시지가 있다. 사도적 사역의 진정한 표지는 메시아가 친히 사도를 빚으심을 보여 주는 것들에서 드러난다. 메시아의 죽음은 모든 형태의 권력뿐 아니라 모든 문화적 기대를 뒤집는다. 여기서 우리는 갈라디아서 2장 19-20절에 대한 광범위한 해설을 볼 수 있다. 바울은 메시아와 함께 십자가에 못 박혔고, 이제 그는 십자가에 못 박히고 부활하신 메시아 곧 그분의 고난과 영광의 삶을 산다. "우리는 우리 자신을 선포하지 않고, 메시아 예수를 주로, 그리고 우리 자신을 예수로 인한 여러분의 종으로 선포합니다"4:5라고 말하기는 쉽다. 누구든 이론상으로 이 말에 동의할 수는 있겠지만, 실생활에 고통스럽게 각인된 이 주장의 의미를 찾는 것은 전혀 다른 차원의 일이다.

그러나 우리가 이 보물을 질그릇 안에 지니고 있으니, 이는 그 엄청난 능력이 우리가 아닌 하나님께 속한 것임을 드러내려는 것입니다. 우리는 온갖 압박을 받고 있지만 완전히 짓눌리지 않습니다. 우리는 당황스러운 일을 겪지만 절망하지 않습니다. 우리는 박해를 받지만 버림받지 않습니다. 우리는 맞아 쓰러지지만 멸망하지 않습니다. 우리는 늘 예수의 죽으심을 몸에 지니고 다닙니다. 이는 예수의 생명이 우리 몸에서 나타나게 하기 위함입니다. 우리는 아직 살아 있지만, 알다시피, 우리는 늘 예수 때문에 죽음에 넘겨집니다. 이는 예수의 생명이 우리의 죽을 인간성 안에 나타나게 하기 위함입니다. 그리하여 죽음은 우리 안에서 작용하지만, 생명은 여러분 안에서 작동합니다!4:7-12

그는 수사적으로 더 강조하여, 고난과 수치를 당하는 진정한 사도적 삶이란 부끄러워할 것이 아니라 권면해야 할 것이라고 설명한다.

대신 우리는 스스로를 하나님의 일꾼으로 추천합니다. 우리는 많이 참고, 고난과 역경과 곤경과 매 맞음과 투옥과 난동과 고된 노동과 밤

샘과 굶주림을 겪고, 순결과 지식과 관대함과 친절과 성령과 참된 사
랑을 베풀고, 진리를 말하고, 하나님의 능력으로 일하고, 오른손과 왼
손 모두에 하나님의 신실한 일을 위한 무기를 들고, 영광과 수치를 겪
고, 비방과 칭찬을 겪습니다. 우리는 속이는 자 같지만 진실하고, 이름
없는 자 같지만 유명하고, 죽어가는 자 같지만, 보십시오, 살아 있습니
다. 또 징벌받는 자 같지만 죽임당하지 않았고, 슬퍼하는 자 같지만 늘
기뻐하고, 가난한 자 같지만 많은 사람을 부요하게 하고, 아무것도 가
진 게 없는 자 같지만 모든 것을 가졌습니다.6:4-10

그러고 나서는 더 극적으로, 독자들을 일부러 놀리면서까지, 자
신의 모든 '업적'을 나열한다. 그런데 그 업적이란 게 하나같이 **그의
약함을 드러내는** 엉뚱한 것들이다.11:21-12:7 주님이 친히 그에게 "내 은
혜가 네게 충분하다. 내 능력은 약함 가운데서 완전해진다"12:9라고 말
씀하셨다. 그래서 그는 이렇게 말한다.

그래서 나는 메시아의 능력이 내 위에 머물도록 더욱더 기쁘게 내 약
함을 자랑하겠습니다. 그래서 나는 메시아를 위해 약하고 모욕당하고
어려움에 처하고 박해당하고 재난을 겪을 때 기뻐합니다. 알다시피,
내가 약할 그때에 강하기 때문입니다.12:9-10

이 본문의 핵심은 메시아의 십자가형이 단순히 세상을 뒤바꾼
과거의 어떤 사건이 아니라는 것이다(물론 그것도 사실이다). 구원의

'기제'도 아니다. 물론 우리가 굳이 그 용어를 사용해야 한다면, 틀린 것은 아니다. 메시아의 십자가형은 하나님이 죄와 죽음에 요술을 부려서 한 번에 해결하신 이상한 거래가 아니었다. 그 일 이후로 일상 활동이 재개되고, 늘 작용하던 힘이 돌아오고, 인간들이 잠시 중단했던 명예와 수치, 자랑과 명망, 출세주의와 허세 같은 보통의 인간 생활 방식을 다시 채택한 것이 아니었다. 메시아의 십자가형이 죄를 해결함으로써, 모든 권력 구조를 타도하기 위해 자신을 주시는 넉넉한 사랑 가운데 일하고 계신 하나님의 본성을 드러냈기 때문에, 그와 동일한 하나님의 본성이 이제는 복음의 내용뿐 아니라 그 복음을 전하는 사람들의 성품과 환경을 통해 일하실 것이다.

이것이 고린도후서에 나타난 바울의 핵심 주장이다. 그가 대부분은 십자가의 영향을 한 번에 죄를 해결하고 죄에서 세상을 해방시키는 것과 관련하여 말하고 있지는 않지만, 그는 십자가를 통해 **얻은** 승리가 십자가를 통해, 특히 사도들의 십자가 닮은 삶과 사역을 통해 **실행되어야** 함을 발견하고 분별했다. 바울이라면 다양한 소명을 받은 모든 그리스도인에게 틀림없이 똑같이 말했겠지만, 고린도후서의 대부분은 진정한 사도직의 성격을 설명하고 변호하는 내용이다. 그리고 우리는 모든 내용이 그것을 중심으로 돌아가는 핵심 단락을 그 관점으로 읽어 내야 한다.

이번에도 우리는 '소명 언약'을 구체적으로 적용한 내용을 볼 수 있다. 십자가의 목적은 그렇게 해서 "천국에 가는 것"(특히 5장 서두를 보면, 바울은 이보다 더 큰 사후의 미래를 알고 있었다)이나 "하나님과 영원히 함께 있는 것"이 아니다. 물론 바울은 그것도 믿었다. 하지만 그보다는 계시록 1, 5, 20장에서처럼, 메시아의 죽음의 결과는 인간, 이 경우에는 사도의 사역을 맡은 이들이 그 사역으로 부르심을 받고 구비되는 것이다. 앞에서 이 단락을 간단히 훑어보았지만 한 번 더 반복해서 볼 만하다. 이 단락은 십자가와 거기에서 비롯된 소명에 대한 바울의 이해에서 너무나 핵심적이다.

> 메시아의 사랑이 우리를 강권하기 때문입니다. 우리는 한 사람이 모두를 위해 죽으셨으니 모두가 죽은 셈이라는 확신에 이르렀습니다. 그분이 모두를 위해 죽으신 것은, 살아 있는 사람들이 더 이상 자기 자신을 위해 살지 않고 자신들을 위해 죽으셨다가 살아나신 그분을 위해 살게 하기 위해서입니다.···
>
> 이 모든 것이 하나님으로부터 옵니다. 그분은 메시아를 통해 우리를 자기와 화해시키셨고, 또 우리에게 화해의 사역을 주셨습니다. 이 일은 이렇게 일어납니다. 하나님께서 사람들의 죄과를 헤아리지 않으시고 메시아 안에서 세상을 자기와 화해하게 하셨고, 또 우리에게 화해의 메시지를 맡기셨습니다. 따라서 우리는 하나님께서 우리를 통해 호소하시는 것처럼, 메시아를 대표하여 말하는 대사입니다. 우리는 메시아를 대신하여 사람들에게 하나님과 화해하기를 간청합니다. 메시아께서는 죄를 모르셨지만, 하나님께서는 그분을 우리 대신 죄가 되게 하셨습니다. 이는 그분 안에서 우리로 하여금 언약에 대한 하나님의 신실하심을 구현하게 하시기 위함입니다.

따라서 우리는 하나님과 함께 일하는 사람으로서 여러분에게 특별히 호소합니다. 여러분은 하나님이 은혜를 받고 그 은혜를 허비하지 마십시오! 하나님께서 말씀하셨습니다. "내가 적시에 네게 귀 기울였고, 내가 구원의 날에 너를 도우러 왔다." 보십시오! 지금이야말로 적시입니다! 보십시오! 지금이야말로 구원의 날입니다! 5:14-6:2

그는 매번 그 사상을 발전시키면서 반복해서 이야기한다. 메시아가 (우리와 세상을 하나님과 화해시키려고) 죽으셨다. 그래서 하나님이 이 사역(화목하게 하는 직분)을 우리에게 주셨다. 고린도후서 대부분의 내용과 마찬가지로, 이 단락 전체는 이 사역 곧 메시아가 빚으신 십자가의 사역, 언약을 실현하는 사역을 다룬다.

많은 전통에서 5장 21절 하반절의 통상적 번역인 "우리로 하여금 그 안에서 '하나님의 의'가 되게 하려 하심이라"를 오해하여, 이 구절에 소위 '이중 전가' 사상이 들어 있다고 생각했다. 우리 죄가 예수님께 '전가되고' 그분의 의가 우리에게 '전가되었다'는 것이다. 하지만 그것은 바울이 말한 내용이 아니다. 오히려, 그런 접근 방식 전반은 신약성경의 심오한 내용보다는 최소한 대중적 차원에서 '행위 계약'에 기댄 경우가 많다. 이것은 바울 신학이 윤리적 '의'를 중심으로 돌아간다고 암시하며(이 의는 어떤 형태로든 '선행'을 가리킨다), 우리의 악한 행위에도 불구하고 예수님의 선행의 가치가 우리에게 돌려질 수 있다고 암시한다. 이것은 바울이 실제 말한 내용을 왜곡하고 축소한 것에 불과하다. 그의 핵심은 십자가가 사람들을 죄에서 해방시켰고, 그래서 그들이 하나님의 언약적 신실하심이 실제로 활동하는, 하나님을 반영하는, 그분의 형상을 닮은 본보기가 될 수 있다는 것이다. 이것이 야말로 고린도후서 전체가 정말로 이야기하는 바다.

하지만 5장 21절 전반부는 복음의 핵심은 죄 없는 예수님이 죄인들의 죽음을 죽으신 사실임을 분명히 한다. 여기서 우리는 한 번 더 기반까지 뚫고 내려간다. "메시아께서는 죄를 모르셨지만, 하나님께서는 그분을 우리 대신 죄가 되게 하셨습니다."5:21상 이 지점에서 우리는 갈라디아서 3장 13절, 그리고 누가복음 서사에서 관찰한 전체 주제에 매우 근접한다. 예수님은 죄가 없으셨지만, 죄인들의 죽음을 죽으셨다. 하지만 이 진술을 표현하는 전반적 서사가 무엇인지 주의하여 보라. 그것은 화가 나거나 변덕스러운 신과 우연한 피해자에 대한 유사 이교도 서사가 아니다. 사랑, 언약적 사랑, 신실하신 사랑, 화목하게 하시는 사랑 이야기다. 메시아의 사랑이다. 자기를 주는 그 사랑이 세상에 알려진 그 어떤 권세와도 전혀 다른 종류의 힘을 지녀서(그래서 바울은 자신이 약할 때 강하다고 기꺼이 말할 수 있다) 사랑이 승리한 이야기다.

하지만 드디어 여기서 우리는 그 사랑에 모든 것을 정복하는 힘이 있는 **이유**를 발견하기 시작한다. 노예 삼는 권세들이 전복되어야 한다면, 그들은 힘의 근원을 잃어야 마땅하다. 그리고 우리가 보았듯이, 그들의 힘의 근원은 인류가 창조주를 예배하지 않고 그것들을 섬겨서 권력을 넘겨주었기 때문이다. 우상숭배와 그로 인한 삶의 왜곡은 똑같이 '죄'로 취급될 수 있다. 그 죄가 해결되고 우상의 권세가 깨져야만, 메시아가 '우리 대신 죄'가 되셔야만 화해의 사역이 사방으로 펼쳐질 길이 열린다. 권세들을 이긴 유월절 같은 승리의 내부에는 죄를 해결한, 포로기의 종말이 있다. 그리고 그 죄가 해결된 방식은 진정한 **대표**가 될 수 있는 유일한 한 사람의 적절한 **대리**다. 그 한 분이 많은 이의 죄를 담당하신다. 죄 없는 분이 죄인 대신 죽으셨다. 이것만이 사랑, 새로운 출애굽, 포로기의 종말이라는 서사 안에서, 예수님의 서사 안에서 말이 된다. 이것을 다른 서사에 갖다 놓으면 음울한 이교도의 공포물이 된다. 원래 있던 자리로 돌려놓으면, 강력한 사랑을 들려준다. "메시아의 사랑이 우리를 강권하기 때문입니다." 이것이 바로 십자가를 사도적 삶에 급진적으로 적용한 모습이다.

● 빌립보서

이 시점에서 옥중서신의 한 권인 빌립보서의 한 단락을 소개할 만하다. 빌립보서 2장의 이 유명한 시는 십자가 처형을 중심으로 한다. 시의 전반부와 후반부는 각각 3행씩 3연으로 되어 있고, 가운데 한 행이 양쪽으로 두 팔을 내뻗으면서 충격적이고 혁명적인 의미를 전달하고 있다.

> 그분은 하나님의 형체를 지니셨지만
> 하나님과 동등함을
> 이용해 먹을 것으로 여기지 않으셨습니다.

오히려 자기를 비워

종의 형체를 받아들이시고

사람의 모습으로 태어나셨습니다.

그러고는 사람의 모양을 취하셔서

자기를 낮추시고,

죽기까지,

곧 십자가에서 죽기까지 순종하셨습니다.

그러므로 하나님께서 그분을 지극히 높이시고

그분을 위해

모든 이름 위에 뛰어난 이름을 그분에게 주셨습니다.

그리하여 이제 하늘과

땅 위와 땅 아래에 있는 모두가

예수의 이름 앞에 무릎 꿇고 절할 것입니다.

그리고 모든 입이

예수 메시아를 주로 고백하여

아버지 하나님께 영광을 돌릴 것입니다. 2:6-11

이 본문을 다룬 책은 수없이 많다. 여기서 내 유일한 목적은 이 책의 주제와 특별히 연관된 세 가지에 관심을 집중시키는 것이다. 첫째, 이 시는 십자가를 중심으로 예수님의 이야기를 분명히 말해 주고 있다. 그것만으로도 언급할 가치가 있다. 하지만 창세기와 이사야서를 비롯하여 다양한 성경 본문을 떠올리게 하는 이 시는 메시아이자 이스라엘의 대표자이며 인간의 전형인 예수님께 초점을 맞추어 인류와 이스라엘의 이야기도 말해 준다. 십자가는 예수님과 이스라엘, 인류, 창조주 하나님과 그분의 세계에 대한 이야기의 중심에 있다. 십자가가 바로 성경 서사의 핵심이다.

둘째, 여기서 십자가는 세상 모든 권세를 이긴 **승리**의 수단이다. 이 시는 모든 무릎을 예수의 이름 앞에 꿇게 하시리라고 선언한다. 왜 이렇게 되는지를 최소한 전통 용어로는("그분이 우리 죄를 위해 죽으셨습니다"처럼) 설명해 주지는 않는다. 하지만 사실상 시의 전반부 전체가 우리가 신약성경 다른 곳(예를 들어, 막 10장)에서 지금까지 살펴본 주제들과 잘 들어맞는 설명을 제공한다. 전반부는 예수님이 보통의 세속 권력으로 하실 수 있는 일, 즉 지위를 이용하여 자신의 유익을 구하는 일을 거부하신 것을 묘사한다. 바울 시대와 빌립보(로마 식민지)에 잘 알려진 세상에서 이런 대조는 뚜렷하다. 세속 황제들이 어떻게 행동하는지는 누구나 다 알았는데, 예수님은 정반대셨다. 자기를 비우고 겸손히 낮추셔서 잔인하고 수치스러운 죽음을 죽기까지 하나님의 뜻에 순종하셨다. 일반적인 인간 행위, 일반적인 왕들의 행위와는 정반대다. 그 결과, **예수님의 중개로 십자가가 하나님나라를 세운다.** 이것이 후반부 3연이 경축하는 내용이다. 이 부분은 사복음서가 이해한 내용과 정확히 같다.

셋째, 현 맥락에서 이 시는 예수님을 따르는 이들이 서로와의 관계에서 취해야 할 방식의 근거와 본보기가 되는 삶의 양식을 보여 준다. 2장 1-4절은 공동체에서 삶을 나누고, 서로 사랑하고 영적으로 교제하며, 진심으로 사랑하고 긍휼히 여기라고 강조한다. 바울은 이를 근거로 교회에 지시한다.

같은 사랑을 붙드십시오. 여러분의 내밀한 삶이 조화를 이루게 하십시오. 여러분의 생각을 같은 목표에 고정하십시오. 이기적 야망이나 허영심으로 행동하지 마십시오. 오히려 다른 모든 사람을 여러분보다 나은 사람으로 여기십시오. 여러분 자신이 아니라 서로에게 최선의 이익을 도모하십시오. 2:2-4

그러고 나서, 이 시는 예수님 자신의 이야기를 들려준다. 어떻게 그렇게 할 수 있는지에 대한 본보기로서만이 아니라, 소위 이런 종류의 삶을 볼 수 있는 **장소**로서 말이다. 그 '장소'는 메시아 백성이 '그 안에서' 자신들의 정체성을 찾을 수 있는 메시아 자신이다. "여러분은 이런 생각을 품어야 합니다. 그것은 곧 여러분이 메시아 예수께 속해 있기 때문에 지니게 되는 마음입니다." 2:5 이들은 이미 예수님께 속했고, 예수님의 '마음'이 이렇게 움직이니 그들의 마음도 같은 방식으로 움직여야 한다. 그 이유는 단순히 이들이 예수님을 닮아 가기 때문만이 아니라, 그분의 '마음'이 이들의 마음 가운데 일하고 계시기 때문이다.

하지만 이 말씀은 어떻게 바울이 이 시의 이면에서 십자가의 논리를 보고 있는지에 대해 실마리를 제공한다. 메시아는 만유의 주인이시지만 종이 되셨다. 전능하시지만 약해지셨다. 아버지와 동등하셨지만 이런 지위를 악용하지 않으셨다. 여기에, 이 본문 구석구석에서 연상되는 이사야 40-55장, 그중에서도 특히 '종의 노래'를 더해 보라. 그러면 우리는 한 걸음 더 나갈 수 있다. 그분은 죄가 없으시지만 죄인들의 죽음을 죽으셨다. **이렇게 십자가가 죄와 죽음의 무게를 떠안고 제거함으로써 하나님나라를 세울 수 있다.** 하나님나라는 우상의 권세를 무너뜨림으로 세워지는데, 우상은 인간이 죄 가운데 그들에게 권세를 부여하기 때문에 권세가 있다. 죄가 해결되면 우상들은 원래 모습 곧 번쩍거리는 쓰레기 더미로 축소된다. 죄가 해결되면 세상은 하나님께 영광을 돌릴 것이다.

이 시에는 놀라운 점이 많지만, 특히 집중해야 할 한 가지가 있다. 바울은 이 시를 1세기의 50년대 중반에 썼는데, 예수님의 십자가형 이후로 채 30년이 되지 않은 때다. 바울은 빌립보서를 위해 이 시를 썼을 수도 있고, 자신이나 다른 누군가가 이미 써 둔 시를 인용했을 수도 있다. 이 시는 성경의 신학을 압축한 명작이다. 그리스어 일흔여섯 단어에 이토록 심오한 내용을 압축해 넣은 통찰력과 표현력의 조합에 경의를 표할 수밖에 없다. 이 시가 내게 말해 주는 바는, 이미 교회 초기부터 다음과 같은 내용이 널리 알려져 있었다는 것이다. 첫째, 예수님의 죽음이 하나님나라를 세웠다. 둘째, 이것은 죄 많은 인류와 자신을 동일시하여 인류의 죽음을 공유하고 인류의 죄를 떠안은 그분의 종의 정체성 때문에 가능했다. 셋째, 이 행동은 예수님이 "하나님의 형제를 지니"시고 그분과 "동등함"에도 **불구하고** 하신 일이 아니라, 그분이 그러하시기 **때문에** 하신 일이었다. 신약성경이 십자가 이야기를 어떻게 전달하든, 그것은 늘 자신을 주신 하나님의 사랑 이야기다.

이것이 바로 예수님의 십자가의 의미를 설명하는 데 따른 진짜 위험은 그것을 세속 시나리오, 곧 하나님의 진노를 예수님께 돌려 성난 하나님을 달래는 이야기로 전락시킬 위험이라고 말한 이유다. 첫 그리스도인들은 '삼위일체'라는 용어를 사용하지 않았지만, 그들이 예수님과 그분의 죽음에 대해 믿은 내용의 핵심에서, 그들은 십자가에서 일어난 일이 세상을 만드신 사랑의 자기표현이었다는 통찰을 확인하고 설명하고 주장하고 훌륭한 시로 탄생시켰다.

● 골로새서

우리의 목적에 꼭 필요한 또 다른 '옥중서신'의 한 단락이 골로새서 2장 13-15절이다.

마찬가지로, 여러분은 범죄와 육체의 무할례로 죽어 있었지만, 하나님께서 예수와 함께 여러분을 살리시고 우리의 모든 범죄를 용서해 주셨습니다. 법 조항을 들이대며 우리를 거스르고 반대하는 손으로

쓴 문서를 그분이 지워 없애 버리셨습니다. 그것을 십자가에 못 박으
셔서 제거해 버리셨습니다. 통치자들과 권세자들의 무장을 벗겨 내시
고, 그분 안에서 일어난 그들에 대한 승리를 축하하며, 그들을 대중의
멸시를 받는 구경거리로 내보이셨습니다.

물론 이 내용은 의도적인 역설이다. 나사렛 예수가 십자가에서
고통받으시는 동안 "통치자들과 권세자들"은 **그분**을 이긴 승리를 축
하하고 있었다. 이들은 예수님의 옷을 벗기고 매달아 공개적으로 모
욕을 주었다. 하지만 바울은 우리가 복음의 의미를 깨달으면 모든 일
의 안팎을 다 보아야 한다고 주장한다.

우리는 이미 고린도전서 2장 8절에서 수수께끼 같은 암시를 들
었는데, '통치자들'이 예수님이 누구인지 알고 그 결과를 알았더라면
그분을 못 박지 않았을 것이다. 여기서는 요점을 더 생생하게 설명한
다. 우리가 바울에게 예수님이 돌아가셨을 때 무슨 일이 있었냐고 묻
는다면—그날 저녁 6시에 무엇이 바뀌었느냐고, 세상에 어떻게 달라
졌냐고, 24시간 전과 달라진 게 뭐냐고, 우리가 던진 질문을 던진다
면—내 생각에는 통치자들과 권세들이 패했다는 것이 그의 주요 대
답 중 하나일 것 같다. 바울이 "통치자들과 권세자들"이라고 말할 때
는 눈에 보이는 통치자들 곧 헤롯과 카이사르, 총독과 제사장들은 물
론, 배후에서 그들을 조종하는 어둠의 세력 같은 눈에 보이지 않는 통
치자들도 뜻한다. 바울은 예수님의 몸이 십자가에서 내려올 무렵이면
이 '통치자들과 권세자들'의 옷이 벗겨지고 수치를 당하고 패했다고

믿었다.

그 당시조차—특별히 그때에는!—이 이야기는 완전히 정신 나간 소리로 들렸을 것이다. (바울도 '십자가의 도'가 미련한 것이라고 말한 적이 있다.) 카이사르가 여전히 왕좌에 있고, 그의 지방 관리들이 가혹한 효율성을 앞세워 전 세계를 운영하고 있었다. 대제사장들이 예루살렘 성전을 여전히 책임지고 있고, 바울은 옥에 갇혀 있었다! 그러니 하나님이 예수님의 십자가에서 통치자들과 권세자들을 타도하셨다는 이 진술은 사도가 허공에 대고 주먹을 휘두르는 헛된 시도, 조금 지나친 허세가 아닐까? 이 수사는 그렇게 들리도록 의도적으로 계획된 것이 틀림없지만, 그 배후에는 확실하고 설득력 있는 논리가 있다. 메시아 사건들 가운데 "하나님께서 예수와 함께 여러분을 살리시고 우리의 모든 범죄를 용서해 주셨"기 때문에 통치자들의 권세는 무너졌다. 앞서 썼던 표현을 사용하자면, 새로운 유월절이 이제 확실히 발생했다. 다시 한 번 죄 사함을 통해 권세들을 이기고 승리를 성취했다.

바울은 하나님이 "우리를 거스르고 반대하는 손으로 쓴 문서를… 지워 없애 버리셨"다고 덧붙인다. 이 법조문이 간접적으로 가리키는 유대 율법은 비유대인들은 배제했고, 불순종한 유대인들에게는 저주를 선언하게 했다. 이것이 사라졌다. 십자가에 못 박혔다. ("나는 율법을 통해 율법에 대해 죽었는데, 이는 내가 하나님에 대해 살기 위해서입니다"라는 갈 2:19을 기억해 보면, 매우 유사한 지점이다.) 이번에도 이 승리 때문이다. 그 덕에 이방인 선교도 가능해졌다. 열방을 사로잡고 있던 '권세들'이 무너지고, 이제 종들이 자유를 얻을 수 있게 되었다.

그렇다면 어떻게 해서 '죄 사함'이 '권세들에 대한 승리'라는 결과를 가져오는가? 여기서 우리는 죄와 우상숭배에 대한 앞선 분석으로 돌아간다. 우상들은—우상에는 사람들이 공식적으로든(로마제국에서처럼) 비공식적으로든 우상화한 인간 통치자도 포함된다—인간이 그들에게 권세를 부여한 덕분에 권세를 얻는다. 인간은 하나님을 예배하고 그분의 세상에서 책임을 지도록 설계되었다. 하지만 인간이 우상을 숭배하여, 하나님의 형상을 담은 인간성이 부패하고 죄를 짓고 인간 소명의 특징을 잃어버릴 때 우상에게 자신들의 힘을 내주고 만다. 그러면 우상들은 이 힘을 이용하여 인간과 세상 위에 군림하고 궁극적으로는 이들을 망가뜨린다. **하지만 죄를 용서받으면 우상들은 그 힘을 잃고 만다.**

성금요일 6시에 "통치자들과 권세자들"이 힘을 잃어버렸다고 바울이 자신만만하게 확신할 수 있는 이유는 그가 예수님의 부활 때문에 죄가 패했다는 것을 알았기 때문이다. 그가 이 일이 일어난 것을 실제로 알게 된 한 가지 방법은, 그가 비유대 세계에서 예수님을 주로 선언했을 때 사람들이 그 사실을 믿고 이 새로운 주인께 기꺼이 충성을 바쳤기 때문이었다. 복음의 해방시키는 능력이 그 복음이 선포하는 진리를 보여 주었다.

빌립보서 2장의 시에서처럼 골로새서 2장의 난해하고 격렬한 주장도 마찬가지다. 그 메시지를 수사적 수식이 가득한 두어 문장에 압축할 수 있다는 사실은 이런 사고의 흐름이 이미 초대교회에서 자주 볼 수 있는 주제였음을 뜻한다. 예수님이 십자가에 돌아가셨을 때 '권세들'은 그 힘을 잃었다. 죄가 패하고 죄인이 용서받았기 때문이다. 예수님이 새로운 혹은 궁극적 '출애굽'이라는 개념과 이때가 진정한 '포로 귀환' 곧 죄 사함의 때라는 개념을 한데 엮어 이사야 52장과 53장 같은 본문들을 통해 모두 연결하셔서 유월절 기간에 자신이 할 일을 하기로 작정하셨을 때, 무대는 이미 준비되었다. 새로운 출애굽은 죄 사함을 통해 성취되었고, 죄 사함은 진정한 한 분 하나님의 구현이신 메시아의 삶과 죽음으로 성취되었다. 그분은 죄인들을 대신하여 그들의 고통의 무게를 온전히 짊어지셨다. 바울은 골로새서 앞부분의 시에서 동일한 내용을 이미 말한 바 있다.

> 그분 안에 모든 충만함이 기쁘게 머물고
> 십자가의 피로 평화를 이루시어
> 그분을 통해 모든 것을 자신과 기꺼이 화해시키셨기 때문입니다. 1:19-20

그는 2장 9절에서 핵심을 반복한다. "그분 안에는 신성의 모든 충만이 몸이 되어 거주합니다." 이것이 사실상 성전 용어지만, 우리의 현재 목적을 위해 중요한 것은 바울이 2장 13-15절에서 예수님과 그분의 죽음의 결과로 간주하는 모든 것이 한 분 하나님의 사역으로 여겨진다는 것이다. 여기서도 초기 기독교 사상에 암시된 삼위일체 구조가 매우 중요하다. 그것을 제외한 데서부터 일종의 이교 공식으로 돌아가는 하락세가 시작된 것이다.

• • •

바울서신에 나타난 예수님의 죽음에 대해 할 수 있는 다른 말도 많을 것이다. 예를 들어, 빌레몬서는 예수님의 죽음을 구체적으로 언급하지는 않지만 '화해 사역'에 초점을 맞추어 그 의미를 예시한다. 바울은 한 팔로는 빌레몬을, 다른 한 팔로는 오네시모를 붙잡고, 각 사람을 향한 그의 사랑으로 감싸 안는다. 오네시모가 빌레몬에게 어떤 식으로든 잘못했다면, 바울이 보상하겠다고 말하면서 말이다. 내가 보기에는 이것이 바로 십자가를 실생활에 적용한 예다.

빌레몬서는 바울의 가장 길고 중요한 서신, 예수님의 죽음을 다루는 어느 논의에서도 늘 비중 있게 다루는 로마서를 가리키는 작은 이정표 역할을 한다. 이제 크게 심호흡을 하고 다시 시작해 보자.

12.

로마서에 나타난 예수님의 죽음

: 새로운 출애굽

루이스C. S. Lewis의 나니아 나라 이야기 중 한 편인《새벽 출정호의 항해 The Voyage of the Dawn Treader》에서 두 여주인공 중에 더 어린 루시는 마법사의 집에 있다. 거기서 루시는 마법이 가득 담긴 특별한 책을 훑어보다가 놀라운 이야기를 만난다. 루시는 흥분해서 그 이야기를 읽다가, 자신이 그 이야기를 전혀 기억하지 못한다는 것을 발견한다. 기억을 되살리려고 그 부분으로 다시 돌아가려 해도, 불가능하다. 기억이 사라져 가는 루시가 의지할 수 있는 것이라고는 "컵과 칼, 나무와 언덕에 대한 이야기였다"는 것뿐이다. 그 이후로도 루시가 "좋은 이야기"라고 할 때는 자신이 마법 책에서 읽은 이야기를 떠올리게 하는 이야기를 뜻했다.

수년간 여러 독자와 대화를 나누어 보니, 성경을 읽는 많은 이들이 로마서에 대해 그런 종류의 애증을 느끼는 듯하다. 로마서는 의와 믿음, 사랑과 분노, 하나님과 예수님과 성령님, 아담과 아브라함과 모세와 이스라엘에 대한 이야기다. 때로 로마서는 비범한 글과 영광스러운 소망의 물결로 사람들을 휩쓸고 가지만, 때로는 우울함은 물론, 심각한 수수께끼, 얽히고설킨 지적 문제들, 바울이 균형을 잃고 있는지 아니면 성경을 읽는 당신이 균형을 잃고 있는지 의심이 들게 하는 주장들에 빠뜨리기도 한다. 이토록 복잡한 책이니 그럴 만도 하다. 그

럼에도 바울은 로마서의 중심, 특히 5-8장에서 초기 그리스도인들이
예수님의 죽음에 대해 하고 싶었던 말을 두어 문장으로 요약한다.

우리 주 예수[는]… 우리의 범죄 때문에 넘겨지셨고, 우리를 의롭다
하시려고 살아나신 분입니다. 4:24-25

하나님께서 우리를 향한 그분의 사랑을 이렇게 나타내셨습니다. 우리
가 아직 죄인이었을 때, 메시아가 우리를 위해 죽으셨습니다. 5:8

이와 같이 여러분도 메시아의 몸을 통해 율법에 대해 죽었으니, 이는
다른 어떤 분 곧 실제로 죽은 자들 가운데서 일으켜지신 분께 속하여
우리가 하나님을 위한 열매를 맺을 수 있게 하려는 것이었습니다. 7:4

그러고 나서 좀 더 상세한 내용이 이어진다.

하나님께서 자기 아들을 죄 있는 육신의 모양으로, 또 속죄 제물로 보
내셨습니다. 그리고 바로 그 육신 안에서 죄를 정죄하셨습니다. 이는
우리가 육신을 따르지 않고 영을 따라 살 때, 율법의 의롭고 정당한
판결이 우리 안에서 성취될 수 있게 하려는 것이었습니다. 8:3-4

그렇게 해서 영광스러운 절정에 다다른다.

하나님께서 우리를 위하시면, 누가 우리에게 맞서겠습니까? 하나님
께서 결국 자기 아들을 아끼지 않으시고, 우리 모두를 위해 그분을 내
주셨습니다! 그렇다면 어찌 아들과 함께 모든 것을 우리에게 거저 주
지 않으시겠습니까?… 내가 확신하건대, 죽음이나 생명이나 천사들
이나 통치자들이나 현재나 미래나 권세나 높음이나 깊음이나 다른
어떤 피조물이라도, 왕이신 예수 우리 주 안에 있는 하나님의 사랑에
서 우리를 떼어 놓을 수 없습니다.8:31-32, 38-39

물론 예수님의 죽음에 대한 바울의 핵심 진술로 수천 번, 아니 수
백만 번 인용된 다른 본문도 있지만, 훨씬 더 난해하고 그 배경도 오
해되는 경우가 많다. 바울은 3장에서 "메시아 예수 안에서 발견되는
구속"을 다음과 같이 묘사한다.

하나님께서 신실하심을 통해 예수의 피로써 그분을 속죄소로 내놓으
셨습니다. 하나님께서 이렇게 하신 것은, 전에 지은 죄를 (하나님이 오
래 참으심으로) 넘어가심으로 자신의 언약적 정의를 나타내시기 위함
이었습니다. 이는 하나님의 언약적 정의를 바로 지금 나타내시기 위
함입니다. 곧 하나님 자신이 의로우시다는 것과, 하나님께서 예수의
신실하심을 신뢰하는 모든 사람을 의롭다고 선언하신다는 것을 나타
내시기 위함입니다.3:25-26

이 난해한 진술에 담긴 거의 모든 단어는 교회 역사에서 번번이

다른 해석을 불러왔는데, 특히 지난 2-3세대에 그랬다. 거기에는 특별한 이유가 있는데, 그 이유가 이 책의 핵심 관심사와 연관이 있기 때문에 곧 다루게 될 것이다.

　　로마서 1-4장은 오랫동안 우리의 오랜 친구 '행위 계약'의 진술인 양 해석되었다. 인류는 처신을 잘해야 했지만 그러지 못했고, 하나님이 이들에게 벌을 주셔야 했지만 예수님이 막으셔서 (이들이 예수님을 믿는다는 조건하에) 용서해 주셨다. 인류는 지옥행을 피하고 이제 천국에 갈 수 있게 되었다. 이것이 약간의 변형은 있지만 대략적으로 로마서 1-4장을 해석하는 방식이었다. 사람들은 이 내용을 '로마서의 구원의 길'이라고 부른다. 사람들이 내가 이 책에서 계속해서 경고한 관점을 설교하고 가르칠 때 자신들이 말하는 내용을 '증명'하기 위해 찾는 본문이 바로 로마서다.

　　나는 그것이 잘못이라고 확신한다. 12장과 13장에서 로마서를 자세히 살펴보려는 이유가 그 때문이다. 이제 우리는 본문을 본격적으로 상세히 해석하는 일을 피할 수 없다. 나는 앞에서 예수님의 죽음이 성취한 것에 대한 초기 그리스도인들의 관점을 이해하는 데 있어 생각보다 사복음서가 훨씬 더 중요하다고 제안했다. 하지만 이내 우리는 로마서로 돌아와야 한다. 신약성경에 나타난 예수님의 죽음의 의미에 대한 토론은 바로 이 부분에서 결정된다.

● 로마서의 수수께끼

다음 세 가지가 우리가 앞으로 언급할 내용의 배경 지식을 제공해 준다. 첫째, 로마서는 네 부분(1-4, 5-8, 9-11, 12-16장)이 마치 교향곡의 흐름처럼 함께 작용하면서 매우 절묘하고 세심하게 구성되어 있다. 각 부분은 나름의 내적 일관성과 문체, 분위기, 특징을 지닌다. 여러 면에서, 각 부분은 서로 다르다. 하지만 동시에, 이런 확연한 구분과 변화에도 불구하고, 모든 부분을 관통하면서 로마서 전체를 단단하게 묶어 주는 큰 주제의 일관성과 전반적 흐름, 여러 맥락이 있다. 각 부분의 내용은 전체 그림에서 해당 부분의 위치에 따라 결정된다. 다른 무엇보다도, 이 말은 어느 한 부분만 따로 떼어 내어 '복음'의 진술로 다루어서는 안 된다는 뜻이다. 바울이 로마서 어느 대목에서 예수님의 죽음에 대해 한 말은 그가 그 부분에서 제기하는 더 큰 주장의 일부다.

둘째, 로마서 해석은 로마서가 성경의 조직신학 안내서라는 인식 때문에 어려움을 겪었다. 이 말은 로마서가 특별한 목적을 위해 급히 써 내려갔기 때문에 더 큰 신학 형성에 부적절한 특별 '논문'에 불과하다는 뜻이 아니다. 오히려 그 반대다. 하지만 사람들이 교회사의 특정 시점에서 토론하기 원했던 주제들—특히, 16세기와 그 이후의 '칭의' 교리—을 로마서에 첨가한 것은 위험했다. 그 결과, 이후의 교리적 계획들이 특정 시점에서 '반드시' 논의해야 한다고 생각한 사상들이 정반대 증거에도 불구하고 여전히 존재한다고 전제되어 왔다.

어떤 아이가 오래전부터 코끼리를 보러 동물원에 가고 싶어 했는데 하필이면 동물원을 찾은 날에 코끼리 사육장이 공사중이었다. 아이는 어떻게든 실망감을 감추려고 코뿔소가 특이한 종류의 코끼리라고 스스로 납득시켰다. 역으로, 로마서가 실제로 설명하고 있지만 교리적 틀에서 자리가 없는 개념들은 무시된다. 코뿔소도 볼 만한 동물인데 말이다.

전자의 예는 로마서의 여러 부분에 붙은 꼬리표들과 연관이 있다. 오랫동안 로마서 1-4장은 '칭의'에 대한 해설이요, 로마서 5-8장은 '성화'에 대한 해설이라고 가정했다. 6장에 이에 대한 표면적 증거가 있지만, 5-8장을 '그리스도인의 생활법'에 대한 논문으로 보는 것은 어느 정도 도움이 된다고는 해도 핵심을 놓치는 것이다. 코끼리를 보겠다는 일념으로, 코끼리만큼이나 크고 위험하고 회색이지만 전혀 다른 동물들을 볼 수 있는 능력을 망치는 셈이다.

후자의 예는 수많은 주해가 로마서 5-8장의 절정 부분, 곧 모든 피조물의 회복을 언급한 8장 18-25절을 무시한 방식을 보여 준다. 우리는 코끼리(이 경우에는, "그리스도인은 어떻게 천국에 갈 수 있는가"라는 질문)를 보러 왔기 때문에 코앞에 있는 코뿔소를 보지 못했다.

셋째, 피조물의 회복이라는 이 주제에서 착안하여, 로마서는 사실상 내가 이 책에서 하나님의 구출 작전의 **목표**라고 명명한 놀라운 비전을 제공한다. 바울은 예수님이 '우리를 천국 가게 하려고' 죽으셨다고 말하지 않는다. '천국heaven'은 로마서에 두 차례 등장한다. 1장 18절에서는 하나님의 진노가 '하늘로부터' 나타난다고 말하고, 10장 6

절에서는 신명기를 인용하여 우리가 메시아를 모시고 내려오기 위해 '하늘에 올라갈' 필요가 없다고 말한다. 계시록을 비롯한 다른 초기 글들과 비슷하게, 바울에게도 예수님의 성취의 결과는 **새로운 창조세계**, 곧 인류가 '제사장 나라'와 '왕 같은 제사장'이라는 진정한 인류의 소명을 회복할 수 있는 새 하늘과 새 땅이다. 이 부분은 좀 더 설명이 필요하다.

바울이 로마서 1장 18절에서 지적한 인간의 주요 문제는 '죄'가 아니라 '경건하지 않음'이다. 이것은 행위(물론 그것도 따라오지만)의 문제라기보다는 **예배**의 문제다. 엉뚱한 신을 예배하면, 하나님의 현명한 질서를 세상에 반영하는 대신 왜곡을 반영하고 낳게 된다. 뭔가 어긋나고, '불의한' 것을 낳게 된다. 바울은 그것이 문제라고 말한다. '경건하지 않음'은 '어긋난 것', '불의'를 낳는다. 이 어긋남이 사물의 존재 방식과 충돌하기 때문에 인간은 하나님에 대한 궁극적 진리를 포함하여 진리를 막게 되고, 이 악순환은 계속된다. 사람들은 계속해서 신이 아닌 것을 예배하고, 진리와 거짓을 맞바꾼다.¹:¹⁸⁻²⁶

물론 우리는 이 모든 왜곡과 균열을 '죄'로 요약할 수도 있다. 하지만 바울의 상세한 분석을 이해하지 못한 채 죄 문제로 곧장 들어가는 것은 그가 말하는 내용을 이해하는 데 '실패한' 것이다. '죄'는 단순히 '하나님이 금하신 행동을 하는 것'이 아니다. 앞에서 보았듯이, 하나님의 형상을 닮은 인간으로 온전히 기능하지 못한 것이 죄다. 바울이 3장 23절에서 요약한 내용이 바로 그것이다. 모든 사람이 죄를 지어서 하나님의 영광에 이르지 못했다. 그가 가리키는 영광이란, 진정한 인류가 마땅히 소유해야 하는 것이다. 이 '영광'은 시편 8편에서 말하는, 하나님 대신 그분의 세상을 돌볼 인간의 지위와 책임을 뜻한다. 참 하나님을 진정으로 예배함으로써 이 지위와 활동을 유지할 수 있다. 이것이 제사장 같은 소명이 뒷받침하는 왕 같은 소명이다.

1장 18-26절에 나타난 실패와 대조적으로, 바울은 4장 18-22절에서 아브라함이 진정한 예배를 드렸다고 본다. 아브라함의 신앙을 공유한 이들에게, 그 결과는 종교의식의 용어로 표현되어 있다. "그분을 통해 우리는 지금 서 있는 이 은혜에 믿음으로 들어갈 허락을 얻었으며 하나님의 영광을 희망하며 기뻐합니다."5:2 당시 유대 세계에서 '하나님의 영광을 희망하는' 것은 하나님의 영광이 성전으로 돌아오기를 바라는 것이었다. 이것이 로마서 8장이 뜻하는 바의 일부다. 즉 내주하시는 성령은 메시아 백성이 그분과 함께 새로운 창조 세계를 '지배할' 뿐 아니라(8:18-25, 5:17에 근거해서), 세상을 위해 제사장으로 중보함을 뜻한다(8:26-27, 8:34을 내다보며). 그러고 나서 바울은 기도라는 주제를 이야기하는데, 이 주제는 탄식으로 시작하여,9:1-5 중보로 이어지고,10:1 찬양으로 끝나는11:33-36 9-11장을 하나로 묶어 준다. 이런 구조는 바울이 하나님과 그 백성 사이에 서 있는 회복된 제사장직의 개념을 예시하고 구체적으로 보여 주고 있다는 뜻이다. 12장이 똑같이 '제사장'이라는 주제로 시작하는 것은 어찌 보면 당연하다.

그러므로 내 사랑하는 가족이여, 하나님의 긍휼하심으로 여러분에게 이렇게 호소합니다. 여러분의 몸을 하나님께서 기뻐하시는 거룩한 산

제물로 드리십시오. 이런 예배를 통해 여러분의 마음은 하나님의 마음과 일치됩니다.12:1

이번에도 '종교 의식'에 호소하면서 시작되는 이 부분은 예배에 대한 비슷한 요청으로 마무리된다. 복음의 핵심은 족장들에게 하신 약속을 성취하고, 열방이 하나님의 자비하심을 찬양하게 하는 것이다.15:8-9 그렇다면 우리는 바울이 로마서 결론부로 들어가면서 자신의 사역을 "내가 하나님의 좋은 소식을 맡은 제사장직을 감당하여 민족들의 제물이 성령 안에서 거룩하게 되어 하나님께서 받으실 만하게 하시려는 것"15:16이라고 묘사할 때 놀라서는 안 된다(일부 독자들은 이미 놀랐겠지만 말이다). 이 모든 내용은 상당히 확장될 수 있다. 바울이 말하는 구원의 **목표**가 인간이 메시아의 '왕'과 '제사장' 사역을 공유하는 것이라는 사실을 우리가 깨닫는 데는 이 요약만으로 충분할지도 모른다.

그것이 목표라면, 어떻게 그 목표를 달성할 수 있는가? 이것이 로마서가 우리의 현 주제에 제시하는 특정한 수수께끼다. 이 모든 틀을 고려해 보건대, 바울은 예수님의 죽음이 이 문제(우상숭배와 죄)를 다루고 이런 결과를 불러오는 방식에 대해 무엇이라고 말하는가?

● 로마서 5-8장과 새로운 출애굽

로마서 5장: 예수님의 죽음과 하나님나라의 도래
이 시점에서 보통의 경로는 이렇게 말하는 것일 테다. "로마서 3장

21-26절을 보세요. 거기 다 나와 있어요." 하지만 로마서 3장이 중요
하기는 해도, 다양한 논의의 일부에 불과하다. 하나님의 '의'에 대한
바울의 주장에서 핵심은, 그분의 언약적 신실하심이다. 여기서 언약
이란 바울이 로마서 4장에서 자세히 설명하는, 아브라함과 맺으신 언
약이다. 바울이 고대 문서를 해석한 내용에 따르면, 이는 아브라함과
맺으신 언약만이 아니라, **아브라함과 그 가문을 통해** 하나님이 열방
을 복 주시겠다는 약속이다. 이 부분에 조금이라도 의심이 있다면(그
런 일은 자주 있다), 우리는 바울이 15장 8-9절에서 전체 메시지를 마
무리하며 요약한 부분을 다시 인용할 수 있다.

> 메시아께서 하나님의 진실하심을 나타내시려고 할례 받은 사람들의
> 종이 되셨는데, 이는 곧 족장들에게 주신 약속을 확증하시고, 민족들
> 이 하나님의 긍휼하심 때문에 하나님을 찬양하게 하시려는 것입니다.

바울이 자신의 메시지를 직접 요약한 내용이다. 우리는 다른 용
어로 이 내용을 요약하여 그가 그토록 세심하게 설명한 요소들을 무
시하지 않도록 주의해야 한다.

하지만 '행위 계약'에 의지하는, 로마서 1-4장에 대한 전통적 해
석은 그런 우를 범한다. 수많은 주석과 설교에서 볼 수 있는 이런 해
석에서 아브라함에게 주신 약속은 늘 축소된다. 이 족장은 단순히 '믿
음으로 의롭다 하심'을 받은 누군가의 예시로 여겨질 뿐이다. 하지만
이것은 바울이 정말로 말하려는 내용이나, 1장 17절, 3장 5절, 3장 21

절, 3장 25-26절에서 흔히 '하나님의 의'로 번역하는 구절에 대한 성경적 의미를 정당하게 평가하지 못한다. 로마서 3장 21-26절은 사실상 '메시아 예수 안에 있는 구속'에 대한 압축된 진술인데, 이 진술은 '속죄 신학'을 완벽하게 진술한 것이 아니라, 십자가에서 성취된 '새로운 출애굽', 특히 하나님의 언약적 신실하심에 대해 요약한 것이다('구속redemption'이라는 단어는 거의 '출애굽'을 가리키는 전문 용어라고 할 수 있다. 물론 구속은 노예 시장을 떠올리게 하지만, 성경의 주요 노예 시장은 하나님이 아브라함의 후손을 해방하신 애굽이었다.) 이스라엘의 실패에도,2:17-3:9 이 '새로운 출애굽'을 통해 하나님은 오랫동안 기다려 온 계획을 열매 맺게 하셨다. 이것이 다음 장의 주제가 될 것이다.

하지만 이 장에서는 바울이 시간을 들여 상세히 이 '새로운 출애굽'을 설명한 단락을 좀 더 자세히 살펴보려 한다. 문제의 단락은 로마서의 다음 부분 곧 5-8장이다. 당신은 이것이 로마서가 이 지점에서 나뉜다고—1-4장은 '죄 문제'와 '하나님의 해결책'을 설명하고, 5-8장은 거기서 이어지는 다른 주제들을 다루지만 바울이 예수님의 구원 사역의 핵심으로 생각하는 내용은 아니라고—가정하는 바울신학과 조직신학의 여러 논의에서 나왔다고 짐작하지 않을지도 모르겠다. 오히려 앞의 인용문들이 암시하듯이, 예수님의 죽음과 그 의미를 언급하는 내용은 로마서(와 바울서신) 그 어느 곳보다 5-8장에 많다. 그래서 우리는 5-8장이 실제로 무슨 내용인지 알아보는 편이 좋을 것이다. 바울이 이 본문을 '새로운 출애굽'에 대한 광범위한 해설로 보는 징후가 뚜렷하기 때문이다. 이 새로운 출애굽은 인류를 애굽의 종살이가 아니라 '죄'에서 구출하여, 가나안이 아니라 회복된 창조세계라는 약속의 땅으로 인도한다.

　우리는 한 걸음씩 여기에 접근해야 한다. 로마서 전체가 세심하게 구성된 기존 형식이라면, 5-8장은 더더욱 그렇다. 그렇다고 해서 (일부에서 시사하듯이) 이 부분이 원래 다른 목적을 위해 쓰였다는 뜻은 아니다. 오히려 우리는 바울이 구조와 주제를 세심하게 염두에 두고 전체 논의를 계획한 흔적을 볼 수 있다. 5-8장은 로마서의 전반적 논의에서 정확히 이 위치에 들어맞는다. 몇몇 사고의 흐름이 1-4장에서 5-8장으로 이어지고, 또 다른 몇몇 사고의 흐름은 5-8장에서 9-11장으로 이어진다. 이에 대해서 지금은 자세히 이야기하기 어렵다.

　특히, 6-8장은 새로운 유월절과 출애굽에 대한 확장된 설명인데, 바울은 모세 율법 아래 있는 이스라엘의 길고 탈 많은 이야기에 대한 지속된 토론을 그 안에 엮어 냈다. 지금까지 이어진 논의에서 보았듯이, 제2성전기에 '새로운 출애굽'에 대한 기대감은 '포로 귀환', 신명기의 '율법의 저주'에서 벗어나는 것에 대한 갈망과 결합되었다. 이 해방의 중심에는 '죄 사함'이 있을 텐데, 갈라디아서에서 본 것처럼 이 죄 사함은 이스라엘을 억압에서 해방하고 '이방 죄인들'이 하나님 백성으로 들어가게 할 것이다. 대체로 이것이 바울이 5-8장에서 설명하는 내용이다.

　그럼에도 우선은 외부의 틀을 보자. 도입부5:1-5는 전체 주제를 선언한다. '믿음으로 의롭다 하심을 받은'(3:21-4:25에 대한 요약) 이들에게는 성령의 선물 때문에 소망, '하나님의 영광'의 소망이 있다. 5장

6-11절은 의롭다 하심에서 소망에 이르는 과정을 더 자세히 설명하고, 8장 31-39절에 나오는 최후의 경축을 기대한다. 우리가 약하고 불의한 죄인일 때 메시아가 우리를 위해 죽으셨다면, 우리가 결국 그분을 통해 구원을 받는 것은 당연하다 할 것이다. 이것이 소망의 논리요, 또한 사랑의 논리다. 5장 6-11절에 나타난 하나님의 사랑을 8장 31-39절은 영광스럽게 경축하고 있다.

바울의 주장이 펼쳐지면서, 이 점은 상대적으로 간단명료하다. 여기서 그는 메시아가 "우리를 위해 죽으"셔서 "우리는… 하나님과 화해하게 되었습니다"5:10라고 간단히 선언하고 있다. 이런 간단한 진술이 **어떻게** '작용하는지'는 설명하지는 않는다. 이 일련의 진술 중간에 바울이 언급한 내용을 사람들은 자주 무시하곤 하지만, 3장 21-26절과 8장 1-4절을 어떻게 해석해야 하는지에 대해 신선한 단서를 제공해 줄 수 있다.

그렇다면 우리가 그분의 피로 의롭다고 선언되었으니, 그분으로 말미암아 다가오는 하나님의 진노에서 더욱더 구원받지 않겠습니까!5:9

바울은 1장 18절에서 인류에 대한 주요한 위협으로 하나님의 '진노'를 언급했고, 2장 5절은 이를 재차 확인해 주었다("진노의 날 곧 하나님의 의로우신 심판이 드러나는 그날에 있을 진노의 저장고를 자기에게 세우고 있습니다"). 3장 24-26절을 읽는 대부분의 사람들은 바울이 이 '진노'가 그 백성 대신 예수님께 임했다고 말하고 있다고 전제하고 입증하려 했다. 하나님이 예수님을 '유화propitiatory' 곧 자신의 분노를 거두는 수단으로 사용하셨다는 것이다. 내가 여러 주석과 책에서 습득한 입장도 그랬다. 하지만 이런 해석에는 문제가 있다. 로마서 5장 9절에서 바울은 3장 21-26절을 요약하여 "그분의 피로 의롭다고 선언되었으니"라고 다시 언급한다. 그러고 나서 이 '의롭다 하심'의 결과로, 예수님이 **임박한** 진노하심에서 신자들을 구원**하실** 것이라고 말한다. 앞뒤가 맞지 않는 것 같다. 3장 24-26절에서 하나님의 진노가 해결되었다면, 다시 말해 예수님의 죽음으로 현재 '의롭다 하심'이 전가되었다면, 왜 5장에서 바울은 아직도 구원을 미래형으로 말하는가? 나는 그 답이 우리가 곧 살펴볼 8장 1-4절에 있다고 생각한다.

어찌 됐든, 메시아의 죽음이 보장한 소망 덕분에, 바울은 한 걸음 물러서서 아담에서부터 메시아에 이르는 성경 전체 서사5:12-21를 훑을 수 있게 된다. 하나님이 세상을 그 곤경에서 구하시려고 아브라함을 부르시고 그와 언약을 맺으셨다면, 이 목적은 이제 메시아 안에서 더 온전히 성취되었다. 메시아는 원래 창조세계를 단순히 회복하신 것이 아니라, 새로운 창조세계를 시작하셨다. 따라서 15절과 17절에 "더욱더"라는 표현이 나오고, 하나님의 충만한 은혜를 받은 이들이 "생명 안에서 더욱더 지배할 것"17절라는 약속도 나오는 것이다. 여기서도 구원의 **목표**는 진정한 인간의 운명을 회복하는 것, 왕 같은 제사장으로 부름받은 소명의 언약을 회복하는 것이다. 난해한 본문이지만, 이러한 해석 틀로 천천히 살펴보면 의미를 충분히 이해할 수 있다. 인류가 창조세계를 다스리시는 하나님의 통치를 공유하는 아담 프로젝트가 정상화된 것이다.

이 모든 내용은 예수님의 죽음을 몇몇 중복되는 방식으로 언급한다. 그분의 죽음은 "메시아 예수 한 사람을 통한 은혜 안의 선물",15절 "이 선물",16절 "[풍성한] 선물",17절 "옳은 행위",18절 "순종"19절인데, 이 중에서 마지막 표현은 빌립보서 2장 8절의 "죽기까지 순종하심"을 떠올리게 한다. 이 모두가 '하나님의 신실하신 언약적 정의'의 사역으로 여겨진다. 이 표현은 바울이 21절에서 사용한 복잡한 언어를 번역하고 풀어내려 애쓴 흔적이다. 특히 이 표현은 하나님의 **통치**나 "은혜"의 지배5:21의 시작을 가리킨다. '은혜가 왕 노릇 한다'라는 개념은 **하나님의** 통치 곧 하나님의 은혜의 통치로 여겨진 하나님나라의 줄임말이다.

즉 이 모두는 하나님나라의 언어 곧 하나님이 그분의 주권적 통치를 하늘에서와 같이 이 땅에서도 시작하신 방식이다. 이렇게 하나님은 인류를 구출하셔서 그 새로운 실재의 단순한 수혜자가 아니라 일부로서 적극적으로 참여하게 하셨다. 죄에서 해방된 이들은 자신의 적절한 역할을 다시 감당할 수 있게 된다. 이 '혁명'이 오늘날 예수님을 따르는 이들을 통해 어떻게 실행되고 있는지를 고려할 때 상당히 의미 있는 지점이다. 하지만 이 모든 내용은 몇몇 다양하지만 상보적인 각도에서 하나님이 예수님의 죽음을 통해 인류를 구출하셨다고 선언한다. 그런데 **어떻게** 이 일이 이루어졌는지는 설명해 주지 않는다. **목표**는 언뜻 볼 수 있어도 그 **수단**은 알 수 없다. 그 내용은 아직이다.

바울은 아담과 메시아의 이 서사를 유대 율법이라는 음울한 주

제에 집어넣었다. "율법이 함께 들어온 것은 범죄를 최대한도까지 가
득 채우려는 것입니다. 그러나 죄가 늘어난 곳에 은혜가 훨씬 더 넘쳤
으니."5:20 **이 말**은 무슨 뜻인가? '행위 계약'을 포함한 옛 신학들은 유
대 율법이 아담과 하와에게 주신 원 계명과 똑같다고 보았다. 그래서
사람들은 그것이 이스라엘이 하나님의 백성이 되려면 지켜야 할 윤리
적 기준이라고 생각했다. 일반적으로는 사람들, 구체적으로는 이스라
엘이 하나님 보시기에 '올바르게' 인정받으려면 뛰어넘어야 할 높은
윤리적 관문이었다. 그렇다면 이 동일한 행위 계약 분석에서, 이스라
엘이 율법을 지킬 수 없다는 점이 분명해졌다. 이제 '율법'은 부정적이
고 위험하며 심지어 악한 세력으로 여겨졌다. 일부에 따르면, 하나님
은 율법을 주셔서 심판으로 사람들을 겁주시고 이들이 복음으로 달려
가 안식처를 찾게 하신 것이다. 행위 계약의 관점에서 접근한다면 어
느 정도 일리가 있는 듯 보이지만, 이것은 바울이 염두에 둔 의미와는
거리가 멀다.

바울은 그가 7장에서 펼쳐놓을 더 길고 복잡한 이야기를 염두에
두고 있다. 이 이야기는 하나님이 율법을 주신 뜻밖의 기이한 목적을
들려주는데, 그가 5장에서 아담과 메시아 이야기에 맛보기로 엮어 넣
은 것이다. 그는 "율법이 함께 들어온 것은 범죄를 최대한도까지 가득
채우**려는 것**"이라고 말한다. 여기서 강조체로 표시한 '려는 것'이 중
요하다. 바울은 어둠과 슬픔이 많았던 이스라엘 역사, 신명기의 '저주'
로 향하는 오랜 내리막이 하나님의 목적 밖에 있지 않았다고 암시하
고 있다. **율법 아래 있던 그 내리막이 구속의 통로가 될 것이었다.** 율

법의 저주 아래 오랫동안 방황했던 포로기까지도 결국엔 구원의 목적의 일부였다. '려는 것'이라는 표현은 이것이 **하나님의** 의도였음을 암시한다. 우연이 아니었다. 악령이 하나님의 목적을 방해한 것도 아니었다.

우리는 특히 로마서 5장 마지막 부분에서, 우리가 사복음서에서 본 내용을 바울이 자신만의 독특한 방식으로 표현한 것을 볼 수 있다. 그는 예수님의 죽음이 그런 결과를 불러온 단서임을 보여 주려고 '하나님이 왕이 되신' 이야기를 들려주었다. 이 지점에서 우리는 복음이 무엇이며 복음의 능력이 어떻게 나타났는지에 대한 초기 그리스도인들의 핵심적·보편적 인식에 매우 근접한 듯하다. 만일 그렇다면, 바울이 예수님의 마지막을 묘사한 복음서들처럼 그 마지막 날들의 의미를 새로운 유월절, 새로운 출애굽으로 분별한 데 대해 놀라서는 안 된다.

로마서 6-8장: 새로운 출애굽

로마서 6-8장을 읽으면서 가장 먼저 분명히 해야 할 점은 이것이 바울이 '묘사한 그리스도인의 삶'이 **아니라는** 것이다. 물론 그렇게 느끼는 경우가 많긴 하다. 우리는 세례라는 흥분된 순간에서 출발하여,6장 죄가 우리 육신을 다스리지 못하도록 여러 도전에 대비하게 된다. 우리는 죄와 싸운다는 7장의 묘사에 계속해서 혼란을 느낀다("내가 원하는 선한 일은 하지 않고 결국 원하지 않는 악한 일을 행하고 말기 때문입니다"7:19). 우리는 하나님을 의지하고 그분을 따라 고난을 통과하여 영광에 이르기까지 거룩해지는 법을 배운다.8장 많은 그리스도인이

중간의 혼란스러운 부분을 두고 조금씩 차이는 있겠지만(로마서 7장은 '평범한 그리스도인의 삶'을 묘사하는가, 아니면 기독교 이전의 삶이나 다른 어떤 것을 묘사하는가?) 대체로 이런 식으로 이 장들을 해석하도록 배웠다.

어느 정도까지는 이런 해석이 '먹힌다.' 우리는 이런 식의 접근법을 통해 많이 배우고 믿음을 견고히 할 수 있다. 몇몇 중요한 신학을 배울 수도 있다. 마치 밥 딜런의 노래를 들으면서 영문법을 많이 배울 수 있듯이 말이다. 하지만 그것이 애초에 노래를 만든 이유는 아니며, 그런 식으로 활용하려 하다가는 통하지 않는 가사도 많다. 로마서 6-8장도 마찬가지다. 사실 이 세 장은 바울이 로마서 3장 24절에서 하나님의 구원 목적의 계시를 "메시아 예수 안에서 발견되는 **구속**"으로 묘사했을 때 의미한 내용을 충분히 해설한 것이다. 우리가 다음 장에서 논의할 로마서 3장 24-26절은 이 '구속'을 요약한 내용 같다. 바울은 앞서 미리 요약한 내용을 제대로 충분히 설명하기 위해 이 시점까지 기다렸다.

앞서 보았듯이, '구속(속량)'은 출애굽의 용어다. 로마서 6-8장은 조금 더 자세할 뿐 갈라디아서 4장 1-11절과 마찬가지로 출애굽 서사로 되어 있다. 바울은 왜 이 시점에 출애굽 서사를 기록하려 했을까? **예수님이** 자신이 하셔야 할 일을 설명하기 위한 배경으로 **유월절을 선택하셨기 때문이다.** 이미 살펴보았듯이, 그때 이후로 초대교회는 유월절을 예수님의 죽음을 이해하는 기본 통로로 사용했다. 바울은 이를 선택하여 기념한다. 우리가 본 대로 유월절은 악한 권세의 타도, 홍해를 건너는 하나님 백성의 구출, 율법 수여, 무엇보다도 자신의 약속을 성취하시고 장막에 거하러 오시며 광야를 지나 약속의 땅으로 길고도 험난한 여정에서 백성을 인도하신 하나님의 기이하고도 위험한 임재와 관련이 있었다. **이 모든 주제는** 로마서 6-8장의 메시아와 성령 서사에서 **본연의 의미를 찾는다.** 그 중심에는 이번에도 메시아의 죽음이 있다.

로마서 6장 2-11절은 메시아의 죽음을 이야기하고, 그분과 함께 세례를 받은 사람은 자신도 죽었음을 '깨달아야' 한다고 말한다. 이 죽음은 이스라엘 백성이 홍해를 건넌 것과 같았다. 세례의 물을 통과한 이들은 자신들이 노예 생활('애굽')이라는 옛 세계를 뒤로하고 자신들의 유산인 고향으로 돌아가고 있음을 기억해야 한다. 이들은 광야의 이스라엘처럼(바울은 고전 10장에서도 이 암시를 가져온다) 옛 방식으로 되돌아가지 않고 하나님의 새로운 세상에서 사는 법을 배워야 한다. 하지만 이 역시 예수님의 죽음이 **어떻게** '새로운 유월절'에 영향을 미쳤는지가 아니라, 그렇다고 선언하는 데 불과하다. 바울이 6장 10절에서 "그분의 죽음은 죄에 대하여 단 한 번 죽은 것입니다"라고 말할 때 우리는 그가 유대 서사의 두 가닥, 곧 유월절과 '포로기의 종말'/'죄 문제 해결'을 연결하고 있는 것을 볼 수 있지만 말이다. 그 결과, 5장 12-21절의 똑같은 특징을 끌어와서 "죄Sin"를 의인화한다. 이런 의미에서 '죄'는 단순한 개인의 '죄sins' 이상이다. 이 죄는 노예 주인, 간수, 홍해를 건너 그 손아귀에서 벗어난 바로 왕이다. 이것이 바로 예수님의 죽음이 성취하신 것이다.

그러고 나서 로마서 7장 4절은 다음 논의 단계의 출발점에서 이 점을 요약하고 재차 강조한다. 메시아가 죽으셨을 때 "여러분"—메시아에 속한 모든 사람, 그 "몸"의 일원인 모든 사람—도 동시에 죽임을 당했다. 이는 발전 중인 논의를 내다보는데, 로마서 8장 3-4절이 그 절정을 제공한다. 메시아가 죽으셨을 때 하나님은 그분의 육체 안에 있는 죄를 정죄하고 계셨다. 메시아의 죽음은 최후의 영광에 대한 단락에서8:31-39 내내 그리스도인의 확신의 확실한 근거가 된다. 확실히 로마서 7장과 8장은 예수님의 죽음에 대한 바울의 이해에서 가장 중요하다.

하지만 이 모든 것은 무슨 **의미**인가? 어떻게 이 일이 작용하는가? 이렇게 본다면, 어떻게 예수님의 죽음이 하나님이 그 장기적 목적을 성취하시는 수단이 될 수 있는가? 어떻게 이 본문은 예수님이 죽으셨을 때 벌어진 일을 **설명해** 주는가? 어떻게 이 본문은 "첫 번째 성금요일 저녁 6시에 무엇이 달라졌는가"라는 질문에 답을 주는 데 도움이 되는가? 특히, 어떻게 이 본문은 우리가 그날 시작된 혁명이 2천 년이 지난 지금도 우리를 사로잡아 계속되는 이 운동에 동참하게 하는지를 이해하도록 도와주는가?

로마서 6장을 세심하게 읽다 보면 바울이 5장 12-21절의 난해한 진술을 꾸준히 펼쳐 가고 있는 것을 발견한다. 앞에서 보았듯이, 이 단락은 하나님의 주권적 구원의 통치, 다시 말해 '하나님나라'를 다루었다. 빌립보서 2장 6-11절에서처럼, 예수님의 순종의 죽음이 새로운 종류의 권력, 주권적 구원의 사랑이라는 힘이 세상에 흘러나간 방식이다. 하나님이 애굽에서 압제자들을 타도하시고 그 백성을 종살이에서 구출하셨을 때처럼, 새로운 현실이 탄생했다. 우리는 바울이 홍해를 건넌 사건을 세례를 가리키는 이미지로 사용한 것을 보았다. 세례 요한이 자신의 고유한 운동을 시작하면서 염두에 둔 것도 비슷했을 것이다. 하나님나라 운동은 늘 새로운 출애굽 운동이었다. 그리고 예수님이 그 백성을 대표하는 이스라엘의 메시아이시기 때문에, 그분께 적용되는 것은 모두 그 백성에게 적용되기에 이 모두가 '효력이 있다.' 예수님이 죽으셨기 때문에 그들도 죽었다. 그것이 직관에 어긋나는 듯해도 말이다. 죽은 자들 가운데서 일어나신 메시아의 새로운 생명이 바로 '현재의 악한 세대'에 불쑥 뛰어든 '오는 세대'의 출발이다. 그분께 속한 사람은 자신이 그분과 함께 죽고 다시 살았기에 더 이상 옛 주인에게 복종할 의무가 없다는 믿음으로 믿고 살아야 한다.

이것이 궁극적인 하나님나라 언어, 유월절 언어다. 이것은 바로가 고대 이스라엘 백성을 애굽에서 사로잡고 있었던 것처럼 사람들을 사로잡고 있던 '현재의 악한 세대'의 권세들이 패한 것과 관련이 있다. '권세들'이 패했다는 주제는 5-8장을 관통하는 중요한 주제로, 바울은 "죽음이나 생명이나 천사들이나 통치자들이나 현재나 미래나 권세나 높음이나 깊음이나 다른 어떤 피조물이라도 왕이신 예수 우리 주 안에 있는 하나님의 사랑에서 우리를 떼어 놓을 수 없습니다"8:38-39라고 선언하는 마무리 부분에서 다시 이 주제로 돌아간다. 적대 세력을 이기고 사람들을 치명적 억압에서 구출하는 것은 확실히 '큰 그림' 곧 유월절과 하나님나라와 같은 그림이다. 그렇다면 어떻게 이를 성취하는가?

앞서 보았듯이, 신약성경 다른 곳에서는 '우리 죄를 위하여' 예수님이 죽으셔서 이 광범위한 성취가 일어났다고 말한다. 갈라디아서 1장 4절에서 예수님은 "우리 아버지 하나님의 뜻에 따라 현재의 악한 세대로부터 우리를 건지시려고 우리 죄를 위하여 자신을 내주셨"다. 바울을 비롯한 다른 초기 저자들이 주장한 세 요소가 세심하게 균형을 이루고 있다. 앞서 보았듯이, '죄를 위해 죽으심' 요소는 고대 이스라엘의 다른 큰 서사를 되찾은 것을 나타낸다. 이스라엘의 죄는 유배라는 결과를 가져왔고, 포로기는 연장되었으며, 그 결과 새로운 '종살이'가 나타났다. 그래서 **죄 사함을 통해** 새로운 유월절이 시행되어야 했다. 사복음서와 바울의 다른 서신서들에서 보았듯이, 예수님의 대표 대리적 죽음을 통해 죄를 용서받는다. 하지만 바울은 로마서에서 극적이고 결정적이며, 독특하고 꼭 필요한 한 걸음을 더 내딛는다.

로마서 5장에서 바울은 복수형 '죄들sins'에 대해 이야기하다가 슬며시 단수형 '죄Sin'로 넘어간다. 5장 12절에서 세상에 '죄'가 들어오고 죄로 말미암아 죽음이 들어왔다고 말한다. '죄'는 단순히 인간이 저지른 잘못의 총합이 아니라 능동적 세력으로 취급된다. 물론 이것은 '죄'가 우상숭배의 결과라는, 내가 앞서 한 분석과 일치한다. 인간은 하나님이 주신 힘을 다른 '세력들'에 넘겨주어서 그 노예가 되고 말았다. 따라서 소문자로 시작하는 죄와 대문자로 시작하는 죄에 대한 바울의 표현은 (일부 사람들의 추측과 달리) 전혀 충돌하지 않는다. 둘은 같이 간다. 오히려 로마서 5장 12절("그러므로 한 사람을 통해 죄가 세상으로 들어왔고 또 죄를 통해 죽음이 들어온 것과 마찬가지로, 모든 사람이 죄를 지었으므로 죽음이 모든 사람에게 퍼졌습니다")은 1장 18절에서 2장 16절까지 전체 내용에 대한 짧은 요약이다. 하지만 로마서 5장 12절부터 8장 4절(이 단락은 우리가 곧 살펴볼 몇 가지 이유로 8:4에서 갑작스레 멈춘다)에서 바울은 대문자로 시작하는 죄, 곧 우리를 노예 삼는 권세에 대해 이야기한다. 그래서 바울은 어떻게 죽음의 '포로기'가 종식되어 죄 문제가 해결되고 '오는 세대'의 부활의 삶이 마침내 시작되는지를 제대로 확실하게 설명할 수 있게 된다.

물론 이 중 아무것도 손쉬운 교리 문구로 딱 들어맞게 축소되지는 않는다. 늘 그렇듯, 갈라디아서 1장 4절 같은 짧은 요약은 그저 짧은 요약으로 간주하는 것이 최선이다. 이런 구절은 거기서 요약하고 있는 더 온전한 서사에서 제대로 된 의미를 찾을 수 있다. 우리가 로마서 7장 1절부터 8장 11절까지에서 볼 수 있는 것이 바로 그런 온전한 서사다.

사실 이 핵심 단락은 우리가 자주 암시했던 표현 곧 "메시아께서 성경대로 우리 죄를 위해 죽으셨습니다"고전 15:3에 대한 한 가지 가능한 확장이다. 우리가 살펴보았듯이, '성경대로'라는 문구는 독립된 증거 본문과는 거의 상관이 없다시피 하고, 오히려 말라기와 역대기 마지막 부분에서 물음표로 마무리되는 아리송하고 어두운 장문의 서사의 의미와 상관이 있다. '유배'는 아직 끝나지 않았다. 초기 그리스도인들은 예수님의 메시지와 성취를, 오래 기다렸던 하나님나라의 도래로 보았는데, 이 하나님나라가 임하여 죄를 궁극적으로 해결하고, 어둠의 권세들을 무력화하며, '오는 세대'를 불러올 것이다. 갈라디아서 3장에서처럼, 중요한 것은 이스라엘의 슬프고도 긴 사연이 상황 파악을 하지 못한 세대들이 저지른 실수의 누적이나—그 실수들은 별 상관없는 일 같지만 엄청난 피해를 불러왔다—두서없는 뒤죽박죽이 아니라는 점이다. 바울서신을 읽는 많은 독자들은 그렇게 가정했지만, 바울은 이스라엘의 과거사를 절대 그렇게 보지 않았다.

오히려 바울은 다른 많은 제2성전기 유대인들처럼 이스라엘 역사가 신명기 26-32장의 지시 아래 있다고 보았다. 언약은 늘 축복과 저주를 예상했고, 불순종의 결과인 저주는 늘 유배로 이어졌다. 이스라엘 성경을 그리스어로 번역할 때 그 '유배'에 해당하는 단어가 바울이 로마서 7장 23절에서 율법 아래 있는 이스라엘의 곤경을 요약할 때 사용한 단어, 곧 '사로잡다'라는 뜻의 '아이크말로티존타*aichmalōtizonta*'였다. 그 이후에야 하나님의 큰 해방과 변화가 언약을 새롭게 하실 수 있었다. 그제야 비로소 온 창조세계를 향한 하나님의 계획 곧 이스라엘을 통한, 세상을 향한 언약 계획이 실행될 수 있었다. 여러 곳에서 볼 수 있듯이, 바울은 이 이야기와 오랫동안 애써 씨름했고, 여기서 우리는 그 씨름의 가장 중요한 결과를 본다.

대부분의 기독교 역사에서, 신명기가 그린 복잡하고 긴 예언 장면들—예수님 당대의 유대인들은 잘 알았지만, 1세기 이후 예수님을 따르는 이들에게는 잘 알려져 있지 않은—은 기본적으로 기독교 이야기와 무관하다고 암묵적으로 전제했다. 사람들은 이사야 53장과 다니엘 7장에서 곧장 복음서로 건너뛰고도 아무렇지도 않은 것처럼 진행할 수 있었다. 하지만 유대 서사, 이 경우에는 이스라엘의 메시아에 초점을 맞춘 유대 서사에서 한 걸음씩 멀어질수록 이교도 신앙에한 걸음씩 다가가게 된다. 그래서 탈유대화한 이야기는 또 다른 서사틀을 찾아야 했기에 결국 '행위 계약'을 만들어 냈음이 장기적으로는증명되었다. 행위 계약에서, 이스라엘 역사는 먼 미래를 가리키는 약속들을 약간 담고 있기는 하지만, 사람들이 잘못을 저지른 단순한 예에 지나지 않았다.

그렇다면 모세 율법 아래 있는 이스라엘의 그 긴 이야기에 숨겨진 하나님의 목적은 무엇이었는가? 로마서 7장에서 바울은 눈에 띄는 대답을 제시하는데, 이 답은 그 **목적**을 획득한 **수단**에 대한 그의온전하고 확실한 진술과 직결된다. 그는 우리가 율법을 받은 것은 '죄'를 한 지점으로 가져가 **거기서 영단번에 정죄하기 위해서**라고 담대하게 주장한다. 그는 '토라 아래 있는 이스라엘' 이야기는 죄를 쌓기위해서, 한 장소에 모으기 위해서, 동시에 이스라엘의 대표자 메시아께 가져가기 위해서 의도되었다고 말한다. 우리가 시편 I05편과 I06편 같은 '쌍둥이' 본문에서 보는 이중 서사—선택, 구출, 약속이라는희망 찬 이야기와 반항, 실패, 포로기라는 어둡고 비참한 이야기—는소망과 약속의 초점인 메시아와 율법이 쌓아 올린 죄가 만날 때 마침내 결합하게 된다. 그리고 나서 그분의 죽음이 토라를 통해 쌓인 '죄'를 최종적으로 다루는 수단이 될 것이다. 초기 그리스도인들이 "메시아께서 우리 죄를 위해 죽으셨습니다"라는 표현으로 의미한 바가 무엇인지 알고 싶다면, 이 단락이 제대로 된 설명을 제공해 줄 것이다.

평범하게 이 이야기를 들려주던 많은 그리스도인이 복잡하고 골치 아픈 문제를 발견할 것이다. 그들은 "그분이 우리 죄를 위해 죽으셨다"고 아는 것만으로 충분하지 않냐고 물을지도 모른다. 도대체 왜 여기에 이스라엘의 길고 복잡한 사연을 끌어다가 집어넣어야 하는가? 그 긴 이야기를 건너뛰어 이스라엘 성경의 진짜 핵심은 무시한 채, 중간중간 훗날을 위한 증거 본문 한두 구절을 언급하면서 과거를 이야기하기란 너무 쉬웠다. 하지만 '요점' 곧 예수님의 공생애의 목표와 목적은 **전체 이야기에 비춘 의미를 뜻한다.** 메시아는 **성경대로** 우리 죄를 위해 죽으셨다. 성경의 몇몇 파편으로 끼워 맞출 수 있는 다른 계획에 따라 죽으신 것이 아니다.

이 모두가 로마서 7장 13절에 확실히 나타나 있다. 로마서 7장 전체는 5장 20절의 암시를 상세하게 확장한다. "율법이 함께"(아담-메시아 장면으로 함께) "들어온 것은 범죄를 최대한도까지 가득 채우려는 것입니다. 그러나 죄가 늘어난 곳에 은혜가 훨씬 더 넘쳤으니." 앞에서 주목했듯이, '려는 것'이라는 표현은 의도적이고 중요했다. 바울은 이것이 율법을 주신 하나님의 목적이라고 말하고 있다. 하지만 왜 하나님은 죄를 **채우려** 하셨을까? 이상한 말이 아닌가? 로마서 7장이 설명해 준다. 5장 20절의 '려는 것'이라는 표현이 7장 13절에 두 번 반복된다.

그러면 선한 것[율법]이 내게 죽음을 가져왔다는 말입니까? 결코 그렇지 않습니다! 오히려 죄가 죄로 드러나게 **하려고** 그 선한 것을 통해 일하여 내 안에서 죽음을 일으킨 것은 바로 죄입니다. 이는 죄가 계명을 통해 실로 철저하게 죄 되게 **하려는 것**이었습니다.

여기서 '나'는 누구인가? 로마서 7장의 '나'는 바울이 **토라 아래 있는 이스라엘의 삶 이야기**를 들려주는 문학 장치다. 그는 자신과는 멀리 떨어진 '타인'을 다루고 있었지만, 이스라엘을 '그들'이라고 말하고 싶어 하지 않는다. 이것은 자서전이라는 의미에서 그의 이야기가 아니라, 충실한 유대인인 바울이 '육신을 따라' 같은 이스라엘의 일부라는 의미에서 그의 이야기다. (물론, 그 점이 로마서 9장의 긴장을 증가시키지만, 그 문제는 따로 다룰 내용이다.) 여기서 그의 분석은, **십자가에 못 박힌 예수가 이스라엘의 메시아라고 믿게 된 사람이 나중에 생각한 것이다.** 오로지 예수님의 관점에서만, 이스라엘의 이야기는 이렇게 말할 수 있다. 오로지 예수님의 관점에서만, 그는 하나님이 주신 토라가 '죄'를 더하는 **효과가 있었을** 뿐 아니라, **이것이 하나님의 원래 의도였다**고 돌아볼 수 있다. 그래서 5장 20절에서 '려는 것', 7장 13절에서 '하려고'와 '하려는 것'이라고 한 것이다.

그렇다면 일견 이상해 보이는 이 이야기에 숨겨진 하나님의 목적은 무엇이었는가? 앞서 보았듯이, 바울은 로마서 5장 12절에서부터 '죄'를 대문자로 시작하는 단수로 언급했다. 이 '죄'는 세상에 풀려서 궁극적으로 세상을 다스리는 힘이나 세력이다("죄가 죽음 안에서 지배한 것같이"5:21). 여기서 '죄'는 인간의 잘못이 축적된 것이 아니라, 우상숭배와 악이 불러온 권세들이 축적된 것인 듯하다. 이 권세들은 원래 인간이 소유해야 했는데, 우상숭배를 하면서 하나님이 아닌 것들에 그 힘을 내주고 말았다. 그러고 나서 바울은 '죄'라는 단어로 이 모든 것을 의인화한다. 때로는 (최소한 7장 7-12절에서) 바울이 '사탄'이라고 해야 할 곳이나 창세기에서 뱀이라고 해야 할 곳에서 '죄'라고 말하는 것 같다. 어쨌든 바울은 로마서 7장에서 여러 유대 전통에서 그렇듯이 아담 이야기와 이스라엘 이야기를 엮어서 들려주면서, 이 두 이야기가 어떻게 서로 반향을 불러일으키는지 보여 준다. 그의 요점은 이스라엘이 토라에서 **아담의 죄를 발전하면서 반복한다**는 것이다.

바울은 "역사는 그대로 반복되지 않지만, 그 흐름은 반복된다"라는 마크 트웨인의 번뜩이는 경구를 알지 못했지만, 그가 여기서 말하는 내용은 트웨인의 요점을 멋지게 보여 준다. (2부에서 보았듯이, 창세기 1-3장과 이스라엘의 이후 이야기를 합치는 것은 고대 유대 세계에서 꽤 분명한 행보였다.) 토라가 이스라엘에 도착했을 때 이스라엘은 동산에서 아담과 하와가 지은 죄를 대규모로 실천하고 있었다. 어쩌면 그 '대규모'가 바울이 5장 12절-8장 4절에서 '죄'를 힘으로 언급한 이유에 기여한지도 모른다. 그것은 강력한 죄, 힘으로 바뀐 '죄', 자라서 최악을 행하는 죄다. 하나님이 동산에서 주신 명령은 "나무의 열매를 먹지 말라"는 것이고, 토라에 주신 명령은 "탐내지 말라"는 것이었다. 각 경우에, 죄는 그 명령을 절호의 기회로 붙잡았다. 바울은 7장 11절에서 "죄가 계명을 통해 기회를 잡았기 때문입니다. 죄가 나를 속이고 계명을 통해 나를 죽였습니다"라고 말한다.

그다음에는 7장 13절에서 결정적인 움직임이 있다. 5장 20절과 마찬가지로 여기서도 '목적'은 하나님의 목적이다. 우리가 "하나님이 죄를 다루기 위해서 율법을 주셨다"라고 말하려면, "하나님이 율법을 주셔서 죄가 무엇이고, 어떻게 죄를 피할 수 있는지 가르쳐 주셨다"라고 가정해야 한다. 하지만 바울은 전혀 다른 의미를 염두에 두고 있다. 하나님이 율법을 주셨는데 그래서… 어쩌시겠다는 것인가? 죄가 무엇인지 보여 주시고 '심히 죄 되게' 하시려는 의도가 무엇인가? 5장 20절에서처럼 그 답은, 하나님이 그다음에 하시게 될 일 때문이다. 하지만 그전에 바울은 이전의 자기 자신처럼 '율법 아래' 사는 사람들에게 발생하는 희한한 이중생활을 설명한다. 이들은 하나님의 율법으로 즐거워하면서도 그것이 자신을 비난하는 것을 발견한다.

알다시피, 우리는 율법이 영적인 줄 압니다. 그러나 나는 육신으로 이루어져 있어서, 죄의 권위 아래 종으로 팔렸습니다. 나는 내가 무엇을 하는지 이해하지 못합니다. 알다시피, 나는 원하는 일은 하지 않고 도리어 미워하는 일을 합니다. 그러므로 내가 원하지 않는 일을 한다면, 나는 율법이 선함을 인정하는 셈입니다.

그러나 이제 그 일을 하는 것은 더 이상 내가 아니라 내 안에 사는 죄입니다. 알다시피, 내 안 곧 사람의 육신 안에 어떤 선한 것도 살지 않음을 나는 압니다. 내가 선을 의도할 수는 있어도 선을 행할 수는 없기 때문입니다. 내가 원하는 선한 일은 하지 않고 결국 원하지 않는 악한 일을 행하고 말기 때문입니다. 그러므로 만일 내가 원하지 않는 것을 행한다면, 그것을 행하는 것은 더 이상 '내'가 아니라 내 안에 사

는 죄입니다.7:14-20

확실히 이 단락은 만만찮은 도덕률을 지키려고 애써 본 사람이라면 누구라도 여러 면에서 공감하는 바가 있다. 이 단락은 비유대 윤리 전통을 반향하는 방식으로 구성되어 있기도 하다. 하지만 이 단락의 주 목적은 그 어느 쪽도 아니다. 바울은 보통의 그리스도인의 생활이나 보통의 그리스도인 이전의 생활을 묘사하려는 것이 아니다. "이 시점에서는 이렇게 느낀다"는 식으로(그럴 수도 있지만) 영적 체험의 특정 단계를 말하는 것도 아니다. 그는 **토라 아래 있는 이스라엘의 매우 모호한 성격 가운데서도 하나님의 목적이 시행되는 것**을 강조하고 있다. 이스라엘은 율법을 하나님이 주신 언약 헌장으로 받아들였지만, 율법이 할 수 있는 일이라고는 '죄'를 드러내어 최대한 키우는 것뿐임을 알게 되었다. 언뜻 보면 믿기 힘들다. 하지만 바울은 이것이 하나님이 이스라엘 성경이 반복해서 증언하듯이 반항과 우상숭배와 죄로 물든 백성에게 율법을 주실 때 처음부터 의도하신 바였다고 확인해 주고 있다.

왜 그러셨을까? 그렇게 하신 이유가 무엇일까?

초기 그리스도인들이 '포로기의 종말'과 '죄 사함'을 어떻게 이해했는지 우리가 조사한 관점들로 이 본문을 읽을 때 바울이 말한 내용과 관련하여 실마리를 얻을 수 있다. 다니엘 9장을 비롯한 많은 본문에 등장하는 이스라엘의 긴 '종살이', '지속된 포로기'는 그저 지루하고 오랜 기다림의 과정이 아니었다. 인간의 우상숭배로 세상에 풀린 어두운 세력, '죄'라 불리는 이상한 힘이 하나님의 백성 가운데 최악의 해악을 끼치던 때였다. 하나님의 백성은 바벨론과 그 계승자들, 그리고 그 배후에 있는 어둠의 권세들에 사로잡혀 종이 되었다. 하나님이 토라를 통해 이스라엘 가운데 하고 계시던 일은 '죄'를 한 장소에 모아서 **정죄받게 하려는 것이었다.** 신약성경 전체에서 '형벌적 대속' 교리를 분명하게 가르치는 곳이 있다면, 바로 여기다. 하지만 이것은 '행위 계약' 서사도, 누군가를 벌하기로 하신 진노하신 하나님 서사도, '천국에 가는' 서사도 아니라, 이스라엘을 통해 이스라엘과 함께 맺으신 하나님의 언약적 소명 서사 안에 자리하고 있다. 메시아에 초점을 맞춘 이 소명은 결국엔 진정한 인간 존재에게로 넓혀졌다.

> 그러므로 메시아 예수 안에 있는 사람에게는 결코 정죄가 없습니다! 왜 그럴까요? 메시아 예수 안에 있는 생명의 영의 법이 죄와 죽음의 법에서 당신을 해방시켰기 때문입니다.
>
> 하나님께서 율법이 (사람의 육신 때문에 약하여) 할 수 없는 일을 하셨습니다. 하나님께서 자기 아들을 죄 있는 육신의 모양으로, 또 속죄 제물로 보내셨습니다. 그리고 바로 그 육신 안에서 죄를 정하셨습니다. 이는 우리가 육신을 따르지 않고 영을 따라 살 때, 율법의 의롭고 정당한 판결이 우리 안에서 성취될 수 있게 하려는 것이었습니다.8:1-4

이 진술은 결국, 바울이 악행자들에게 떨어질 '정죄'를 경고했던 로마서 2장 1-11절을 되돌아본다. 바울은 '그리스도 안에 있는' 이들에게는 판결이 내려졌다고 이미 말한 바 있는데, 그 판결은 그들이 '의롭다'는 것이다. 따라서 그는 "그분의 피로 의롭다고 선언"된5:9 이들이 임박한 진노에서 구원받을 것이라고 이미 약속했다. 이제 우리는 그의 말뜻을 알 수 있다. "그러므로 메시아 예수 안에 있는 사람에게는 결코 정죄가 없습니다.… 하나님께서… 육신 안에 죄를 정하셨기 때문입니다." 벌을 부과했지만, 그 벌은 죄 곧 세상과 인간 생활에 엄청난 피해를 입힌, 결합되고 축적되고 의인화된 세력에 부과된다.

이 대목이 가장 조심스럽게 지적해야 할 부분이다. 바울은 하나님이 예수님에게 벌을 주셨다고 말하지 않는다. 하나님이 예수님의 **육신에 있는** 죄에 벌을 내리셨다고 선언한다. 확실히 십자가형은 끔찍한 사건이었다. 사도가 신학적으로 뒤돌아보니, 정죄받는 것은 죄 자체였지 예수님이 아니었음을 볼 수 있었기 때문이다. 그 끔찍한 날에 예수님이 겪으신 신체적·정신적·영적 고통은 어떻게 해서도 완화되지 않았다. 하지만 신학적으로 말해서는(또한 교회의 생활과 가르침, 실천의 여러 측면에 관통하는 암시와 관련하여), 그 때문에 모든 게 달라졌다.

이런 관점에서 예수님의 죽음은 확실히 **형벌**이다. 다시 한 번 말하지만, 예수님께 대한 형벌이 아니라 죄에 대한 형벌이지만, 어쨌든 형벌은 형벌이다. 마찬가지로, 그분의 죽음은 **대리적**이다. 하나님이 (메시아의 육신 안에서) 죄를 정하셨기에 "메시아 안에 있는" 죄인들에게는 정죄함이 없다. 한 사람이 죽어서 많은 사람이 죽지 않아도 된다. 우리가 누가복음과 요한복음에서 본 모든 서사의 파편이 타당한 평가를 얻는다. "이 사람은 잘못한 일이 하나도 없지 않은가." "민족 전체가 없어지느니, 차라리 한 사람이 백성을 위해 죽게 하시오." 하지만 이 대리는 보통의 '행위 계약'이 아니라 하나님과 이스라엘 서사, 소명 서사, **성경대로**의 이야기 안에서 진정한 의미를 발견한다. 우리가 이 대리를 그 이교적 의미에서 구출해 내면, 유대 서사와 메시아 서사의 핵심에서 제자리를 찾을 수 있다. 8장 4절을 비롯한 여러 곳에서, 이 이야기는 인류가 구조되어 '천국에 가는 것'이 아니라 '육신을 따르지 않고 그 영을 따라 행하는 우리에게 율법의 요구가 이루어지게 하려는 것'이다. 인간은 '영화롭게' 되려고 구원받았다. 하나님의 형상을 닮은 존재로 그분의 지혜와 사랑을 세상에 비추는 진정한 인간으로 다시 살아갈 수 있도록 말이다.

바울이 한 일은 복음서에서 했듯이 죄를 다루는 것을 더 큰 하나님나라 서사 안에 위치시킨 것이다. 새로운 유월절(노예 삼는 권세에서 구출되는 것)은 죄를 다루는 것으로 성취된다. 이번에는 '죄들'이 자라서 '죄'로 전력을 다하면서 두 이야기가 마침내 하나가 되는 것이 다를 뿐이다. 달리 표현하면, 바울은 이스라엘의 슬프고도 긴 이야기를 들려주었고, 신명기 28장에서처럼 드디어 '포로기'의 '노예 상태'에 도달했다. 이스라엘에게는 신명기 30장에 나오는 것 같은 새로운 출발이 필요했는데, 바울은 로마서 10장에서 바로 그런 의미에서 신명기 30장을 인용한다. '포로기'가 끝나려면 이스라엘의 죄를 다루어야 했다. 바울은 자신이 들려준 복잡하지만 일관된 서사를 통해 어떻게 이것이 '새로운 유월절'이라는 더 큰 기대와 합쳐지는지 보여 주었다. 그는 이 결합된 이중 이야기의 핵심에서, 이스라엘을 대표하기 때문에 죄가 가장 심한 일을 저지른 '장소'가 되신 메시아 이야기를 들려주었다. 다시 한 번 이것은 사복음서 서사의 반향을 불러일으킨다. 우리가 보았듯이, 이 사복음서 서사에서는 예수님이 하나님나라를 선포하시려는 동안 온갖 종류의 악이 태풍처럼 세력을 키워 갔다. 악이 세력을 결집하여 마침내 그 분노를 그분께 쏟아냈다. 이것이 사복음서가 전하는 이야기다. 이것이 사도행전 4장 23-31절에서 시편 2장을 이용한 배후의 이야기다. 이것이 이제 바울이 이 강력하고 매우 중요한 짧은 진술에 요약한 이야기다.

바울은 이렇게 이야기를 들려주면서, 십자가의 심오한 의미를 이스라엘의 서사 안에 단호히 위치시킨다. 거기가 바로 십자가가 있어야 할 자리다. 내가 이미 주장했듯이, 그 이야기에서 십자가를 빼내면 우리는 예수님의 죽음을 창조주 하나님의 사랑과 갈라놓는 유사 세속 이야기를 하게 된다. 여기서 바울이 확실히 그런 가능성을 제외했음에도, 그런 일은 자주 있었다. 그는 토라가 이런 식으로 죄를 더하게 하는 것이 **하나님의** 목적이라고 주장한다. 죄의 육신을 입고 보냄받은 자가 **하나님의 아들**, 그분의 본체였다고 주장한다. 바울이 5장 8절에서 주장하고 8장 31-39절에서 재확인해 주듯이, **하나님의 사랑**이 행동으로 나타났다. 내가 다른 사람을 보내 꼭 필요하지만 끔찍한 일을 나 대신 하게 한다면, 그것은 사랑 표현이 아니다. 남을 몰인정하게 조정하는 것이 아니고 무엇이겠는가. 예수님의 죽음이 하나님의 사랑, 곧 우리가 보았듯이 언약적 구출과 회복에 대한 소망을 나타낸 수많은 고대 이스라엘 표현의 핵심에 있는 언약적 사랑의 궁극적 표현이 되려면, 우리는 창조주요 언약의 하나님이 아들을 보내실 때는 자기 자신을 보내신 것이라고 말할 필요가 있다. 그리고 바울이 바로 그렇게 말한다.

궁극적으로 우리는 예수님의 죽음에 대한 바울의 관점을 이해하는 원형적 삼위일체 틀과 유사 세속 틀 중에서 선택해야 한다. 교회는 후자에 빠질 때가 많았다. 로마서는 재빨리 우리를 전자로 돌려놓는다. 신학자와 설교자들이 이 틀을 위험하게 보고 십자가에서 성취된 일이 성부의 사랑의 직접적 결과라고 주장했을 때조차도, 목표가 플라톤화되고('천국에 가는 것') 인간의 역할이 도덕주의에 빠질 때('선행과 악행')는 암시된 이야기의 구조는 방향이 잘못될 것이다.

이 단락의 다른 두 요소가 독특하게 기여한다. 첫째, 바울은 예수님의 죽음을 '속죄제'로 묘사하는데, 이것은 좀 이상해 보인다. 왜 이 시점에서 레위기와 민수기에 나오는 다양한 희생제사 중에 하필이면 이 제사를 언급하는가? 내가 앞에서 암시한 것처럼, 속죄제로 드린 동물이 예배자의 죄를 대신해 벌을 받고 있다고 생각하는 것은 착각일 수 있다. 그것이 핵심이 아니다. 핵심은, 성경에서 '속죄제'는 번번이, 이스라엘이 본의 아니게(그럴 의도가 없는 경우) 혹은 자신도 모르는 사이에(의도는 있지만 그것이 죄인 줄 모르는 경우) 지은 죄와 관련된 특정한 희생제사라는 것이다. 그리고 바울은 7장 13-20절에서 이스라엘을 토라 아래 두는 방식으로 '나'의 행동을 분석했다. "나는 내가 무엇을 하는지 이해하지 못합니다"15절라는 말은 문자적으로 "나는 내가 하는 일을 모른다"라는 뜻으로, **자신도 모르는 사이에** 지은 죄 곧

무지의 죄다. "내가 원하지 않는 것을 행한다면", 20절 이것은 **본의 아니
게** 지은 죄다. 해결책이 문제에 딱 맞는다. 죄 사함, 이사야와 예레미
야와 에스겔에 나온 포로 귀환이라는 주제가 이제 가능하다. 포로기
가 끝나고, 노예 주인의 권세는 깨졌다. 이스라엘의 메시아를 통해 언
약이 갱신된다. 권세들의 토대인 죄가 정죄되었기에 권세들이 무너졌
다고 확신할 수 있다.

둘째, 그래서 그 결과는 죄인들이 해방되어 '천국에 가는 것'이
아니라, 진정한 인간의 소명 곧 왕 같은 제사장이 되는 것이다. 그리하
여 메시아가 구속하고 성령이 내주하는 인간은 자신의 적절한 소명을
차지하고, '권세들'은 산소가 끊긴 것을 알게 된다. 이것이 "육신을 따
르지 않고 그 영을 따라 행하는"이라고 한 4절에서부터 시작되는 로
마서 8장 나머지 부분이 이야기하는 바다. 이 말씀은 부활8:9-11과 더불
어, 자기 자신의 몸과 행동을 책임지는 삶,8:12-16 고난받는 소명과 그럼
으로써 메시아와 '영광'을 함께 받는 것8:17-25을 앞서 가리킨다. 고난을
통해서, 하지만 능력으로 세상을 다스리는 희한한 통치다. 이것은 새
로운 창조세계로 이어져서, 고통 가운데 탄식하는 현 창조세계가 왜
곡과 썩어짐의 종노릇에서 해방되어 "하나님의 자녀가 영화롭게 될
때 오는 자유를 누리"게 된다.8:21 이것이 궁극적 '영광' 곧 인간의 '왕
같은' 역할인데, 우리는 이를 위해 지음받고 5장 17절에 나온 대로 이
를 위해 구속받았다. 인간은 '의를 가져오는 사람'이 되려고 '의롭다
하심을 얻는다.' 이것이 십자가에서 성취된 혁명의 결과다. 십자가 사
역은 인류를 창조세계**로부터** 구해 내기 위해서가 아니라, 창조세계를

위해 구해 내기 위한 것이다. 우리가 이렇게 이야기를 전달한다면, 온 갖 종류의 문제가 해결되거나 최소한 새로운 관점을 얻게 된다.

그렇다면 요점은 중보라는 '제사장' 사역으로도 확장된다. 메시아를 통해 구속받고 성령이 내주하는 사람들은 어떻게 기도해야 할지 모르는 고통 가운데 "동일한 영께서 말보다도 더 깊은 탄식으로 우리를 위해 간구"하시는 것을 발견한다.8:26 하지만 "마음을 살피시는 분"은 성령의 생각을 아신다. 성령이 하나님의 뜻대로 하나님 백성을 위해 간구하시기 때문이다.8:27 이렇게 계속해서 마지막 확신의 진술까지 이어진다. 아무것도 우리를 메시아의 죽음에서 드러난 하나님의 사랑에서 끊을 수 없다.

나는 다른 곳처럼 여기서도, 우리가 모든 초기 그리스도인들이 공유한 관점, 곧 살아 계신 이스라엘의 하나님이 예수님 안에 인격적으로 임재하셨다는 관점을 취할 때만이 전체 그림이 이치에 맞는다고 강조했다. 이는 이후 사상가들에게 명백한 문제를 일으킨다. 이를테면, 어떻게 하나님이 둘로 나뉠 수 있었는가? 첫 그리스도인들은 그런 식으로 보지 않은 듯하다. 말해야 할 내용을 어떻게 말해야 할지 특별히 걱정하지도 않았다. 그들은 이미 사용 중인 다양한 유대 모델을 끌어다가, 어떻게 자신이 만드신 세상을 초월해 계신 한 분 하나님이 그럼에도 그 가운데 계시며 활동하셨는지에 대해 말했다. 이것이 이스라엘 성경이 이스라엘의 하나님에 대해 말하는 방식이다.

물론, 이스라엘에게 하나님에 대한 이런 사고방식은 구체적으로는 성전과 토라에 초점을 맞추었다. 우리 시대에 예수님과 그분의 정

체성에 대한 논의가 고대 유대 성전 신학으로 돌아오면서, 이 논의가
비유대 범주에 갇혀 있을 때는 이해하기 힘들었던 온갖 종류의 가능
성을 발견하게 되었다. 성전은 하늘과 땅이 만나는 장소가 아니었던
가. 한 특정인이 같은 현상의 궁극적 예라고 말하면 어떨까? 두 차원
에서 똑같이 편안한 사람이라고 말하면 어떻겠는가? 토라는 초월하
신 하나님이 언약 백성에게 그분의 뜻을 드러내신 것이었다. 한 특정
인이 최종적으로 하나님의 뜻을 구현한다고 말하면 어떨까? 일부 유
대 사상에서, 이런 신념들은 이미 '지혜' 곧 인류를 향한 하나님의 청
사진이라는 개념 속에서 결합되어 있었다. 다윗의 아들 솔로몬이 이
지혜의 대표격 인물이다. 바울이 하나님이 아들을 '보내셨다'고 말할
때8:3; 갈 4:4 구체적으로는 유대 사상의 두 부분을 결합하고 있는 셈이
다. 첫째, 하나님이 그분의 '지혜'를 세상, 더 구체적으로는 성전으로
'보내신다'는 개념과, 둘째, 사무엘하 7장, 시편 2편 등의 다윗의 메시
아라는 표현으로 거슬러 올라가는 '아버지'와 '아들' 개념이다.

　　로마서 8장의 논의가 펼쳐지면서, 이 모든 개념이 확실하게 작용
하고 있다. 8장 17-25절에서 예수님의 메시아 정체성과 '영광'이 그분
을 따르는 이들과 공유된다. 바울이 성령이 예수님의 사람들과 함께
있어서 그들 안에 내주하고 그들을 약속된 유산으로 인도한다고 말할
때,8:12-16 그가 사용한 언어와 암시하는 이야기는 원래 출애굽의 구름
기둥과 불기둥을 떠올리게 한다. 여기에는 이스라엘의 전통에 확고히
뿌리를 내린, 초기 삼위일체 사상이 들어 있다. 이스라엘의 하나님에
대한 이런 더 큰 개념이 바울이 예수님의 죽음에 대해 말하려는 모든

내용을 확실하게, 세속적 왜곡 없이 말할 수 있는 배경을 형성해 준다.

이것은—복음서로 잠시 돌아가서—신약성경 전체에서 예수님의 죽음을 묘사한 가장 곤란한 부분, 곧 십자가에서 어찌하여 나를 버리시느냐고 부르짖는 장면을 이해할 가능성을 열어 준다. 우리가 삼위일체 교리를 강하게 긍정할수록(예수님의 부르짖음을 기록한 마가와 마태 모두 예수님이 이스라엘의 하나님을 구현하신 살아 있는 존재라고 확실히 믿는다) 모든 것이 더 어려워지는 듯하다. 하지만 로마서 8장에서 대두하는 하나님 그림은 다른 시각을 제안한다.

로마서 8장 26-27절에 나오는 기도에 대한 탁월한 묘사는 "우리는… 마땅히 무엇을 기도해야 할지 모르지만, 동일한 영께서 말보다 더 깊은 탄식으로 우리를 위해 친히 간구"하실 때가 있음을 보여 준다. 조금 전에 지적했듯이, 그 지점에서 바울은 "마음을 살피시는 분", 하나님이 성령의 생각을 아신다고 선언한다. 방금 보았듯이, 이 단락에서 성령은 출애굽 서사에서 영광스러운 하나님의 임재가 한 역할을 맡고 계신다. 다시 말해, 바울에게 성령이 (후대 용어로 표현하자면) 완전히 신적 존재라는 점은 의심의 여지가 없다. 따라서 여기서, 말할 수 없는 탄식으로 간구하시는 성령과 마음을 살피시는 분 사이에 대화가 오가는 것을 볼 수 있다. 이 둘은 서로 심오한 조화를 이루지만, 성령은 해산하는 여인처럼 탄식하고 계신다. 이 말은 삼위일체 내의 분열을 뜻하는가? 아니다. 바울이 성부와 성령—이들의 대화를 통해 교회가 그 아들의 형상으로 변화된다8:29—에 대해 이렇게 말할 수 있다면, 왜 마태와 마가가 성부와 성자에 대해 매우 유사한 내용을 말해서는 안 된단 말인가?

사실, 나는 우리가 성자와 성령이 여러 일을 수행하느라 분주한 사이에 성부는 차분하게 세상을 맡아 사무실에서 기다리고 계신다고 쉽게 가정하는 바람에 잘못 생각하게 되지 않았는지 의심스럽다. 어떤 의미에서 그 말이 사실일 수도 있다. 하지만 신약성경의 기독론이 뜻하는 바가 있다면, 우리는 예수님을 바라봄으로써만 하나님에 대한 심오한 진리를 배울 수 있다는 것이다. 빌립보서 2장은 성자가 "하나님의 형체"임에도 **불구하고**가 아니라, 하나님의 본체이기 **때문에** 자신을 버리는 겸손한 삶을 사셨다고 말한다. 골로새서 1장 15절에서 메시아는 "보이지 않는 분이신 하나님의 형상"이시고, 요한복음 1장 18절에서 그분은 달리는 볼 수 없는 하나님을 사람들에게 나타내는 존재이시다. 마가복음 10장에서 예수님은, 모든 권세를 극복하는 권세는 자신을 주는 사랑의 힘이라고 주장하신다. 이 모든 내용이 실제 사건들에 수렴되는 듯하다.

이 모두가 사실이라면 어떻겠는가? 창조주가 넘쳐흐르는 넉넉한 사랑으로 세상을 만드셨고, 그래서 십자가에 달리기까지 자기를 희생하는 넘쳐흐르는 사랑이 근본적으로 망가진 세상을 향한 하나님의 사랑을 정확하게 드러낸 자기표현이라면 어떨까? 그렇다면 로마서 8장 27-27절에서 성령의 말할 수 없는 탄식이 하나님 되심—세상의 깊은 고통 가운데 계시면서도 그것을 초월해 계시지만, 모든 마음을 살피신다—이라는 의미의 일부이듯이, 십자가에서 버림받은 외침도 하나님 되심 곧 넘쳐흐르는 사랑의 하나님 되심의 일부라는 게 이치에 맞지 않겠는가? 그렇다면 삼위일체를 넘쳐흐르는 창조적 사랑으로 설명할 수 있지 않을까? 물론, 하나님에 대해 지혜롭고 진실하게 말하려는 모든 시도와 마찬가지로, 이 역시 실재를 온전히 반영하지는 못할 것이다. 하지만 우리가 세상에서 하나님의 임재와 행위에 대한 바울의 관점으로 우리의 관점을 형성한다면, 최소한 그 가능성은 열려 있다고 믿는다. 전심으로 복음서를 읽는 것이 바울서신 해석에 도움이 된다면(내가 이 책에서 애쓴 부분도 바로 이것이다), 최소한 이 시점에서 복음서의 최고 난해 구절 중 한 부분을 해석하는 데 바울이 도움이 될 수 있다.

　하지만 이 모든 요점은 로마서 내에서 많은 해석가가 예수님의 죽음에 대한 기독교적 관점의 핵심이라고 여기는 단락을 가리킨다. 바울은 로마서 3장에서 무엇을 말하고 있는가?

13.

로마서에 나타난 예수님의 죽음

: 유월절과 속죄

드디어 대부분의 바울 해석자들이 '속죄' 신학을 파악하려고 애썼으며, 수많은 논란의 중심이 된 단락으로 돌아갈 때가 왔다. 우리가 로마서 3장 21-26절로 알고 있는 짧지만 난해한 단락은 로마서 1-4장 전체의 핵심임에 틀림없다. 어느 설교자나 성경 교사에게 십자가의 의미를 설명해 달라고 묻더라도, 이 단락을 거론할 것이다. 이 본문이 쉽지 않은 까닭은 바울이 짧은 구절에 너무 많은 내용을 집어넣었기 때문이기도 하고, 모든 구, 거의 모든 단어를 두고 논란이 분분했기 때문이기도 하다. 하지만 이 내용을 피해 갈 길은 없으니 긴장하고 꾸준히 연구하는 수밖에 없다.

내 번역은 한쪽으로 치우쳐 보일 테니 여기서는 NRSV를 인용하려 한다[다른 번역본도 많지만, 여기서는 NRSV가 문제의 소지가 가장 적은 듯하다(우리말 성경은 개역개정을 인용했다)]. 핵심구가 등장하는 24-26절을 중점적으로 살펴보겠다.

이제는 율법 외에 하나님의 한 의가 나타났으니 율법과 선지자들에게 증거를 받은 것이라. 곧 예수 그리스도를 믿음으로 말미암아 모든 믿는 자에게 미치는 하나님의 의니 차별이 없느니라. 모든 사람이 죄를 범하였으매 하나님의 영광에 이르지 못하더니 **그리스도 예수 안**

에 있는 속량으로 말미암아 하나님의 은혜로 값없이 의롭다 하심을 얻은 자 되었느니라. 이 예수를 하나님이 그의 피로써 믿음으로 말미암는 화목제물로 세우셨으니 이는 하나님께서 길이 참으시는 중에 전에 지은 죄를 간과하심으로 자기의 의로우심을 나타내려 하심이니 곧 이때에 자기의 의로우심을 나타내사 자기도 의로우시며 또한 예수 믿는 자를 의롭다 하려 하심이라.

난해한 대목이 많지만, 지금까지 이 책의 논의를 감안하면 나는 우리가 바울이 여기서 말하는 내용을 분명하게 이해할 수 있는 유리한 위치에 있다고 생각한다. 내가 이렇게 생각하는 이유는 특히 두 가지다.

첫째, 내가 지금까지 제시한 사례가 이 본문에 직접 반영된다. 나는 예수님의 죽음에 대한 초기 그리스도인들의 관점이 유월절과 출애굽 이야기에 초점을 맞추었는데, 이제 그 이야기를 단 한 번뿐인 '죄 사함' 사건이기도 한 새로운 해방 사건으로 경험한다고 주장했다. 여기 사용된 언어는 이 본문에만 독특하게 나타나지만, 유월절과 속죄가 언약을 성취하고 죄를 용서하며 부정에서 정결케 한다는 대략적 의미는 동일하다. 이 덕분에 우리는 바울이 여기서 말하는 복잡한 내용뿐 아니라, 어떻게 그런 공식이 기독교 운동 초기에 이미 존재할 수 있었는지 이해할 수 있다. 이 본문은 매우 독특하지만, 첫 세대의 보편적 특징인 예수님의 죽음에 대한 나름의 해석을 요약해 준다.

둘째, 로마서 1-4장 전체에 대한 신선하면서도 강력한 해석 방식들이 있어서, 구조적 관점에서 볼 때 전체 논의의 난해한 핵심으로 의도된 이 본문을 이해하는 데 도움을 줄 수 있다. 이 본문은 **엉뚱한 이야기**, 곧 거칠게 표현하자면 인간이 죄를 지었는데 하나님은 예수님께 벌을 주시고 인간은 책임을 면했다는 식의 '행위 계약'으로 향하는 필수 움직임으로 읽히곤 했다. 이것은 바울에게 꼭 필요한 요소들, 곧 이 짧은 본문 앞뒤로 배치된 1장 18절-3장 20절과 4장에서 그가 자세히 설명한 요소들을 빠뜨린 것이다. 일부 기독교 전통에서 바울이 이야기하고 있다고 믿는 이야기가 아니라 바울이 정말로 말하고 있는 큰 이야기를 이해한다면, 이 핵심 구절들에 새 생명이 피어날 것이다.

우선, **언약** 요소가 있다. 한편으로 이스라엘의 소명2:17-20과 다른 한편으로 하나님이 아브라함에게 주신 약속들4장이 이스라엘 메시아의 성취에서 하나로 합쳐진다. 따라서 메시아는 이스라엘을 향한 하나님의 신실하심과 그에 반응하는 하나님께 대한 이스라엘의 신실함 둘 다의 **수단**이시다. 하나님의 언약적 신실하심과 언약 구성원의 상태 둘 다를 가리키는 핵심 성경 용어가 바로 '체다카*tsedaqah*', 그리스어로는 '디카이오시네*dikaiosynē*'인데, (잠재적인 오해의 소지가 있지만) '의'나 '정의'로 번역하는 경우가 많다. 이 단어는 로마서 3장 21-26절에 이런저런 형태로 최소 일곱 번 등장한다. ('하나님'과 '예수님'을 포함하여) 정관사를 제외하면 다른 어떤 단어보다 많은 횟수다.

다음으로, **제의** 요소가 있다. 인류의 가장 큰 실패는 **우상숭배** 곧 예배의 실패였다. 1장 18-23절은 실제적인 죄를 언급하기 전에 이를 강조한다. 인류는 "썩어지지 아니하는 하나님의 영광을 썩어질 사람과 새와 짐승과 기어다니는 동물 모양의 우상으로 바꾸었"다.1:23 특히 이스라엘이 그랬다. 이들은 성막에서 영광스러운 하나님의 임재를 맞을 준비를 해야 할 때에 금송아지를 만들고 숭배했다. 여기서 바울은 이 사건을 회상하는 시편 106편 20절을 떠올리게 한다. 이와 대조적으로 아브라함은 불가능해 보이는 약속을 믿고 하나님께 영광을 돌렸다.4:20-21 이 본문은 예배의 실패와 그에 따른 태만죄를 직접 다루고 있다.

언약과 예배는 자연스럽게 같이 간다. 유월절과 출애굽에서 생생하게 나타난 아브라함과 그 가족에게 주신 하나님의 언약은 성막 건설과 성막을 대체한 성전 건설과 직결되었다. 핵심 예배 대상은 '언약궤'였다. 이 언약궤 덮개 위에서 하나님은 '언약의 피' 곧 전용된 정화를 통해 자기 백성을 만나실 것이다. 그래서 그분의 거룩한 임재가 백성 가운데 임하시고, 그 백성을 대표하는 대제사장이 그분의 거룩한 임재 가운데 들어갈 수 있도록 말이다. 속죄일마다 이 일이 반복될 것이다. 이 단락의 중심 단어이자, 궤 덮개를 가리키는 그리스어 단어 '힐라스테리온'(25절의 '화목제물'—옮긴이)은 '피'(여기서는 예수님의 피)와 긴밀하게 연결된다. 잠시 후에 이 모든 내용은 좀 더 자세히 살펴볼 것이다.

대개 이 본문의 핵심으로 여겨지는 죄와 용서의 문제가 사람들이 때로 상상하듯이 옆으로 밀려난 것이 아니라, 오히려 '언약적' 해석의 관점에서는 강조되고 있다는 점이 이 대목에서 분명해진다. 2장 17-20절의 '유대인'이 알고 주장하듯, 하나님이 아브라함과, 이스라엘을 통해 세상과 맺으신 언약은 바로 죄를 해결하기 위해서였다. 계속되는 우상숭배와 죄에도 불구하고, 거기에는 예배도 있어서 이스라엘이 하나님의 언약 백성으로 남을 수 있었다. 하나님이 그들 가운데 거하시고, 그들은 하나님과 함께 거할 수 있었다. 2부에서 보았듯이, 이 모든 내용은 많은 유대인이 이스라엘을 이교 원수들에게서 해방시킬 새로운 유월절을 고대했던 제2성전기에 새로운 초점과 긴급성을 얻게 되었다. 이 새로운 유월절은 '죄 사함' 곧 진정한 '포로 귀환'을 뜻한다. 이사야 40-55장, 에스겔 43장, 말라기 3장에 나오듯이, 이 일의 핵심에 오래전에 약속한 여호와 하나님의 귀환이 있다. 성경을 다시 읽던 1세기 유대인들에게 '죄 사함'은 이 본문에 나타나는—앞으로 살펴볼—이런 다른 주제들과 밀접하게 연결되었다.

마치 수백만 통의 전화와 인터넷 전송을 새끼손가락만 한 굵기의 전선에 담을 수 있듯이, 이 모든 주제가 로마서 3장 21-26절에 집결된다. 그러니 이 본문이 난해한 것도 당연하다. 하지만 (비유를 바꿔서) 우리가 침착하게 귀를 기울인다면, 바울이 지휘하는 오케스트라의 모든 악기가 복음이라는 같은 음악을 연주하는 동안 처음에는 각 악기의 소리 하나씩을, 그다음에는 이 악기들이 어우러진 풍성한 화음을 들을 수 있다.

하지만 대체로 사람들은 로마서 3장을 그렇게 이해하지 않았다.

● 로마서 3장에 대한 통상적 해석과 그 문제점들

'로마서의 구원의 길'이라고도 하는, 로마서 1-4장을 읽는 통상적 방식은 매우 간단한 '행위 계약'이다. 하나님은 완벽한 순종을 요구하시는데 모든 사람이 실패하고 죄를 짓는다. 모든 사람이 죽는다. 예수님이 우리 대신 죽으신다. 우리는 용서받고 천국에 갈 수 있다. 이런 해석에서 이 단락에 나오는 '의'는 '선함'이나 '선한 도덕적 지위'를 가리킨다고 전제된다. 우리에게는 선함('의')이 없지만, 하나님이 신자들에게 다른 '의'를 전달하거나 여기거나 인정해 주신다. 이 다른 의는 하나님에게서 온 상태("하나님에게서 온 의"―NRSV 번역)를 가리키는데, 심지어 하나님의 도덕적 상태(그런 의미에서 "하나님의 의")나 바울이 그렇게 말하지는 않지만 '그리스도의 의'일 수도 있다. 이론마다 이 지점에서 의견이 다르지만, 어떤 식으로든 이 '의'가 도덕적 지위―죄인을 대신한 예수님의 죽음에 초점을 맞춘, 하나님이나 그리스도께 속한 완전한 선함이나 가치―를 구성한다. 예수님이 그들의 죄를 취하시고, 그들은 그분의 '의'를 취한다. 이 이론의 몇몇 형태에서는, '그리스도의 의'에 그분의 완벽한 순종과 율법 준수(이를 통해 신자로 '여겨진다')도 포함된다. 대표적인 NIV를 비롯한 일부 번역본은 로마서 1장 16-17절과 3장 21-26절을 이런 식으로 번역하여 독자들에게 이런 종류의 의미를 강요하고, 다른 이야기에는 귀 기울이기 어렵게 만들었다. 이 책 11장과 다른 곳에서 바울의 의도는 그렇지 않다고 주장했지만, 고린도후서 5장 21절의 경우도 대개 그렇게 읽힌다.

로마서 3장에 대한 이런 해석의 중심에는 25절의 '힐라스테리온', "'유화propitiatory'의 장소 또는 수단"이라는 드문 단어의 해석이 자리 잡고 있다. 이 단어는 1장 18절-2장 16절의 "하나님의 진노"가 예수님께 부어져서 그분을 믿는 사람들이 그 진노를 피할 수 있음을 의미한다. 예수님의 죽음으로 하나님의 정의가 '충족되어', 하나님은 26절에서처럼 사람들을 의롭다 하실 수 있다. (일부 번역본에서는 하나님의 '의'에 그분의 가혹한 정의도 포함된다고 여겨서, 이 구절이 하나님이 십자가에서 죄를 처벌한다는 해석을 가리킨다고 본다.)

때로 '힐라스테리온'에 대한 이런 이해는 바울과 대체로 동시대 유대 저술인 마케베오4서에서 이 용어를 사용한 데서 근거를 주장하기도 한다. 저자는 마카베오4서 마지막 부분에서 주전 2세기 시리아의 박해를 받던 순교자들의 영향을 요약하면서, 순교자들이 "우리 조국의 죄에 대한 몸값을 지불했다"고 말한다. "이 독실한 사람들의 피와 속죄제물인 죽음을 통해 하나님의 섭리가 전에는 학대당하던 이스라엘을 보호하셨다."17:21-22 여기서 '속죄제물'에 해당하는 단어가 '힐라스테리온'인데, 이 본문이 완전히 명확하지는 않지만, 순교자들의 죽음이 하나님의 진노를 어떻게든 달래서 나라를 구했다는 의미로 보는 경우가 많았다. 이 점은 나중에 다시 살펴볼 것이다.

로마서 3장으로 다시 돌아가서, 통상적 해석은 이 '유화'를 통해 예수님이 십자가에서 하신 일을 믿는 이들은 '의롭다 하심'을 얻었다는 것이다. 이렇게 '의롭게 여겨지는' 사건을 '칭의'라고 부른다(영어 단어 '의'와 '정의'는 똑같은 그리스어 어근 '디카이오스dikaios'를 번역한 것이라서 혼란스러울 수 있다). 이 단락은 대개 이 교리에서 핵심으로 여겨진다. 이런 통상적 '칭의' 서사에서 인간은 윤리적으로 아무런 인정도 받지 못하고 시작한다. 지옥을 벗어나 천국에 갈 자격이 전혀 없다. 하지만 하나님이 그리스도 안에서 하신 일이 인간에게 인정, 곧 그들에게 필요한 '의'를 주신다. 그래서 이들은 '의롭다 하심을 얻는다.'

로마서 3장에 대한 이런 해석을 이론적으로 설명하고, 주해적으로 지지하는 몇몇 다양한 방식이 있다. 여기서는 가장 기본적인 방식을 소개했다. 신학자, 주석가, 설교가들이 얼마나 세련되게 표현하든, '로마서의 구원의 길'을 자세히 설명할 때 사람들이 대개 '듣게 되는' 내용은 이것이다. 하지만 내가 지금부터 주장하듯이, 이것은 바울의 의도와는 거리가 멀다.

이런 통상적 해석은 늘 문제에 맞닥뜨린다. 이 부분은 조금은 전문적일 수 있다. 하지만 로마서를 전통적 방식으로 해설하는 사람들은 대개 바울서신을 포함한 성경을 하나님의 계시로 간주하기 때문에, 우리가 이 방식을 취할 때 본문 전체에 무슨 일이 벌어지는지 조사하고 확인하는 것은 허용되어야 한다. 사실상 의무라고 할 수 있다!

우선, 3장 21-26절에 대한 이런 이해는 27-31절을 곤란에 빠뜨린다. 이 부분에서 "어떻게 이 '의'를 얻을 것인가"에서 "어떻게 유대인과 이방인이 한 신앙 가족이 될 것인가"로 주제가 바뀌는 것 같다. 실제로 많은 저자와 설교자가 그렇게 생각했다.

따라서 4장도 심각하게 과소평가되었다. 로마서를 강해하는 많은 이들이 4장의 아브라함을 단순히 '믿음으로 의롭다 하심을 받은 성경 인물'의 '예'로 여긴다. 때로 이 장은 단순히 바울이 3장에서 설명하고 있는 '교리'에 대한 '성경의 증거'로 불리기도 한다. 하지만 이는 전반적인 핵심을 완전히 놓친 것이다.

이런 해석은 2장 17-20절의 분명한 의미도 무시한다. (세상의 빛이 되라는) '유대인'의 소명에 대한 바울의 주의 깊은 진술을 "모든 사람이 죄를 지었다"는 일반 진리의 또 다른 측면으로 축소해 버린다. 이렇게 되면 3장 1-9절은 해석이 막막하거나 최소한 어려워지게 된다. 이 짧은 단락에 담긴 속사포 같은 질문과 대답들은 2장 17-19절을 내가 제안한 방식대로 읽는다면 훌륭하게 이치에 들어맞지만, 다른 방식으로라면 거의 말이 되지 않는다. 많은 주석가와 설교자들이 이 점을 알아차렸다. 매우 신중하고 '보수적인' 일부 주해자들은 이 본문이 너무 복잡하고 어려워서 별 도움이 되지 않는다고 말한다. 그래서 바울이 3장 21-26절에서 이해시키려는 핵심을 보지 못하고 만다.

마지막으로, 바울이 다루고 있는 '문제'는 단순히 인간의 잘못('죄')으로 취급된다. 하지만 로마서 1장 18-23절과 그 단락을 요약한 3장 23절에서 더 심오한 요소를 볼 수 있다. '죄'는 하나님의 영광을 형상과 맞바꾸는 우상숭배에 뿌리가 있다. 여기서 바울은 제2성전기 유대 저술들과 정확히 맥을 같이 한다. 하지만 오늘날 '죄'에 대해 이야기하기 좋아하는 많은 사람들은 이것이 2차 문제라는 것을 잊어버렸다. 문제의 근본 원인은 우상숭배다.

이런 해석학적 문제들은 통상적 해석 배후에 있는 신학적 난제들을 가리킨다. 이 해석은 우리가 어떻게 '하나님과 관계를 바로잡아'

'천국에 갈 수 있는지'만을 염두에 두지만, 바울은 로마서 어디에서도 '천국에 간다'는 표현을 입에 올린 적이 없다. '하나님과 관계를 바로 잡는다'는 개념도 바울의 주제와 관련은 있지만, 그가 의도하는 구체적인 맥락에서 벗어난 것이다. 아이러니하게도, 이런 해석은 '천국에 가는 것'(이나 그와 거의 비슷한 것)을 당연하게 여기고, 누군가가 이 장들에 바울이 **분명하게** 설명하고 있는 주제들을 다시 도입하려 하면 불평한다. 사람들이 이 내용이 너무 복잡하다고 불평할 때는 사실 이런 뜻인지도 모른다. "나는 늘 이렇게 이 본문을 해석하는 데 익숙해져서, 다른 대안을 고려하기가 어렵네요."

더 나아가, 통상적 해석은 바울이 맞닥뜨린 문제가 하나님의 진노라고 전제한다. 3장 24-26절, 특히 '힐라스테리온'이라는 핵심 용어에서 그가 이 진노가 어떻게 다루어지는지를 설명하고 있다는 것이다. 이것은 어휘상으로는 가능하지만, 네 가지 문제가 있다. 첫째, 잠시 후에 보겠지만, 이 문맥에서 이 단어는 '속죄소', 성막이나 성전에서 하나님이 언약의 초점으로 약속하신 장소 곧 자기 백성을 만나시고, 그 만남을 위해 백성과 성소를 깨끗하게 하실 장소를 가리킬 가능성이 더 크다. 둘째, '통상적' 해석에서 그러하듯이, 성경에서 제사 제도를 언급하는 것이 희생제물이 제사 드리는 사람을 대신하여 죽는 것을 가리킨다고 가정하는 것은 잘못이다. 셋째, 바울은 5장 9절에서 이 본문의 결과를 요약하면서 우리가 "그의 피로 말미암아 의롭다 하심을 받았다"면 미래의 진노에서 구원받을 것이라고 말한다. 따라서 그는 3장 24-26절을 요약한 "그의 피로 말미암아 의롭다 하심을 받는" 것이 "진노하심에서 구원을 받는 것"을 의미한다거나, 5장 9절을 유의어 반복("진노하심에서 구원을 받았으니 진노하심에서 구원을 받을 것이다")으로 의도한 것이 아니다. 넷째, 이 본문의 핵심에서 바울은 하나님이 관용으로 이전의 죄들을 눈감아 주셨다고 말한다. 이것은 '형벌'과는 정반대다. 물론 하나님이 전에 지은 죄를 '간과하시고' 형벌을 쌓아 두셨다가 예수님께 터뜨리셨을 수도 있다(많은 사람들이 이렇게 제안했다). 하지만 바울이 염두에 둔 것은 이런 해석과는 거리가 멀다.

이 네 가지만으로도 충분히 문제지만, 이게 끝이 아니다.

이 단락의 핵심인 "하나님의 의"라는 구절은 '하나님이 사람들에게 전달해 주신 의로운 상태'를 뜻하지 않는다. 단락 마지막 부분인 25-26절에서 그 점은 확실해지는데, 그것이 하나님 **자신의** '의'를 가리키기 때문이다. 하나님은 자신의 "의로우심"을 나타내셔서 자신도 "의로우시"다 하신다. 하나님이 사람들을 "의롭다 하"실 때는 공정하게 그렇게 하신다. 이것이 특이한 강조점을 지닌 이 주장의 결론이라면, 이 단락의 시작 부분에서 '하나님의 한 의'가 드러났다는 것은 동일한 내용을 가리킬 가능성이 높다. 하지만 그렇다면 이 '하나님의 의'는 무엇인가?

바울이 3장 21절 하반절에서 분명하게 호소하는 이스라엘 성경에서("율법과 선지자들에게 증거를 받은 것이라") 하나님의 '의'는 단순히 윤리적으로 고결한 그분의 지위를 말하지 않는다. 더 구체적으로, **하나님의 언약적 신실하심**을 말한다. 이 언약은 아브라함 및 이스라엘과 맺으신 언약일 뿐 아니라, 이스라엘을 **통해** 더 큰 세상과 맺으신 것이다. '하나님의 의'라는 표현은 구약성경에서 찾아보기 힘들지만, '나의 의'나 '그의 의', '너희의 의'라는 표현과 올바른 일을 하시거나 올바른 존재이신 하나님에 대한 진술은 다수 등장한다. 다양한 번역 때문에 모호해질 때도 있지만(이 문제는 여기서 다루기에는 지면이 부족하다), 이런 표현들은 이 방향을 가리킨다. 시편과 이사야 40-55장을 세심하게 읽어 나가면 그 점이 분명해질 것이다. '의'는 단순히 하나님이 옳은 일을 하신다는 뜻이 아니라(물론 그 말도 사실이다), **그분이 하신 언약적 약속들에 신실하시다**는 뜻이다. 우리는 그분이 하겠다고 말씀하신 일, 특히 그분이 세상을 위해 이스라엘과, 이스라엘을 통해 맺으신 언약을 이루신다고 확실히 믿을 수 있다. 물론 신명기와 예언서들에서 이 '신실함'은 하나님이 우상을 숭배한 자기 백성을 심판하신다는 뜻일 수 있(고 실제로도 그런 뜻일 때가 많)다. 언약은 그런 일이 있으리라고 분명히 밝혔고, 그런 일이 벌어질 때(신명기 28-29장에서 보듯이, 우상숭배의 궁극적 결과로 특히 포로기에) 그것은 신실하지 못하신 하나님이 아니라 신실하신 하나님을 드러내는 표지다. 그중에서도 가장 분명한 예가 다니엘 9장이 아닐까 싶다. 여기서는 유배로 이스라엘의 죄를 다스리시는 언약적 형벌4-14절과 언약의 회복을 약속하고 기도하는 데서15-19절 하나님의 의가 역사하는 모습이 나타난다.

하나님이 언약에 신실하시다는 개념이야말로 로마서 3장에서 바울이 의미하는 바가 확실한 듯하다. 1-4장 전체를 놓고 보더라도, 3장 21-26절은 2장 17절에서 시작하는 주장과 4장의 창세기 15장에 대한 해설 사이에 구체적으로 위치한다. 이 두 본문을 미리 살짝 살펴 보는 것이 도움이 될 것이다.

로마서 2장 17절부터 3장 9절까지는, 먼저 이스라엘의 거룩 한 소명이라는 세계적 목적에,2:17-20 둘째로 이스라엘의 언약적 실패 에,2:21-24; 3:2-4 셋째로 이 실패가 하나님의 '디카이오시네' 곧 그분의 '의'에 제기하는 문제에 관심을 둔다.3:5 이스라엘이 신실하지 못한 데 어떻게 하나님은 유대인을 통해 온 세상을 구원하고 복 주시겠다 는 언약에 신실하실 수 있는가? 그다음에 로마서 4장은 하나님이 아 브라함과 맺으신 언약과, 그 세계적인 목적, 하나님이 복음을 통해 그 언약에 충실하셨던 과거를 다룬다. 이 둘(세상을 구원하라는 이스라엘 의 소명과 아브라함에게 열방을 주시겠다는 하나님의 언약적 약속)은 확 실히 같이 간다. **이스라엘을 통해 세상에 미칠** 하나님의 목적이 3장 21-26절 앞뒤 문맥의 주제다. 따라서 3장 21절에서 '하나님의 의'를 '언약적 신실함'이라는 보통의 성경 개념으로 받아들일 이유는 충분 하다. 이 '의'의 나타남이 **이스라엘을 통해** 우상숭배와 죄에서 세상을 구하셔서 아브라함을 위한 세계적 한 가족을 창조하시려는 하나님의 계획과 연결되어 있다고 이해할 만한 이유도 충분하다. 즉 우리가 살 피는 본문 앞뒤에서 바울이 제기하는 실제 주장들은 '디카이오시네 테우*dikaiosynē theou*'와 3장 21-26절의 관련 개념들을 '언약적 신실함'으로 해석하는 것을 강력하게 지지한다. 이는 우리가 이 단락에 대해 방금 살펴본 내용과 들어맞는다. 이 단락은 '하나님의 의'를 하나님이 다른 사람들에게 전달하신 윤리적 상태나 특징으로 말하기보다는 하나님을 '의로운' 분으로 강조하면서 끝난다.

그렇다면 바울은 전반적으로 하나님의 윤리적 고결함을 말하는 것이 아니다. 그는 좀 더 구체적으로 언약적 목적에 대한 그분의 신실하심을 가리키고 있는데, 이 신실하심은 신실하신 메시아 예수님이 세상을 바로잡는 목적들(그분의 '정의')을 세상에 가져오셔서 실행되었다. 야만적 행동에 빠지지 않고서야 '디카이오스' 어근의 모든 용례를 똑같은 방식으로 옮기는 것은 불가능하겠지만, 이것이 내가 해당 문구를 하나님의 '언약적 정의'라고 옮긴 이유다.

그러나 이제는 (비록 율법과 예언자들이 증거한 것이긴 하지만) 율법과는 아주 별개로 **하나님의 언약적 정의**['디카이오시네']가 나타났습니다. **하나님의 언약적 정의**는 메시아 예수의 신실하심을 통하여 믿음 있는 모든 사람의 유익을 위하여 효력을 미치기 시작합니다. 여기에는 어떤 차별도 없기 때문입니다. 모든 사람이 죄를 지어 하나님의 영광에 미치지 못하더니, 메시아 예수 안에서 발견되는 구속을 통하여 하나님의 은혜로 의롭다고['디카이오우메노이*dikaioumenoi*'], 언약에 속한 자가 되었다고 값없이 선언되었습니다.

하나님은 신실하심을 통해 예수의 피로써 그분을 속죄소로 내놓으셨습니다. 하나님께서 이렇게 하신 것은, 전에 지은 죄를 (하나님의 오래 참으심으로) 넘어가심으로 자신의 **언약적 정의**['디카이오시네']를 나타내시기 위함이었습니다. 이는 하나님의 **언약적 정의**['디카이오시네']를 바로 지금 나타내시기 위함입니다. 곧 하나님 자신이 의로우시다는 것['디카이오스']과, 하나님께서 예수의 신실하심을 신뢰하는 모든 사람을 의롭다고 선언하신다는 것['디카이오우타이']을 나타내시기 위함입니다.

이 본문에서 전통 계통을 따르는 사람들조차 대개는 25-26절이 하나님의 언약적 신실하심을 이야기하고 있다는 데 동의할 것이다. 이것은 확실히 고정된 내용으로 받아들여져야 한다.

이를 깨달은 일부 사람들은 여기서 바울이 초기 '유대 기독교' 집단으로부터 바울 이전의 공식 문구를 인용하여 근본적으로 수정하고 있다고 제안함으로써 더 큰 문맥의 함의를 피하려고 애썼다. 이렇게 해석하는 사람들은 유대 기독교 집단에게는 이 '언약적 신실함'이라는 개념이 여전히 중요했지만, 바울과는 무관했다고 전제한다. 이것은 그런 재구성에서 무슨 일이 벌어지고 있는지를 확실히 보여 주는 또 다른 표지다. 서구의 해석 전통은 복음의 유대교 뿌리에서 멀어졌고, 전혀 다른 의미를 향해 가는 매우 중요한 과정을 밟았다. 그리하여 셰익스피어의 밀도 높은 작품들을 좋아하지 않던 18세기 비평가들처럼, 바울이 자신의 전체 주장에서 핵심 내용을 말하고 있는 부분에서 그저 '바울 이전의 유대 기독교 공식 문구'밖에 볼 줄 모른다.

이런 해석은 바울이 24-26절에서 여전히 알 수 있는, 하나님이 이스라엘과 맺으신 언약에 신실하시다는 이 원래 공식 문구를 취해서 수정했기 때문에 이제는 예수님의 죽음이 인간의 죄에 대한 해결책이라는 전혀 **다른 내용**을 의미하게 된다고 제안한다. 그렇다면 이것은 이런저런 형태의 '행위 계약'에 들어맞게 된다. 마치 여기서 바울이 정말로 관심을 두고 있는 것은 죄와 형벌, 용서밖에 없다는 식으로 말이다. (여기서 바울의 주요 주제가 '언약'이라고 제안하는 모든 시도는 의심의 눈길을 받는다. 그것이 죄와 형벌, 구원을 덜 진지하게 받아들인다는 뜻이라도 되는 것처럼 말이다. 모순되는 제안이지만 그렇다고 그 잦은 반복을 막지는 못했다.) 하지만 이것은 어떤 글이 됐든 글을 읽는 현명한 방법이 아니다. 특히 저자가 이런 짧고 난해한 단락을 썼을 때는 거기 쓰인 단어가 저자의 의도를 반영한다고 전제하는 편이 바람직하다. 내 주장에 반하는 해석 전통들은 이 바울 사상의 핵심 대목에서 이스라엘과의 언약 개념을 배제하려고 최선을 다했다. 그래서는 안 된다.

특히, 로마서 3장 21-26절(과 4장 끝까지 이어지는 전체 단락)이 우리의 기대처럼 앞부분에서 제기한 질문들에 대한 대답으로 의도되었기 때문에 그럴 수는 없다. 여기가 바로 카메라를 조금 뒤로 빼내어 앞서 언뜻 살펴본 단락들 곧 전후 문맥을 좀 더 자세히 조사해야 할 시점이다.

'로마서의 구원의 길' 해석은 1장 18절과 3장 20절 사이에서 바울이 하는 **유일한** 주장이 '모든 사람이 죄인'이라는 것이라고 가정한다. 이는 우리를 '행위 계약'으로 인도한다. 우리는 윤리적으로 실패했기 때문에 천국에 가려면 '하나님과 관계를 바로잡아야' 한다. 예수님이 우리 대신 죽으셔서 그 일이 이루어진다. 어떤 측면에서는 없는 것보다 나은 일이다. 잔의 1/3이 채워져 있다. 하지만 가장 중요한 버번을 빠뜨린 칵테일처럼 뭔가 핵심이 빠졌다. 그래도 마실 수는 있다. 몇

가지 향도 남아 있다. 하지만 바울의 주장에 의도된 의미, 진짜 '효과' 는 빠져 버렸다.

실제로도 두 가지 의미가 사라져 버렸다. 첫째, 통상적 해석은 3 장 23절 하반절에 분명히 나타난 성전이라는 주제를 무시한다. "모든 사람이 죄를 범하였으매 **하나님의 영광에 이르지 못하더니.**" 이 말씀은 "이들은 천국의 '영광'을 얻을 자격을 갖추지 못했다"는 말을 암호화한 것이 아니다. 오히려 "하나님을 알되 하나님을 **영화롭게도** 아니하며" "썩어지지 아니하는 하나님의 **영광**을 썩어질 사람…의 우상으로 바꾸었느니라"라는 1장 21-23절을 다시 언급한 것이다. (시편 106:20을 거쳐) 금송아지 이야기를 떠올리게 하는 이 표현은 1장 18-32절 전체에서 보듯이 **'죄'의 배후에는 우상숭배가 있다**고 암시한다. 인류는 창조주 하나님을 배신하고 그 대신 피조물을 숭배하고 예배했다. 인간은 자신을 위해 피조물의 2차 형상을 만들어서, 창조주 하나님과 두 배로 동떨어진 사물들을 예배하기까지 했다. 그리하여 하나님이 목적이 있어 주신 인간의 힘을 남용하여 진정한 인간의 소명을 뒤집고 약화했다. 인간의 기술과 재주는 하나님 아닌 신들을 만들어 예배하기 위해서가 아니라, 세상에서 하나님의 목적을 이루어 드리기 위해 계획되었다. 그렇다면 '죄'는 단순히 하나님의 규칙을 깨뜨린 것이 아니라, **우상숭배에서 흘러나온 것이다.**

이것이 로마서 1장의 주요 문제이자, 바울이 3장 23절 하반절에서 언급하는 문제다. 또한 창조주 하나님이 예수님을 참 하나님과 그분이 창조하신 인간이 새로이 만나는 장소와 수단으로 내세우시는 3

장 24-26절에서 직접적으로 다루는 문제이기도 하다. 그래서 바울은
아브라함의 믿음을 묘사하면서 이 족장이 우상숭배를 뒤집었다고 암
시한다. "믿음으로 견고하여져서 하나님께 영광을 돌리며."4:20 그래
서 바울은 전체 논의가 끝난 직후에, 자신이 도달한 요점을 5장 1-2절
에서 종교의식의 언어로 요약한다. 의롭다 하심을 받은 사람들은 하
나님의 은혜에 "들어가고" "하나님의 영광을 바라고" 즐거워한다. 그
렇다면 통상적 사고 흐름에서 놓치고 있는 첫 번째 요소는 어떻게 바
울이 '죄'만이 아니라 그 배후에서 '영광'의 손실을 불러오는 우상숭배
를 다루는지 보여 주려는 시도다.

두 번째로 놓친 부분은 어떻게 3장 21-26절이 바울이 2장 17-24
절에서 소개한 사고의 흐름에 들어맞는지 보여 주려는 시도다. (여기
서는 내가 조금 전에 간단하게 언급한 요점을 더 발전시켜 보겠다.) 이 단
락도 바울이 여기서 그저 '유대인들'을 '행위 계약' 내에 있는 특별한
경우로 이야기하고 있다고 가정하는 독자들로 인해 원래 의미를 잃어
버렸다. 이런 '통상적' 해석에서는, 바울이 모든 사람이 죄인이라는 요
점을 자꾸 들먹이고 있다고 본다. 유대인들은 자신이 이방인보다 윤
리적으로 더 우월하다고 생각할지도 모르지만, 사실은 그렇지 않다.
물론 바울이 3장 19-20절에서 유대인과 이방인을 불문하고 아무도
"그[하나님]의 앞에 의롭다 하심"을 얻을 수 없다고 결론을 내리고 있
는 것은 사실이다. 그러고 나서 바울은 3장 23절에서 똑같은 논점을
한 번 더 강조한다. "모든 사람이 죄를 범하였으매 하나님의 영광에
이르지 못하더니." 하지만 (모든 사람이 죄를 지었고 유대인도 예외가 아

니라는) 이 전반적 주장이 2장 17절-3장 9절의 구체적이고 **다른** 논점을 무효화해서는 안 된다. 우리가 3장 21-26절의 내적 원동력을 이해하려 한다면 이것도 중요하다.

　　다시 한 번 우리는 여기서 '행위 계약'과 '소명 언약'의 차이를 볼 수 있다. 사람들은 바울이 2장 17절에서 '유대인'에게 행위 계약에 대해 이야기하고 있다고 전제했다. 하지만 실제로는 확실히 이스라엘의 소명 언약에 대해 이야기하고 있다. 바울이 반대하고 있는 유대인—우리가 추측하기로는 그의 이전 자아—은 "나는 보편적 죄의 법칙에서 예외"라고 말하고 있는 것이 아니다. 바울이 반대하고 있는 유대인은 "세상은 엉망진창이지만, 토라로 무장한 우리 유대 백성은 이 문제를 해결하기 위해 하나님의 택함을 받은 민족이다. 우리는 이 엉망진창인 세상을 정리하고 바로잡아야 할 소명을 하나님으로부터 받았다"라고 말하고 있다. 바울은 기본적으로 이에 동의한다. 이런 내용은 많은 해석 전통에서 전혀 예상치 못한 것이어서 바울의 분명한 단어를 간과하는 결과를 가져왔다.

　　그는 '유대인'에게 특별한 지위와 도구가 있다는 것을 반박하지 않는다.

　　유대인이라 불리는 네가 율법을 의지하며 하나님을 자랑하며 율법의 교훈을 받아 하나님의 뜻을 알고 지극히 선한 것을 분간하며.2:17-18

　　그는 이스라엘이 열방의 빛이 되기 위해 이런 특권을 받았다고 동의한다(정말 그렇다고 강력히 주장한다).

> 맹인의 길을 인도하는 자요, 어둠에 있는 자의 빛이요, 율법에 있는 지
> 식과 진리의 모본을 가진 자로서 어리석은 자의 교사요, 어린아이의
> 선생이라고 스스로 믿으니. 2:19-20

이것은 **하나님이 세상의 잘못을 바로잡기 위해 아브라함과 그
가족을 부르셨다**는, 유명한 유대 신앙의 전통적 진술이다. 표현은 다
양하지만, 많은 전통에서 공통으로 나타난다. 바울은 일부 해설가들
이 생각했듯이, "너희는 편견이 심해서 스스로를 도덕적으로 우월하
다고 생각한다"라고 말하는 것이 **아니다**. 그의 말은 "너희는 하나님이
이스라엘 전체를 세상의 빛으로 부르셨다고 믿는다"라는 뜻이다. 바
울은 그 믿음을 확인해 준다. 그가 말하고 있는 '유대인'은 꽤 정확하
다. 이것이 실제로 성경이 말하는 바다. 이것이 이스라엘의 소명이다.

   하지만 이스라엘 성경은 오래전부터 이 문제를 끊임없이 지적했
다. 예언자들은 반복해서 말했다. 이스라엘이 잘못을 저질러 그들의
소명은 원래 의도대로 실행되지 못했다. 전혀 새로울 것이 없는 비난
이다. 바울은 자신이 예수님 안에서 새로이 발견한 믿음에 근거하여
이 내용을 만들어 내고 있는 것이 아니다. 뭔가 다른 것, 그가 생각하
기에 '더 나은 것'을 발견했기 때문에 '유대주의를 거부하는' 것이 아
니다. (바울이 예수님을 메시아로 믿지 않는 유대인이었던 자신의 이전 자
아를 맞닥뜨렸을 때 그는 한 '체제'를 다른 체제와 맞세우고 상대적 장단점

을 대조시키는 오늘날의 '비교종교학' 같은 것에 관여하고 있는 것이 아니다. 그의 더 폭넓은 입장을 우리는 **메시아적 종말론**이라고 할 수 있을 것 같다. 예수님이 이스라엘의 메시아라면, 이스라엘의 하나님은 자기 백성을 예수님 중심으로 재편하고 계신 것이다. 다른 1세기 메시아 운동들이 자신들의 핵심 인물을 중심으로 충성된 유대인들을 모으려고 애썼던 것처럼 말이다. 하지만 2장 21-24절은 여기에 기반을 두지 않는다. 그는 단순히 성경의 비난을 반복한다.) 우리 시대 많은 유대인이 주장했듯이, 이스라엘에는 성경으로 돌아가는 **한도 내에서 비판하다**는 고상한 오랜 전통이 있고 바울은 이 관습을 유지하고 있을 뿐이다. 에스라 9장, 느헤미야 9장, 다니엘 9장에 나오는 참회 기도가 이를 잘 보여 주었다. 신명기의 '저주'가 효력을 발휘하여 이스라엘은 포로로 잡혀갔다. 바울은 2장 24절에서 이사야 52장 5절을 인용하는데, "그 여러 나라에서 내 거룩한 이름이 그들로 말미암아 더러워졌나니"라는 에스겔 36장 20절도 떠올리게 한다. 유대 이외의 나라들은 이스라엘을 보고 이스라엘의 하나님을 **찬양해야** 마땅했다. 그런데 오히려 이스라엘을 보고 그분의 이름을 모독했다. 이들의 소명은 틀어졌다.

그러고 나서 바울은 하나님이 이방인들을 그 가족으로 부르셔서 규례를 지키는 백성으로 만드실 수 있고 그렇게 하시리라고 잠시 가정함으로써2:25-29 그 비판을 더 확실히 한다. 이 말이 무슨 뜻인지 논하는 것은 우리의 현재 관심사가 아니다. 하지만 이 말씀은 2장 17-24절에 이미 나온 질문을 강조한다. 이것이 하나님의 계획이라면 어떻게 될 것인가? 하나님이 이스라엘을 부르셔서 열방의 빛이 되라고 명령하신다면, 이제 그 계획은 어떻게 전개되는가? 하나님이 아브라함을 통해 언약을 세우셔서 세상을 바로잡으려 하셨는데 언약 백성이 그분을 실망시켰다면, 하나님은 이제 언약을 포기하고 이스라엘을 잊으시고 다른 방편을 취하실 것인가?

이 시점에서 로마서에 대한 통상적 해석은 교회에 대한 전통적 관점을 반영하여 그렇다고 대답했다. 하나님이 고장 난 차를 갓길에 대충 주차하고 남은 여정은 걸어가셨다는 것이다. 이스라엘과의 언약을 폐기하고 예수님 안에서 개입하셨다고 말한다. '로마서의 구원의 길'을 사용하는 이들을 포함하여 오늘날 많은 그리스도인이 이렇게 '복음'을 제시한다. 앞서 보았듯이, 그 설명은 대략 이런 식이다. 우리가 죄를 지었지만, 하나님이 예수님을 보내 대신 죽게 하셔서 구원을 받는다. 이스라엘을 언급하지는 않지만, 이스라엘을 빠뜨리면 이 단축된 이야기는 우리가 앞서 보았던 궁극적 목표에 대한 플라톤적 관점('천국')과 인간의 소명에 대한 윤리적 관점('선행'), 구원에 대한 이교적 관점(진노한 신을 달래는 죄 없는 자의 죽음) 같은 비유대 사고방식으로 뒤집어지기 쉽다.

그러다 어느 순간, 이 비유대 이야기가 반유대 이야기로 변하는 경우가 많다. 이것은 바울 시대에도 위험 요소였다. 그래서 바울이 로마서 9-11장을 썼다. 2세기 로마의 반유대 교사 마르키온 같은 이의 등장에서 볼 수 있듯, 바울의 의도는 절반의 성공이었지만 말이다. 하지만 여기서 내 요점은, 우리가 바울이 이스라엘의 소명을 한쪽으로 밀어놓고 다른 무언가로 대체하려 하고 있다고 생각한다면, 로마서 3

장의 복잡한 세부 사항을 절대 이해할 수 없다는 것이다.

통상적 해석에서는, 신학 용어에서 '성육신'이 '택함'을 대신한다고 본다. 바울이 정말로 성육신을 믿고 있다고 생각한다면 그만큼 이런 실수를 저지르기가 더 쉽고, 실제로 이것이 이 전체 주장에서 가장 필수적인 요소다. 하지만 그에게 성육신한 아들은 **이스라엘의 메시아이기도 하다.** 성육신이 택함을 취소하지 않고, 오히려 그 절정으로 이끈다. 살아 계신 하나님이 이스라엘 대표자의 모습으로 그분의 세상에 오셔서 그들 스스로는 할 수 없었던 일을 이스라엘과 세상을 위해 하신다. 창조주와 그분이 창조하신 인간 사이에 만남의 장소가 되신 것이다. 그런 역할의 결합이 바울의 신학적 관점의 핵심을 형성한다. 하지만 이것은 우리를 앞서간 것이다. '행위 계약'의 일부 형태를 포함하는 로마서에 대한 통상적 해석은 바울이 하나님이 이스라엘과의 언약을 한쪽으로 제쳐두고 다른 방법으로 구원을 성취하셨다고 믿었다고 상상한다. 하지만 이 질문에 대한 바울의 대답은 이런 움직임과는 정반대다. 그는 하나님이 언약을 포기하지 않으셨다고 말한다. "사람은 다 거짓되되 오직 하나님은 참되시다!"3:4 좀 더 자세히 말하자면,

그[유대인]들이 하나님의 말씀을 맡았음이니라. 어떤 자들이 믿지 아니하였으면 어찌하리요? 그 믿지 아니함이 하나님의 미쁘심을 폐하겠느냐? 그럴 수 없느니라!3:2하-4상

하나님은 이스라엘을 통해 세상에 빛을 비추겠다는 그분의 계

획을 포기하지 않으셨다. 더군다나 3장 5절이 분명히 밝히듯이, (다른 어떤 계획과는 반대되는) 이 계획에 대한 하나님의 '신실하심'이 **바로 '하나님의 의'가 의미하는 바다**. 문자적으로 번역하면, 5절은 이렇게 시작한다. "그러나 우리의 불의함이 하나님의 의로우심을 확고히 한다면…" 이 도입부가 분위기를 결정한다. 이렇게 해서 바울은 해결해야 할 문제들을 잔뜩 안고 로마서 1부1:18-3:20의 결론에 도달한다. 하나님이 그분의 '의'를 드러내시려면, 이 문제들을 직접 해결하셔야만 한다.

첫째, 우상숭배와 불의, 오래된 '죄'라는 근본 문제가 있다. 이것은 확실하다. 이 문제는 사라지지 않았다. 일부에서 가정하듯이, 이 문제가 언약과 이스라엘의 소명에 대한 이야기로 대체되지는 않았다. 하지만 우리는 '죄'의 문제가 윤리적 규례를 깨뜨린 것에 불과하지 않고, 우상숭배의 문제라는 점을 잊어서도 안 된다. 진정한 인간의 소명을 붙들지 못하여 세상에 하나님의 영광을 드러내지 못한 것이 문제다. "모든 사람이 죄를 범하였으매 **하나님의 영광에 이르지 못하더니**."3:23 죄가 문제요, 그 죄의 배후에 있는 우상숭배가 문제다. 하나님이 세상을 바로잡으려 하신다면, 이 모두를 다루셔야만 한다.

하지만, 둘째로, 하나님이 언약에 신실하시다는 문제가 있다. 하나님은 우상숭배와 죄의 문제에 맞서1:18-2:16 이스라엘을 세상의 빛으로 부르셨다.2:17-24 아브라함을 세상 모든 민족의 조상으로 삼겠다는 언약을 세우셨다.4:1-25 하나님이 아브라함의 가족을 통해, 이스라엘을 통해 세상을 구원하겠다고 준엄하게 약속하시고는 이스라엘이 불성실하다고 이 약속들을 지키지 않으신다면 매우 이상할 것이다. 로마서 4장은 하나님이 창세기 15장에서 아브라함과 맺으신 언약을 다룬다. 이것은 고대 성경에서 '믿음으로 의롭다 하심을 받은' 누군가에 대한 별도의 진술이 아니다. 바울이 로마서 3장에 진술한 '교리'에 대한 '성경의 증거'도 아니다. 아브라함은 하나님의 은혜가 작동하는 방식이나 사람이 믿음을 소유하는 방식 그 어느 쪽에 대한 단순한 '본보기'도 아니다.

바울이 로마서 4장 3절에서 창세기 15장 6절을 인용할 때("아브라함이 하나님을 믿으매 그것이 그에게 의로 여겨진 바 되었느니라") 그의 잦은 언급과 인용이 확실히 보여 주듯이 전체 장을 언급하는 것이다. 확실히 바울은 아브라함의 (죽은 자들을 일으키시는 하나님에 대한) 믿음이 (하나님이 **예수님**을 죽은 자들 가운데서 일으키신다는) 그리스도인의 믿음과 그 본질에서 동일하다고 주장한다. 하지만 이것은 더 큰 언약적 맥락에서 일어난다. 창세기 15장에서 하나님은 아브라함과 언약을 세우신다. 그에게 '약속의 땅'뿐만 아니라 **온 세상** 열방을 가족으로 주실 것이다. 이것이 바울이 로마서 4장 13절에서 말하는 내용인데, 이는 그가 창세기를 시편 2편과 7편 같은 관점에서 읽고 있음을 암시한다. 그 시편들에서는 메시아의 통치 아래서 이 '유업'이 한 나라에서 전체 창조세계로 확장된다. 그리고 이것은 다시 바울이 4장 5절에서 말하듯이 아브라함의 약속을 하나님이 "경건하지 아니한 자를 의롭다 하신다"는 뜻이라고, 즉 하나님이 세상 '죄인들'을 용서하시고 그분으로 가족으로 받아들이신다는 뜻이라고 보는 데 달려 있다. (시

32편을 인용한 4장 4-8절은 죄 사함에 대한 중요한 언급을 강조한다.) 바울이 4장 17-22절에서 분명히 하듯이 이 가족은 하나님에 대한 진정한 예배(곧 '믿음[신실함]')를 아브라함과 공유하는 가족이다. 아브라함은 1장 18-23절에 언급된 이들과 달리 "믿음으로 견고하여져서 하나님께 영광을 돌리며 약속하신 그것을 또한 능히 이루실 줄을 확신하였다."4:20-21

그렇다면 바울이 3장 21-26절에서 맞닥뜨린 질문은 인간의 죄와 우상숭배, 그리고 하나님의 신실하심이라는 이중 문제다. 이 핵심 단락 앞뒤로는 이 인간의 곤경을 해결하기 위한 수단으로 하나님이 아브라함과 그 가족과 맺은 언약의 신실하심을 언급하는 단락들이 있다.

이 모두는 로마서에 대한 통상적 해석으로부터 정말로 바울이 뜻한 바로의 중요한 이동을 의미한다. 바울은 "하나님이 믿음으로 죄인들을 의롭다 하셔서 그들이 천국에 갈 수 있게 하시는데, 아브라함이 그 본보기다"라고 말하는 것이 아니라, "하나님이 아브라함과 언약을 맺으시고 열방을 그의 후손으로 주셔서 용서받은 죄인들이 신실한 예배자가 되게 하신다. 예수님의 죽음은 이 일이 성취되는 수단이다"라고 말하고 있다. 이것은 하나님이 이스라엘을 세상의 빛으로, 인류의 우상숭배와 죄 문제의 해답으로 부르셨다는 2장 17-20절의 분명한 함의와 연결된다.

따라서 로마서 3장 21-26절에 대한 통상적 해석은 공격을 받는다. 바울이 실제 말하는 내용을 피상적으로 축소했다는 것이다. 죄, 그리고 하나님이 예수님의 죽음에서 죄를 다루신다는 것은 틀림없는 핵심이지만, 이것들은 우상숭배(와 그에 따른 진정한 예배)와 **아브라함의 가족, 이스라엘을 통해** 세상을 구하려는 하나님의 헌신에 대한 더 큰 질문들 내에 자리하고 있다. 로마서 1장 18절-3장 20절도, 로마서 4장도 통상적 해석에서처럼 '죄'와 '의롭다 하심'에 관심이 없다. 실제로는 둘 다에 관심이 있지만, **제의**라는 질문과 **언약**이라는 질문 내에서 틀을 잡는다. 로마서 3장 21-26절도 제의와 언약에 대한 내용이라는 표지가 있다면, 우리는 이것이 바울이 자신이 말하는 내용에 대해 생각하는 바라고 전제해야 한다.

우리는 더 가까이도 갈 수 있다. 우리의 핵심 본문과 4장을 연결해 주는 로마서 3장 27-31절은 유대인과 이방인, 할례자와 무할례자가 '피스티스*pistis*' 곧 '믿음'을 기반으로 하나 되는 것을 이야기한다. 바울이 2장 25-29절에서 흘린 암시가 추가로 이루어진 것처럼 보인다. 로마서 3장 27-31절의 핵심은 유대인과 이방인이 모두 믿는 하나님이 이스라엘의 한 분 하나님이라는 확고한 선언이다. 유대식 유일신교가 이방인과 유대인이 죄 사함을 받은 가족 내에서 똑같이 의롭게 하심을 받는다는 것의 핵심에 있다. **2장 17절-4장 25절에 이르는 전체 단락은 하나님이 이스라엘과 맺은 언약, 이스라엘을 통해 세상과 맺은 언약과, 이 언약의 중심에 있는 진정한 예배, 한 분 참 하나님을 섬기는 예배를 다룬다. 이 예배가 1장 18-23절의 우상숭배를 대체하고 1장 24-32절의 죄를 무효화한다.**

따라서 이 단락의 세부 내용을 구체적으로 조사하기 전에, 3장

21-26절에 대한 통상적 해석이 이 더 큰 맥락의 의미를 차단해 버린 것이 분명하다. 물론, 바울이 한 주제에서 다른 주제로 갑자기 옮겼다가 다시 돌아오는 것은 얼마든지 가능하다. 일부 사람들은 그런 식으로 이 본문을 해석하려고 시도했다. 하지만 이 단락처럼 많은 내용이 밀도 있게 엮인 글은 저자가 중간에 (자신이 아니라 우리가!) 이해하기 힘든 부분을 앞뒤 문맥을 연결해 주는 가교로 의도했을 개연성이 높다. 반대로, 통상적 해석에서는 3장 21-26절의 구체적 의미를 전제하고, 그 앞뒤 문맥을 이 전제된 의미의 관점에서 해석하여 둘 다를 왜곡했다.

따라서 우리가 최소한 3장 25-26절에서 하나님의 언약적 신실하심('디카이오시네 테우')을 이야기한다고 언급할 때는 바울이 이전의 '유대 기독교' 공식 문구들을 인용하여 수정하고 있다고 전제해서는 안 된다. 오히려 이것이 그의 핵심 주제다. **하나님의 언약적 신실하심이 이스라엘 전반의 대규모 실패에도 불구하고, 죄로 가득한 세상을 구원하실 것이다.** 우리는 이것이 이 단락이 뜻하는 바라고 전제해야 한다.

마찬가지로, 하나님이 "예수님을 속죄소로 내세우셨다"는 이 단락의 핵심 진술이 성경에서 '언약궤'(하나님이 이스라엘을 죄에서 정결케 하셔서 그분과 그 백성이 만날 수 있는 장소)의 덮개를 가리키는 '힐라스테리온'을 사용한다고 언급할 때는 그가 우상숭배의 자리에 진정한 예배가 회복되고 있는 방식을 이야기하고 있다고 전제해야 한다. 바울은 단순히 '제의적 비유'와 '법정' 비유, '노예 시장' 비유를 환기시키고 있는 것이 아니다. 그는 진정한 제의, 진정한 예배의 회복을 염두에 두고 있다. 한 분 하나님이 사람들을 더러움에서 깨끗게 하셔서 언약의 핵심인 진정한 만남이 이루어지도록 말이다.

이런 전제들은 우리를 실망시키지 않을 것이다. 언약이 진짜 배경이다. 진정한 예배의 회복이 목표다. 이 단락은 하나님이 죄를 다루시는 것을 이야기하지만, 하나님이 그 일을 하시는 방식은 첫째, 그분의 오랜 언약의 약속을 성취하시고, 둘째, 모든 인간의 불성실함의 기저에 있는 우상숭배를 다루시는 것이다. 다시 말해, 하나님은 이스라엘의 메시아 예수님이 죽음에 이르기까지 신실하심을 통해 그분의 '의'를 드러내고 계신다. 이 단락에서 언약과 제의를 중심에 두지 않고 하나님이 죄를 다루신 것을 이해하려 애쓴다면 피상적으로 흘러 궁극적으로는 본문을 잘못 이해하게 된다. 우리가 그 핵심 곧 죄를 다루는 수단으로서 예수님의 죽음을 이해하려 한다면 바울의 사고의 흐름을 중심에 두어야 한다.

1장 18절-4장 25절의 유일한 주장에 바로 이어지는 단락을 살펴보면 이 모든 내용이 강화된다. 바울은 5장 1-2절에서 하나님의 신실하심의 결과로 "은혜"에 "들어가고" "영광의" 소망이 회복된다고 진술한다. 5장 6-11절이 분명히 하듯이, 바울이 지금 말한 모든 내용은 한 분 하나님의 깨지지 않는 언약적 사랑에 기초한다. "하나님께서 우리에 대한 자기의 사랑을 확증하셨느니라"라는 5장 8절은 여전히 언약적 표현이라고 할 수 있는 "하나님의 한 의가 나타났으니"라는 3장 21절의 더 큰 차원이다. 이것은 로마서 1-8장의 마지막 장면을 내다

본다. 8장 31-39절에서 우리는 예수님의 죽음에 뿌리를 둔 칭의가 하나님의 사랑의 표현인 것을 발견한다. 이 단락에서, 새로워진 제의는 하나님 우편에서 그 백성을 위해 간구하시는 예수님, 곧 제사장이신 왕께 초점을 맞춘다.8:34 이 책에서는 이 내용을 더 발전시킬 공간은 없지만, 이는 3장 21-26절에서 통상적 '로마서의 구원의 길'에서 생각하듯이 단순히 '행위 계약'을 다루는 것이 아니라, 한 분 하나님이 죄를 다루셔서 죄 사함을 받고 예배하는 세계 백성을 창조하시는 방식인 언약과 제의를 다룬다는 확고한 의미를 증가시킨다.

이 정도로 도입부를 마무리하고 심호흡을 크게 한 후에 이 단락의 난해한 세부 내용으로 들어가 보자.

● 구원의 재해석

하나님의 언약적 신실하심

로마서 3장 21-26절이 '하나님의 의'('디카이오시네 테우')라는 주제를 진술하는 방식이 얼마나 강력한지 누구든 그것을 놓치기는 힘들다. 바울은 이 주제를 21-22절에서 강조하고, 다시 한 번 25-26절에서 강조한다.

그러나 이제는 (비록 율법과 예언자들이 증거한 것이긴 하지만) 율법과는 아주 별개로 **하나님의 언약적 정의**['디카이오시네']가 나타났습니다. **하나님의 언약적 정의**는 메시아 예수의 신실하심을 통하여 민

음 있는 모든 사람의 유익을 위하여 효력을 미치기 시작합니다. 3:21-22

하나님께서 이렇게 하신 것은, 전에 지은 죄를 (하나님의 오래 참으심으로) 넘어가심으로 자신의 **언약적 정의**['디카이오시네']를 나타내시기 위함이었습니다. 이는 하나님의 **언약적 정의**['디카이오시네']를 바로 지금 나타내시기 위함입니다. 곧 하나님 자신이 의로우시다는 것['디카이오스']과, 하나님께서 예수의 신실하심을 신뢰하는 모든 사람을 의롭다고['디카이오우타이'] 선언하신다는 것을 나타내시기 위함입니다. 3:25하-26

대개 사람들은 바울이 불필요하게 반복한다고 불평하지는 않는다. 오히려 우리의 문제는 정반대인 경우가 많다. 그의 주장이 너무 빨라서 자신에게는 확실할지 몰라도 우리는 채워 넣어야 하는 단계들을 건너뛰는 바람에 그를 따라잡느라 힘에 부친다. 그렇다면 그가 이렇게 요점을 공들여 설명할 때는 정신을 바짝 차리고 눈을 더 크게 뜨고 살펴야 한다. 25-26절에 나타나는 핵심 용어가 확실히 **하나님의 '의'**를 가리키고, 2장 17절-3장 9절과 4장이라는 더 큰 문맥에 따르면 하나님의 신실하심이 그분의 언약적 약속과 목적을 가리키기 때문에, 21-22절을 같은 의미로 받아들이는 사례가 압도적이다. 바울이 이 단락에서 말하려는 주안점은 **하나님이 예수님을 통해, 예수님 안에서 그분이 약속하고 목적하신 바를 행하셨다**는 것이다. 4장에 따르면, 하나님은 아브라함에게 세계적 가족을 주겠다고 약속하셨다. 죄를 처리하셔서 이 큰 '경건치 못한' 가족이 '의롭다 하심'을 받을 수 있게 하실 것이다. 2장에 따르면, 하나님의 목적은 이스라엘이 세상의 빛, 곧 1장 18절-2장 16절에 나오는 문제를 해결하는 수단이 되는 것이다. 하나님이 복음서 사건들에서 그분의 '디카이오시네'를 드러내고 보여 주셨다는 진술은 약속이 성취되고 목적이 이루어졌다는 진술로 받아들이는 것이 가장 자연스럽다. (바울은 로마서 15:8-9에서 자신의 주장을 비슷한 용어로 요약한다.)

바울은 이 하나님의 언약적 정의의 계시가 값없는 은혜의 행위라고 강조하려 애쓴다. "하나님의 은혜로 값없이 의롭다 하심을 얻은 자 되었느니라."3:24하 하나님이 이렇게 해야 할 의무는 전혀 없으시다. 그분은 아무에게도 빚지지 않으셨다. 이 역시 언약적 표현이다. 바울 서신에서 하나님의 '은혜'는 성경의 비슷한 용어들을 돌아보는데, 하나님이 통제하려는 목적이 아니라 사랑의 목적으로 약속하셨고, 순전한 자비로 이 약속들을 지키신다고 암시한다. 이것이 12장 1절에서 바울이 전체 주장을 요약하면서 강조하는 바다. 이 자비는 하나님 자신과 그분의 성품, 목적, 약속들에 충실하시기에 가능하다.

하지만 제2성전기 내내 하나님의 언약적 신실하심은 이중 빛으로 비쳐졌다. 이는 다니엘 9장에 요약되어 있지만, 많은 세대와 문헌과 전통을 거슬러 올라가 신명기 27-32장까지 도달한다. 바울은 특히 로마서 9-11장에서 하나님의 신실하심을 설명하면서 이 본문들로 돌아간다. 이스라엘의 우상숭배에 맞닥뜨린 하나님의 언약적 신실하심은 이스라엘로 하여금 그 결과를 거두게 해야 했다. 그 결과가 곧 유

배였다. 하지만 그와 동일한 하나님의 신실하심은 회복을 의미하기도
했다. 앞으로 찾아올 이 회복, 억압적 이방 권세들로부터의 해방이 새
로운 출애굽이 될 것이었다. 원래 출애굽이 하나님이 아브라함에게
하신 약속들^{창 15:13-16}의 성취이기 때문에 언약의 갱신은 죄 사함이 있
는 더 새롭고 큰 출애굽을 의미했다. 그것이 예레미야 31장 31-34절
의 강조점이자 이사야 40-55장의 강조점이다. 이 내용은 잠시 후에
다시 살펴볼 것이다.

이렇게 해서 매우 중요한 이 여섯 절에 대한 틀이 세워졌다. 예수
님과 연관된 사건들은 이스라엘 하나님의 언약적 신실하심을 드러내
고 보여 준다. 성경 전체와 로마서 전후 문맥은 이것이 하나님이 우상
숭배와 죄를 다루시고 이스라엘을 통해 온 세상을 향한 목적을 성취
하시리라는 의미라고 암시한다. 대략적으로 이것이 바울이 이 단락에
서 염두에 두고 있는 내용이다.

이스라엘을 향한 하나님의 목적에 신실하신 메시아

이스라엘이 신실하지 못했던 이 목적은 메시아에게서 성취되었다. 이
것이 로마서 3장 22절의 요점이고, 내가 여기서(와 다른 곳에서도) '메
시아의 신실하심'이라는 의미에서 '피스티스 크리스투^{pistis Christou}'라는
문구를 택한 이유다. 따라서 나는 22절을 이렇게 풀이한다. "하나님의
언약적 정의는 **메시아 예수님의 신실하심을 통하여** 믿음이 있는 모
든 사람들의 유익을 위하여 효력을 발생합니다." 이것은 3장 1-5절에
나타난 사고의 흐름에 답해 준다. 이스라엘의 특권은 하나님의 신탁

을 **받았다**는 것이었다. 그것이 2장 19-20절에서 설명한 소명을 요약
하는 방식이다. 하지만 이스라엘은 그 **명령**에 "신실하지 못했고" 하나
님의 "신실하심"₃:₃과 "참되심"₃:₄에 이의를 제기했다. 그러나 하나님
은 이 모든 상황에도 '디카이오스' 곧 그분의 언약적 정의에 충실하실
것이다.₃:₄하-₅ 그분의 계획을 바꾸지 않으실 것이다. 이스라엘의 대표
자 메시아가 이스라엘의 역할을 완성하실 것이다. 이것이 새로운 언
약 가족의 일원이라는 표시가 '피스티스' 곧 '믿음'이나 '신실함'인 가
장 중요한 한 가지 이유일 것이다. 이것이 메시아 백성의 표시다. (바
울의 세계에서 '피스티스'라는 단어를 '정절', '충성' 등과 동의어로 여겼다
는 점을 눈여겨보아야 한다. 그에게 이 단어는 하나님을 믿고, 그분이 예수
님을 죽은 자들 가운데서 살리셨다고 믿는다는 의미에서 '믿음'을 포함했
다.₄:₂₄-₂₅; ₁₀:₉ 하지만 우리는 이 예리한 초점이 더 폭넓은 의미들을 차단하
지 않도록 주의해야 한다.)

  그렇다면 예수님의 죽음에서 핵심은 그것이 하나님의 계획, 곧
이스라엘을 통해 세상을 구원하고 아브라함에게 죄 사함을 받은 대규
모 가족을 허락하셔서 온 세상을 새롭게 하시려는 계획에 대한 그분
의 언약적 신실하심을 행동으로 보여 준다는 것이다. 이것은 단순히
예수님이 하나님을 설득하여 그렇지 않았다면 하지 못했을 일을 하시
게 하는 문제가 아니었다. 메시아의 죽음은 하나님이 친히 계획하고
그분이 하시겠다고 말씀하신 일을 성취하신다. 메시아의 신실하신 죽
음으로 이스라엘을 향한 계획이 성취된다. 또는 달리 표현하면(모든
초기 그리스도인들처럼 바울도 부활의 관점에서 모든 것을 다시 생각했기

때문에), 하나님이 아브라함을 부르셨을 때 그분은 그때부터 메시아의 십자가를 염두에 두셨다.

이스라엘 성경에서 하나님의 계획이 뚜렷이 보이는 곳 중의 한 곳이 이사야 53장이다. 바울은 4장 24-25절에서 자신의 사고의 흐름을 요약하면서 이사야 53장을 암시한다. 따라서 우리는 이스라엘의 신실함과 종의 신실함, 십자가에 못 박힌 메시아의 신실하심에 대한 진술을 3장에서도 염두에 두고 있다고 전제할 수 있다. 이것이 우리의 해석에 미치는 영향에 대해서는 잠시 후에 살펴볼 것이다. 그렇다면 바울이 3장 24-25절에서 예수님의 죽음을 묘사할 때 우리는 이를 이스라엘을 향한 목적의 성취로 보아야 한다. 확실히 조금 이상하기는 해도, 이사야 40-55장이 이에 대해 암울하지만 중요한 이정표를 제공한다.

우리가 조심스레 이 짧은 단락의 핵심으로 다가가면서, 몇 가지 사실이 눈에 들어온다. 하나님은 언약에 신실하시다. 이 언약은 이스라엘을 통해 세상을 구원하려는 목적과 약속에 초점을 맞추기 때문에 이것이 메시아에게서, 메시아를 통해 이루어졌다. 이 메시아는 하나님께 이스라엘 형태의 순종 곧 이스라엘에게는 없었던 '신실하심'을 드렸다.

믿음으로 의롭다 하심을 얻다

이 단락의 주요 목적—바울이 예수님의 죽음에 대해 말하는 내용을 이해하는 것—을 살펴보기 전에, 하나님의 언약적 신실하심이 드러난 결과를 간단히 짚고 넘어가야 한다. 바울은 모든 믿는 사람이 "의롭다 하심을 얻었다"고 선언한다. 우리가 지금까지 언급한 이중 맥락('하나님의 **언약적 정의**'에서처럼)은 이 유명하지만 난해한 개념에 대해 밀접하게 엮인 이중 의미를 제공한다. 한편으로, 모든 믿는 자를 아브라함의 가족으로 선언한다는 뜻이다. 예를 들면, 갈라디아서 3장 29절과 같다. '칭의'는 메시아에 대한 '피스티스'를 공유하는 한 가족을 세우겠다는 **언약의 선언**이다. 다른 한편으로, 칭의는 이 믿음의 가족을 **의롭다**고 선언한다는 뜻이다. 이 중 첫 번째는 특히 자기 백성을 재정의하시는 하나님에 대한 의혹의 분위기로 끝나는 로마서 2장 17-29절에 대해 설명해야 한다. 두 번째는 2장 1-16절의 더 큰 이슈에 대해 설명해야 한다. 최후의 심판이 다가오고 있고, 사람들은 "정죄를 받거나" "의롭다 하심"을 받을 것이다. 사실상 후자의 의미는 3장 19-20절의 노골적이고 반복적인 법정 이미지 때문에 경계하는 독자들의 마음 표면 가까이에 있을 것이다. 모든 입이 막히고 온 세상이 하나님의 심판 아래에 있게 되었다. 토라 자체는 한 사람도 구원하지 못하고, 죄를 지적하기만 할 뿐이다.

　우리가 이해해야 할 요점은 이 두 의미 맥락이 서로 반하지 않는다는 점이다. 오히려 서로 잘 들어맞는다. 하나님이 아담을 선택하셔서 그의 죄를 뒤집으셨다. 하나님은 이스라엘에게 세상의 빛이 되라는 과업을 주셨다. 언약적 약속과 언약적 목적은 늘 죄를 다루게 의도되었다. 하나님은 다른 방식으로는 죄를 다루시지 않을 것이다. 이것이 3장 1-5절에서 말하는 요지의 일부다. 하나님이 죄를 다루시지 않는다면 언약에 신실하지 못하실 것이다. 창세기의 전체 서사가 이런 개념에 저항한다. 그래서 바울이 로마서 4장에서 창세기 15장을 자세히 설명하면서 용서를 강조하는 것이다.4:6-8 늘 그렇듯이 우리는 바울이 (성경을 따라서!) 단단하게 결합한 것을 갈라놓아서는 안 된다.

바울이 먼저 말하고("이제는", 3:21) 나중에 자세히 설명하듯이 (26절에서), '칭의'는 **현 시점**에 이루어진다. 2장 1-16절과 8장 31-39절에서처럼 **미래**의 평결을 이미 **현재에** 선언했다. 이것은 바울의 유명한 칭의 신학에 독특한 역학을 제공하고, 메시아에게 일어난 일의 직접적 결과다. 하나님이 예수님을 죽은 자들 가운데서 일으키셨을 때 그분은 예수님이 그 '아들'1:3 곧 그분의 목적을 실행하시려고 세상에 '보내신' 분이라고 선언하셨을 뿐 아니라, 예수님을 의롭다고 선언하셔서 가짜 메시아라는 오명도 **벗겨 주셨다**. 그렇다면 이것은 이전과 같이 동일한 두 의미(언약적, 법정의)를 지닌 법적 평결로 볼 수도 있었다. 예수님은 하나님의 언약적 목적들을 성취하신 이스라엘의 진정한 대표자, 메시아이셨다. 또한 사형이라는 법정 판결에도 불구하고 '의로운 분'이셨다.

하나님은 예수님의 부활 때 선언하신 그 판결과 함께, '그리스도 안에' 있는 사람들에게 동일한 판결을 선언하셨다. "[그들은] 메시아 예수 안에서 발견되는 구속을 통하여… 의롭다고, 언약에 속한 자가 되었다고 값없이 선언되었습니다."3:24 칭의는 '메시아 안에서' 일어난다. 하나님은 예수님의 부활 시에 그분에 대해 하신 말씀을 '예수 안에' 있는 모든 사람에게 말씀하신다. 때로 사람들은 '칭의'의 언어와

'통합'의 언어를 싸움 붙이기도 하는데, 이는 확실히 잘못이다. 갈라디아서 2장 17절이나 빌립보서 3장 9절에서도 동일한 요점(메시아 안에서 의롭다 하심을 받는다)을 볼 수 있다.

이것이 바로 바울이 4장 24-25절에서 논점을 요약하면서 예수님은 "우리의 범죄 때문에 넘겨지셨고 **우리를 의롭다 하시려고 살아나신 분입니다**"라고 말한 이유다. 예수님의 부활이 '의롭다 하심'을 불러온 것이 아니다. 오히려 부활은 **이 의롭다 하심이 원칙적으로 십자가에서 일어났다**는 표지다. 바울이 로마서 5장 9절에서 말한 것처럼, 우리는 "그분의 피"로 말미암아 의롭다 하심을 받았고, 고린도전서 15장 17절에서 선언하듯이, "메시아께서 일으켜지시지 않았다면… 여러분은 아직도 죄 가운데 있을 것입니다." 툭 던지는 말이지만, 그래서 더 중요하다. 여기서 우리는 바울 신학, 사실상 이 책의 핵심에 근접한다. **십자가에서 진짜 혁명이 일어났고**, 부활은 그 일이 일어났다는 첫 번째 표지다. 이 혁명의 여러 결과 중에서도, 칭의는 매우 중요한 위치를 차지하는데 그 이유는 죄 사함의 확신 때문이기도 하지만, 아브라함 가족의 일원이 되었다는(갈라디아서 3장에서처럼) 확신 때문이기도 하다. 이 둘의 배후에는, 십자가의 승리로 세상을 다스리던 권세들, 인류를 사로잡고 있던 우상들이 타도되었다는 의미가 있다. 요한복음 12장 30-32절에서처럼, 이것은 세상 민족들이 현재의 "통치자들"에게서 해방되어 이스라엘의 메시아 앞에 나아가기 위해 꼭 필요한 단계다.

어찌 됐든, '현세의' 칭의의 핵심은 최후의 날에 선언될 판결을 기대한다는 것이다. '정죄'가 됐든 '칭의'가 됐든 이 최종 판결은 2장 1-16절에 묘사됐고, 바울은 8장 31-39절에서 그 순간을 내다본다. 하지만 그는 하나님이 이미 죄를 정하셨기에[8:3] "메시아 예수 안에 있는 사람에게는 결코 정죄가 없"다는 사실을 안다.[8:1] 바울이 로마서 3장에서 주장하는 내용은 우리가 "우리 주 예수를 죽은 자들 가운데서 일으키신 분을 믿"을 때[4:24] 이 판결이 **이미 알려졌다**는 것이다. 로마서 5-8장의 주제 중 한 가지는 어떻게 현재의 판결이 미래의 판결에(예수님처럼, 죽은 자들 가운데서 일어난 사람들의 형태로) 부합하느냐에 대한 설명이다. 하지만 이것이 우리의 현재 관심사는 아니다.

그렇다면 지금까지 우리는 3장 21-26절이 하나님의 언약적 정의가 아브라함에게 하신 약속과 이스라엘의 목적을 성취하시는 행동으로 나타난다고 선언하는 것을 살펴보았다. 이것이 이스라엘 전체가 불충했던 소명을 몸소 짊어지신 이스라엘의 메시아 예수님을 통해 실행된 것도 보았다. 그 결과, 모든 믿는 자가 현재에 '의롭다 하심'이라는 언약적 선언을 받은 것도 보았다. 이제 우리는 바울이 이 복잡한 언약적 계시가 어떻게 이루어졌는지에 대해 말한 내용을 살피기 위해 조심스럽게 내부로 향해야 한다.

새로운 유월절, 새로운 출애굽

로마서 2장과 4장의 폭넓은 틀과 우리가 방금 살펴본 핵심 강조점을 포함한 전체 단락의 언약적 배경을 고려할 때, 우리는 이 단락의 언약적 초점에 놀라서는 안 된다. 이것은 하나님이 메시아 예수님 안에서

하신 일과 관련이 있다. 여기서 핵심 단어는 '구속'이라는 뜻의 '아폴
리트로시스*apolytrōsis*'와 '속죄소'라는 뜻의 '힐라스테리온'이다.

> 모든 사람이 죄를 지어 하나님의 영광에 미치지 못하더니, 메시아 예
> 수 안에서 발견되는 **구속**['아폴리트로시스']을 통하여 하나님의 은혜
> 로 의롭다고, 언약에 속한 자가 되었다고 값없이 선언되었습니다. 하
> 나님은 신실하심을 통해 예수의 피로써 그분을 **속죄소**['힐라스테리
> 온']로 내놓으셨습니다. 3:23-25상

바울은 하나님의 언약적 정의가 "메시아 예수 안에서 발견되는
구속을 통하여" 드러났다고 말하면서 '아폴리트로시스'라는 단어를
사용하는데, 노예 시장에서 노예를 '구속할' 때 사용하는 단어다. 노예
주인에게 돈을 주면 그 노예는 자유의 몸이 된다. 하지만 '속죄소'라는
언급이 제사 제도에서 빌려온 무작위 비유가 아니고 '칭의'가 그렇지
않았으면 무관할 법정 배경에서 끄집어낸 개념이 아닌 것처럼, 이것
은 절대로 잡다한 비유가 아니다. 이 단어는 바울 시대 유대인들에게
특정한 일련의 의미를 담고 있었다. 이스라엘은 애굽에서 종살이를
했다. 바로와 애굽의 신들을 이기고 그 백성을 구출하신 하나님의 크
신 해방이 '아폴리트로시스' 곧 이스라엘의 언약 이야기의 핵심에 있
는 위대한 '구속'이었다. 예수님과 다른 많은 초기 그리스도인들처럼,
바울도 십자가를 유월절과 연관 지어 해석한다. 새로운 유월절, 새로
운 출애굽인 것이다.

유월절 축제에 참석해 본 사람이 회상하듯이(고대와 현대의 유대인은 모두 직감으로 알듯이), 유월절은 복잡한 사건이다. 그 서사에는 짚 없이 벽돌 만들기, 모세를 부르심, 하나님의 이름을 알리심, 애굽에 내린 재앙, 유월절 식사, 장자와 첫째의 죽음, 홍해를 건넘, 불기둥과 구름기둥, 백성의 원망, 시내산 도착, 성막 건축 등 다양한 요소가 가득하다. 각각은 다시 세분화하여, 배경 지식이 없는 사람들이 보기에는 바울 시대 유대인들의 저술에 재앙이나 무교병, 토라를 준 천사들, 성막 기구 등이 일관성 없이 넘쳐나는 것 같다. 하지만 이런 내용이 실제로는 일관성이 없지 않다. 우리 세계는 아니라도 그들 세계에 너무 유명해서 마음속에 금방 떠오르는 큰 서사 내에 그 연결고리가 있다. 바울이 '아폴리트로시스'를 말할 때 그가 이 큰 그림을 염두에 두고 있다는 사실을 깨닫기 위해 이 이야기에서 그리 멀리 갈 필요도 없다.

원래 출애굽에서 하나님은 족장들에게 주신 약속을 성취하시고 ^{출 2:24} 온 백성과 언약을 맺으셨다.^{19:5; 24:3-8} 예레미야가 '새 언약'^{31:31-34}에 대해 말할 때는 하나님이 언젠가 성취하실 더 큰 구원을 내다보기 위해 이 원래 출애굽을 돌아보고 있었는데, 이것이 예수님이 성취하신 일에 대한 초기 그리스도인들의 인식에서 핵심이었다. 새로운 유월절은 옛 유월절에 기초했다. 하지만 새로운 유월절은 단순히 우리를 노예 삼는 인간 권력으로부터의 해방을 의미하지 않고, 종살이를 가져온 죄에서의 해방을 의미할 것이다. 우리가 보았듯이, 그것이 제2성전기의 유월절에 대한 재해석에 속죄나 죄 사함이라는 개념이 포함된 이유다.

하지만 어떤 종류든 종살이에서 해방되는 것은 유월절의 부정적 측면에 불과하다. 출애굽의 긍정적 목적은 이스라엘이 해방되어 언약의 하나님을 자유로이 예배하는 것이었다.출 3:12, 18; 4:23; 5:1; 8:1, 20, 27; 9:1, 13; 10:3, 7-11, 24-26 왜 애굽에서 자유로운 예배를 드릴 수 없었는지는 확실하지 않지만, 애굽의 지역 신들을 두고 여호와를 (최소한 원래 의도한 방식으로) 예배하기가 어려웠으리라고 생각했을 것이다. (이사야 52장의 '새로운 출애굽'을 두고도 같은 내용을 말할 수 있을 것이다. 포로들은 바벨론을 떠나 하나님의 영광이 다시 한 번 그들 가운데 거주하실 시온으로 돌아와야 한다.) 따라서 백성이 나와서 언약 헌장인 토라를 받았을 때, 그 언약은 그 백성에게 뿌려진 희생제사의 피(출 24:8에 나오는 '언약의 피')로 재가된다. 이제 그들은 정말로 하나님의 백성이다.

그런 다음 이들은 하나님이 그 백성을 만나실 장소, 일종의 결혼식처럼 언약식을 거행할 수 있는 성막을 건설해야 했다(예언서에서 익숙한 개념으로, 렘 2:2은 여러 예 중의 하나다). 언약 **사건**(출애굽)은 언약 **만남**(여호와와 이스라엘이 엄숙한 상호 관계로 하나가 되는 것)으로 이어져야 했다. 우리가 이 사건과 만남을 하나님이 언약에 얼마나 신실하신지를 설명한다고 주장하는 서사에서 발견한다면, 모든 것 배후에 출애굽 서사가 있고, 역으로 바울의 진술 중에 어렵고 난해한 부분을 그 관점에서 해석해야 한다고 말할 수 있는 확실한 근거가 생긴다.

속죄소와 만남의 장소

이 만남의 구체적인 장소, 곧 성막에서도 가장 거룩한 장소는 '언약궤'
에 있었다. 언약궤는 금을 씌운 조각목 상자로, 그 안에는 언약을 기록
한 증거판이 들어 있었다.출 25:10-16 좀 더 정확하게, 이 만남의 장소는
궤의 덮개 곧 '카포레스kappōreth'였다.25:10-22 이곳은 출애굽기 마지막에
서 하나님의 영광이 백성을 만나기 위해 구름 가운데 나타나셨던 곳
이다.40:20-21, 34-35 정확히 이 용어가 무엇을 의미했는지는 논란의 여지
가 있다. 오래된 해석들은 '덮개'라고 제안했지만, 최신 연구는 이 단
어를 '정결하게 하다' 혹은 '없애다'라는 뜻의 '키페르kippēr'라는 어근과
연결하여 그런 옛 해석에 맞섰다. '카포레스'는 정결 의식을 행하여 하
나님과 그 백성이 안전하게 만날 수 있게 하는 곳이었다. 속죄제의 피
가 성소를 깨끗하게 하는 의식적 세제 역할을 하여 이 땅에서 하나님
의 영광이 거할 수 있는 곳을 순결하게 유지했다. 출애굽기 40장에서
처럼, 이곳은 하나님과 이스라엘의 언약적 연결을 유지할 뿐 아니라,
하늘과 땅을 연결하는 우주의 구조를 유지했다. 이곳은 유월절 사건
이 목적한 곳, 하나님과 그 백성의 깨지지 않는 연합이 이루어지는 곳
이요, 하늘과 땅이 서로 교류하는 에덴의 상징적 재창조다. 이 사건은
만남으로 이어져서 하나님과 아브라함의 언약은 아브라함 가문과의
언약을 세웠다. 바울은 로마서 3장에서 이런 사고의 흐름을 쫓아가고
있다.

그리스어 성경은 히브리어 단어 '카포레스'를 '힐라스테리온'으
로 번역했다. 이것은 영어 성경이 제작될 때 큰 문제로 대두됐다. 하나

님이 예수님을 '뚜껑'이나 '덮개'로 세우셨다고 말하기가 어려웠기 때문이다. 그래서 일부 번역 성경은 궤의 덮개가 현대적 의미에서—마음을 '감정의 자리'라고 말할 때를 제외하고는—'자리'라는 뜻은 아니었지만 그 단어를 '속죄소'라고 번역했다. (이런 이유로, 틴데일 성경은 '자비의 자리', 자비가 흘러나오는 장소라고 번역한 듯하다.) 엄격하게 말해서, '덮개'는 그런 '자비'의 장소는 아니었지만, '만남'과 '정결'의 자리였다. 여기서 하나님이 자기 백성을 **만나셨다**. 그러기 위해 제사장은 희생제물의 피를 뿌려 이스라엘이 과거에 지은 죄들의 더러운 영향들로부터 성소를 **깨끗하게 했다**.

바울서신을 읽는 현대 독자들에게 이런 내용이 자연스럽게 다가오지는 않지만, 우리가 바울을 이해하려 한다면 그를 우리 세상으로 너무 쉽게 끌고 오(면서 도중에 중세적 의미를 취하)기보다는 그런 내용이 제2의 천성이나 마찬가지인 그의 세계로 들어가야 한다. 그는 바로 앞 구절인 3장 23절에서 인간의 죄는 우리가 하나님의 영광에 미치지 못한다는 뜻이라고 말했고, 이는 1장 21-23절에서 인류가 어떻게 하나님의 영광을 외면했는지에 대한 더 온전한 진술을 떠올리게 한다. 이것은 제의의 언어다. 인간의 예배, 구체적으로는 유대인의 예배와 관련이 있다. 이것이 인간이 실패한 주요 요인 곧 우상숭배였다. 이 문제에 대한 해답이 바로 여기, 3장 24-26절에 나와 있다. 그렇다면 바울이 '힐라스테리온'에 초점을 맞춰 유월절과 속죄일을 결합하여 이스라엘 메시아의 죽음에 나타난 하나님의 언약적 신실하심에 대한 진술의 핵심으로 삼는 것은 놀랄 일이 아니다. 하지만 여기에는 겉으로 보이는 것보다 덜한 내용과 더한 내용이 있는 듯하다.

첫째, 덜하다는 것은 이 문맥이 이 단락의 해석에서 매우 흔히 나
타나는 **형벌**에 대해서는 아무것도 말하지 않기 때문이다. 앞서 보았
듯이, 고대 이스라엘에서 희생제물을 죽이는 것은 의식에서 중요한
부분이 아니었다. 제단에서 동물을 죽이지도 않았다(대부분의 이방 제
사와의 중요한 차이점이기도 하다). 동물의 목을 따는 것은 생명을 상징
하는 피를 흘리기 위한 전 단계에 불과했다. 그런 다음, 이 피는 예배
자와 성소, 성소의 가구를 깨끗하게 하여 거룩하신 하나님이 끔찍한
결과 없이 그 백성을 만날 수 있게 해 주는 가장 중요한 물질로 사용
되었다. 그 만남이 바로 '카포레스', 곧 깨끗하게 하는 장소에서 이루어
졌다. 여기에 형벌에 대한 내용은 없다. '덮개'의 옛 의미도, 그런 의미
를 지닌 '정화'와 관련하여 최신 학자들의 합의된 내용도 없다.

레위기에서 동물의 머리 위에 죄를 고백하는 유일한 경우가 있
는데, 그때 해당 동물인 '아사셀'은 제물로 드리지 **않는다**. 아사셀은
부정하여 제물로 적합하지 않기에 산 채로 광야로 보낸다. 후대의 전
통들이 염소를 광야로 데려간 사람이 절벽에서 염소를 밀어서 죽였다
고(돌아오는 길을 찾아서 사람들이나 성소를 다시 더럽히는 일이 없도록)
암시하지만, 그런 죽임(혹은 염소가 죽었다고 가정하는 것)은 사람을 대
신하여 염소를 벌 주는 것이 아니라, 상징적으로 죄를 제거하는 것과
연관이 있었다.

게다가, 그날 죽은 염소와 연중 내내 속죄제로 사용된 나머지 동
물들도 사람 대신 '벌을 받은' 것은 아니었다. 속죄제는 우발적으로 지

은 죄를 뉘우친다는 표시였다. 죄인 줄 알지만 고의로 한 행동이 아니거나, 죄인 줄 모르고 저지른 경우를 가리킨다. (율법에 따르면, 알면서도 고의로 죄를 지은 경우에는 희생제사를 드릴 수 없다. 그런 심각한 죄는 용서받을 수 없고 벌을 받아야 마땅했다.) 따라서 바울이 로마서 3장 25절에서 하나님이 예수님을 '힐라스테리온'으로 세우셨다고 말할 때는 하나님이 이스라엘이나 세상의 죄 때문에 예수님을 처벌하고 계셨다는 뜻이 아니다. 그런 말을 하고 싶었다면, 속죄일의 언어를 사용하지 않았을 것이다. 그의 말은 그런 뜻이 아니었다.

추가로 두 가지 고려 사항이 이 결론을 지지해 준다. 첫째, 우리가 앞서 언급했듯이, 바울은 로마서 5장 9절을 근거로 이 단락을 죄인들이 받아야 할 형벌—1장 18절-2장 16절의 '진노'—이 예수님께 대신 부과되었다는 진술로 의도하지 **않는다**. 데살로니가전서 1장 10절과 5장 9절에서처럼, 로마서 5장 9절의 '진노'는 미래형이고, 메시아 안에 있는 사람들은 그 진노에서 구원을 받겠지만, 3장 21-26절에서 진행 중인 일은 '현재형'이다(21절의 '이제는'과 26절의 '이때에'에 주목하라). 바울이 5장 9절에서 "그분의 피로 의롭다고 선언되었으니"라고 말할 때는 그런 구원이 이미 이루어졌다는 개념이 아니라 "진노에서 구원받을" **전제 조건**을 가리킨다. 그는 8장 3-4절에서 **미래**를 내다보면서 하나님이 메시아의 육신에 죄를 정하여 "결코 정죄가 없"게 한다고 말한다. 이는 **마지막** 심판의 날을 말하고 있다. 우리가 보았듯이, 바울이 이스라엘의 오랜 이야기와 율법의 이상한 작용으로 세심하게 틀을 잡은 이 형벌적 대속이 3장 24-26절에 대한 '유화적' 해석이 한계에 도달한 진실이다. 하지만 현재 단락에 없는 의미를 억지로 끼워 넣는 것은 이 본문도, 교리도 모두 왜곡하게 된다.

3장 25-26절에는 바울 자신이 여기서 하나님이 사람들의 죄를 대신하여 예수님을 벌 주고 계신다고 생각하지 않는다고 암시하는 다른 내용도 있다. 그는 하나님이 '아노케anoche' 곧 "오래 참으심으로" 전에 지은 죄를 "넘어가신다"고 선언한다. (여기서 '유월절'을 암시한다고 보기는 어렵다. '넘어가다pass over'와 '유월절Passover'의 영어 단어는 매우 흡사하지만, 그리스어에는 그런 유사점이 없기 때문이다.) 통상적 '행위 계약' 접근에서 해석자들은 이 단락을 어떻게 죄를 **벌했는지**에 대한 설명으로 보았다. 하지만 '아노케'의 핵심은 죄를 벌하지 **않는** 것이다. 바울은 로마서 2장 4절에서 가상의 대화 상대에게 그가 교만하여 "하나님의 호의와 용납['아노케']과 인내가 풍성함"을 멸시하느냐고 묻는다. 이 풍성함이 사람을 회개로 이끌 것이다. 이런 기회를 놓칠 경우, 형벌은 그다음에 있을 일이다. "당신의 완고하고 회개하지 않는 마음으로, 진노의 날 곧 하나님의 의로운 심판이 드러나는 그날에 있을 진노의 저장고를 자기에게 세우고 있습니다."2:5 그러나 이 단락은 이 형벌이 어떻게 예수님께 부과되었는지를 진술하는 것이 아니라, 하나님이 과거로부터 쌓인 죄를 어떻게 '넘어가시는지' 진술한다. 바울이 아테네에서 말했듯이,행 17:30 하나님은 과거를 덮어 두셨다.

그렇다면 바울은 여기서 하나님이 이스라엘이든 이방인이든 전에 지은 죄를 **벌주신다**고 말하는 것이 아니다. 그들을 예수님 안에서 벌주신다는 말은 더더욱 아니다. 여기서 하나님의 진노를 달래는 그런 형벌은 언급하지 않는다. 앞서 보았듯이, 그렇게 되면 5장 9절은 굉장히 이상해 보인다. 오히려 바울은 하나님이 '전에 지은 죄'를 넘어가기로 작성하셨다고 말한다. 하나님의 '오래 참으심'이—나도 과거에 비슷했지만, 이렇게 해석하는 경우가 많다—이전 죄에 대한 형벌을 단순히 연기하여 예수님께 부과한다는 의미라고도 말할 수 없다. 내 생각에, 여기서 전제는 바울이 이스라엘의 이전 죄를 언급하고 있다는 것이다. 하나님은 메시아 안에서 **이스라엘을 통해 온 세상에 주실** 언약에 성실하시기에, 그 목적을 위해 '전에 지은 죄'를 넘어가셨다.

둘째, 여기에 우리가 흔히 상상했던 것보다 덜한 부분이 있다—'힐라스테리온'이 예수님이 다른 사람들의 죄를 위해 벌을 받으신다는 '화목제물propitiatory sacrifice'을 뜻하지 않는다—면, 더한 부분도 있다. 우리가 그 오래된 의견을 미뤄 놓는다면, 꽤 다양한 의미가 눈에 들어온다. 여기서 고대 이스라엘의 희생제사 의식을 가리키고 있는 바울은 유대 성전 신학의 언어를 사용하고 있다. 우리에게 이런 언어는 다른 세계로 도약하는 것과 같지만, 그에게는 제2의 천성과 같았다. 흔히 신약성경에서 성전(이나 광야 성막)의 기독교적 의미를 탐색하는 곳으로 히브리서를 떠올리지만, 로마서에는 사람들이 흔히 인식하는 것보다 더 풍성한 성전 신학이 담겨 있는데 나는 이 본문이 그 일부라고 생각한다. 바울 세계에서 성전(과 그 이전에는 성막)은 하늘과 땅이 만나는 곳으로 여겨졌다. 문제는 그런 만남이 매우 위험하다는 것이었다. 만남의 장소와 정결케 하는 장소인 '카포레스'와 '힐라스테리온'이라는 개념은 정확히 이런 목적과 이런 문제에 답을 주어야 한다.

바울이 3장 25절에서 이 '힐라스테리온'에 대해 한 말은 하나님이 그것을 제공하고 "내놓으셨다"는 것이다. 이는 하나님이 메시아의 죽음을 통해 그분의 사랑을 나타내시고,5:8 자기 아들을 죄 있는 육신의 모양으로 보내시며,8:3 자기 아들을 아끼지 아니하시고 우리 모든 사람을 위하여 내주신다8:32는 이후의 진술들과 정확히 일치한다. 하나님과 인간의 만남의 장소를 다시 세우신 것은 "하나님의 은혜로… 값없이"3:24 된 일이다. 우리가 이제 곧 보겠지만, 이것은 대개 이 단락의 핵심에서 간과되는 놀라운 일이다. 인간의 우상숭배, 죄의 근원에 대한 해결책은 한 분 참 하나님을 새롭게 드러내는 것이다. 하나님은 이스라엘 백성과 열방이 똑같이 섬기던 우상들을 그분에 대한 새로운 계시로 대체하셨다. 이렇게 한 분 하나님이 행위로 새롭게 드러나신 것은 모든 민족이 자신들의 우상을 떠나 그분만을 예배하라고 요청할 것이다. 바울이 데살로니가전서 I장 9절에서 자신의 복음의 요지를 요약한 내용이 바로 이것이다. 내 생각에는, 그것이 동일한 복음을 진술한 이 난해한 구절의 핵심이기도 하다.

하지만 우리는 바울이 로마서 3장 24-26절에서 말하는 내용이 어떻게 인간의 죄의 문제를 다루는지에 대한 질문으로 잠시 돌아가야 한다. 앞서 보았듯이, 제2성전기에 하나님의 마지막 큰 구원에 대한 소망 곧 새로운 유월절에는 궁극적 '죄 사함'에 대한 소망이 포함되었다. 유월절 자체는 '속죄' 절기가 아니었다. 반대로, 속죄일 자체는 적대적인 권세들이 무너지고 종살이에서 구출받는 것과는 무관했다. 하지만 바벨론에서 예수님의 시대를 거쳐 그 이후로도, 이스라엘의 구체적 상황은 이스라엘의 소망이 이 둘을 결합해야 한다고 요구했다. 나라의 해방으로 가는 길은 죄 사함을 **통해야** 할 것이다. 이 책에서 반복해서 봤듯이, 죄는 우상을 통해 일하는 '권세들'이 그것들을 숭배하는 이들을 옥죄고 통제하는 것이기에 죄를 다루고 '권세들'의 힘을 깨뜨리는 것은 동전의 양면과 같다. 그리고 이것이 이스라엘의 서사가 도달한 곳이다. 이것은 더 이상 단순히 애굽을 탈출하여 만남의 장소인 성막, 하늘과 땅이 만나는 새 에덴을 건설하는 문제가 아니다. 훨씬 더 어두운 장소에 대한 것이다. 이스라엘이 우상숭배를 했고, 죄를 지었으며, 궁극적으로는 포로로 잡혀갔다. 따라서 새로운 유월절의 핵심에는 새로운 종류의 속죄가 있을 것이다. 하나님은 예수님이 흘리신 피로 자기 백성을 정결하게 하셔서 언약을 갱신하실 뿐 아니라, 전 세계에 효력을 미치게 하신다. (이것이 요한일서 2:2의 의미인 듯하다.) 새로운 '아폴리트로시스'의 핵심에는 새로운 '힐라스테리온'이 있을 것이다. 그리고 이것은 이스라엘 하나님의 언약적 신실하심을 나타내어 온 세상이 예배하게 할 것이다.

따라서 '힐라스테리온'은 정결의 장소가 된다. 유한한 인간이 살아 계신 하나님의 임재 가운데 들어갈 때 그들은 특히 죽음과 그와 연관된 것에 오염된 채 나아간다. 죄는 우상숭배의 확실한 증상이기 때문에 중요하다. (당신이 부정하게 다른 신들을 섬겼는데 어떻게 하나님의 성전에 들어갈 수 있겠는가?) 생명의 근원을 저버린 우상숭배는 이미 죽음의 케케묵은 냄새를 풍기는 죄로 귀결된다. 그리고 죽음은 하늘과 땅을 결합하는 성전이 확인해 주어야 할 하나님의 창조세계의 선하심을 궁극적으로 부인하는 것이다. 그렇다면 어떻게 성전을 정결케 하여 죽음의 냄새로 오염된 인류가 그럼에도 불구하고 하나님의 임재에 들어갈 수 있겠는가? 레위기의 율법 의식이 주는 답은 희생제물의 피가 하나님이 주신 생명, 죽음보다 강한 생명, 따라서 성소와 예배자 모두를 정결하게 하는 생명의 표지라는 것이다. 따라서 정결이 만남을 가능하게 한다. '힐라스테리온'은 둘 다를 가리킨다. 그것이 바울이 5장 시작 부분에서 우리가 '하나님과 화평'을 누리고 믿음으로 그분의 임재에 '들어갈' 수 있다는 말로 로마서 1-4장의 결과를 요약할 수 있는 이유다. 이것이 성전 언어다. 바울은 이것이 그가 3장에서 말한 내용의 직접적 결과라고 믿는다.

종의 소명

로마서 3장 21-26절에 대한 설명은 이스라엘의 가장 중요한 예언서의 가장 중요한 부분을 떠올리게 하는 주제들을 소개해 주었다. 이사야 40-55장 전체는 바벨론의 신들을 무너뜨리고 하나님의 백성을 이방 원수에게서 해방하신 데서 하나님의 언약적 신실하심이 드러난 것을 이야기한다. 다시 말해, 새로운 출애굽을 기대한다. 하지만 이 시는 처음부터 끝까지 어떻게 이 행동에 이스라엘의 죄에 대한 궁극적 죄 사함이 포함되고, 어떻게 이것이 한편으로는 이스라엘인 동시에 ("너는 나의 종이요, 내 영광을 네 속에 나타낼 이스라엘이라"사 49:3), 다른 한편으로는 이스라엘을 지켜보는 이상한 인물—그 백성을 대표하고 그들이 스스로 할 수 없는 일을 그들을 위해 하시는—의 신실하신 순종을 통해 이루어지는지를 이야기하기도 한다. 이 시의 한결같은 드라마 안에서, 52장 7-12절의 여호와의 하나님나라 선언과 52장 13절-53장 12절의 네 번째, 다섯 번째 종의 노래에서 이 모든 사고의 흐름이 합쳐진다. 포로기가 이스라엘의 죄에 대한 '벌'이라면, 그 벌이 이제 '종'에게만 부과된다. 그가 이스라엘을 대표하신다. 이스라엘의 불충한 불순종을 대신하여 그분이 신실하게 순종하신다. 포로기가 이스라엘의 우상숭배의 결과라면, '종'은 행동으로 '여호와의 팔'을 드러내신다. 열방 앞에 이스라엘의 하나님을 드러내셔서 만민이 예배하게 하신다.

> 여호와께서 열방의 목전에서
> 　　그의 거룩한 팔을 나타내셨으므로
> 땅 끝까지도 모두
> 　　우리 하나님의 구원을 보았도다.…
> 그가 나라들을 놀라게 할 것이며
> 　　왕들은 그로 말미암아 그들의 입을 봉하리니
> 이는 그들이 아직 그들에게 전파되지 아니한 것을 볼 것이요,
> 　　아직 듣지 못한 것을 깨달을 것임이라.
> 우리가 전한 것을 누가 믿었느냐?
> 　　여호와의 팔이 누구에게 나타났느냐? 사 52:10, 15; 53:1

이 모든 주제에는 바울이 로마서 3장 21-26절에 쓴 내용이 가득

해서, 더 큰 논의가 4장 마지막 부분에서 마무리되면서 바울이 이사야의 이 단락을 암시하는 것이 놀랍지 않다. 그가 4장 24-25절에서 자기 주장의 여러 가닥을 예리하게 하나로 모을 때, 그는 아브라함의 이야기를 '종'의 이야기와 나란히 놓고 두 이야기의 초점을 예수님께 맞춘다. 이것이 2장 19-20절에 윤곽이 드러난 이스라엘 소명이 걸어온 길이다. 이스라엘은 전반적으로 그 소명에 소홀했지만,3:2 예수님은 이스라엘을 대표하는 메시아로 거기에 신실하셨다.3:22 바울은 창세기 15장 6절을 마지막으로 한 번 더 인용했다. 아브라함은 하나님을 믿었고, "그에게 그것이 언약적 정의라는 관점에서 산정"되었다. 하지만 바울은 이렇게 말한다.

> 그러나 "그것이 그에게 산정되었다"라는 말은 아브라함만을 위해 기록된 것이 아닙니다. 그것은 우리를 위해서도 기록되었습니다! 우리 주 예수를 죽은 자들 가운데서 일으키신 분을 믿기 때문에, 우리에게도 그것이 산정될 것입니다. 그분은 우리의 범죄 때문에 넘겨지셨고, 우리를 의롭다 하시려고 살아나신 분입니다.4:23-25

여기에는 이사야 53장의 표현을 떠올리게 하는 내용이 있지만, 이사야 53장을 직접 인용한 것은 아니다. 이사야 53장, 특히 그리스어 번역본을 아는 사람이라면 그 울림을 놓칠 수 없다. 바울이 요점을 신선하게 표현하긴 하지만, 이 결론은 더 큰 논의를 요약하고, 로마서 4장 전체에서 창세기 15장을 설명하는 데서 볼 수 있듯이, 예수님 안에서 일어난 일이 토라뿐 아니라 예언서도 성취한다고 강력하게 주장하는 데 성공한다. 이것이 바울이 3장 21절에서 주장한 내용이고, 이제부터 그것을 보여 주고 있다.

하지만 궁극적 문제에 대한 이 해결책, '우리를 온전케 하는 형벌'사 53:5은 죄와 형벌에 대한 추상적 계획인 윤리적 행위 언약 내에서가 아니라, 소명 언약 곧 하나님의 형상을 품은 영광을 공유하는 언약 내에서 의미가 있고 말이 된다. 인간의 소명, 이스라엘의 소명, 예수님의 소명. **하나님의** 소명. 성육신이야말로 로마서 3장의 핵심이다. 하지만 여기서 성육신은 선택, 곧 아브라함의 백성을 위한 하나님의 목적의 대안이 아니다. 예수님 안에, 그분의 죽음 속에 한 분 하나님이 그분의 세상을 만나시는 장소, 하늘과 땅이 마침내 하나가 되는 장소가 있다. 예수님의 희생의 피로 죄와 죽음의 오염이 제거되어 그런 만남이 가능해진다. 바울은 로마서 5장 10절에서 현재의 논의를 다시 한 번 요약하면서 "우리가 원수였을 때 우리는 하나님의 아들의 죽음을 통해 하나님과 화해하게 되었"다고 쓴다. 정말 그렇다. 이것은 어떤 '행위'를 했느냐, 하지 않았느냐의 문제가 아니다. '형벌'에 대한 문제도 아니다. 소명 이야기, 성전 이야기, 그리고 사랑 이야기다.

바울의 '언약적 정의'라는 표현 배후에는 사랑(이사야서의 또 다른 큰 주제)이라는 심오한 의미가 자리하고 있다. 언약은 결국 하나님과 이스라엘의 **결혼**이다. 바울은 메시아와 그 백성에 대해 말하는 여러 단락에서 그 언어를 선택하는데, 그가 예수님 안에서 이스라엘의 하나님이 인간으로 구체화한 모습을 보았다는 확실한 표지다. (나는 내가 마치 '성육신incarnation'이라고 말하기를 꺼리기라도 하는 것처럼 이 맥락에서 '구현embodiment'이라는 단어를 사용한다고 때로 비판을 듣기도 한다. 앞의 내용이 암시하듯이, 그렇지 않다. 단지 내가 라틴어보다 영어를 더 선호하기 때문이다. 특히 라틴어 용어가 너무 많이 사용되어서 고유한 특징이 눈에 띄지 않을 때 더 그렇다.) 하나님은 그 결혼과 그 목적에 신실하셨다. 이것이 바울이 로마서 5-8장에서 3-4장에서 말한 내용의 온전한 의미를 끌어다가 하나님의 사랑, '아가페agapē'와 메시아의 사랑을 분명하게 말할 수 있는 이유다.8:31-39 8장 전체는 성전의 언어로 가득찬, 영광스러운 하늘과 땅의 축제인데, 3장에서 예수님을 '내놓으신' 언약의 성취 가운데 하늘과 땅이 '만나고' 그 만남에서 이 축제가 비롯된다.

그렇다면 우리가 로마서 3장 21-26절을 돌아볼 때 이것은 무엇을 말하는가? 이것은 바울이 여기서 더 큰 언약적 서사의 관점에서 예수님의 죽음에 대해 말한 내용을 우리가 읽는 것이라고 주장한다. 이 서사는 아브라함에서부터 출애굽 이야기를 거쳐 포로기와, 이 포로기를 무효화하여 원래 언약의 목적들을 성취할 궁극적 '죄 사함'에 대한 질문으로까지 이어진다. 그 중심에서 우리는 죄 없는 희생자에게 가해진 임의적이고 추상적인 '형벌'이 아니라, 살아 계신 하나님을 발견한다. 이 하나님은 자기를 숨기고 오셔서("여호와의 팔이 누구에게 나타났느냐?" 다시 말해 **"그가** 능력으로, 인격으로 나타나신 여호와라고 누가 생각했겠느냐?") 온 인류의 우상숭배와 죄와 유배를 분명히 보여 주는 이스라엘의 우상숭배와 죄와 유배의 **결과**를 떠안으신다. 에덴에서 쫓겨난 인류는 바벨에 이르렀다. 가나안에서 쫓겨난 이스라엘은 바벨론에 이르렀다. 바벨 이후에 하나님은 아브라함을 부르셔서 그와 언약적 약속을 세우셨고, 바벨론 이후에 이 약속이 실현되었다.

여기서 우리는 중요한 차이의 실마리를 본다. 종살이는 임의로 주어진 형벌이 아니었다. 이스라엘이 여호와가 아닌 다른 신들을 섬기면, 그 땅에 남아 있을 수 없었다. 영광스러운 하나님의 임재가 거기 남아 있을 수도 없었다. 하나님의 백성은 다른 신을 섬김으로써 사실상 스스로를 노예로 판 셈이었다. 따라서 포로기의 종살이는 이스라엘이 저지른 행동의 **결과**였다. 물론 그것이 '형벌'로 보일 수 있고, 이사야 53장이 반복해서 사용하는 이미지도 그렇다("그가 찔림은 우리의 허물 때문이요… 그가 채찍에 맞으므로 우리는 나음을 받았도다.… 여호와께서는 우리 모두의 죄악을 그에게 담당시키셨도다"53:5-6). 하지만 이사야는 하나님의 언약적 신실하심, 우상에 대한 승리, 포로기의 회복, 언약의 갱신54장과 창조세계의 회복55장에 대한 긴 시 가운데 '종'의 죽음을 예리하게 묘사해 넣었다. 우리의 로마서 연구는 바울이 '형벌'이 핵심 주제인 불완전한 행위 계약보다는 이 큰 서사를 염두에 두고 있음을 보여 준다.

이는 '형벌'의 언어를 매우 신중하게 사용해야 한다는 뜻이다. 이쯤 해서 또다시 '행위 계약'으로 돌아가 균형을 잃기 쉽기 때문이다. 어떤 사람은 이렇게 말할지도 모른다. "그러니까 바울이 정말로 이사야 53장을 언급하고 있었군요. 그러니까 그가 정말로 형벌적 대속을 믿었군요. 그러니까 우리는 늘 하던 대로 계속해서 그 이야기를 할 수 있겠네요." 바울이 있었다면 "잠깐" 하고 반응했을 것 같다. 이사야의 언어와 바울의 언어는 이들이 하나님과 이스라엘의 이야기, 이스라엘을 통해 세상에 주시는 하나님의 언약적 목적들이라는 더 큰 이야기 내에서 뜻한 바를 의미한다. 우리가 그 언어에서 맥락을 제거하면 전혀 다른 의미가 된다. ('몸값'이라는 단어를 성경에서 꺼내와서 맥락을 제거하고 몸값을 치러야 할 대상이 누구인지 엉뚱한 질문을 제기했을 때 무슨 일이 벌어졌는지 생각해 보라.)

'형벌'이라는 개념은 사실상 이스라엘 역사 전반에 걸쳐 만들어진 **결과**를 가리키는 뚜렷한 비유다. 바울이 로마서 1장에서 죄와 그 결과들에 대해 말할 때 그는 "하나님께서 그들을 내버려 두셨다"고 세 차례 반복한다. 그가 묘사하는 타락하고 좀먹는 생활방식은 마구잡이가 아니라, 우상숭배의 **결과**다. 그렇다고 해서 하나님이 이런 결과들에 개입하시지 않는다는 뜻이 아니다. 창조주 하나님은 그분의 아름다운 세상과 그분의 형상을 닮은 창조세계를 훼손하는 우상숭배와 비인간화를 미워하신다. 그렇지 않다면, 하나님은 선하신 하나님이 아니라, 무심하고 얼굴 없는 관료에 불과하다.

하지만 우리가 '형벌' 비유를 중심으로 삼으면, 전혀 다른 서사가 등장한다. '하나님의 의' 같은 문구를 가져다가 우리에게 필요하고, 하나님이 소유하시고, 그 백성에게 주시는 윤리적 입장에 대한 중세 공식으로 둔갑시킨 것처럼, 앞서 보았듯이 우리는 1세기의 의미를 로마서 1-4장 전체를 왜곡하는 다른 내용으로 바꿔 버려서 바울의 미묘한 어감 차이를 대부분 잃어버리고 만다. 로마서 3장을 '행위 계약'과 예수님께 부과되어 우리는 면하는 '형벌'로 보는 통상적 해석은 그런 왜곡이다. 이런 해석은 이사야의 비유를 가져다가 그것을 중심으로 다른 서사를 형성한다. 마치 모든 피조물이 고통 가운데 신음하고 있다는 바울의 생생한 비유를 취해 로마서 8장의 핵심 특징으로 만들고 나서, 8장 나머지 내용이 해산하는 여인을 가리킨다고 보는 것과 같다. 물론, 8장 나머지 내용의 의미가 보이지 않는다면 그럴 수밖에 없을 텐데, 이스라엘 이야기가 옆으로 밀려나고 다른 주제가 그 자리를 차지하면서 기독교 전통에서 정말로 그런 일이 벌어졌다.

바울이 이 단락에서 '형벌'을 암시하고 있다면, 이사야서의 의미일 수밖에 없다. 이사야서의 의미는 '종'이 이스라엘의 소명을 성취하는 것과 여호와 곧 강력한 '여호와의 팔'을 구현하는 '종'과 연관이 있다. 이 종은 이스라엘과 세상을 구원하려고 이스라엘의 반역과 우상숭배, 죄의 결과를 짊어진다. 그는 이스라엘이 지은 죄의 결과들을 자신에게 끌어와 없애고 길을 낼 것이다.

하지만 이 '종'이 고통받고 상처받고 알아보기 힘든 이스라엘 백성을 가장한 진짜 '여호와의 팔'이라면, 로마서 3장 21-26절의 핵심에서 새로운 가능성이 대두한다. 로마서 1장에 따르면 인류가 저지른 가장 주요한 잘못은 우상숭배다. 그에 대한 한 분 하나님의 주요한 반응은 메시아를 만남의 장소, 하나님의 의와 사랑을 드러내는 궁극적 계시로 '내놓으신' 것이다.

새로이 자신을 드러내시는 하나님

원래 출애굽 서사에서 이스라엘의 하나님은 모세에게 자신의 이름을 밝히시고, 이야기의 끝부분에 이르러서는 자신의 영광을 드러내신다.출 3:13-15; 33:17-34:9 드디어 성막에 거하러 오셔서 (우리 추측으로는) '카포레스'에 임하시는 이 하나님의 영광40:34-38이야말로 성막이 세워진 목적이요, 출애굽기 32장의 금송아지가 끔찍한 대체물인 현실이었다. 나는 바울의 출애굽 서사에서도 우리가 하나님이 '힐라스테리온'으로 '내놓으신', 그분의 인격적 임재의 계시인 예수님을 볼 수 있다고 생각한다. 그렇다면 이것은 보편적 죄로 인류가 하나님의 영광에 이르지 못한다는 문제에 대한 하나님의 대답이 된다. 물론 이 단락에서 강조하는 하나님의 성품은 '디카이오시네' 곧 하나님의 언약적 정의다. 하지만 우리는 예수님의 죽음에서 추론된 일반적 진리가 아니라, 정확히 **예수님**에게서 이것을 볼 수 있다. 그분이 곧 하늘과 땅이 만나는 장소다.

여기가 바로, 새롭고 인격적인 하나님의 계획인 성육신의 신비와 이스라엘의 소명의 목적인 택함의 신비가 만나는 지점이다. 이것이 '힐라스테리온'의 진정한 의미—하나님과 그 백성이 함께 만나는 장소—가 위치하는 맥락이다. 그 장소는 다름 아닌 예수님이다. 믿음의 초점인 예수님, 우리가 기도하면서 부르고 그분의 사랑에 대한 보답으로 사랑하는 예수님이 우상숭배 문제에 대한 궁극적 해답이다. "그분은 보이지 않는 분이신 하나님의 형상이시며",골 1:15 다른 모든 '형상'은 기껏해야 왜곡된 모방에 불과하다. 이스라엘의 소명은 하나님의 개인적 용도를 위해 의도된 계획이었음이 드러난다. 바울은 이렇게 말하는 듯하다. **하나님이 예수님을 하늘과 땅이 만나는 장소, 한 분 하나님의 사랑의 임재와 진정한 인간의 신실한 순종이 시공간과 물질 내에서 만나서 합쳐지고 실현되는 장소로 내놓으셨다.** 이스라엘의 메시아 예수님은 이스라엘을 대표했다. 세상의 빛으로 부름받은 이스라엘은 세상을 대표했다. 예수님 안에서 이스라엘과 모든 인간의 소명은 신실한 순종으로 요약되었다. 바울의 많은 독자들은 그가 온전한 '성육신적' 기독론을 표현하지 않았다고 생각했다. 내가 옳다면, 이 단락은 그가 표현했음을 보여 준다. 하지만 그것은 성전에 대한 유대인의 관점에 뿌리를 두었고, 이미 이 본문과 같은 단단한 공식에 든든히 엮여 있었다.

따라서 바울은 자신이 로마서 1장 18-23절에서 강조했던 더 큰 문제, 곧 '죄'의 배후에 있는 원인이 우상숭배임을 다루었다. 이제 한 분 하나님이 자신을 계시하시고 그분의 언약적 정의를 나타나셔서 열방을 그분의 임재로 이끄셨다. 이는 그 즉시, 바울이 복음을 통해 신앙을 근거로 유대인과 이방인이 한 분 참 하나님을 예배하는 한 가족의 일원으로 똑같이 간주됨을 보여 주는 3장 27-31절을 앞서 가리킨다. 이는 4장의 주요 주장에서 아브라함의 가족은 늘 이방인과 유대인을 포함하게 되어 있었다고 강조한 바울이 아브라함의 믿음을 하나님께 영광을 돌리고 그분의 능력을 신뢰하는 믿음으로 묘사할 때 또다시 강조된다.4:20-21 그리고 나서 이 주장은 믿음으로 의롭다 하심을 받은 사람들은 "하나님과 평화"를 누리고 "우리가… 서 있는 이 은혜에…

들어갈 허락을 얻었으며 하나님의 영광을 희망하며" 즐거워한다는 5장 1-2절의 요약에서 자연스럽게 부각한다. 새 성전이 지어지고, '만남'이 이루어졌다.

따라서 우리가 예수님께 집중하려고 이스라엘의 선택이라는 주제를 포기하지 않고 끝까지 좇아가면, 그것이 흔히 무시되었던 방식으로 예수님의 역할과 인격을 강조하는 것을 알 수 있다. "하나님께서 그분을 '힐라스테리온'으로 내놓으셨습니다." 예수님을 한 분 하나님이 자기 백성과 거하기 위해 오신 장소와 수단으로 본다고 해서 그분을 '더 높이' 생각할 수 있는 것은 아니다. 어떤 사람들은 바울이 다음과 같은 요한복음을 읽었다고 생각할지도 모른다. "말씀이 육체가 되어 우리 가운데 사셨다. 우리가 그분의 영광을 보았는데."1:14 요한에게 십자가는 하나님의 영광을 드러내 주고, 바울에게는 하나님의 '의'를 드러내 준다. 그리고 두 사람 모두에게 하나님의 사랑을 드러내 준다.

순교자들의 메아리

이제 드디어 우리가 마카베오4서 17장에서 바울의 것과 비슷한 언어 사용이 어떻게 진행되고 있었는지 볼 수 있다고 생각한다. 이 단락은 통상적 해석 곧 죄와 형벌과 구원에 대한 생략된 서사를 증명해 주기를 바라는 마음으로 자주 인용된다. 마카베오4서는 마카베오하에 의존하는 듯한데, 마카베오하 7장에는 일부 사람들이 바울의 의미를 가리킨다고 본 구절이 들어 있기도 하다. (두 책의 연대는 확실하지 않다. 하지만 일부에서 생각하듯이 마카베오4서가 바울보다 후대에 쓰였다고 하더라도 그 내용이 바울이 살던 유대 세계에 이미 알려져 있었을 가능성을 배제하지 않는다.) 자료가 너무 제한적이고, 저자가 누구인지도 알 수 없기 때문에 이런 내용들을 확신할 수는 없다. 하지만 한 가지 가능성을 제안할 수는 있다.

첫째, 마카베오하 7장은 일곱 형제와 그 어머니의 소름 끼치는 이야기를 들려준다. 이들은 엘르아살의 본보기를 따라, 주전 160년대에 유대 정체성을 말살하여 그 나라를 점령하려 했던 시리아 왕 안티오쿠스 에피파네스의 사악한 반유대 정책에 굴복하지 않고 고문을 받고 죽음을 택했다. 이 단락에는 기독교 이전에 몸의 부활을 확인해 주는 내용이 들어 있다. 순교자들은 고문을 받으면서도 한 분 창조주 하나님에 대한 충성을 기리고, 그분이 자신들의 몸을 다시 돌려주실 것을 신뢰한다. 하지만 여기서 그치지 않는다. 순교자들은 이스라엘 전체가 나라의 죄 때문에 벌을 받고 있다고 두 번이나 인정한다.7:18, 38 하지만 일곱째 아들은 자신들이 현재 견디고 있는 고난이 그 나라의 형벌을 끝내야 한다고 선언한다.

나는 형들과 마찬가지로 우리 선조들이 전해 준 율법을 지키기 위해 내 몸과 내 생명을 기꺼이 바치겠소. 나는 하나님께서 우리 민족에게 속히 자비를 보여 주시고, 당신에게는 시련과 채찍을 내리시어 그분만이 하나님이시라는 것을 인정하게 해 주시기를 하나님께 빌겠소. 우리 민족 전체에게 내리셨던 전능하신 분의 정당한 노여움을 나와 내 형들을 마지막으로 거두어 주시기를 하나님께 빌 따름이오.7:37-38

여기 나오는 "시련과 채찍"은 출애굽을 암시할 수도 있다. 그렇다면 순교라는 목적이 그 초점이다. 예레미야서를 비롯하여 포로기를 다룬 책들에서처럼, 지금 유대 나라는 자기 죄 때문에 고난받고 있고, 시리아인들의 적대감은 이스라엘 하나님의 진노가 실행된 것으로 해석되고 있다. 하지만 여기서는 순교자들의 고난이 이 '진노'를 한 장소로 가져가서 없앨 것이라고 주장한다. 책의 저자는 이 프로젝트(우리가 그 일을 이렇게 부를 수 있다면)가 성공했다고 확신한다. 이 순교 직후에 유다 마카베오가 안티오쿠스 에피파네스에 맞서 혁명을 시작한다. 그리고 "이방인들은 그를 도저히 대항할 수 없게 되었다. 주님은 유대인들에 대한 진노를 푸시고 그들에게 자비를 베푸셨던 것이다." 마카베오하 8:5 최소한 마카베오서 저자가 보기에는, 매우 실제적인 속죄가 이루어졌다. 죄는 영원한 '천국'으로 가는 길을 가로막는 그런 문제가 전혀 아니었다. 죄는 시리아의 진노를 불러왔고, 그것은 (추방된 예언자들이 바벨론 정복을 해석하는 방식을 따라서) 이스라엘 하나님의 진노로 해석되었다. 순교자들은 그 이중 '진노'를 자신들에게 끌어다가 불태우고 그 대신 '자비'가 나타나게 했다.

이런 사고의 흐름에 대한 설명을 찾는다면, 이사야 40-55장, 그중에서도 특히 우리가 잠시 전에 살펴본 네 번째 종의 노래가 확실한 출발점이 될 것이다. 우리는 이런 종류의 해석이 널리 퍼져 있었는지, 아니면 순교자들이나 그들의 전기 작가의 순간적인 생각이었는지 알 길이 없다. 하지만 그 이후의 전통을 보면 무슨 일이 있었는지 조금은 알 수 있다. 마카베오4서라는 책은 같은 이야기들을 들려준다. 하지만 명백히 규정된 유대식 유일신교라는 구체적 맥락과 몸의 부활에 대한 약속을 그 이야기들에서 세심하게 제거하여 유대 영웅들의 영혼이 천국에 간다는 윤리적 이야기로 만들어 버렸다. 이 책은 비유대인 청중을 위해 쓰인 것 같다. 이것은 요세푸스가 유대 정당들을 로마인 청중에게 설명하면서 이교도 철학 학파처럼 보이게 만든 방식을 떠올리게 해 준다. 그 결과, 순교는 이교 세상에서 유명한 부류인 '고상한 죽음'의 본보기가 되고 만다. 마카베오하가 이사야 53장에 의존하여 순교자들이 자신들의 죽음으로 시리아의 압제를 통해 실행된 하나님의 진노를 없앴다고 제안하는 것처럼 보이는 곳에서, 이 저자는 그 생각을 좀 더 이교적 방향으로 튼다.

> [순교자들] 덕분에 원수가 우리 나라를 다스리지 못하고, 폭군이 벌을 받고, 조국이 정결하게 되었소. 말하자면, 이들은 조국의 죄를 위해 몸값을 지불한 셈이오. 이 경건한 이들이 피를 흘리고 속죄제['힐라스테리온']로 죽음으로써 하나님의 섭리가 전에는 학대받던 이스라엘을 보호하셨소.17:20-22

이 책에는 하나님과 이스라엘과 세상의 더 큰 언약 이야기에 대한 의미는 거의 남아 있지 않다. 하나님의 선한 창조세계와 부활의 약속이라는 강력한(강력하게 유대적인) 주제들은 한쪽으로 밀려난다. 이런 종류의 유사 이교도 서사에 빠지지 않도록 막아 주는, 네 번째 종의 노래의 배경이 되는 이사야서 주제들도 마찬가지다. 바울이 3장에서 말하는 내용의 앞뒤 문맥을 형성하는 주제들도 그렇다. 하지만 나는 실제로는 마카베오4서의 저자가 이교 청중에게 유대 순교자들을 조국을 대신하여 고귀한 죽음을 죽는 이들로 제시하려 애쓰고 있었다고 본다. 이스라엘 성경 유산의 일부 요소를 에둘러 따라하면서 말이다. 따라서 그는 이 두 가닥을 결합하여, 완전히 성경적이지도 않고 완전히 이교적이지도 않은 혼합물을 만들어 냈다. 우리는 그의 책을 메시아가 오셔서 하나님의 언약적 신실하심을 드러냈다고 확신한 바울 같은 사람이 새로운 성전 신학을 중심으로 토라와 예언서에 대한 신선한 해석을 제공할 때 무슨 일이 벌어졌는지에 대한 확실한 안내로 삼아서는 안 된다.

하지만 나는 이 책에서 마카베오4서의 실수와 비슷한 일이 최근 서구 기독교 전통에도 일어났다고 주장했다. 우리도 하나님과 세상에 대한 고대 이스라엘의 시각(성전과 새 창조에 초점을 맞추고, 유월절과 속죄일 같은 모임으로 표현된)과, 플라톤화된 '천국'의 '목표', 미덕이나 선행이라는 인간의 소명, 어떻게 해서 그 소명을 획득하지 못한 사람들이 그럼에도 그 목표를 달성할 수 있는지에 대한 위험한 이교화된 시각을 맞바꾸었다. 사람들은 하나님이 이스라엘을 통해 세상과 맺은 언약이라는 주제에는 거의 관심을 기울이지 않은 채 로마서 I-4장을 해석했다. 다른 개념들, 특히 언약과 상관없는 추상 거래로 그려지는 '예수님을 벌하시는 하나님' 같은 대중적 이미지가 이 가장 중요한 주제의 자리를 대신 차지하곤 했다. 그 결과, 이런 가르침뿐 아니라, 아이러니하게도 왜곡된 관점에 대한 반작용으로 똑같이 불만족스런 대안을 제시하는 가르침들을 통해서도 많은 왜곡이 나타났다.

예수님의 피로 맺은 새 언약

로마서 3장 21-26절에 대한 이 책의 분석을 돌아볼 때 추가 설명이
필요한 곳이 한 군데 있다. 이 본문이 초기 기독교 저술에서 독특하기
는 해도, 갑자기 익숙해지는 듯하다. 우리는 엄격한 해석적 근거에서
이 본문에 접근했다. 2장 17절에서와 4장에서 아브라함과 그 가족을
통해 하나님의 언약과 약속, 목적을 강조하는 양쪽 끝에서부터 조심
스럽게 본문에 다가갔다. 이런 식으로 본문에 접근해서는, 예수님의
피로 성취된 새로운 죄 사함과 결합된 새로운 유월절의 개념들을 찾
기 위해 본문 내부를 파고들었다. 물론 전체 단락의 강조점은 로마서
의 구체적인 주장과 맞아떨어지지만, 이 주제들의 결합은 우리가 마
지막 만찬에 대한 다양한 설명에서 발견한 결합과 매우 흡사하여 이
를 우연으로 보기가 어려울 정도다.

　　여기는 이런 다양한 전통들이 어떻게 그런 형태를 띠게 되었는
지를 심도 있게 고민하는 자리는 아니다. 어찌 됐든 그것은 추측할 수
밖에 없을 것이다. 하지만 바울이 현재 논의의 목적을 위해 예수님의
죽음의 의미를 요약하는 과정에서 자신이 복음서 저자들과 입장이 같
다―고린도전서 11장 23-26절을 쓸 때 바울 자신이 배치한 것과 동
일한 주제들의 결합이라―고 발견한 점이 내게는 놀랍다. 마치 우리
가 여기서 예수님의 의도와 가르침, 극적 행동에 뿌리를 둔 십자가에
대한 초기 그리스도인들의 묵상에 일부 접근한 것 같다. 거기에서처

럼 여기서도 우리는 또다시 핵심을 언급한다. 모든 초기 그리스도인은 이 사건에서 살아 계신 하나님이 인간의 모습으로, 자기를 주시는 사랑으로 자신을 드러내셔서 감사가 풍성한 예배의 초점이 되셨다고 우리에게 말해 준다. 이 예배는 우상을 대체하고, 따라서 죄의 치명적 억압을 영원히 깨뜨린 새롭고 진정한 인간 존재를 탄생시킨다.

● 결론: 구속의 성취, 혁명의 출발

이제 우리는 로마서 3장 24-26절의 난해한 세부 내용이 어떻게 **2장 17절에서부터 4장을 관통하는 주장에** 필요한 논지를 형성하는지 알 수 있다. 이스라엘은 열방에 복이 되라는 하나님의 소명에 신실하지 못했지만, 이스라엘의 실패는 적절한 방식으로, 곧 속죄일이 늘 가리켰던 실재에 의해 다루어진다. 메시아는 신실하신 죽음을 통해 이스라엘이 부름받은 목표를 매우 구체적으로 성취하셨다. 새 언약의 피인 예수님의 피로 이스라엘을 **위한**, 이스라엘을 **통해** 세상을 위한 하나님의 언약의 목적들이 드디어 세워졌다. 다시 말해, **이스라엘의 메시아 예수님은 하나님의 언약의 목적들과 이스라엘의 언약적 신실함이 만나서 합쳐지고 그 원래 목적을 성취하는 장소요 수단이시다.**

그리하여 참 하나님이 죄의 핵심에 있는 우상들을 대체하시고 예배의 진정한 중심으로 세상에 깜짝 놀라게 드러나셨다. 이스라엘의 과거 죄들, 언약을 위험에 빠뜨린 불신실함은 눈감아 주시고, 전 세계에서 의롭다 하심을 받은 사람들 가운데서 언약의 목적은 멋지게 이루어졌다. '소명 언약' 곧 세상의 빛이 되라는 이스라엘의 소명이 성취되었다. 그 결과, 하나님과 이스라엘이 예수님 안에서 '만났다.' 이스라엘을 대표하는 예수님 안에서, 하나님과 이스라엘, 하나님과 인류, 하나님과 세상이 만나서 화해했다. "하나님께서… 메시아 안에서 세상을 자기와 화목하게 하셨고."고후 5:19 바울의 생각에서 메시아는 이스라엘의 하나님이 실제로 자기 백성과 만나시는 독특한 장소다. 그분은 자기 백성을 그분 안에 요약하고, 그분의 신실하심이 그들의 불신실함을 대체하는 왕으로서 이스라엘을 구현한다. 그분은 자기 백성을 구하러 오시는 이스라엘의 하나님을 구현한다. 하나님의 구원의 목적들과 이스라엘의 소명이 동일한 인간, 동일한 사건 속에 와서 하나가 된다. 이것이 바울이 여기서 말하고 있는 내용이다.

그렇다면 이 단락은 이전 저술들에서의 나를 포함하여 대부분의 우리가 전제한 핵심에 초점을 맞추지 않는다. 바울은 그저 다음과 같은 내용을 에둘러 말하는 것이 아니다. "우리가 죄를 지었으나, 하나님이 예수님을 벌하셔서, 우리는 용서받는다." 오히려 그는 "우리 모두가 우상숭배를 하고 죄를 지었다. 하나님이 이스라엘을 통해 세상을 구원하겠다고 아브라함에게 약속하셨다. 이스라엘은 그 사명에 신실하지 못했지만, 하나님은 자기 자신을 드러낸 신실하신 메시아를 세우셔서 그분의 죽음을 통해 우리가 종살이에서 탈출하게 하셨다"라고 말하는 것이다. 이 큰 맥락은 매우 중요하고 타협의 여지가 없다. 이것이 오늘날 독자들에게 갑작스레 복잡하게 보인다면, 그것은 우리의 문제다. 최소한 그 복잡함은 이론의 끊임없는 영향이라기보다는 성경의 복잡함이고, 그 복잡함은 다양한 전통이 그 성경적 본거지를 폄하하려는 모든 단계마다 필요해 보인다. 바울이 말한 내용에서 그 유대 맥락—과 궁극적으로는 유대 종말론적 맥락—을 제거하고 '목적'에 대한 플라톤화된 시각으로 대체하면, 인간의 소명에 대한 도덕화된 시각과 구속 수단에 대한 이교적 관점으로 귀결되고 말 것이다. 이런 일은 계속해서 벌어졌다. 이제는 원래 의도대로 바로잡아야 할 때다.

그렇다면 이 모든 관점에서 본다면, 바울은 첫 번째 성금요일 저녁 6시에 실제로 무슨 일이 벌어졌다고 말한 것인가? 로마서 3장 21-26절이 우리가 가진 전부라면, 어떤 결론을 내릴 것인가?

첫째, 그는 인류와 세상을 죄와 죽음에서 구출하기 위한 창조주의 오랜 언약 계획이 성취되었다고 말할 것이다. 아브라함에게 주신 하나님의 약속이 성취되어 새로운 유월절이 일어났다. 둘째, 그는 하나님이 친히 언약적 신실하심의 행위(바울은 5장과 8장에 가서야 비로소 이 단어를 사용하지만, 줄여서 말하자면 '사랑')로 이 일을 성취하셨다고 말할 것이다. 이스라엘의 소명과 그분의 심오한 목적들을 메시아의 신실한 죽음 가운데 하나로 모으셨다. 셋째, '유월절' 운동에 걸맞게, 그는 온갖 종류의 사람들이—유대인과 이방인이 똑같이—과거의 죄에서 해방되어 한 언약 가족에 편입되었다고 말할 것이다. 그들은 '의롭다 하심을 받았다.' 하나님의 의로운 백성 가운데 들어가서 정죄를 두려워하지 않고 마지막 날을 내다볼 수 있게 되었다.5:9; 8:1; 8:31-39 넷째, 우리가 연구한 다른 초기 기독교 사상에서 보았듯이, 바울은 새로운 유월절도 '죄를 다루었고' 이를 통해 포로기가 무효화되었다고 보았다. 유월절과 '속죄일'이 만나 합쳐지는 대목이 바로 여기다. 다섯째, 이 모두의 핵심에서 바울은 이사야 53장의 의도된 의미대로, 이스라엘을 대표하는 메시아가 "우리의 범죄 때문에 넘겨지셨"다고 보았다. 죄를 다루면 죄의 힘의 '권세들'이 사라진다. 그리고 우리가 보았듯이, 이것이 다른 모든 문을 여는 열쇠다.

이 단락에서 예수님의 죽음을 "우리가 죄를 지어 하나님이 예수님을 벌하시고 우리 모두가 다시 의롭게 되었다"는 통상적 공식으로 축소해서는 안 된다. 역사는 중요하다. 이스라엘은 세상 죄의 무게가 무겁게 드리워진 장소, 동산에서 추방되어 유배된 아담과 하와가 바벨론 물가에서 실연된 장소였다. 신약성경의 구원은 시공간과 물질세계에서 탈출하는 것이 아니라 구원해야 하는 것으로 보기에 역사는 중요하다. 예수님의 죽음은 철근으로 굳게 닫히고 독한 잡초가 웃자란 인류 역사의 대문이 활짝 열리고 창조주의 하늘과 땅 화해 프로젝트가 강력하게 시작될 수 있는 순간이었다. 결국에는 화석류가 찔레를 대신하고, 잣나무가 가시나무를 대신할 것이다.

이 접근법에서 서구의 전통적 이해에서 중요한 내용은 하나도 소실되지 않았다. 소실된 것이 있다면 세상 위로 떠올라서 피를 굽어보는 진노하신 하나님이라는 이교화된 관점이다. 그 대신 바울이 여기를 비롯한 그의 글에서 제시하는 것은, 사랑이 많고 너그러우신 창조주 하나님이라는 유대적 관점이다. 그분은 세상의 생명을 위해 자기 자신을 내어 주신다. 물론 대부분의 전통 신학은 이 점을 강조했다.

하지만 이 핵심 진리를 둘러싼 틀은 근본적으로 매우 다른 의미로 '들리는' 경우가 많았다. 듣는 사람들의 마음이 강퍅한 것도 일부 원인일 것이다. 그러나 나는 온전한 성경 이야기를 밀쳐놓고 생략된 서사를 선호한 것도 이유라고 본다. "메시아께서 **성경[과 그 큰 서사]대로** 우리 죄를 위해 죽으셨습니다." 이것을 우리 자신의 서사로 대체할 자유가 우리에게는 없다.

우리는 늘 그렇듯, 로마서가 모든 기본 신학 주제를 요약해서 정리한 '조직신학' 책이 아님을 기억해야 한다. 로마서 3장 24-26절은 사람들—심지어 바울—이 '속죄'에 대해 말하고 싶은 내용을 전부 다 말하려는 시도도 아니다. 바울이 예수님의 죽음을 언급하는 다른 많은 경우처럼, 이 구절들은 그가 더 큰 맥락에서 뜻하기 원하는 바를 의미한다. 여기서 더 큰 맥락이란 아브라함과 이스라엘과 맺으신 언약에 대한 하나님의 신실하심이다. 이스라엘의 목적이 성취되고 세상을 구원하는 목적이 성취되는 통로인 이 신실하심이 이제 행동으로 드러났다. 우리가 로마서 3장 21-26절을 '십자가에 대한 모든 것'을 말해야 한다는 부담에서 해방한다면, 이 말씀도 출애굽을 경험하게 된다. 그 말씀 나름의 방식으로 자유로이 주장을 펼쳐서, 로마서 전체의 더 큰 논의에 꼭 필요한 기여를 할 수 있다.

● 복음서와 바울서신을 넘어서

나는 이 책에서는 신약성경이 예수님의 죽음에 대해 말하는 내용을 완벽하게 설명하려고 시도하지 않았다. 주로 복음서와 사도행전, 바울서신, 그리고 계시록을 약간 살펴보았을 뿐이다. 제대로 설명하려 했다면, 자연스레 히브리서와 베드로전서에서 관련 내용을 추가하려 했을 것이다. 이 두 서신은 (단지 내 생각일 뿐이지만) 내가 스케치한 그림을 완성하는 다른 각도를 제공한다. 특히 히브리서는 예수님을 궁극적 대제사장인 동시에 궁극적 희생제물로 생각하는 의미를 탐색한다. 베드로전서는 예수님의 제자들이 극심한 박해를 받는 상황을 다루고, 십자가를 예수님이 영단번에 이루신 성취와 그 성취를 통해 그분을 따르는 이들을 위해 세우신 본보기로 해석한다. 우리가 신약성경의 핵심 저작에 접근한 방식과 관련하여 이 책들을 좀 더 연구하면 재미있겠지만, 다음 기회가 있으리라 생각한다.

우리가 확실히 말할 수 있는 것은, 교회의 첫 세대에는 예수님이 죽으신 날에 성취된 일에 대해 혁명적 신념들이 폭발했다는 것이다. 하지만 그 혁명에는 다양한 전통과 다양한 표현 방식을 초월하여 꾸준히 유지된 뚜렷한 형태가 있었다. "메시아께서 성경대로 우리 죄를 위해 죽으셨습니다"라는 초기의 '공식' 요약은 최고의 기준으로 남았다. 이 믿음을 자세히 설명한 사람들은 각 요소를 충분히 이해하고 있었다. 이들은 성경의 큰 서사들이 드디어 하나님이 의도하신 목표에 도달했다고 전제했다. 초기 유대교에서 모든 메시아 주장이 논란이었던 것처럼, 이것은 당연히 당시에도 논란이 있었고, 이후로도 계속 논란이 되었다. 이스라엘 역사가 어디로 가고 있는지에 대한 다른 주장들은 밀려났다는 뜻이다. 초기 그리스도인들은 기본 신념을 고수했다. 예수님은 죽은 자들 가운데서 살아나셨다. 따라서 그분은 진정한 이스라엘의 메시아였고, 그분의 죽음은 진정 새로운 유월절이었다. 그분의 죽음은 '포로기'를 불러온 죄 문제를 다루었고, 예수님이 악의 무게를 온전히 홀로 나누고 견디셔서 이 일이 이루어졌다. 그분의 고난과 죽음에서 '죄'가 정죄되었다. 어두운 권세 중에서도 가장 어두운 권세가 패했고, 그 포로들이 자유를 얻었다.

예수님의 반복된 암시에도 불구하고, 처음에는 어느 제자도 그분의 죽음을 끔찍한 재앙 이상으로 생각하지 못했다. 첫 번째 성금요일 저녁에는, '권세들'을 이긴 승리에서부터 죄 사함에 이르는 이런 사고의 흐름을 생각할 수 있으리라고는 아무도 알지 못했다. 하지만 예수님이 죽은 자들 가운데서 일으켜지시고, 그분을 따르는 이들이 그런 일을 이해할 수 있게 해 주는 유일한 도구인 위대한 성경 이야기들을 충분히 생각하자, 정말로 혁명이 시작된 것을 알게 되었다. 그 사실과 함께, 똑같은 혁명이 그들을 사로잡았다는 것을 알았다. 예수님이 결연히 시작하신 일을 그들도 결연히 지속해야 했다. 그리고 최종적으로, 그것은 우리 자신에게로 온다. 이 이야기에서 우리가 들어갈 자리는 어디인가?

IV.

계속되는 혁명

14.

유월절 백성

나는 이 책에서, 초기 그리스도인들에 따르면 **예수님이 죽으셨을 때 그 결과로 세상이 달라지는 어떤 일이 발생했다**고 주장했다. 첫 번째 성금요일 저녁 6시, 세상이 달라졌다. 혁명이 시작되었다.

세상이 달라졌다는 첫 번째 징조는 예수님이 죽은 자들 가운데서 부활하신 셋째 날 나타났다. 그 일이 없었다면, 제자들은 수치스럽고 슬퍼하며 그가 또 다른 실패한 메시아에 불과하다고 결론을 내렸을 것이다. 하지만 그분의 부활은 이 이야기의 깜짝 해피엔딩에 그치지 않았다. 부활은 찬란한 **시작**이었고, 마땅히 그렇게 보여야 했다. 부활은 세상에서 가장 어둡고 강한 세력 곧 죽음의 세력이 무너졌다는 뜻이었다. 그것이 사실이라면, 새로운 세력, 전혀 다른 **종류의** 힘이 세상에 나타났다.

어떻게 이 일이 벌어졌는가? 부활절의 관점으로 예수님의 하나님나라 공생애와 기이한 '왕의' 죽음(그의 머리 위 명패에 '유대인의 왕'이라고 쓰여 있었다)을 되돌아본 초기 그리스도인들은 그분의 죽음이 곧 궁극적 승리였다는 결론에 금세 도달했다. 우리가 이 책에서 지금까지 살펴본 내용이 바로 그것이다. 하지만 그 승리는 '이 세대'의 끝에서가 아니라, 고난과 악함이 여전히 만연한 이 세대 한가운데서 이루어졌다. 이는 승리가 두 단계에 걸쳐 온다는 것을 뜻할 수밖에 없다.

  예수님을 따르는 이들은 새로운 종류의 과제를 받게 될 터였다. 최고의 간수를 제압했으니, 이제 누군가가 가서 옥문을 열어야 했다. 죄 사함이 이루어지고 우상이 그 힘을 잃었다. 누군가가 가서 '죄인들'에게 널리 사면을 선포해야 했다. 이 일은 새로운 종류의 힘 곧 십자가-부활-성령 같은 힘으로 이루어져야 했다. 고난받는 사랑의 힘으로 이루어져야 했다. 첫 그리스도인들이 하나님나라를 원하지도, 기대하지도 않는 세상에서 그 나라를 위해 일하는 의미를 깨닫기란 쉽지 않은 일이었다. 이것이 바로 우리가 때로 '선교'라 부르는 일인데, 이제부터 그것을 살펴보려 한다. 예수님의 죽음이 정말로 혁명을 불러일으켰다면, 그것은 어떤 모습이고, 우리는 어떻게 거기에 동참할 것인가?

  여기서 우리는 문제에 맞닥뜨린다. 나는 이 책에서 예수님의 십자가를 바라보는 특정한 관점에 반대하는 입장을 취했다. 전 세계 여러 곳의 수많은 그리스도인이 아직도 십자가를 "예수님이 내 죄를 위해 죽으셔서 내가 천국에 갈 수 있다"는 뜻으로 생각한다. 그렇다면 교회의 '선교'는 더 많은 사람들에게 예수님이 그들을 위해서도 죽으셨다고 설명하고 그 사실을 믿으라고 설득하여 그들도 천국에 갈 수 있게 하는 문제가 되어 버린다. 나는 그런 목적으로 개최된 많은 행사에 참석해 봤는데, 그중 일부는 '선교'를 대놓고 표방했다. 물론, 최근 몇몇 사상가들은 '선교'(세상에서 교회가 하는 일에 대한 폭넓은 관점)와 '복음전도'(사람들에게 예수님의 죽음과 부활과 그 의미에 대해 말해 주는 좀 더 구체적인 과제)를 구별했다. 하지만 일주일짜리 '복음전도 집회'

같은 구체적인 행사를 가리킬 때처럼 '선교'라는 단어를 좁은 의미로도 여전히 사용한다.

이 책에서 내가 목적한 바 중에는, 예수님이 십자가에서 하신 일에 근거하여 그 핵심 초점을 잃지 않으면서도 '선교'의 범위를 확장하는 것도 있었다. 사람들에게 예수님을 전하는 이 과제가 매우 중요하다는 점만큼은 확실히 전달되었기를 바란다. 하지만 예수님이 죽으셔서 우리가 천국에 갈 수 있다는 말은 초기 기독교 메시지를 잘 요약하지 못한 것이라고도 주장했다. 복음과 선교에 대한 그런 시각은 성경의 실제 가르침을 축소하고 왜곡한다. "하늘에서와 같이 땅에서도" 하나님나라를 시작하고 계시며, 십자가에서 그 절정에 도달한다는 예수님의 주장을 무시하는 것이다. 하나님의 영광을 이 땅에 반영하고 창조세계의 찬양을 하나님께 돌려드리는 "그분의 형상을 닮은 자"가 되라는 진정한 인간 소명에 대한 신약성경의 강조점을 무시하는 것이다. 다행히도, 수많은 그리스도인이 축소된 이론만 믿고도 사실상 그에 합당하게 지금까지 살아 내고 있다.

하지만 그것이 좋은 자리는 아니다. 성도들과 교회 지도자와 교사들이 자신이 하고 있는 일에 대한 성경적·신학적 기초를 이해한다면, 그리스도인의 실천은 시간이 지나면서 지속될 가능성이 훨씬 더 높다. '천국에 가는' 이론을 확신하는 다른 많은 그리스도인은 이 세상에서 하나님나라를 위해 일하는 것을 위험하고 사소한 일로 여기게 되었다. 우리는 스스로를 '천국 시민'으로 보아야 하며 따라서 '땅'과는 별로 상관이 없다(고 그들은 생각한다). 때로는, 하나님이 실제로 이 세상을 멸망시킬 것이라는 믿음이 이런 관점을 지지하기도 한다. 그렇다면 굳이 이 땅에 신경 쓸 일이 있겠는가? 내일이면 마당을 다 갈아엎을 텐데 무엇 하러 나무를 심겠는가?

나는 다른 책, 특히 《마침내 드러난 하나님나라》와 《시대가 묻고 성경이 답하다 *Surprised by Scripture*》에서 이런 관점에 반대했다. 이렇게 두 번이나 '놀란' 이유는, 실제로 하나님의 새로운 창조세계에 대한 신약성경의 관점이 그리스도인과 비그리스도인을 불문하고 우리 세계의 많은 사람들에게 여전히 충격으로 다가오기 때문이다. 하지만 이 책에서는 내가 언급한 '선교'에 대한 '통상적' 관점—"영혼이 구원받아 천국에 간다"는 개념—과 예수님이 자신의 죽음으로 성취하신 일에 대한 특별하고 혁명적인 시각에서 비롯된다고 여겨지는 '선교'의 차이를 살펴보기 전에 좀 더 깊이 들어가고 싶다.

기독교의 선교는 예수님이 십자가에서 거두신 승리의 실행을 의미한다. 다른 모든 것은 거기서부터 비롯된다.

핵심은, 모든 권세, 궁극적으로는 죽음을 이긴 이 승리를 이스라엘의 메시아 예수님의 대표적이고 대리적인 죽음을 **통해** 얻었다는 것이다. 그분의 죽으심으로 죄 사함을 얻었다. 많은 사람들이 그랬듯, 우리가 '승리'와 '대속' 중에서 선택해야 한다는 주장은 어느 쪽을 선택하든 핵심을 놓치는 것이다. 신약성경은 둘 다를 확인해 주고, **우리가 그렇게 하려고 애썼듯이 둘 사이의 관계를 암시한다.** '권세들'이 힘을 얻은 것은 우상을 숭배한 인류가 죄를 지었기 때문이다. 하나님이 십자가에서 죄를 다루실 때 그들이 가로챈 권위를 회수하신다. 이제 우리에게 남은 질문은 이것이다. 예수님의 죽음에 대한 이 통합적 시각이 선교가 될 때는 어떤 모습일까? 이 질문에 답하는 것(또는 최소한 답하기 시작하는 것)이 이 마지막 4부의 목적이다.

• • •

물론 교회 역사와 현 상황에서 현실은 그보다 훨씬 더 복잡하겠지만, 확실히 하기 위해 여기서는 두 종류의 '선교'를 이야기했다. 그럼에도 지나친 단순화의 위험을 감수하고, 우리가 어떻게 현재 입장에 도달하게 되었는지 아주 간단히 설명하는 것이 도움이 될 것 같다. 이 두 버전의 '배경 이야기'는 다음과 같다.

17-18세기 유럽과 미국의 많은 개신교 그리스도인이 느끼는 분위기는 낙관주의였다. 새로운 일들이 벌어지고 있었고, 복음이 진보하면서 개인과 공동체를 변화시키고 있었다. 유럽인들은 세계를 여행하면서 이전에는 알려지지 않은 지역에서 기독교 문명을 퍼뜨리는 감각을 갖게 되었다. 그들은 이것이 하나님나라가 하늘에서와 같이 땅에서도 이루어지는 것이라고 믿었다. 이것은 일부 개혁 신학의 확고한 세속적 초점에서 비롯된 것이었다. 이는 소위 '청교도적 소망', 곧 요한계시록 11장 15절에서처럼 세상 나라가 하나님나라가 된다는 비전으로 이어졌다. 게오르크 프리드리히 헨델이 성경 본문으로 오라토리오 〈메시아〉를 만들 때 계시록의 이 본문을 "할렐루야 합창"에 사용했다. 할렐루야 합창은 하나님나라가 하늘에서와 같이 땅에서도

이루어짐을 경축하는 곡이다.

하지만 내 요점은 이 합창이 아니다. 훨씬 더 중요한 것은 이 합창이 전체 작품의 어디쯤에서 등장하느냐 하는 것이다. 가사의 선택과 배열은 임의적이지 않았다. 오라토리오는 세 부분으로 나뉜다. 첫째, 메시아에 대한 기대와 그의 탄생과 공생애, 둘째, 메시아의 죽음과 부활, 전 세계로 퍼져 나간 복음, 셋째, 죽은 자들의 부활과 새로운 창조세계의 기쁨. "할렐루야 합창"은 참 하나님이 이제 온 세상을 통치하셔서 세상 나라들을 그분 나라가 되게 하셨다는 사실을 경축한다. 그런데 이 합창은 마지막인 3부 끝부분이 아니라 2부 끝부분에 위치한다.

이는 17-18세기의 많은 사람들이 견지한 선교에 대한 관점을 밀접하게 반영한다(〈메시아〉는 1742년에 초연되었다). 먼저, 복음 전파로 성취된 세계적인 나라가 임할 것이다. 그러고 나서야 비로소 마지막 부활이 있을 것이다. 따라서 '선교'의 목적은 열방을 창조주 하나님과 그 아들 메시아 예수님께 복종하게 하는 것이었다. 시편 2편에 나타난 하나님의 목적이 그것이었다. 모든 원수를 물리친 하나님의 극적인 승리를 들려주는 시편 2편은 "할렐루야 합창" 직전에 삽입된 본문이었다. 어떤 '선교'관을 옹호하고 있는지는 꽤 분명했다.

그러나 18세기 후반에 이르러 매우 다른 분위기가 퍼지기 시작했다. 유럽과 미국의 많은 그리스도인은 계속해서 사회 문화적 개혁에 힘을 쏟았다. 하지만 다른 많은 이들은 이것이 '복음 전파' 곧 그들 생각에 "영혼이 구원받아 천국 가는 것"을 방해한다고 보았다. 〈메시아)의 가사를 100년 후인 1840년대에 선택했다면, 천국의 예배를 경축하는 "할렐루야 합창"은 맨 마지막에 배치되었을 것이다. 하지만 새로운 분위기는 세상 나라가 더 이상 필요 없다고 주장했으니, 세상 나라가 이제 한 분 하나님과 그분의 메시아께 속한다는 계시록의 이 본문은 매우 이상해 보일 것이다. 예수님이 "내 나라는 이 세상에 속한 것이 아니니라"라고 말씀하시지 않았던가? (아니다. 예수님이 요한복음 18장 36절에서 하신 말씀은 그분의 나라가 이 세상**으로부터** 말미암지 않았다는 뜻이지만, 오해를 불러일으키는 흠정역KJV 본문은 모든 종류의 사회적·문화적·정치적 '선교'의 어리석음을 보여 주는 데 끊임없이 인용되었다.) 새로운 분위기, 새로운 선교. 이제 선교는 세상에 하나님 나라를 불러오는 것이 아니라 세상에서 영혼들을 빼앗아 오려 할 것이다.

이 두 번째 분위기가 '계몽주의'라는 문화 운동에 일조했다. 많은 그리스도인이 이 세상을 나름의 방식과 욕구에 방치한 채 거기서 탈출하는 데 혈안이 되어 있자, 세상은 초기 기독교 선교의 긍정적 에너지를 '세속주의'로 몰아갔다. 세속주의는 하나님은 멀리 계시거나 존재하시지 않지만 세상과 사회는 발전한다고 생각했다. 하나님을 머나먼 '하늘'로 추방하고 나자 땅은 자력으로 자신이 선택한 방향으로 자유로이 움직일 수 있게 되었다. 에피쿠로스주의라는 고대 철학의 현대판이라고 할 만한, 이렇게 나누인 세상은 여전히 표준으로 받아들여지고 있다. 사실상 계몽주의는 옛 기독교 문화의 뿌리를 무시하면서 그 열매를 얻으려고 애쓰고 있었다.

　　대부분의 현대 서구 국가들은 교육과 의료, 빈민 돌봄을 강조하는데, 이런 것들은 초기부터 교회의 관심사였다. 하나님이 사라져 버린 정의롭고 평화로운 사회에서 그런 관심사들을 유지할 수 있는지 여부가 아직 의문이다. 물론, 일부 계몽주의 수사는 교회나 하나님의 이름으로 행동한다고 주장하는 사람들이 많은 전쟁과 불의를 저질렀다고 지적한다. 부인할 수 없는 사실이다. 이런 비난에는 참회와 부끄러워하는 마음이 따라야 한다. 하지만 고대 세계에서는 보기 드물게 자신의 가정이나 신앙, 나라를 넘어서는 사회적 관심은 초창기부터 교회 생활의 일부였다. 내가 묘사한 두 번째 분위기는 세속 세계가 전통을 몰아낸 것만큼이나 빠르게 그 전통과 결별했다.

　　역사를 '시대'나 '운동'으로 구분하는 일은 늘 까다롭지만, 이 두 시기는 쉽게 구분이 된다. 부분적으로, 두 번째 시기는 첫 번째 시기의 지나친 낙관주의에 대한 반작용이었다. 20세기 초, '천국에 가는 것'을 강조하는 것이 핵심이 아니며 복음서의 예수님을 따르는 것은 지금 여기서 가난한 이들과 병자들을 돕는 것이라고 주장하는 새로운 '사회 복음' 운동이 부상하면서 두 번째 시기 역시 반작용을 불러왔다. 오늘날 많은 교회가 이런 운동들로 거슬러 올라가는 전통에 따라 형성됐고, 공의회와 종교회의 같은 데서 벌어진 많은 토론들이 해결되지 않은 문제들을 반영하고 있다.

　　많은 그리스도인이 이런 성경 해석 전통 자체가 성경의 가르침의 일부 요소를 왜곡하고 차단하기도 하는 문화의 영향을 받았다는 사실을 깨닫지 못한 채 이런저런 관점에서 성경을 읽으면서 자랐다.

이런 문제를 피할 수 있는 사람은 아무도 없다. 하지만 나는 이 책에서 예수님의 죽음에 대한 신약성경, 특히 사복음서와 바울의 시각을 이해하는 방식을 보여 주려고 애썼다. 이 시각은 자주 무시되던 다양한 부분에 집중하고 서로 충돌하는 요소들을 결합하는 방식을 간략히 소개함으로써 두 번째보다는 첫 번째 운동과 비슷한 내용을 새로 선보이게 될 것이다. 이러한 선교적 시각은 심각한 개조가 필요할 것이다. (온건하게 표현하자면) 이 초기 낙관주의에는 문제가 많았다. 하지만 나는 우리가 시도해 볼 수 있고, 마땅히 그래야 한다고 믿는다. 사실이 일은 이미 벌어지고 있다. 현대의 많은 선교 단체들이 개인 복음전도라는 최첨단을 잃지 않고도 전인적 선교를 발전시킬 필요성을 잘 인지하고 있다. 십자가의 성취에 대한 신선한 평가가 이 새로운 시각을 뒷받침하고, 거기에 성경적·신학적 깊이와 안정성을 부여할 수 있길 기대한다.

● 다시 선교를 생각하다

내가 이 책에서 내세운 주장은 먼지투성이 세미나실에서 신학자들만 토론하는 그런 수수께끼가 아니다. 매우 긴급하고 실용적인 문제이기도 하다. 예수님이 "우리 죄를 위해 자신을 내주셨기" **때문에** '승리'를 얻는다. 이 승리가 인류를 구출하고 용서하여 그들이 섬기던 권세들의 치명적 억압을 깨뜨린다. 중심에 '죄 사함'이 없는, 소위 '승리'에 근거한 선교는 한쪽 방향으로 잘못 치우치게 된다. 그것이 내가 설명한 첫 번째 관점, 곧 죄 사함이 없는 승리주의의 위험이다. "영혼이 구원받아 천국에 간다"는 관점으로만 생각하는 '죄 사함'에 기초한 선교는 또 다른 잘못된 방향으로 갈 것이다. 이것이 두 번째 관점, 곧 권세들이 그대로 세상을 다스리게 방치하는 용서의 메시지의 위험이다. 신약성경은 둘 다를 주장하고, 둘의 적절한 관계를 주장한다. 그것이 내 의견이다. 이 점을 바로 이해하면, 교회의 진정한 소명이 다시 부각된다.

그다음에 무슨 일이 벌어지는지 눈여겨보라. 우리가 예수님의 승리를—**역사의 해방 사건**으로서의 '죄 사함'에 대한 유대인의 갈망을 통해 재형성된—성경의 유월절 전통과의 관계에서 바라보면, 초기 기독교 운동을 현대적 의미에서의 '종교'가 아니라 세상에서, 세상을 위해 인간으로 살아가는 전혀 새로운 방식으로 보게 된다. 사람들은 예수님의 운동에 그런 이름(온갖 '주의')을 부여하는 것이 그것을 특정 부류의 한 예, 속屬에 딸린 종種으로 만들어 약화하는 것이라고는 생각하지도 못한 채 '기독교의 출현'이나 '기독교의 설립자' 예수님에 대해 떠들어 댄다. 예수님의 혁명 운동을 그렇게 생각하는 것은 기독교 선교의 의미를 왜곡하는 것이다.

물론, 오늘날 많은 사람들이 지치고 냉소적인 서구 근대주의의 반향실에서 '기독교'라는 단어를 듣는다. 그들에게 '교회'는 남의 일에 참견하기 좋아하고, 신비로운 의식과 단조로운 말이 가득한 대형 단체에 불과하다. 교회는 세상에서 제국 세력으로 행동하면서, 자기 길을 방해하는 모든 사람에게 죄의식과 지옥에 대한 공포를 주입할 뿐이다. 물론 희화화한 표현이기는 하지만, 교회는 자신에게 마땅한 몫의 비난을 감수해야 한다. 이것이 예수님을 따르는 이들이—**그들이 원래의 혁명에 충실하다면**—자신의 부름받은 행동과 존재에 대한 표준 관점들을 십자가에 대한 신선한 시각으로 도전해야만 하는 이유다.

그 원래 혁명에 따르면, 구원받은 인류는 해방되어 원래 의도된 자신의 존재로 살아갈 수 있다. 하나님의 아들이 "우리 죄를 위해 자신을 내주셔서" 성취된 '죄 사함'이 해방하는 승리의 열쇠다. 죄도 중요하고 죄 사함도 중요하지만, 그것들이 중요한 이유는 우상숭배에서 비롯된 죄가 하나님의 형상을 닮아야 할 소명을 망가뜨리고 왜곡하기 때문이다. 이 소명은 단순히 "천국에 갈 수 있게 준비되는 것" 그 이상이다. '죄'와 죄를 다루시는 하나님께 지나치게 집중하는 것은, 우리 자신의 '업적'이 없어서 예수님을 의지해야 한다고 고백하면서도 만사를 '행위'의 관점에서만 본다는 뜻이다. (마찬가지로, '죄'와 죄를 다루시는 하나님을 충분히 강조하지 않는 것은 문제의 핵심을 보지 못한 채 일종의 승리를 주장하려는 시도다.) 인간 존재 곧 '왕 같은 제사장' 소명에 대한 성경적 관점은 이런 일반적인 대안의 어느 한 측면이 아니라 훨씬 다차원적이다. 하나님의 형상을 반영한다는 것은 하나님이 그 과제를 완성하셔서 만물을 새롭게 하시기 이전에 지금 이 순간에도 하늘과 땅 사이에 서서, 창조주를 사모하고 그분의 목적들을 이 땅에 실현한다는 뜻이다. '왕 같은 제사장'은 '땅'의 일부이면서 하늘의 하나님을 예배하고, 새로워진 폐로 하늘의 숨을 쉬면서 그 나라를 이 땅에 이루기 위해 일하도록 구비된 구원받은 사람들의 모임이다. 십자가 혁명은 우리를 해방하여 예배와 선교의 리듬에 사로잡힌, 중간 지대의 백성이 되게 하신다.

이렇게 십자가라는 혁명적 승리에 근거하여 선교적 소명을 표현하면 눈에 보이는 빤한 위험을 피하는 데 도움이 된다. 이미 승리했다는 인식이 없다면, (우리 스스로 승리를 쟁취해야 한다고 생각하는) 교만과 (세상이 너무 강력해서 우리는 거기서 벗어나야 한다거나, 최소한 가만히 숨어서 예수님이 다시 오셔서 세상을 정리해 주시기를 기다려야 한다고 생각하는) 두려움 사이에서 쉽게 휘청거릴 것이다. 최초의 승리는 우리에게 자신 있으면서도 겸손하게 일할 수 있는 발판을 마련해 준다. 하지만 죄 사함을 **통해** 이미 승리를 얻었다는 것을 알지 못하면 '선교'는 권세들의 손아귀에서 구출된 백성, 죄 사함을 받은 죄인으로 사는 것이 무슨 뜻인지 아는 백성이 되라는 부르심에서 동떨어지기 쉽다.

이 지점에서 교회 전체와 개인의 삶에 견제와 균형이 있는 게 틀림없다. 우리는 서로를 필요로 하고, 교회 내에서 목양과 지도가 필요하다. 때로는 우리 자신과 우리가 동참하는 사역을 위해서 죄의 힘이 얼마나 어둡고 깊은지를 새로이 느끼고, 거기서 구원받는다는 의미를 새로이 알아야 한다. 그런가 하면, 늘 죄에만 집중하는 것은 신경증이나 방종한 행동이 될 수도 있어서 오히려 바깥을 내다보고 세상에 치유와 희망을 가져오기 위해 애써야 한다. 그리스도인의 순례는 리듬과 균형의 문제다. 그 양상은 다른 성품, 다른 교회, 다른 사회 문화적 상황에 따라 다양할 것이다. 그 리듬과 균형을 얻고 늘 새로이 유지하기 위해서는 서로의 도움이 필요하다. 하지만 그리스도의 몸 안에서 우리는 더 큰 그림에 시선을 고정해야 하고, 우리를 위한 치유의 가능성도 가득한 그 몸 안에서 개인의 소명 또한 분별해야 한다.

　중요한 것은, 예수님이 "우리 아버지 하나님의 뜻에 따라 현재의 악한 세대로부터 우리를 건지시려고 우리 죄를 위하여 자신을 내주셨습니다"^{갈 1:4}라는 믿음의 핵심으로 끊임없이 돌아오는 것이다. 이 말씀의 각 요소는 매우 중요해서, 나머지 요소들을 알려 주고 뒷받침해 준다. 죄를 사하시는 예수님의 죽음을 통해 일하시는 하나님의 사랑의 목적은, 우리를 '현재의 악한 세대'의 권세에서 해방하여 하나님의 새 시대, 새 창조의 일부가 되게 하시려는 것이다. 이 새 창조는 예수께서 (그분이 다시 오실 때 마지막 완성을 기다리는) 죽은 자들 가운데서 부활하셨을 때 이미 시작되었지만, **구조된 구조자들의 사역을 통해 지금도 활동 중이다.** 이 구원받은 인류는 구원의 사랑을 세상에 가져오라는 부름을 받았다. 의롭다 하심을 받은 이들이 의를 불러오고, 화목하게 된 이들이 화해하는 자가 된다. 이들이 유월절 백성이다.

　많은 서구 그리스도인들은 우리가 이를 근거로 행동하려 하면, 곧 하나님을 모시고 광장으로 나간다거나 그리스도인으로서 세상의 정의와 평화를 위해 일하려 하면 문제가 생긴다는 것을 알게 되었다. 부분적으로 이것은, 열성적으로 세속주의를 주창하는 비기독교 서구 세계가 교회가 축소되어 구석으로 몰리고 결국에는 완전히 사라지는 모습을 보기 원하기 때문이다. 이들은 그런 방향을 가리키는 듯한 통계를 열심히 인용한다. 이처럼, 새로운 선교의 표지는 엄청난 저항을 만나고 '승리주의'나 그보다 더 심한 비난을 받을 것이다. 일면 당연한 일이기도 하다. 전쟁과 종교재판 등 교회의 어리석은 행동과 실패를 얼마든지 나열할 수 있으니 말이다. 불과 몇 세기 전 현대 세계는 복음이라는 이름으로 자행된 큰 실수를 목격했다. 그리스도인들이 "세상을 좋은 곳으로 만들겠다"고 나섰다가 오히려 더 엉망으로 만든 슬픈 예가 얼마나 많은가. 이들의 뒤얽힌 동기와 구멍 난 계획은 세상의 일반적인 힘겨루기의 또 다른 변형에 불과했다.

　　그렇다고 해서 우리의 열의가 식어서는 안 된다. 산상수훈을 읽고 기도하는 사람들이 가득한 세상, 아니 그런 사람이 소수에 불과한 세상이라 하더라도, 그런 사람이 아예 없는 세상보다는 늘 더 나은 곳일 것이다. 교회 역사는 우리가 근본적인 변화를 만들 수 있고, 지금까지 만들었으며, 앞으로 만들 수 있음을(오, 주님!) 일깨워 준다. 하지만 요점은, 성금요일에 혁명이 시작되었을 때 이미 그 중요한 역사가 이루어졌다는 것이다. 이미 거둔 꼭 필요한 승리를 우리가 또다시 거둘 필요는 없다. 우리가 할 일은 우리 자신의 사랑으로, 십자가에 부어진 사랑에 반응하는 것이다. 십자가에서 죽으신 분은 물론이요, 우리 주변 사람들, 특히 어려운 이들을 사랑하는 것이다. 이를 실행에 옮기기 어려운 이유는 어떤 형태든 권세들이 분노할 것이기 때문이다. 그 권세들은 계속해서 세상을 쥐고 흔들고 싶어 한다. 그들이 반격할 것이다.

　　신약성경은 이 말이 실제로 무슨 뜻인지를 반복해서 보여 준다. 특히 사도행전은 번번이 위험에 노출된 교회를 보여 준다. 언젠가 사도행전에 대한 다큐멘터리를 본 적 있는데 제목이 〈행군하는 교회The Church Marches In〉였다. 손쉬운 군사적 침략을 암시하는 그런 관점은 좀 위험해 보인다. 처음부터 교회의 선교는 쉽지도 않았고 군대를 동원하지도 않았다. 물론 '침략'과도 거리가 멀었다. 핵심은, 세상의 창조주께서 힘을 앗아 간 권세들로부터 그분의 정당한 소유권을 다시 주장하신다는 것이었다. 사도행전은 쾌활한(때로는 그리 쾌활하지 못한) 혼동과 수수께끼의 책이다. 예수님의 첫 제자들은 어떻게 해야 할지 몰라서 실수를 연발한다. 성령님이 그들을 이리로 밀고 저리로 끌고 가시면서, 운동 내부에서 첨예한 반대와 잠재적 분열을 맞기도 하고 외부에서는 더 첨예한 적대를 경험하기도 한다. 사도행전에는 순교자와 폭동과 실패가 가득하다. 권세들이 반격해 온다. 하지만 사도행전은 로마 황제의 목전에서 하나님을 왕으로, 예수님을 주로 선언하는 바울을 묘사하며 끝난다.

이 이상한 현상에 대한 바울의 해석은 여기에 전부 인용할 만한 가치가 있다. 기독교 선교에 대한 모든 설명의 핵심에 반드시 포함되어야 할 요점이 들어 있기 때문이다. **십자가의 승리는 십자가라는 수단을 통해 실행될 것이다.** "메시아께서 우리 죄를 위해 죽으셨습니다"라고 쉽게 말하는 것이 위험한 이유는, 이후로 더 이상 죽음이나 고난을 겪지 않아도 된다고 생각하게 되기 때문이다. 단 한 번의 승리를 너무 쉽게 경축할 때에도 동일한 문제가 발생한다. 마치 더 이상의 승리는 없으리라고 생각하기 때문이다. 예수님이 친히 경고하셨듯이, 오히려 그 반대다. 예수님의 고난을 통해 승리를 거두고 혁명이 시작되었다. 이제 그 백성의 고난을 통해 그 승리와 혁명이 실행으로 옮겨진다. 그래서 바울은 이렇게 쓸 수 있었다.

대신 우리는 스스로를 하나님의 일꾼으로 추천합니다. 우리는 많이
참고, 고난과 역경과 곤경과 매 맞음과 투옥과 난동과 고된 노동과 밤
샘과 굶주림을 겪고, 순결과 지식과 관대함과 친절과 성령과 참된 사
랑을 베풀고, 진리를 말하고, 하나님의 능력으로 일하고, 오른손과 왼
손 모두에 하나님의 실실한 일을 위한 무기를 들고, 영광과 수치를 겪
고 비방과 칭찬을 겪습니다. 우리는 속이는 자 같지만 진실하고, 이름
없는 자 같지만 유명하고, 죽어가는 자 같지만, 보십시오. 살아 있습니
다. 또 징벌받는 자 같지만 죽임당하지 않았고, 슬퍼하는 자 같지만 늘
기뻐하고, 가난한 자 같지만 많은 사람을 부요하게 하고, 아무것도 가
진 게 없는 자 같지만 모든 것을 가졌습니다. 고후 6:4-10

바울의 청중은 이 말을 이해하기 힘들었다. 그들은 우리처럼 누
구나 잘 보이고 성공하고 이웃에게 좋은 인상을 주고 싶어 하는 치열
한 경쟁 사회에 살고 있었다. 매 맞고 볼품없는 바울의 모습은 자랑스
레 내세울 만한 지도자의 모습과는 거리가 멀었다. 하지만 바울은 이
것이 메시아의 방식이고 십자가의 방식이라고 강조한다. 예수님은 그
렇게 승리하셨다. 친히 수치와 비하의 자리로 가셨다. 혁명은 그렇게
시작되어 그렇게 세상으로 퍼진다. 그래서 오늘날 (바울 당시의 위대
한 철학자인) 세네카나 플루타르코스, 에픽테토스를 읽는 사람이 한
명이라면, 바울을 읽고 그의 메시지에서 생명을 발견하는 사람은 수
천에 달한다. '속죄'에 대한 추상적 정의들을 두고 골치 썩는 신학자가
한 명이라면, 바울과 함께 "나를 사랑하여 나를 위해 자신을 내주신

하나님의 아들"이라고 고백하고 그 사랑의 빛을 세상에 비추는 일에 착수할 사람은 수천에 달한다.

　나는 오늘날의 교회, 특히 나를 포함한 많은 독자가 소속된 편안한 서구 교회에서 고난의 필요성을 말하는 이 메시지를 제대로 이해하지 못했다고 생각한다. 우리는 그리스도인의 삶에 고난이 따른다는 사실을 머리로는 안다. 하지만 우리 시대의 사회 문화적 갱신에 "하나님나라를 불러오기" 원하는 열성적인 이들은 십자가에서 시작된 혁명이 십자가를 통해서만 실행된다는 사실을 잊기 쉽다. 또한 "영혼을 구원하여 천국 가는" 일에 열성적인 이들은 고난을, 대부분의 사람이 일정 시간 동안, 일부가 대부분의 시간 동안 통과해야 할 뭔가로 간주할 가능성이 높다. 사실 고난이란 하나님의 구원의 사랑이 세상에 부어지는 수단인데 말이다. 후자가 거의 정확하다. "순교자의 피가 교회의 씨앗이다." 주후 200년경 아프리카의 신학자 테르툴리아누스가 한 유명한 말이다. 이 말은 믿음을 위해 고난당하거나 죽는 것이 세상의 눈에는 위험하고 체제 전복적으로 보이는 방식을 따르는 데 불가피하게 수반되는 단순한 필요악이 아니라는 초기 그리스도인의 인식을 반영한다. 고난과 죽음은 **세상을 변화시키는 방식이다**. 이렇게 해서 혁명이 지속된다.

　신약성경 곳곳에 이런 사상이 새겨져 있다. 다시 한 번 사도행전으로, 이번에는 12장으로 돌아가 보자. 예수님이 죽으셨을 때 이미 승리를 거두었다고 해서, 헤롯이 야고보를 죽이지 않는 것은 아니었다. 반면 베드로는 옥에서 놀랍게 구조되었다. 사도행전은 희비가 엇갈리는 이런 사건들의 조합을 확실하게 설명해 주지 않는다. 내가 야고보의 어머니나 아내였다면, 승리가 이렇게 임의로 역사하는 이상한 섭리에 짜증을 냈을지도 모른다. 아마 예수님의 어머니가 십자가 아래서 어떻게 느꼈을지를 생각하며 조금 위로를 받았을지는 모르겠다. 사도행전 16장은 또 어떤가. 이미 승리를 거두었다고 해서 바울과 실라가 빌립보 당국의 (불법) 매질을 피하지는 못할 것이다. 하지만 이들이 한밤중에 찬송했을 때 지진으로 옥문이 열렸고, 간수가 구원을 받고, 상관에게 공식 사과를 요청하고 받아 냈다. 다음으로 사도행전 27-28장으로 가 보자. 예수님이 승리를 거두셨지만 바울은 풍랑을 만났다. 하지만 하나님을 왕으로, 예수님을 주로 선포하기 위해 로마에 도착한 그는, 자신이 이미 승리의 향기를 코로 맡으며 온 것을 알게될 것이다. 예수님을 통해 죽음을 물리치고 깊은 바다에서 바울을 구한 하나님은 그가 움츠러들지 않고 세상 황제들을 똑바로 쳐다볼 수 있게 하실 것이다.

이야기마다 우리는 이런 일들이 우연이 아니라는 것을 알 수 있다. 예수님을 따르는 이들은 그 길에 고난이 없을 것이라고 생각하거나, 고난이 있을 때 죄를 짓거나 반항해서 그런 것이라고 생각해서는 **안 된다**. (물론 그럴 수도 있으나, 바울이 고린도후서 2장에서 강조하듯이 그것이 핵심은 아니다.) 오히려 그 반대다. 예수님을 따르는 이들, 그리스도의 몸의 지체 한 사람 한 사람에게 닥치는 고난은 십자가의 승리를 새로운 현실로 만들고, 그 승리에서 새로운 무언가가 나타나게 하려는 것이다.

이것이 바울이 골로새서 I장 24절에서 교회의 유익을 위해 받는 자신의 고난을 기뻐한다고 말할 때 염두에 둔 내용인 듯하다. 그는 "그분의 몸 곧 교회를 위해 왕의 고난에서 현재 남은 부분을" 자기 육체에 채운다고 말한다. 이것은 엄청난 주장이다. 이 말은 바울의 사도적 소명의 일부가 지중해 세계 주변에 흩어진 어린 교회들보다 앞장서 가는 것이라는 의미인 듯하다. 마치 전장의 용맹한 사령관이 약한 사람들을 보호하려고 적의 사격을 유인하는 것처럼, 이 교회들에 임할 고난을 자신이 짊어진다는 뜻이다. 바울이 예수님이 단번에 이룬 성취에 뭔가를 덧붙이려 애쓰고 있다는 의미는 없다. 그는 다른 곳, 예를 들어 로마서 6장 Io절에서 그것을 강조하지만, 여기서 주장하는 바는 로마서 5장 3-5절과 조금 더 자세하게 8장 I7-25절에서 두서없이 말한 내용을 지지한다. 두 본문 모두 간단히 살펴보는 게 도움이 될 것이다.

둘 중 앞의 단락에서 바울은 고난의 내적 원동력을 탐색한다. 말하자면, 개인의 내면에서 고난은 이런 식으로 작동한다.

그뿐 아닙니다. 우리가 고난 중에도 기뻐하는 것은, 고난은 인내를 낳고 인내는 잘 단련된 성품을 낳고 그런 성품은 희망을 낳는 줄 알기 때문입니다. 그리고 희망이 우리를 부끄럽게 하지 않는 것은, 우리에게 주신 성령을 통해 하나님의 사랑이 우리 마음속에 부어졌기 때문입니다.5:3-5

하지만 후자의 단락에서 그는 메시아와 함께 고난을 받는 것이
이미 지금, 그리고 궁극적으로는 미래에 그분께 속한 사람들이 새로
운 창조세계에서 그분과 함께 다스리게 될 수단이라고 설명한다.

우리가 자녀이면 또한 상속자입니다. 우리가 메시아와 함께 영광을
받기 위해 고난도 함께 받는 한, 우리는 하나님의 상속자요 메시아와
더불어 공동 상속자입니다. 내가 깨달은 바는 이렇습니다. 현재 우리
가 겪는 고난은 장차 우리에게 드러날 영광과 견줄 가치조차 없습니
다. 그렇습니다. 창조세계 자체가 하나님의 자녀들이 드러날 순간을
간절히 기다리면서 학수고대하고 있습니다. 알다시피, 창조세계가 무
의미한 허무에 굴복한 것은 자신의 의지가 아니라 굴복하게 하신 분
때문입니다. 그러나 희망이 있으니, 곧 창조세계 자체가 썩어짐의 종
노릇에서 해방되어, 하나님의 자녀가 영화롭게 될 때 오는 자유를 누
리는 것입니다.

이를 한번 설명해 보겠습니다. 모든 창조세계가 지금까지 신음하고
함께 산통을 겪고 있음을 우리는 압니다. 그뿐 아닙니다. 우리 안에 영
의 생명이 주는 첫 열매를 가진 우리도 속으로 탄식하며 우리를 양자
로 삼아 주실 것, 곧 우리 몸의 구속을 간절히 기다리고 있습니다. 알
다시피, 우리는 희망 가운데 구원을 얻었습니다. 그러나 볼 수 있는 희
망이라면 희망이 아닙니다! 볼 수 있는 것을 누가 희망하겠습니까?
그러나 우리가 보지 못하는 것을 희망한다면, 우리는 간절하고도 인
내하는 마음으로 그것을 기다립니다. 8:17-25

창조세계가 해산을 기다리는 여인처럼 신음하고, 메시아 백성도 새로이 부활한 몸을 고대하며 그 가운데서 신음하고 있다는 현세에 대한 이 풍부하고 생생한 묘사는, 메시아와 함께 고난받는 것의 의미뿐 아니라 그것이 필요한 이유도 보여 주는 신약성경에서 가장 훌륭한 묘사일 것이다. 바울이 메시아가 영광을 얻고 온 창조세계를 다스리신다고 말할 때는 몇몇 시편, 그중에서도 특히 메시아의 세계적 통치를 이야기하는 2편과 하나님의 권위를 위임받아 세상을 다스리라는 부름을 받은 인간에게 적절한 '영광과 존귀'에 대해 이야기하는 8편을 염두에 두고 있다. 그 결과, 여기서 메시아적 소망과 인간의 소명이 역동적으로 결합하여 예수님의 고난을 중심으로 재형성되고 그분을 따르는 이들의 고난에 초점을 다시 맞춘다. 이처럼 바울은 이 고난에 대한 더 폭넓은 목적이라는 관점으로 5장에 묘사된 '내적 원동력'을 채운 것이다.

메시아께서 고난을 받고 악의 권세들에 승리를 거두셨다. 메시아 백성인 교회는 메시아의 삶, 죽음에서 부활하신 삶을 공유하기 때문에 현재 고난을 받아야 한다. 이렇게 함으로써 메시아의 승리가 실행된다. 이것이 그분과 함께 '영광'을 받는다는 말의 의미다. 지금 온 세상을 다스리는 그분의 화려한 통치는 성령이 인도하시는 사역과 그 백성의 고난을 통해 이루어진다.

또한 그들의 기도를 통해 이루어진다. 바울은 고난에 대한 개인의 내적 원동력과 세상을 구속하는 더 큰 목적을 하나로 엮어 이 모든 주제를 로마서 8장 26-27절이라는 독특한 단락에 모은다. 그는 이번에는 시편 44편을 암시한다. 시편 44편은 자기 백성의 마음을 살피시는 하나님21절에 대해 말하는데, 바울이 잠시 후에 인용하는 그다음 절은 하나님의 백성이 "도살당할 양으로 여겨졌습니다"라고 언급한다. 메시아의 승리의 고난에 뿌리를 둔, 세상을 변화시키는 하나님 백성의 현 과제는 기도, 특히 슬픔이 가득한 형용할 수 없는 마음의 기도 가운데 깊어진다.

이와 같이 영께서도 곁에 오셔서 우리의 약함을 도우십니다. 우리는 기도해야 할 때 마땅히 무엇을 기도해야 할지 모르지만, 동일한 영께서 말보다도 더 깊은 탄식으로 우리를 위해 간구하십니다. '마음을 살피시는 분'은 영이 생각하시는 바를 아십니다. 영께서 하나님의 뜻에 따라 하나님의 백성을 위해 간구하시기 때문입니다.8:26-27

우리는 이 단락의 깊은 고통을 묵상하면서, 바울이 37절에서 메시아 백성이 "완전한 승리를 거둡니다"라고 찬양 가운데 선포한다는 사실을 잊지 말아야 한다. 시편에서처럼 고난과 승리는 늘 같이 간다.

앞에서 보았듯이, 로마서 8장 26-27절은 어떻게 이스라엘 하나님의 살아 계신 구현인 예수님이 "나의 하나님, 나의 하나님, 왜 나를 버리셨습니까?"라고 울부짖으실 수 있었느냐는 충격적 질문에 실마리를 제공해 준다. 여기 성령이 계신다. 로마서 8장에서 성령은 이스라엘 하나님의 강력한 임재이시며, 피조물의 마음에서 말할 수 없는 탄식으로 간구하신다. 그리고 '마음을 살피시는 분' 아버지는 듣고 계신다. 고난받는 교회는 이 특별한 '대화'에 집중한다. 창조주의 뜻은 늘 인간을 **통해** 그분의 세상에서 일하시는 것이기 때문에 인간의 이 중보―참을성 있고 혼란스럽고 고통스러운 중보―역할은 이런저런 작은 목표를 실행에 옮길 뿐 아니라, 창조세계를 종살이에서 구조하여 마침내 새로운 창조세계를 가져오기 위한 하나님의 계획에서 핵심 초점이 된다. 바울은 다른 곳에서도 고난에 대해 할 말이 많지만, 이 본문이야말로 그 모든 내용의 핵심이라고 생각된다. 이 본문은 십자가 혁명이 이 시대에 실행되는 방식을 분명히 보여 준다. 고난은 승리의 수단인 동시에 승리를 실행하는 수단이었다.

이 시점에서 경고가 한마디 필요할 것 같다. 내가 젊었을 적에, 안수 후보생 교육을 책임진 교회의 중직 지도자에게서 젊은이들이 대학에서 힘든 시기를 보내는 것이 유익하다는 말을 들었다. 눅눅한 집에서 산다든지 어린 자녀를 둔 가족과 떨어져 지낸다든지, 이런 고난이 우리를 단련해서 실제 사역에 대비하도록 해 줄 것이라는 의미였다. 그 말에도 일리는 있지만(특히 실제 사역에서 윗사람들이 아랫사람들의 무거운 짐을 들어 주기는커녕 오히려 그들에게 떠맡기는 경우에!), 교회는 그런 일들에 접근하는 방식에서 형편없었다. "고난은 유익하니까 우리가 너희에게 부과하는 조건들을 견뎌야 해"라는 생각은 기껏해야 무감각하고 가르치려 드는 태도에 불과하고, 최악의 경우에는 용서할 수 없는 가혹 행위다. 예수님은 고난이 닥칠 것을 경고하시되, 타인에게 고난을 유발하는 이에게는 화가 있을 것이라고 선언하셨다.마 18:7 교회가 경건한 척 고난이 유익하다고 말하면서 우리에게 더 짐을 얹어 주지 않더라도, 이미 우리 삶에는 이런저런 문제가 충분하다. 우리가 이 문제를 아직 깨닫지 못했다면, 정당한 시위를 벌이는 페미니즘 운동이 상기해 줄 것이다. 이들은 남성들이 만사를 자신에게 유리하게 조직하고 여성들은 무슨 일이 닥치든 참아야 한다고 암시하면서 여성들에게 고난이 필수라는 메시지를 가르쳤다고 올바르게 지적해 주었다.

그럼에도 고난은 여전히 사역이 진전되는 수단이다. 베드로전서는 상당히 자세하게 이 점을 설명하는데, 아마도 이 작지만 빛나는 서신의 청중이 메시아께서 모든 고난을 당하셨으니 더 이상 그들에게 닥칠 고난은 없다고 생각했기 때문일 것이다. 요한계시록도 똑같은 요점을 강조한다. 어떤 면에서 이런 내용은 계속해서 혼란을 가중한다. 특히 우리가 그런 고난을 받고 있을 때, 다시 말해 그 문제가 더이상 이론에 그치지 않고 긴급하고 개인적일 때는 더더욱 그렇다. 하지만 우리가 잠시 멈추어 선다면, 왜 이 모든 고통이 필요한지 조금은 깨달을 수 있으리라. 이것은 예수님의 소명 의식과 그분이 본을 보이고 구현하고 예를 보이신 권력의 재정의와 관련이 있다.

예수님은 열두 군단의 천사를 소집하여 한순간에 모든 원수를 물리치고 이후로는 아무런 할 일도 남기시지 않는 그런 종류의 혁명가가 아니셨다. 이 책에서 계속 살펴보았듯이, 그분이 완수하신 혁명은 이상한 새 권력, 곧 고난을 **밟고서가** 아니라 고난을 **통해** 승리를 쟁취하는 언약적 사랑이라는 힘의 승리였다. 이는 승리도 똑같은 방식으로, 곧 갑작스러운 정복이라는 지름길이 아니라 사랑이라는 우회로로 실행되어야 한다는 의미였다. 산상수훈의 의미가 바로 그것이었다.

예수님이 고난과 자신을 내주는 사랑으로 승리하셨는데, 우리는 자기를 드러내는 교만한 무력으로 그와 같은 승리를 실행하리라고 정말로 생각했단 말인가? (아마 그랬을 것이다. 누구보다 예수님과 가까웠던 야고보와 요한이 누가복음 9장 54절과 마가복음 10장 35-40절에서 정확히 이런 실수를 저질렀다. 심지어 예수님의 어머니조차 그렇게 생각해서, 누가복음 1장 46-55절의 마리아 찬가는 마치 공화국 전투 찬가처럼 들리기도 한다.) 우리가 예수님이 어떤 혁명을 성취하셨는지 이해한다면, 왜 이 혁명이 단 한 번의 완승이 아니라 한 단계씩 실행되어야 하는지, 왜 이 각 단계가 예수님이 십자가로 가져가신 아낌없는 사랑과 동일한 단계여야 하는지 이해하게 된다. 사랑은 언제나 고난받을 것이다. 교회가 서둘러 완승을 얻으려 하거나 다른 정신이 담긴 단계를 거치려 애쓴다면, 한동안은 성공한 것처럼 보일 수도 있다. 중세 후기 교회의 화려함과 '영광'을 떠올려 보라. 그러나 그 '승리'는 공허하고, 온갖 종류의 문제를 양산할 것이다.

대다수는 아닐지라도 많은 그리스도인들이 신학적 근거나 성경적 근거를 보지 않고도 이를 직감적으로 이해한다. 그런 사람들에게는 모든 내용을 설명해 주는 이런 책도 필요 없다. 누군가에게 손전등을 주고 해가 떴는지 보라고 하는 편이 낫다. 사람들을 그리스도의 가족으로 이끄는 것은 섬세한 신학자들의 복잡한 십자말풀이가 아니라, 예수님의 사랑이요 아낌없이 베푸는 사랑이다. 하지만 이런 책은 그런 이들이나 혼란스러워하는 구경꾼들에게 세부 사항이 잘 들어맞는 큰 그림을 설명해 줌으로써, 사랑이 다른 영향력들에 뒤엎어지는 위험을 피하게 도와줄 수 있다. 특히, 이런 책은 교회의 선교가 믿음의 중심에 있는 큰 사건들과 유기적이면서도 밀접하게 연관되어 있다는 점을 설명해 줄 수도 있다.

우리 세대의 많은 사람들은 디트리히 본회퍼Dietrich Bonhoeffer를 알게 되면서 이런 진리를 절실히 깨달았다. 그는 자기 세대에서 가장 똑똑한 젊은이 중 한 사람이었고 당대의 가장 훌륭한 신학적 지성 중 하나였다. 제2차 세계대전이 발발했을 때 그는 미국에 있으면서 상대적으로 안전을 보장받았지만, 하나님이 그에게 조국 독일로 돌아가라고 말씀하신다고 굳게 믿었다. 많은 친구들이 엄청난 모호함과 불확실성의 시대에 목회자이자 교사로 일하던 그를 '조금은 극단적'이라고 여겼지만, 계속해서 양심의 도전을 받던 그는 결말을 알면서도 히틀러 반대 운동에 가담했다.《옥중서신Letters and Papers from Prison》은 그가 종전 직전 교수형을 앞두고 묵상하고 기도한 이야기를 들려준다. 그가 살아남았다면 얼마나 훌륭한 작품을 더 쓸 수 있었겠는지 누가 알겠는가? 하지만 순교를 통해 그의 신실한 삶과 증언이 어떤 영향을 미쳤는지는 또 누가 말할 수 있겠는가?

이 모든 내용은 앞서 예를 든 비슷한 승리로 되돌아간다. 주후 177년, 남부 프랑스 리용에서 이교도 군중이 그 지역 그리스도인 지도자들을 몇 명 죽였다. 그 결과, 이레나이우스가 리용의 새 주교로 부임하여(이전 주교는 순교를 당했다) 그 직책에서, 초기 영지주의자들처럼 복음의 날카로운 부분이 무뎌진 채 조용한 삶에 안주하기 원했던 이들에게 성육신과 부활처럼 세상을 뒤집어 놓을 진리에 대해 가르치고 쓸 수 있었다. 이 경우에, 순교자들의 피는 삶을 변화시키고 복음을 강화하는 신학적 가르침의 씨앗이었고, 이 씨앗이 이후로 교회의 기반을 든든히 했다.

그때로부터 100년쯤 뒤로 가 보자. 예수님이 십자가에서 승리하셨다고 해서 3세기 말의 교회가 디오클레티아누스 황제의 사악하고 폭압적인 박해를 면제받지는 못했다. 하지만 그 승리는 전혀 다른 방식으로 나타났다. 교회가 사라지기는커녕 계속해서 엄청난 속도로 성장하여, 특히 신앙 때문에 죽음에 맞닥뜨린 사람들의 증언으로 인해 로마 황제마저 패배를 인정할 수밖에 없게 되었다. 사람들이 그렇게 살거나 그렇게 죽음에 맞서리라고는 누구도 생각하지 못했다. 이전에는 보지도 듣지도 못한 일들이었다. 그들로서는 예수님을 따르는 이들은 난생처음 보는 이상한 존재였다. '종교 집단'도 '정치 권력'도 아니라, **전혀 새로운 종류의 삶의 방식**이요 인간의 새로운 존재 방식이었다.

물론, 그런 삶에는 새로운 도전이 따랐다. 승리는 늘 그렇다. 교회가 처음 허용되고 나라의 공식 종교로 공인된 그 순간이 사실은 어려운 때였다. 교회는 잠재적으로 위태로운 상황에 도달하게 되었다. 교회의 진정성에 의문을 제기하는 일이 없을 것이라거나 새로운 상황에서 예수님을 따르는 데 수반되는 의미를 실행하는 데 어려움이 없을 것이라고 말한 사람은 없었다. 하지만 용감하고 현명한 많은 교사와 지도자들은 새로운 도전을 통과하며 길을 찾았고, 당시에 확실하게

'기독교적 가치관'이었던 것―우상숭배와 부도덕을 피할 뿐 아니라 교육과 의료와 가난한 사람들에 대한 돌봄을 강조하는 것―이 더 이상 소수의 이상하고 부자연스러운 관심사가 아니라 점점 더 많은 사람에게 인간으로 살아가는 새로운 길이요 더 나은 길로 자리 잡았다.

때로 상황이 명쾌하지 않을 때도 있다. 일본 소설가 엔도 슈사쿠의 끔찍한 소설《침묵》은 수백 년 전의 작은 일본 교회에 대한 지속적이고 악랄한 박해 속에 신앙을 지키고 싶었던 이들의 안타까운 딜레마를 들려준다. 이 책을 쓰고 있는 현재, 마틴 스코시즈 감독이 이 소설을 영화로 제작 중이다(2017년, 〈사일런스〉라는 제목으로 국내에 개봉했다―옮긴이). 일본인 예술가 마코토 후지무라(와 필립 얀시)는《침묵과 아름다움 Silence and Beauty》이라는 감동적인 책에서 이 작품에 대해 썼다. 후지무라가 밝히듯이, 소설에서처럼 하나님이 아무 말씀도 하시지 않는 듯할 때조차 들어야 할 메시지가 있다. 때로는 침묵이 숨겨진 아름다움과 진실을 말해 줄 수 있다. 그 내용은 편안함을 추구하는 서구 그리스도인들에게는 듣기 불편한 메시지이지만, 그래서 더 중요하다.

하지만 굳이 소설이나 먼 역사를 들여다볼 필요도 없다. 내가 이 책을 쓰는 동안, 북아프리카 해안에서 그리스도인들이 공개 참수를 당했다. 총에 맞거나 강간을 당하거나 고문을 당하기도 했다. 이 장을 퇴고하던 날에는, 어려움을 당하고 있는 에티오피아의 그리스도인 공동체로부터 메시지를 받았다. 이들은 대규모로 난민이 될 위기에 처했을 뿐 아니라, 종교 간은 물론 부족 집단 간에도 긴장이 고조되고 있었다. 한 달 사이에 경험하는 고통이라고는 치과 치료 정도가 고작이고, 당국이나 적대 집단으로부터 아무런 위협도 받지 않고 예배하고 성경을 공부할 수 있는 우리가 그런 상태를 상상하기란 거의 불가능하다. 하지만 우리 형제자매들은 그런 일을 겪고 있다. 이들이 말 그대로 '순교자'요 말 그대로 '증인'이다. 해안에서 참수를 당한 이들 중 일부는 죽기 직전에 "예수님!"을 외쳤다고 한다. 그들은 예수님을 알았고, 그분을 사랑했으며, 예수님이 그들을 위해 죽으셨듯이 그분을 위해 죽을 준비가 되어 있었다. 이들의 증언이 미래에 어떤 효과를 불러올지 우리는 알 수 없지만, 역사는 그 효과가 강력할 것임을 암시해 준다.

　　뉴스 머리기사를 장식하는 이야기마다 이런 사람들이 한가득이다. 예수님을 따르는 이들은 자신이 약할 때 강하다는 사실을 번번이 깨닫는다. 굉장히 커 보이고 때로 심각한 피해를 줄 수도 있는 괴물들은 빈껍데기에 불과하다. 그런 괴물들에게 힘을 주고 자만심을 불어넣어 준 우상숭배와 죄는, 죄 사함으로 인해 뿌리부터 잘려 나갔다. 동유럽 공산주의의 몰락으로 분명해졌지만, 전에 많은 사회가 거대하고 강력한 세력에 사로잡혀 있었다. 하지만 패가 공개되자 그 세력들은 바늘에 찔린 풍선처럼 터져 버렸다. 물론 "잠자는 사자의 코털을 건드리지 말라"라는 충고에는 실용적인 지혜가 담겨 있다. 하지만 성경에서 이 세력들은 이미 정복되었다. 그 꼬리를 맹렬히 휘두른다 한들 실은 초라하고 볼품없는 존재일 뿐이다.

　　이 사실을 믿고 이 사실에 기초해 살아가는 것은 매우 신나면서도 동시에 위험한 일이다. 그렇게 살아가는 기술은 분별력에 있다. 어떤 사자에게, 언제, 무슨 근거로 도전해야 하는지 알아야 한다. 하지만 위험한 사상을 전파하면서 그 반대자들을 괘념치 않고 죽음과 파괴를 일삼는 세력들, 또는 가난한 사람들을 짓밟고 소수가 부와 권력을 축적하도록 허용하는 세력들이 우리 사는 세상에 활동하고 있을 때, 우리는 다시 한 번 바로와 맞서고 있음을 알아야 한다. 우상들이 섬김을 받고 있고, 이 우상들은 인간을 희생제물로 요구하고 있다. 하지만 우리는 십자가에서 궁극적으로 바로가 패한 것을 안다. 그래서 우리는 계속 나아간다. 여론 형성층을 기쁘게 해 주는 사회적 의제나 스스로의 노력으로 "하나님나라를 건설할 수 있다"고 기대하는 교만을 가지고서가 아니라, 교회와 우리 배후의 성례전적 사역과 기도를 가지고, 십자가에서 이미 거둔 승리가 언젠가는 온전히 드러나리라는 지식을 가지고, 그리고 기도와 믿음으로 우리는 행한다. 고난이 따르겠지만, 우리가 이미 승리했음을 우리는 알고 있다.

특히 성례전적 삶에는, 오용을 두려워한 나머지 자신들의 핵심 가르침에 속하는 세례나 성찬을 경시하는 사람들이 때로 간과하는 능력이 있다. 그것은 바울의 노선이 아니었다. 그가 로마서 6장에서 설명한 대로, 메시아와 하나 되는 세례를 받은 사람은 이미 죽어서 장사되었고 새 생명으로 부활했다. 예수께서 겪으신 그 일이 그 백성에게도 해당되었다. 그래서 (예를 들면) 위대한 독일의 종교개혁가 마르틴 루터는 악의 세력에 맞서는 궁극의 보호책으로 "나는 세례 받았다!"고 말할 수 있었다. 그는 예수님의 승리의 보호 아래 있었던 것이다.

  물론 그렇다고 해서 세례 받은 사람은 아무 피해도 받지 않는다
거나 다시는 심각한 죄에 빠지지 않는다는 뜻은 아니다. 로마서 6장
에서 바울이 주장하는 또 다른 내용은, 메시아의 가족이 된 사람들은
생각과 행동으로 끊임없이 그 가족 됨을 실천해야 한다는 것이다. "마
찬가지로 여러분도 스스로를 죄에 대하여는 죽었고, 메시아 예수 안
에서 하나님께 대하여는 살았다고 산정하십시오. 그러므로 여러분은
죄가 여러분의 죽을 수밖에 없는 몸 안에서 지배하여 여러분이 몸의
욕구에 순종하도록 허락하지 마십시오."6:11, 12 고린도전서 10장 12절
에서도 비슷하게 경고한다. "그러므로 누구든 똑바로 서 있다고 여기
는 사람은 넘어지지 않도록 주의해야 합니다!" 출애굽하는 이스라엘
백성처럼, 전적인 노예의 삶에서 벗어났다고 해서 새로 찾은 자유를
실생활에 옮기기 위해 애쓰지 않아도 된다는 뜻은 아니다.

  이 사실은 우리를 또 다른 주요 성례전인 '떡을 떼는 것', 주의 만
찬, 성만찬, 성체성사로 인도한다. (교회가 이 행사를 두고 다양한 이름
을 붙였다는 사실 자체가 모든 사람이 성만찬의 중요성을 알고 적절하게
해석하고 싶었음을 암시한다. 하지만 예수님의 죽음과 관련된 모든 일이
그렇듯, 이견이 분분한 영역으로 남았다.) 바울은 우리가 앞서 살펴본 내
용, 곧 예수님이 제자들과의 마지막 식사를 그분의 임박한 죽음의 의
미를 설명하는 방편으로 사용했을 뿐 아니라, 제자들이 그 죽음에 동
참할 수 있게 하는 방법으로도 사용하셨음을 잘 알고 있는 듯하다. 이
들은 떡을 떼고 포도주를 마심으로 그분의 죽음에 동참하는 삶을 살
수 있었다. 고린도전서 8장 5절에서 말하는 것처럼, 바울은 "많은 신

과 많은 주"가 있어서 어린 그리스도인들을 예수님에게서 끌어가려고 유혹하는 고린도교회의 상황을 다룬다. 그는 "이 빵을 먹고 잔을 마실 때마다, 여러분은 주님이 오실 때까지 그분의 죽음을 선포하는 것입니다"11:26라고 말한다. 그의 말은 주의 만찬을 기념하는 것이 예수님의 죽음의 의미를 설교하기에 좋은 기회라는 뜻이 아니다. 물론 그 말도 때로는 맞을 것이나, 그의 말은 **주의 만찬을 행하는 것이 곧 그분의 죽음을 선언하는 것**이라는 뜻이다.

어떻게 그럴 수 있는지 생각해 보자. 떡을 떼고 포도주를 붓고 예수님의 이름으로 떡과 포도주를 나누는 일, 예수님의 죽음 직전의 마지막 식사를 떠올리게 하는 이 실제 사건은 사실상 공개 선언이나 다름없다. 이교도 이웃이나 세상 앞에서가 아니라 사적인 자리에서 떡을 떼고 포도주를 마시던 고린도인들에게는 이 행위가 이상하게 보였을지도 모른다. 하지만 바울이 '전하다'라는 뜻으로 사용한 단어 '카탕겔로*katangellō*'는 당시 문화에서 공개 법령을 선언할 때 흔히 사용하던 단어다. 로마로부터 새로운 칙령이 도착하여 모든 시민이 운집한 가운데 고린도 광장에서 그 내용을 읽어야 한다면, 그 상황을 묘사하는 단어로는 '카탕겔로'가 적당할 것이다.

그렇다면 여기서 바울의 말은 무슨 뜻일까? **주의 만찬을 행하는 것이 곧 그분의 죽음을 선언하는 것이다.** 예수님의 이름으로 떡을 떼고 잔을 나누는 것은 정사와 권세들에 대한 그분의 승리를 **선언하는 것이다.** 주의 만찬은 세상에 대한 새롭게 공인된 사실을 진술한다. 주의 만찬은 하나님의 선한 창조세계와 인간의 삶에 대한 통제력을 찬탈한 어두운 세력에 맞서 그들의 패배라는 소식을 선언한다. 주의 만찬은 어떻게든 사람들이 자기들을 예배하기를 기다렸다가 그 힘을 이용하려는 어둠의 권세들을 부끄럽게 한다. 이 권세들은 스스로 그 힘을 행사해야 할 인간에게서 그 힘을 빼앗아서 그들을 종으로 삼고, 그 권세들이 자신의 영역에서 가진 힘의 유혹에 저항하지 못하도록 힘을 잃게 만든다. 떡을 떼는 식사, 예수님의 만찬은 마치 전령이 장터에서 들려주는 공개 칙령처럼, 예수님이 주님이시며, 그분이 죄와 죽음의 권세들에 맞서 이기셨다고, 그분이 다시 사셔서 죽음이 아무런 권위를 갖지 못하는 새로운 세상을 시작하셨다고 악의 세력들에 맞서 선언한다.

　일부 독자에게는 이런 종류의 말이 위험해 보일 수도 있음을 인정한다. 내가 일종의 마술을 조장하고 있는 것은 아닌가? 마치 예복 입은 성직자들이 특별한 효과를 위해 만들어 낸 요소들을 조종하려고 애쓰는 것처럼 말이다. 개신교 종교개혁가들이 저항했던 것이 바로 이런 일이 아니던가? 그렇다. 종교개혁가들은 자신들이 마술로 본 것에 저항했지만, 그렇다고 해서 그들만의 풍부하고 진지한 성례전적 신학을 개발하기를 멈추지 않았다. 남용이 적절한 사용을 없애지는 못한다. 실제로 마술은 진정한 인간의 소명을 모방한 것이다. 그분의 형상을 닮아 창조주께 순종하는 인류는 세상에서 위임받은 권위를 실천하여 생명이 번창하도록 해야 한다. 마술은 창조주께 자신을 드리는 순종이라는 대가를 지불하지 않고 창조주의 세상을 다스리는 권력을 얻으려는 시도다. 그런데 성례전은 이와 정반대다. 성례전은 **예수**

님이 그 대가를 치르셨고, **그분께** 하늘과 땅의 모든 권세가 있음을 찬양하는 것이다. 성례전은 그분의 승리를 강력하게 선언하는 것이다. 성례전은 예수님이 십자가에서 이미 승리하셨다고 위협적인 권세들에 맞서 선언하는, 지혜로운 기독교 영성의 일부로 사용될 수 있고, 마땅히 그렇게 사용되어야 한다.

이 모든 '승리' 이야기가 이런 뜻을 지니는 이유는, 우리가 보았듯이 예수님이 십자가에서 **우리 죄를 위해** 죽으시고, **죄 사함을 위해** 새 언약의 피를 흘리셨기 때문이다. 다시 한 번 말하자면, 죄는 어둠의 세력들이 자기들을 예배하는 인간을 종으로 삼는 족쇄였다. 십자가에서 죄를 용서받자 족쇄가 끊어졌다. 승리를 얻었다. 이 승리가 교회의 선교에 대한 전망을 열었다. 마지막 장에서는 이 내용을 살펴보기로 하자.

15.

권세들과
사랑의 힘

부활하신 예수님은 예루살렘 다락방에서 겁에 질린 제자들을 만나서 세계 선교를 명하셨다. 요한복음에는 이 내용이 정교하면서도 간단하게 나타나 있다. "아버지께서 나를 보내셨듯이, 나도 너희를 보낸다."20:21 그분은 이 말씀이 "너희가 누구의 죄든 용서하면, 그들은 용서받는다. 너희가 누구의 죄든 그대로 두면, 그대로 있을 것이다"라는 뜻이라고 말씀한다.20:23 이 놀라운 일을 위해 제자들은 성령의 선물을 받는다. 21장에서는 이 명령이 베드로의 회복에 초점이 맞춰지면서 확실한 경고가 등장하는데, 이 말씀은 고난을 뜻하게 된다. "나이 들면, 너는 네 손을 뻗을 것이고, 다른 사람이 옷을 입혀 네가 원치 않는 곳으로 너를 데려갈 것이다."21:18 이 말씀은 앞으로 닥칠 베드로의 십자가형을 언급하는 듯하다. 그다음에 예수님은 "나를 따르라!"라는 익숙한 말씀을 하시지만, 이제 그 말씀은 새로운 의미로 가득하다.

누가복음은 상황을 조금 다르게 표현하지만, 전반적 효과는 비슷하다.

예수께서 말씀하셨다. "이렇게 기록되어 있다. 메시아는 고난을 겪고 셋째 날에 죽은 사람들 가운데서 살아나야 하고, 그의 이름으로 죄 용서를 위한 회개가 예루살렘에서 시작하여 모든 민족에게 전파되어야 한다. 너희는 이 모든 일의 증인이다. 이제 보아라. 나는 아버지께서 약속하신 것을 너희에게 보낸다. 너희는 위로부터 오는 능력을 입을 때까지 이 성에 머물러 있어라." 24:46-49

　개인화된 서구 세계에 사는 우리는 곧바로 이 말씀의 '개인적' 의미로 뛰어들어 더 큰 전체를 무시하기가 쉽다. '회개'와 '죄 사함'이라고 하면, 우리는 내 죄를 회개하고 내가 죄 사함을 받았다고 생각한다. 그것도 물론 매우 중요하다. 하지만 우리가 너무 빨리 그런 의미에 도달하면, 이 말씀의 온전한 의미를 놓칠 수 있다. 예수님을 따르는 이들은 그분의 영으로 능력을 받아 세상에 나가서 **새로운 실재가 탄생했다고**, 그 이름은 '죄 사함'이라고, 우상숭배에서 돌이켜야 한다고('회개') 선언해야 한다.

　확실히 무슨 일이 벌어졌고, 그 일이 이 새로운 종류의 힘을 세상에 불러왔다. 그 무슨 일이 바로 족쇄를 풀고, 우상을 깨뜨리며, 죄를 떠나게 하는 능력으로, 곧 '죄 사함'이며 '순전한 은혜의 사랑'이며 **예수님**이다. 우리가 먼저 회개해야 그 결과를 보시고 하나님이 고발 여부를 결정하시는 것이 아니다. 더 큰 세상의 진리와 무관한 일종의 개인적 거래로 우리가 '죄 사함'을 얻는 것이 아니다. 오히려 죄 사함은 새로운 실재이며 새로운 창조세계의 존재 방식이다. 출입구에 현수막이 걸려 있는 이 새로운 창조세계에 속하려면, 우상들―그들의 권세는 이미 깨어졌다―에게서 돌이켜 예수님의 승리의 축하 행사에 참여하기만 하면 된다.

'예수님의 부활을 믿는다는 것'이 예수께서 셋째 날에 죽은 자들 가운데서 다시 살아나셨다는 사실을 단순히 인정하는 것(물론 그것도 포함되지만)이 아닌 이유가 이 때문이다. 예수님의 부활을 믿는다는 것은 그 생각과 행위 자체로 십자가에서 이루어진 죄 사함의 새로운 세계, 부활절 아침에 하늘과 땅의 실재로 시작된 세계를 인정하는 것이다. 어쩌면 '기적'이 일어날 수도 있는데 예수님의 부활도 그중 하나이고, 증거가 확실히 그쪽을 가리킨다고 믿는 게 먼저가 아니다. 부활과 죄 사함은 옛 창조세계에서 일어날 수도 있는 이상한 일이 아니다. 그것은 새로운 창조세계의 확실한 표지이며 특징적 표지다. 부활과 죄 사함을 믿는 것은 새로운 창조세계라는 실재를 엿보고 그것을 붙드는 것이다.

예수님의 부활을 믿기 어려운 이유는, 단순히 사람이 죽음을 통과해서는 새로운 종류의 몸을 가진 존재가 된다는 생각을 이해하기 어려워서만은 아니다. 물론 그 생각도 인간 상상력의 깊은 차원에서 도전이기는 하다. 예수님의 부활을 믿기 어려운 이유는 우리가 새로운 실재이자 새로운 존재 방식이 세상에 들어왔다는 사실을 이해하도록 요구받기 때문이다. 이것이 계속되는 혁명의 핵심이다. 즉 **인간의 새로운 존재 방식**이 시작되었는데, 이것은 죄 사함(이제는 패배한 우상들에게서 돌이킨 사람들에게 베푸는 하나님의 용서)으로 시작해서 죄 사함(예수님을 따르는 이들이 자신에게 잘못한 모든 이들에게 그분의 이름으로, 성령을 힘입어 베푸는 용서)으로 지속된다. 이것이 예수님이 제자들에게 가르치신 기도에서 죄 사함이 (두 가지 의미에서 모두) 커 보이는 이유다. 하늘이 땅에 임할 때, 하나님나라가 임하여 그분의 뜻이 천사들의 세상에서처럼 인간 세상에서도 이루어질 때 이 용서는 이렇게 보이고 들리고 느껴진다. 죄 사함은 새로운 실재다. 혁명의 능력이다. 주의 기도로 기도하고 예수님의 부활을 믿는 것은 궁극적으로는 같은 일인 셈이다.

우리는 최근의 생생한 몇가지 사례에서 이를 확인할 수 있다. 많은 문화권과 나라에서 '용서'는 약함의 상징으로 여긴다. 누군가 당신에게 잘못했다면, 당신도 복수해야 한다! 정의가 시행되지 못했다! 당신의 권리를 빼앗긴 것이다! 이런 철학에 사로잡힌 사람들이 많다. 이런 생각이 그들 인생 곳곳에 만연해 있다. 모든 생각이 원한으로 바뀌고, 모든 원한은 복수를 요구한다. 그런가 하면, 그런 철학을 포기하고 용서의 치유력을 발견한 사람들도 보았다. 우리는 용서할 수 있고, 실제로 용서한다. 이것은 우리를 늘 놀라게 하는데, 아마도 용서야말로 온전히 태어나기를 기다리는 세상의 확실한 진짜 표지이기 때문일 것이다.

2015년 6월, 사우스캐롤라이나주 찰턴에서 피살자의 친척들이 살인자와 얼굴을 맞대고 만났다. 그중 몇 명은 보자마자 그를 용서했다고 말했다. 2006년 10월, 아미시 학교 총기 사건 직후에도 비슷한 일이 발생했다. 널리 보도된 이런 사건들은 세속 기자들과 독자들이 보기에는 너무 이상해서 믿기 힘들 정도였다. 이 사람들의 속마음도 정말 그런 것일까? 물론이다. 용서는 강요한 게 아니다. 마음에는 쓴 뿌리가 가득하면서 겉으로만 윤리적 기준에 맞추느라 앙다문 이 사이로 말한 것이 아니다. 이런 공동체에서 용서는 이미 생활방식으로 자리 잡았다. 이들은 최악의 상황에서도 자신들이 이미 배우고 연습한 성품을 드러내고 확장하고 있다.

이런 이야기들을 듣고도 믿지 못하겠다는 많은 이들은 예수님의 부활 이야기를 듣고도 믿지 못하던 1세기의 사람들 및 우리 시대의 사람들과 비슷하다. 이유는 똑같다. 두 경우 모두에서 우리는 새 세상이 탄생하는 모습을 목격하고 있다. 부활과 죄 사함은 한 가지나 마찬가지다. 둘 다 십자가에서 거둔 승리의 직접적 결과다. 죄와 죽음의 문제를 해결함으로써 십자가에서 이 승리를 얻었기 때문이다. 부활은 죽음이 패한 결과요, 죄 사함은 죄가 패한 결과다. 용서를 배운 사람들은 자신이 남들에게만 치유를 제공하고 있는 것이 아님을 발견한다. 그들 자신도 치유를 받고 있다. 부활은 그들 내면에서 일어나고 있다. 그들은 몹쓸 짓을 당했지만, 자신의 삶이 뒤틀리도록 허용하지 않는다. 약해서 용서하는 것이 아니다. 용서는 과거에도 지금도 위대한 힘이다.

부활과 죄 사함은 십자가에서 거둔 승리의 특별하면서도 광범위한 결과를 이해하는 데 있어 매우 중요하다. 세상 나라들은 이제 해방되어 한 분 참 하나님을 예배할 수 있게 된 것이다.

● 자유

현대 그리스도인들은 십자가의 가장 큰 성취 중 하나를 일상적으로 간과했다. 우리는 비유대인들을 향한 초기 선교가 단순히 좋은 소식을 가능한 널리 나누는 것이었다고 생각하는 경향이 있다. "예수님이 죽으셔서 여러분이 천국에 가게 되었으니, 할 수 있을 때 기회를 잡으세요!" 하지만 우리가 이 공식을 검토해서 '천국'보다는 새로운 창조 세계에 초점을 맞춘다고 해도, 그 배후에 있는 무언가 심오한 것을 놓치고 있는 셈인데, 그것은 곧 십자가 때문에, **온 세상이 창조주 하나님께 마음껏 충성할 수 있게 되었다**는 것이다.

예수님 시대까지도 이스라엘 주변 국가와 문화에 속한 사람들은 자기 마음대로 살았다. 우상을 숭배하고 섬겼다. 최소한 보통 유대인들의 인식이 그랬고, 문헌과 고고학이 이를 뒷받침한다. 확실히, 많은 나라와 많은 시대에 사람들은 자기 주변의 이교 체제에 반발했다. 훌륭한 도덕주의자들과 섬세한 사상가들은 더 나은 세상을 꿈꿨다. 바울이 아테네에서 언급했듯이, 이교도 시인들조차 더 큰 진리를 가리켰다. 하지만 이 세상의 나라들은 용서하지 않는 어둠의 사고와 실천에 사로잡혀 있었다. 그리고 십자가에서 거둔 예수님의 승리는 이제 드디어 그 권세가 깨졌음을 의미했다.

우리는 앞서 요한복음을 간단히 연구하면서 이 내용을 살펴보았다. 유월절을 지내러 예루살렘에 온 그리스인들 중에 예수님을 보고자 하는 이들이 있었다. 예수님은 그들을 만나는 대신에(만나셨을 수도 있지만, 요한은 그렇게 말하지 않는다), 그들의 요구를 이제 큰 승리, 곧 비유대인들이 자신들을 종으로 부리던 어둠의 세력에서 해방되어 한 분 참 하나님을 섬기는 승리를 거둘 때가 되었다는 표시로 보셨음을 암시하는 말씀을 해 주셨다. "때가 왔다. 지금은 인자가 영광을 받을 때다.… 밀알 하나가 땅 속에 떨어져서 죽지 않으면, 고스란히 그대로 남는다. 하지만 밀알이 죽으면, 많은 열매를 맺을 것이다." 12:23-24

그러고 나서 잠시 이야기가 중단된 후에, 예수님은 그 요점을 설명하신다.

이제 이 세상의 심판이 온다! 이제 이 세상의 통치자가 쫓겨날 것이다! 또 내가 땅에서 들릴 때, 모든 백성을 내게로 이끌 것이다. 12:31-32

다시 말해, 예수님은 십자가에서 죽으실 텐데, 십자가가 그분의 영광이 온전히 드러나는 통로가 될 것이다(복음서의 주요 주제). 또한 십자가는 "이 세상의 통치자", 곧 열방을 사로잡고 있는 어둠의 세력에 대한 승리가 될 것이다. 이것이 자신을 찾아온 그리스인들에게 주신 예수님의 대답이다. 예수님이 십자가에서 돌아가시면, "모든 백성"이 자유로이 그분께 나아와 살아 계시고 참되신 하나님을 만날 것이다.

이것이 사도행전 10장에서 베드로가 고넬료를 방문함으로써 시작되어 바울의 사역에서 이론과 실제 모두에서 성공한 '이방인 선교'의 비밀이다. 사람들은 바울의 비유대인 선교가 단순히 한 사람이라도 더 제자를 얻기 위해서였다고 생각할 때가 많다. 동료 유대인들이 그런 이상한 메시지를 소화하지 못하는 모습을 보고 대신 비유대인들에게 가서 조금은 덜 부담스러운 메시지를 전했다는 것이다. 이렇게 품위를 떨어뜨린 분석은 요점을 놓치고 있다. 이방인 선교는 소위 유대인들의 비타협적 태도에 맞선 실용주의적 대응도 아니요, 새로운 종파의 신규 회원을 늘리려는 단순한 기회주의적 시도도 아니었다. 우리가 가지고 있는 가장 이른 기록에서부터 이방인 선교는, 창조주 하나님이 십자가에서 열방을 사로잡고 있던 권세들을 무너뜨리신 사건의 직접적이고 필수적인 결과로 여겨졌다. 이때까지도 열방은 종살이하고 있었다. 십자가는 자유로 가는 문을 열어 주었던 것이다.

이것이 바울이 헤롯대왕의 증손자 헤롯 아그립바 2세 앞에서 한 연설의 요지다. 그는 다메섹으로 가는 길에서 예수님을 만난 이야기와 그분이 주신 매우 구체적인 사명을 들려준다.

나는 너를 종으로, 곧 네가 이미 본 일과 장차 내가 네게 나타날 일을 증언할 증인으로 세우겠다. 내가 이 백성과, 너를 보낼 이방 민족들에게서 너를 구출할 것이다. 그리하여 네가 그들의 눈을 열어 그들이 어둠에서 빛으로 돌아서고, 사탄의 권세에서 하나님께로 돌아서도록 하겠다. 그리하여 그들이 죄를 용서받고, 나를 믿음으로 거룩해진 사람들 가운데서 유산을 얻게 할 것이다. 행 26:16-18

이제 드디어 사탄의 권세가 깨졌고, 죄 사함과 새 가족의 일원이 될 수 있는 길이 모두에게 열린다! 이것은 바울이 데살로니가인들에게 자신이 처음부터 전한 메시지를 일깨우면서 말한 내용과 정확히 들어맞는다. 그는 그리스인들이 데살로니가 사람들을 두고 말한 내용을 언급한다.

> 여러분이 어떻게 우상을 버리고 하나님께로 돌아서서 살아 계신 참
> 하나님을 섬기고 있으며, 또한 하나님께서 죽은 사람들 가운데서 일
> 으키신 그분의 아들이 하늘에서 오시기를 기다리고 있는지를 이야기
> 합니다. 예수께서는 다가오는 진노에서 우리를 구출해 주실 분입니
> 다. 살전 1:9-10

우리는 사도행전에 나오는 바울의 가장 유명한 두 연설에서도
이 메시지를 듣는다. 그는 먼저 루스드라에서 혼란스러워하는 청중
에게 어리석은 우상들에게서 살아 계신 하나님께로 돌이키라고 촉구
하고, 14:15-17 다음으로는 아테네의 아레오바고 법정에서 말한다. 17:22-31
바울은 아레오바고에서 한 분이신 참 창조주 하나님에 대해 전한다.
이교 세계는 시와 "알지 못하는 신에게"라고 새긴 단을 포함하여 사
람들이 이 참 하나님을 알고 있다고 수없이 암시했다. 그런데 여러 신
전과 그 안에서 자행되는 일들로 인해 진리는 심각하게 왜곡되었다.
하지만 창조주는 이제 새로운 제도를 도입하고 계셨다. 그분은 과거
에 베일을 드리우신 다음, 모든 장소의 모든 사람에게 이 어리석은 행
동에서 돌이키라고 명령하고 계셨다. 죽은 자 가운데서 부활하신 분
이 만사를 심판하실 그 날을 경고하셨다.
물론 이 메시지는 그리스인들에게는 미련한 것이었다. 바울은
다른 곳에서도 그렇게 말한다. 고전 1:23 하지만 그 메시지에는 능력, 죄

사함의 능력, 새 세상의 능력, 새 창조의 능력, 새 출발의 능력이 있었
다. 새로운 하나님인가? 어쩌면 그들에게는 새로울 수 있겠지만, 사실
이 하나님은 세상을 창조하셨고 이후로도 내내 돌보셨다. 대다수 민
족이 그분을 무시했을 뿐이다. 바울은 이 두 연설에서 예수님의 십자
가형을 언급하지 않지만, 그의 서신에서 그의 무르익은 묵상을 연구
해 보면 일의 정황을 알 수 있다. 앞서 보았듯이, 예수님의 죽음에 대
한 그의 시각에는 모든 이교 신이 패했다는 사실이 포함되어 있었다.
바울은 당대의 대다수 유대인과 이후의 많은 사람들처럼, 하나님의
선한 뜻 가운데 세계 역사가 '현 세대'(권세들이 여전히 다스리고 있는
시기)와 '오는 세대'(하나님이 마침내 그분의 정당한 권세를 주장하실 때)
로 나뉜다고 믿었다. 이교도 관습에서 활동하던 어둠의 세력들은 "현
재의 악한 세대"에 세상을 볼모로 잡고 있었지만, 이제는 새로운 일이
벌어졌다.

> 주께서… 현재의 악한 세대로부터 우리를 건지시려고 우리 죄를 위
> 하여 자신을 내주셨습니다.…
>
> 어린아이였을 때, 우리는 '세상의 초보 원리들' 아래서 '종살이'하고
> 있었습니다. 그러나 기한이 찼을 때, 하나님께서 자기 아들을 보내셔
> 서 여자에게서 나게 하시고 율법 아래 나게 하셨습니다. 그것은 그분
> 이 율법 아래 있는 사람들을 속량하셔서, 우리가 아들로 입양될 수 있
> 게 하시려는 것이었습니다.…
>
> 그러나 전에 여러분이 하나님을 알지 못한 단계에서는, 본성상 신

516

이 아닌 존재들에게 종노릇했습니다. 하지만 이제 여러분은 하나님을 알게 되었습니다. 아니, 하나님께서 여러분을 아셨다고 하는 편이 더 낫겠습니다. 그런데 여러분은 어떻게 다시 그 약하고 옹색하기 짝이 없는 초보 원리들 나부랭이로 돌아가, 또다시 그것들을 섬기려고 합니까? 갈 1:4; 4:3-5, 8-9

우리는 성숙한 자들에게 지혜를 말한다. 하지만 이것은 이 세상의 지혜나 이 세상 통치자들, 이 세상에서 없어질 통치자들의 지혜가 아니다. 우리는 신비 가운데 숨겨진 하나님의 지혜를 말하고 있다. 이것은 하나님께서 세상이 시작되기 전에, 우리의 영광을 위해 오래전부터 예비하신 지혜다.

현 시대의 통치자 중에는 이 지혜를 아는 사람이 아무도 없었습니다. 그들이 알았더라면, 알다시피, 영광의 주를 십자가에 못 박지 않았을 것입니다. 고전 2:8

법 조항을 들이대며 우리를 거스르고 반대하는 손으로 쓴 문서를 그분이 지워 없애 버리셨습니다. 그것을 십자가에 못 박으셔서 제거해 버리셨습니다. 통치자들과 권세자들의 무장을 벗겨 내시고, 그분 안에서 일어난 그들에 대한 승리를 축하하며, 그들을 대중의 멸시를 받는 구경거리로 내보이셨습니다. 골 2:14-15

바울이 이런 요점들을 소개하는 방식을 보면, 이것이 그의 사상에서 일반적이고 핵심적인 특징임이 분명하다. 그는 새로운 사상을 탐색하거나 설명하고 있지 않다. 기초를 말하고 있다. 예수님이 죽으셨을 때, '권세들'은 그 힘을 잃었다. 그래도 여전히 분노하고 소리칠수는 있지만, 예수님의 능력이 더 강하다. 다시 말하지만, 이것이 **죄 사함**의 능력이다. 과거는 완전히 덮어졌다. 새로운 세상이 시작되고, **혁명**이 시작되었다. 이 혁명에서 힘(권세)은 곧 사랑의 힘으로 재정의된다. 바울은 마을과 성읍에서, 가정과 길거리에서, 공적인 자리와 사적인 자리에서, 십자가에서 죽으시고 부활하셔서 다스리시는 예수님이 "모든 믿는 사람에게 구원을 주시는 하나님의 능력"롬 1:16임을 발견했다. 십자가에 못 박힌 예수님의 통치는 선포되어야 비로소 효력을 발휘할 수 있었다. 사람들을 사로잡고 있던 권세들은 힘을 잃어서, 사람들이 믿지 못하게, 하나님이 새로운 창조세계에 들어가지 못하게 막을 수 없다. 과거나 지금이나 복음은 세상에 새로운 주인이 나타났다는 강력한 선언이요, 그분께 믿음의 충성을 바치라는 명령이다. 복음에 이런 능력이 있는 까닭은 그것이 사실이기 때문이다. 십자가에서 예수님은 정말로 사람들을 사로잡고 있던 권세들을 물리치셨다. 초기 그리스도인들에게, 혁명은 첫 번째 성금요일에 이미 **일어났다**. "통치자들과 권세자들"은 치명타를 입었다. 이 말은 "이제 우리가 이 세상을 탈출하여 천국에 갈 수 있다"는 뜻이 아니라, "이제 예수님이 이 세상의 주님이시고, 우리는 그분의 주되심 아래 살면서 그분의 나라를 선포해야 한다"는 뜻이다. 혁명은 이미 시작되었고, 또한 계속되어야 한다. 예수님을 따르는 이들은 단순히 그 혁명의 수혜자가 아니라 실행자가 되어야 했다.

　오늘날 교회가 이런 믿음을 따라 산다는 것은 어떤 의미이겠는가? 우선, '권세들'이 십자가에서 패했지만 아직 수많은 사람들을 종으로 삼을 수 있음을 인식하는 것이다. 서구 사람들은, 많은 사람을 종으로 삼는 세력이라고 하면 20세기의 이념들, 특히 1989년까지만 해도 세계의 절반을 장악하고 있었고 지금도 수많은 인구를 통제하고 있는 공산주의를 떠올리는 경향이 있다. 남아프리카공화국의 많은 이들은 '아파르트헤이트'의 끔찍한 시대를 생각하고는, 그리스도인들이 백인이 아닌 사람들에 대한 인종차별과 기본 자유권 침해에 정당성을 부여했던 사실을 떠올린다. 1960년대 공민권 운동의 승리가 여전히 사람들의 생각보다 불안정해 보일 때가 있는 미국 일부 지역에서도 비슷한 반성이 유효할 것이다.

　각각의 경우에, 기독 교회가 이 제도들을 폐지하는 데 핵심 역할을 했다는 점을 지적하는 것은 가치가 있다. 경건한 가톨릭 신자들이 이끈 1980년대 초 폴란드의 저항 운동은 불안정한 동유럽 체제를 느리지만 확실하게 흔들기 시작했다. 구태의연한 아파르트헤이트 제도가 깨진 것은, 다른 나라에 있는 세속 도덕주의자들의 시위와 보이콧을 통해서가 아니라, 데스먼드 투투Desmond Tutu를 비롯한 많은 그리스도인들이 일부는 공개적으로, 대부분은 보이지 않는 곳에서 헌신적이고 꾸준하게 활동하고 기도한 결과였다. 1970년대를 살았던 사람이라면 시사 해설가들이 남아프리카공화국에서 내전이 일어나리라고 자신 있게 예측한 것을 기억할 것이다. 이 예측이 빗나간 이유는 대개 기도와 꾸준한 노력 덕분이었다. 마틴 루터 킹 주니어Martin Luther King, Jr.를 비롯한 많은 미국인의 사역에 대해서도 비슷한 평가를 할 수 있을 것이다. 이들은 KKK단이나 흑인 민권 운동가들에게 잠식되기를 거부하고 그리스도인의 목소리를 강력하게 냈다. 모두 내가 사는 동안 벌어진 일인데, 이 일들을 현대 세계에서 계몽된 자유주의 가치관이 이뤄낸 필연적인 진보로 치부하거나 설명해서는 안 된다. 그런 일들에 필연적인 것은 없다. 우리가 목격한 바 그것은, 종을 삼는 우상들에게서 힘을 빼앗는 십자가의 능력이었다.

과거의 우상숭배 체제를 지적하기란 상대적으로 쉬운 일이다. 그에 비해, 현재와 미래의 우상숭배를 가려내기란 훨씬 어렵다. 이 부분에서 비둘기의 순결함 못지않게 뱀의 지혜가 교회에 필요한데, 둘 다 부족해 보일 때가 많다. 하지만 비서구 국가의 그리스도인들이 유럽과 미국을 볼 때는 우리가 과시하는 '자유' 배후에 있는 또 다른 우상숭배와 종살이를 발견한다. 돈, 섹스, 권력 삼총사는 과거 그 어느 때보다 견고히 왕좌를 차지하고 있다. 우리 동네 중고품 가게 간판에 적혀 있는 내용처럼, 온 세상 부의 1/4은 버스 한 대에 다 태울 만큼의 소수가 소유하고 있는 반면, 지중해를 건너는 위험한 밀항을 시도하기 위해 돈 몇 푼을 저축하는 극빈층이 허다한데, 바다를 건너는 데 성공한다 해도 이들을 기다리는 것은 철조망과 난민촌뿐이며 지역 정치인들은 이들을 어떻게 처리해야 할지 골머리를 앓는다.

군이 세계 경제를 전공하지 않았더라도 우리에게 있거나 없는 모든 '제도'가 근본적으로 잘못되었다는 것쯤은 알 수 있다. 실용적인 단기 해결책으로 과거 문제들을 푸는 데 정신이 팔려 있는 서구 정치인들은 준비된 대답을 갖고 있지 못하다. 우리에게는 이 문제를 해결하기는커녕 이해할 수 있는 서사조차 없다. 다른 사람들의 고통을 이용하여 자신의 대의를 발전시킬 준비가 된 이슬람의 새로운 과격 분파 때문에(물론 이 세상 무슬림의 대다수와는 관계가 없다), 우리는 상황이 더 악화될 수 있다는 것을 잘 안다.

이런 상황에서, 모든 나라에 있는 모든 교회는 분별의 은사를 가지고 우상숭배가 종살이라는 결과를 낳는 것을 볼 줄 알뿐더러 그런 곳에 죄 사함을 선포함으로써 사람들을 종으로 삼는 권세들을 깨뜨린다는 것이 무슨 뜻인지 이해할 필요가 있다. 이 일은 복잡하고 논란의 여지가 많을 것이다. 늘 그렇기 마련이다. 하지만 시도는 꼭 해 봐야 하다. 확실히 돈이 주요 요인이고, 자신들의 '계몽된' 문화적·기술적·경제적 지위로 인해 오랫동안 이익을 본 나라들은 거울에 비친 자신의 모습을 들여다보면서 남아프리카공화국 백인들이 1980년대에 직면했던 종류의 질문을 던져야 한다. '종교'를 정의함으로써 나머지 현실과 구분하려 했던 계몽주의의 방식은 누가 봐도 확실한 허세였고 이제 그 가치가 드러나고 있다. 통치자들과 권세들이 꾸준한 발전에 드리운 그런 신중한 외양에 만족했다면, 이제 그 정체를 드러낼 때가 되었다.

그들이 앗아간 힘에 십자가의 승리를 선포해야 한다. 그래야 형편없이 망가진 이들이 다시 한 번 희망을—점점 더 외지인을 환영하

지 않는 북유럽에 도착하고 싶다는 단순한 '희망'이 아니라 진짜 희망
을—가질 수 있다. 너무 많은 교회가 내가 앞서 설명한 모델에 근거
한 '구원'의 사유화와 영성화에 공모했다는 사실 때문에 이 승리를 알
리기가 훨씬 더 어렵다. 하지만 반드시 시도해야 한다. 그저, 앞서 보
았듯이 일종의 승리주의로 귀결되는 17세기 낙관주의로 돌아가기 위
해서가 아니라, 복음의 **온전한** 진리, 곧 어둠의 세력을 깨뜨리는 죄 사
함을 붙잡고, 말과 이성뿐 아니라 상징과 행동으로 그 진리를 선언하
고 적용할 수 있는 가능한 모든 방법을 동원하기 위해서다. 이 과제가
불가능해 보일지 모르지만, 이것이 바로 그들이 말하는 부활의 내용
이다.

　돈이 한 가지 분명한 문제라면, 또 다른 문제는 섹스다. 우리는
취약한 사람들이 성적으로 이용당했고 지금도 이용당하고 있는 현실
을 익히 알고 있다. 최근까지도 가려져 있던 현실이 점점 더 많이 밝
혀지고 있다. 우리 자녀와 손자손녀가 포르노그래피에 노출되고, 속
아서 '섹스팅'에 빠지고, 대부분의 우리 세대는 들어보지도 못한 일들
을 '정상'으로 여기라고 부추기는 현실에서, 우리는 우리가 할 수 있는
일이 뭐가 있는지 초조하게 떠올린다. 하지만 내가 보기에는 문제가
훨씬 심각해서, 우리나라에서는 최소한 유명 인사들이 저지른 성적
위법 행위를 통해 그 심각성이 밝혀졌다. '해방'을 지지하고 어떤 형
태의 '억압'도 반대했던 1960년대나 1970년대에는 어떻게든 피해 갈
수 있었던 것 같다. 그때뿐 아니라 지금도 결혼과 순결, 금욕, 절제를
비웃는 것이 대세일 때가 많다. 최근까지도 유대인, 그리스도인, 무슬

림들이 전제한 이런 성윤리를 실천하는 것은 고사하고 지지하려는 사람들은 가볍게 무시당하고, '억압적'이거나 '흥을 깨는 사람'이라고 놀림을 당하고, '아직 어리다'거나 '구시대에 살고 있다'는 핀잔을 들어야 했다.

이런 분위기의 열매는 주변에 널려 있다. 유명인들은 '판단하지' 말고 '관용하고' 심지어 '지지하라'는 대중의 분위기, 특히 대중매체에 편승하여, 자신의 성적 취향을 점점 더 거리낌 없이 채울 수 있었다. 이제는 우리도 알듯이, 많은 성직자도 이에 가담하여 '판단받지 않으려면' 판단하지 말고, 율법이 아니라 사랑으로 살아가라는 성경의 경고를 자신과 남들에게까지 적용하고 있다. 이런 성경의 가르침 옆에 간단명료한 성윤리가 탄탄하게 자리 잡고 있다는 사실은 묻히고 말았다. 교회에는 과거에도 지금도 무고한 피해자들의 소송이 이어지고 있는데, 이들은 그 과정에서 회복 불가능할 정도의 정신적 피해를 호소한다. 우리는 이런 사실을 다 알면서도, 서구의 공적 담론에서 상대가 성인일 경우에는 성욕을 제어해야 한다고 말할 수 없다고 생각한다. 물론 소아성애는 예외인데, 이런 금기 사항이 남아 있어서 얼마나 다행인지 모른다. 하지만 그런 비난의 소리는 관련된 다른 많은 주제에 대해서는 현명한 사고가 부재함을 드러낸다.

복음이 우리 시대 사랑의 여신 아프로디테의 힘에 맞선다는 것은 무슨 의미일까? 우선은, 다양한 집단에서 서로 심리적으로 불안정하다고 비난하는 저급한 프로이트주의를 넘어선다는 뜻일 것이다. 교회의 직분을 가진 자들을 향한 초기 기독교의 가르침을 확실하게 재확인해 준다는 뜻일 것이다. 오해가 너무 널리 퍼져 있고 생각들은 너무 혼란스러워서, 포기하고 싶은 유혹을 받을지도 모른다. 하지만 예수님이 십자가에서 사람들을 사로잡고 있던 모든 권세를 물리치고 승리하셨다고 믿는다면, 우리는 용기를 내서 전진해야 한다. 특히, 죄 사함이 그 승리의 핵심임을 재확인해야 한다. 이 말도 오해하기 쉽다. 사람들은 나쁜 행동에 빠진 사람을 보고 "당신은 죄 사함을 믿지 않습니까?"라고 묻는다. 마치 '용서'가 '관용'인 양 또는 무슨 일이든 상관없다는 사면 선언을 뜻하기라도 하는 것처럼 말이다. 그렇지 않다. 신약성경에서 '죄 사함'은 '회개'와 밀접하게 연관되는데, '회개'란 (그런 일이 들통났으니!) 단순히 미안하다는 뜻이 아니다. 회개는 자신이 섬기던 우상으로부터 적극적으로 돌이키는 것이다. 사업이나 금융의 세계처럼, 복권이나 도박의 세계처럼, 맘몬은 모든 거리와 컴퓨터 화면에서 예배의 대상이 될 수 있고, 마찬가지로 인간관계의 세계에서는 아이패드나 아이폰을 비롯한 여러 스마트 장치에서 아프로디테를 불러올 수 있다.

현대 세계에서 주기적으로 보이는 또 다른 거짓 신은 '권력', 특히 군사력이라는 의미에서의 힘이다. 여기서 우리는 맘몬과 아프로디테와 함께 고대 전쟁의 신 마르스를 만난다. 최근, 많은 사람들이 제1차 세계대전 100주년을 의식하면서 그 끔찍한 갈등의 원인에 대해 숙고했다. 여러 생각 중에서도, 일단 '만약을 대비해' 다양한 초기 준비가 자리를 잡자 어떻게 해서 전쟁 발발을 막는 것이 거의 불가능했는지를 보는 것이 매우 흥미로웠다. 병력을 대량으로 증강하고 신뢰가 완전히 무너진다. 맘몬과 아프로디테와 마찬가지로, 사람들이 자신의 인간적 책임을 군사적 폭력이라는 어둠의 세력에 넘겨주면, 그 결과를 통제하기는커녕 예측조차 할 수 없는 뭔가가 그 책임을 넘겨받는다. "파괴!'를 외치고 전쟁이라는 개를 풀어 놓아라!"라는 셰익스피어의 경고는 계속해서 실현되고 있다. 전에는 숨겨져 있던 정욕과 욕구가 대개 억누르고 있던 도덕적 구속을 터뜨리고, 온갖 종류의 폭력적 위험을 가하면서, 인간이나 재정이 소진되어야만 멈출 수 있는 혼돈을 만들어 내고 있다. 사회가 우리가 맘몬과 아프로디테와 이미 끝낸 일을 마르스와 계속 이어가면서 아무 의심 없이 그를 예배하고 순종하는 한, 이 패턴은 계속되고 그로 인한 인간의 재앙—수많은 난민과 고아, 폐허가 된 도시—은 우리가 회개해야 할 우상숭배의 확실한 표지가 아니라, 정치인들이 해결해야 할 또 다른 '문제'로 비칠 것이다. 예수님의 십자가 승리를 믿는다는 것은 그분이 십자가에서 이 우상들을 극복하셔서 이제—많은 사람들이 하는 말이나 대부분이 믿는 것과 상관없이—우상에 저항할 수 있게 되었고, 세계적 문제들을 해결할 수 있는 근본적으로 다른 방식을 찾을 수 있게 되었다고 믿는다는 뜻이기도 하다. 예수님이 화평하게 하는 자들에게 하나님의 복이 있다고 말씀하신 데는 그럴 만한 이유가 있었다.

　　도덕적 노력만으로는 이 우상숭배를 피할 수도 없고, 그 세력을 깨뜨릴 수도 없다. 신약성경에서—예수님을 따르는 모든 이에게 명령한—도덕적 노력은 십자가에서 거두신 최초의 승리라는 맥락에서 가능하다. 도덕적 노력에는 정신적 노력이 필요하고, 정신적 노력은 그 승리에 초점을 맞추어야 하고, 그 승리가 오늘과 내일에 적용되려면 기도로 바뀌어야 한다. 이 대목에서 성례전이 도움이 되겠지만, 영적 지도와 상담도 큰 도움이 될 것이다.

따라서 도덕적 실패도 있는 그대로 보아야 한다. 아무도 그리스도인들이 갑자기 완벽해질 것이라고는 생각하지 않았다. 그리스도인이 이런저런 삶의 영역에서 죄를 지을 때는 근본적인 모순이 발생하고 있는 셈이다. 마치 연주자가 전혀 엉뚱한 교향곡을 연주한다든가, 손님을 초대한 집주인이 포도주 대신 식초를 붓고 있는 것처럼 말이다. 이것은 내가 앞서 강조한 문제와 관련이 있다. 우리가 인간의 소명을 '행위 계약'으로 본다면, 도덕적 실패를 단순히 특정 규정의 위반으로만 보기 쉽다. 하지만 거기에는 더 큰 의미가 있으니, 우리가 배역을 맡은 새로운 드라마의 대본을 거부한 것이다. 죄를 짓는 그리스도인은 무대에 올라 어제 올린 연극의 대사를 읊는 배우와 같다. 우리는 새로운 연극의 새로운 대사를 받았다. 그 드라마에서 왕 같은 제사장은 거룩함에 대한 새로워진 관점을 포함한 새로운 의무를 맡지만, 그것을 넘어서서 '규칙'이 여전히 중요하기는 해도 더 큰 소명 아래서는 작은 요소가 되는 예배와 증거의 삶으로 들어간다. 그리고 그 소명의 일부는 **다른 신을 숭배했던 영역에서** 예수님을 주님으로 기념하는 것이다.

맘몬과 관련해서, 우리는 어떻게 돈을 사용해야 하는지, 특히 어떻게 기부해야 하는지 알 필요가 있다. 아프로디테와 관련해서는, 결혼생활을 경축하고 유지하는 법과 독신생활을 경축하고 유지하는 법

을 알아야 한다. 둘 중 어느 상태든 충돌하고 반대되는 욕구로 힘들어
하는 이들을 어떻게 상담하고 위로할지도 알아야 한다. 이 시대의 화
려한 미사여구에도 불구하고, 우리 마음에서 흘러나오는 욕구와 열
망이 절대 우리를 정의하지 않는다. 그것은 인간의 행복 영역에서 근
본적 불안정으로 가는 길이고, 신학적 신념 영역에서 영지주의를 낳
는다(자기 안에서 숨겨진 신성을 발견하려 애쓰고, 거기에 충실한다). 예
수님도 예언자의 전통을 따라 분명히 하셨다. 인간의 마음이 거짓되
고, 거기에서 나온 온갖 종류의 것이 사람을 더럽힌다. 그래서 인간은
진정한 인간 존재 곧 왕 같은 제사장의 역할을 하지 못한다. 예수님이
선언하신 복음은 당신의 깊은 감정과 맞닿는다거나 자신을 있는 모
습 그대로 받아들이는 것과는 거리가 멀다. 복음은 자기 십자가를 지
고 그분을 따르는 것이었다. 그것은 힘든 일이고, 한 달이나 10년, 평
생 해도 쉬워지지 않는다. 여기서도 다른 곳과 마찬가지로, 십자가에
서 고난을 통해 얻은 승리는 예수님을 따르는 이들의 고난을 통해 시
행된다. 그들 대부분은 돈과 섹스를 비롯한 많은 것과 관련해서 유혹
을 받으면서 때때로 어려움을 겪을 것이다.

　　물론, 그중에는 권력도 있다. 복음의 핵심은 권력을 재정의한다.
그것이 초기 그리스도인들이 예수님의 죽음을 해석한 핵심 방식 중
하나였다. 십자가에 삶을 뒤바꾸는 능력이 있는 이유는 그것이 모든
세속 권력이 흉내 내거나 왜곡해서 패러디한 참 권력을 구현하고 표
현하며 상징했기 때문이다. 우리가 '진짜' 세상에서 아는 권력이 '표
준'이고, 기독교가 권력을 무너뜨린 사건은 우리가 과정은 알 수 없지

만 효력이 나타난 이상한 반전인 것이 아니다. 예수님의 복음은 십자가에서 드러난 자신을 주는 사랑의 힘, 곧 맨 처음에 세상을 창조하고 지금 세상을 다시 만들고 있는 힘이 진짜임을 믿으라고 우리에게 요청한다. 또한 다른 형태의 '권력', 곧 세계 제국과 재벌에서부터 학교, 가정, 범죄 조직에 이르기까지 세상을 운영하는, 부패하고 자기를 섬기는 방식은 왜곡이라고 말한다.

나는 (일부에서 주장하듯) 권력 자체가 나쁘다고 말하는 것이 아니다. 이 책과 다른 여러 책에서 주장했듯이, 창조주 하나님은 그분의 세상이 인간의 지시하에 번영하고 번성하기를 원하시는데, 이는 농장과 밭, 정원뿐 아니라 공동체와 인간 조직에도 적용된다. 성경은 독재가 자기 무게를 견디지 못해 무너져서 위험한 공백을 남기는 상태를 제외하고는, 무정부 상태에 대해 전혀 아는 바가 없다.

오늘날 서구에서 권력이 문제가 되는 이유 중에는 많은 서구 국가에서 1-2세기 전에 독재자를 없애 버린(혹은 그렇게 해 버렸다고 생각하는) 탓도 있다. 그래서 독재가 아주 분명한데도 그것을 독재라고 부르지 못하는 상태가 되어 버렸다. 자유민주주의의 승리는 우리가 두 가지를 기본으로 전제한다는 뜻이었다(실제로는 여기저기 수정할 수 있다). 첫째, 우리는 선거에서 당선된 공직자들에게 앞으로 몇 년간 그들이 원하는 대로 운영할 수 있는 권한을 준다고 전제한다. 둘째, 형편없는 정부를 막으려면 다음번에 더 나은 정부를 뽑으면 된다고 전제한다. 지난 두어 세대 동안 선출된 서구 정부들의 행적을 굳이 떠올리지 않더라도, 잠깐만 생각해 봐도 이 정도로는 (조금도 과장하지 않고) 충분하지 않다는 것을 알 수 있다. 그리스와 로마의 고대 민주주의에서는 선출된 공직자들이 임기가 끝난 후에 실수나 부패로 재판에 회부되는 경우가 잦았다. 우리는 생각만으로도 꺼려지는 일이다. 어쨌든 초기 유대인과 그리스도인들은 공직에 오르는 **방법**에는 딱히 관심이 없었지만, **공직에 오른 후에 하는 일**에는 매우 관심이 있었다. 이것이 예언자의 소명과 왕 같은 제사장의 소명이 나란히 놓이는 지점이다. 이에 대한 또 다른 내용이 도움이 될 것이다.

결국 권력이란 것은 선출된 관료나 정치인들이 아니라, 유리한 입장에 있는 로비 집단과 매체가 쥐고 행사할 때가 많다. 이들은 자신들의 권한이 선출된 관료들에게 책임을 묻고(매체) 유권자들의 진정한 필요와 관심사를 일깨워 주는 것이라고(로비스트) 변호할 것이다. 여기에 일말의 진실이 있다는 데는 의심의 여지가 없지만, 면밀히 검토되지 않은 의제 아래 거의 완벽에 가깝게 숨겨져 있다. 때로는 야당이 제대로 비판을 하기도 하지만, 그렇지 않을 때가 많다. 언론인들도 때로는 제대로 비판하지만, 똑같이 왜곡된 자신의 의제를 드러낼 때가 많다. 우리는 우리의 제도가 자동적으로 우리가 소유할 수 있는 최고의 것이라고 전제해서는 안 된다. 이 대목에서 십자가의 승리를 믿는 이들은 할 말이 있다. 사회에서 그리스도인이 해야 할 역할은 권력의 부패를 개탄하거나 소위 기독교 정책을 옹호하는 후보자를 뽑는 것이 아니다. 우상이 점령한 영역에서 십자가에 달리고 부활하신 예수님의 이름을 지칭하는 행동의 일부로 그리스도인이 해야 할 역할은 **권력에 진실을 말하되**, 특히 힘없는 자들을 대신해 말하는 것이다.

나는 신문에는 절대 실리지 않지만 실제 공동체를 변화시키는 사례들에서 이를 반복해서 목격했다. 교도소에서 일하는 친구(그중 일부는 목사)들이 교도소장에게 가서 어떻게 해서 이 제도가 그들의 보호 아래 있는 취약한 젊은이들을 보호하지 못하는지 지적했을 때, 이런 일을 보았다. 정부가 난민을 추방하여 통계를 개선하는 데 열을 올리던 때에 어느 소그룹이 난민을 대신하여 항의했을 때, 이런 일을 보았다. 교회 청년들이 마약 거래상이 공공연히 물건을 주고받는 가난한 동네 뒷골목으로 갔을 때, 이런 일을 보았다. 이 젊은이들은 거리를 청소하고 건물 뒷면을 새로 칠하고 꽃을 심어서 주민들이 깡패들에게 주거 환경을 맡기지 않고 스스로 관리하도록 격려했다. 아프리카를 비롯한 여러 곳에서 갚을 수 없는 빚을 감해 주자는, 교회 큰 모임의 흥겨운 캠페인에서도 이런 일을 보았다. 아무도 이 일에 소리를 높이지 않았고, (머지않아 자신들도 갚을 수 없는 빚을 지고 탕감을 받게 될) 은행가들은 이런 시위를 억누르는 데 급급했다. 하지만 교회는 현 상황과 부채 탕감의 유익한 결과를 지적하면서, 집요하게 주장했다. 다는 아니지만 일부 경우에 부채를 면제해 주기도 했다.

이런 일은 얼마든지 일어날 수 있고 실제로 자주 일어난다. 때로는 이런 일이 교회를 곤란에 빠뜨리기도 한다. "잘 알지도 못하는 일에서 빠져! 기도하는 법이나 잘 가르치고, 사회 문제에는 참견하지 말라고!"라는 소리를 듣기도 한다. 하지만 예수님의 제자들에게는 선택의 여지가 없다. 우리 소명의 핵심은 공식(정부 관료), 비공식(뒷골목 깡패) 권력자들에게 인간으로 존재하는 다른 길이 있다는 사실을 기도하면서 사려 깊게 일깨워 주는 것이다. 그 길이 진정한 길이요, 예수 님의 길이다. 이것은 "우리의 구체적 의제를 공유하는 사람을 공직에 선출한다"는 뜻은 아니다. 그것은 적절할 수도 있고, 그렇지 않을 수 도 있다. 이것은 현재 누가 집권하고 있든, 예수님이 본디오 빌라도에 게 하셨던 것처럼, 즉 나라와 진리, 권력에 대한 다른 시각으로 그들에 게 맞설 수 있도록 준비하는 것을 뜻한다.

공생애에서 시작된 예수님의 길, 곧 죄를 용서하는 십자가 죽음 을 통해 성취되고 부활을 통해 더 큰 세상에 드러난 그분의 길은 어떻 게 권력을 행사해야 하는지 알려 주는 아름다운 관점을 포함하여 성 경의 옛 예언들과 공명한다. 아래는 우리가 반복해도 절대 싫증나지 않을 여러 표현 중 하나다.

> 하나님이여, 주의 판단력을 왕에게 주시고
>> 주의 공의를 왕의 아들에게 주소서.
> 그가 주의 백성을 공의로 재판하며
>> 주의 가난한 자를 정의로 재판하리니…
> 그가 가난한 백성의 억울함을 풀어 주며
>> 궁핍한 자의 자손을 구원하며
>> 압박하는 자를 꺾으리로다.…
> 모든 왕이 그의 앞에 부복하며
>> 모든 민족이 다 그를 섬기리로다.
> 그는 궁핍한 자가 부르짖을 때에 건지며

> 도움이 없는 가난한 자도 건지며
> 그는 가난한 자와 궁핍한 자를 불쌍히 여기며
> 궁핍한 자의 생명을 구원하며
> 그들의 생명을 압박과 강포에서 구원하리니
> 그들의 피가 그의 눈앞에서 존귀히 여김을 받으리로다. 시 72:1-2, 4, 11-14

우리에게는 이런 본문을 성경에서 삭제할 자유가 없는데도 일부는 그러기 좋아하는 듯하다. 회복적 정의에 대한 이 고대의 관점이 권력자들에게는 지나치게 위험할 정도로 좌편향으로 보이기 때문이거나, "우리 그리스도인은 세속적인 문제가 아니라 영적인 문제에 초점을 맞춰야 하기" 때문이다. 또한 이 본문은 우리로 하여금 남들은 제멋대로 자기 할 일을 하는데 우리만 개인 생활에서 정의와 자비를 실천하려 애써야 한다고 생각하게 만들지도 않는다. 초기의 많은 기독교 사회 개혁가들처럼, 우리는 때를 얻든지 못 얻든지 가난한 사람들의 필요를 담대하게 외쳐야 한다. (모두가 동정심과 '권리'를 주장하기 위해 '피해자'가 되고 싶어 한다는 유명한 패러디가 있다. 적어도 많은 진짜 피해자들에게는 이 일로 유익이 있지는 않을 것이다.)

복음은 우리가 예수님의 죽음이 우리 죄를 용서하고 우리로 천국 가게 하는 것 외에는 별다른 효력이 없다고 믿는 사람들이 상상한 '기독교적' 사적 공간으로 숨도록 허용하지 않을 것이다. 앞서 보았듯이, 죄 사함은 '권세'의 장악력을 깨뜨리는데, 예수님을 따르는 사람은 이를 날마다 주장하고 현실화하기 위해 힘써야 한다. 그런 일은―문자 그대로, 노예 거래를 종결하고 노예를 해방함으로써—전에 일어났고, 또다시 일어나야 하며, 십자가의 승리가 실재이고 그 승리를 실행하는 성령의 능력도 실재이기에 앞으로도 일어날 것이다. 하지만 이 특별한 왕 같은 제사장 사역으로 부름받은 이들, 사랑의 능력을 재주장하고 그 강력한 사랑을 노예 된 세상과 연결하신 예수님을 예배하는 일로 부름받은 이들은 그 과정에서 어떤 형태로든 고난을 받을 것이다. 그것이 일반적이다. 또한 로마서 8장 26-27절의 정신으로 그들의 사역을 위해 기도하고 후원하는 이들은 대처하기 힘든 도전에 직면하여 성령 안에서 탄식할 것이다. 하지만 승리는 이미 그들의 것이다. 창조세계의 그 어떤 세력도 이 전능한 사랑을 막을 수 없다.

나는 우리 시대 사람들이 우상을 숭배하는 가장 분명한 영역과, 예수님을 따르는 이들이 용서와 종살이로부터의 해방을 선언하고 실행해야 할 영역에 대해서도 이야기했다. 하지만 예수님의 제자 된 우리의 소명이 새로워진 인류 곧 참 하나님을 예배하고 세상에서 그 나라를 위해 일하는 '왕 같은 제사장'이기에, 우리 개인의 삶도 동일한 비판과 동일한 소명에 예속되어야 한다. 사회적·문화적·정치적 의제를 실행하려고 남 탓을 하면서도, 개인의 거룩함에 대한 도전에서는 자신을 면제하는 사람이 설 자리는 없다. 자기 문제에 너무 경도된 나머지 가난한 사람들의 곤란을 보지 못하는 반대의 경우와 마찬가지로, 거대 담론을 핑계로 귀찮게 하는 문제들에 우리 귀를 막아 버릴 위험은 늘 있다. 거룩함은 다차원적이다.

그런데 십자가가 항상 그 거룩함을 형성한다. 바울은 우리 안에

서 솟아올라서 진정한 인간의 소명을 왜곡하는 충동과 행동을 '죽여
야 한다'고 말한다. 바울서신에는 이런 종류의 예리한 실제적 조언이
가득하다. 재정 부패, 성적 부도덕, 악, 악의적인 말들을 모두 죽여야
한다(예를 들어, 골 3:1-11을 보라). 물론 행동보다는 말이 쉽지만, 여기
서도 십자가의 승리가 핵심이다. 주의해서 보라. 이것은 "이제 당신은
그리스도인이니 규칙을 따라야 한다"는 그런 문제가 아니다. 규칙은
중요하지만, 그 규칙이 중요한 이유는 참 하나님을 예배하고 그 나라
를 위해 일하라는 더 큰 소명 안에 있는 보호 난간이기 때문이다. 죄
를 지으려는 유혹이 들 때마다 당신은 하나님이 주신 당신의 능력, 곧
당신과 당신 인생, 당신과 접촉하는 세상에 행사해야 할 힘을 외부 세
력에 조금씩 넘기라는 요구를 받고 있는 셈이다. 사탄의 통제하에 일
부 '권세'가 활동하고 있는 영역으로 끌려가고 있는 것이다. 그 순간,
동시에 당신은 (당신이 이미 알고 있던) 진정한 인간으로서 진정한 능
력을 행사하고 왕 같은 제사장이라는 소명을 실천하라는 부르심을 받
고 있기도 하다. 죄는 우리를 우리의 진정한 임무에서 멀어지게 하고,
우리의 진정한 소명을 (기껏해야) 왜곡할 뿐이다. 죄는 권세들의 힘을
유지해 준다. 죄에 저항하기란—특히 우리가 그 방향으로 손쉽게 우
리를 끌고 가려는 습관을 허용했을 때—쉽지 않을 뿐 아니라, 때로는
고통스럽고 때로는 좌절스러울 것이다. 이것이 곧 십자가를 지는 일
이다.

　　세상에서 정의나 자비가 실행되지 못한 상황이나 세계 정치나
우리 공동체에 큰 위기가 닥쳤을 때 당신이나 내가, 예수님 안에서 우

리가 아는 하나님을 모든 악한 권세를 이기고 이미 승리하신 분으로 찬양할 수만 있다면, 우리는 자신의 직장이 어떤 영역에 있든 두려움과 좌절로 가득 찬 사람과는 전혀 다른 정신으로 그곳을 향해 나아갈 수 있다. 바울이 로마서 8장에서 말하는, 성령이 선물로 주신 중보와 '영광'의 결합 사역은, 원한다면 우리 것이다. 물론 바울이 분명히 경고하듯이, 고난이라는 배경이 늘 따르기는 하지만 말이다. 우리는 우리가 현대 서구에서 통하는 '좋은 인생'을 기독교화해서 살아가라는 명령을 받았다고 가정할 수 없다(안타깝게도 일부 서구 그리스도인들은 그렇게 생각하는 듯하다). 우리가 고난을 추구하는 것은 아니지만, 하나님의 형상을 닮은 자요 왕 같은 제사장으로 행동한다면, 우리가 이 사역을 감당할 때 눈물과 피로, 성령님의 슬픔과 탄식을 통해 예수님의 승리를 축하하는 경우가 많을 것이다. 이 중보와 청지기 사역은 삶의 모든 영역으로 확장되어 나간다. 이를 위해 어떤 사람들은 묵상과 조용한 중보의 삶을 선택하고, 다른 사람들은 집 없는 아동과 약물중독자들과 함께 일하기 위해 허름한 주택 단지로 이사하기도 한다. 그런가 하면, 공부(성경 연구나 근대 경제학, 토지 관리 등)로 부름을 받는 사람들이 있고, 하나님의 세상에 신선한 지혜를 가져오기 위해 최고 수준에서 하는 일로 부름받는 사람도 있다. 십자가 혁명은 우리를 해방하여 왕 같은 제사장이 되게 한다. 우리를 막는 유일한 방해거리는 우리의 관점이 부족하거나 메시아가 죽으신 진정한 이유를 깨닫지 못하는 것이다.

이런 이유로 우리는 십자가가 우리 개인의 삶에 미치는 영향에 대한 전통적 가르침을 재확인하는 데 그치지 말고 그보다 더 나아가야 한다. 단순히 "이제 용서받았으니 이전에 회개한 죄로 돌아가서는 안 된다"는 식이 되어서는 안 된다. 물론 이 말은 사실이고 성경에서도 여러 차례 재확인해 준다(예를 들어, 고후 12:19-21을 보라). 오히려 우리에게는 사람들에게 회개하고 예수님을 믿어 천국에 가라고 전하고 그러면서 행동을 삼가는 것보다 훨씬 더 중요한 부르심을 추구해야 할 소명이 있다. 물론 우리의 부족한 전달 방식에도 불구하고 사람들에게 예수님을 믿으라고 이야기하는 것은 늘 좋은 일이다. 하지만 그런 말이 원래 의도대로 전해지려면 교회의 왕 같은 제사장 소명이 더 넓은 세상에서 새로운 창조세계의 표지, 십자가 승리와 죄 사함이 실재라는 표지로 작용하는 배경에서 전달되어야 할 것이다.

그래서 나는《마침내 드러난 하나님나라》에서 복음전도가 정의와 아름다움의 영역에서 새 창조 사역과 나란히 가야 한다고 주장했다. 우리가 악에 대한 승리와 새 창조의 출발을 이야기하면서, 가장 가난한 사람들의 삶에서 그것들을 위해 일하고 있지 않다면 전혀 말이 안 될 것이다. 예수님이 어둠의 권세들을 이기시고 오랫동안 기다려 온 혁명을 시작하셨다고 이야기하면서, 우리말이 뜻하는 바를 미술과 음악, 노래와 이야기를 통해 보여 주려 한다면 사람들이 훨씬 믿기 쉬울 것이다. 위대한 철학자 루트비히 비트겐슈타인은 "부활을 믿는 것은 사랑이다"라고 말했다. 장엄하거나 슬픈 음악이나 미술, 춤, 드라마는 마음에 호소하여 다른 세상, 부활과 용서, 치유와 소망이 가득한 세상이 가능하다고 잠시나마 믿게 만들 수 있다. 상상력을 자극하는 이런 선물들은 논리 정연한 말로 다루었을 때는 꽉 막혀 있던 이해의 통로를 뚫어 줄 수 있다.

정의와 아름다움을 위해 일하는 사람들은 복음을 신선하고 새로운 표현으로 전해서 믿게 하려는 사람들처럼 똑같은 것을 자신의 삶에 새겨 넣고 고정해야 한다. 그것은 고통스러울 것이다. 우리가 고통을 추구하는 것이 아니라, 예수님을 따르려 한다는 것, 그것이 요점이다. 거룩함과 사명은 동전의 양면이다. 둘 다 지금까지 권세들이 지배했던 곳에 예수님의 다스림을 가져온다. 권세들은 싸우지 않고는 포기하지 않을 것이다. 하지만 정확히 예수님처럼, 정확히 그분이 첫 제자들에게 말씀하셨던 것처럼, 싸움과 그에 따른 고난(무슨 종류든)은 부수적이지 않다. 예수님의 소명의 핵심에 있는 통찰은, 고난이 단순히 이스라엘이 하나님의 미래에 도달하기 위해 통과해야 할 어두운 터널이 아니라는 것이었다. 고난은 그 미래를 성취하는 수단이 될 것이다. 오늘날 대부분의 그리스도인에게는 이런 관점이 없다. 우리 자신이 십자가에서 시작된 혁명 운동의 일부라고 깨달으면, 예수님을 따르는 첫 세대에게 그랬듯이 그 점이 다시 한 번 확실해질 것이다.

● 십자가 형상을 띤 사명

따라서 이 책에서 서술했듯이, 십자가의 메시지는 **종말론**의 통상적 개념들에 도전한다. 우리가 단순히 '천국에 간다'는 개념으로 시작한다면 신약성경이 십자가에 대해 말하는 내용과는 잘 들어맞지 않을 테지만, 새 창조로 시작한다면 의미가 딱 맞아떨어진다. **인간성**에 대한 관점도 마찬가지다. 수많은 그리스도인이 그랬듯, 인간이 하나님의 기준에 맞추어 스스로 처신을 잘하여 이생과 내세에서 하나님과 충분히 교제할 만큼 선하다는 개념에서 출발한다면, 이번에도 신약성경이 십자가에 대해 말하는 내용과는 잘 맞지 않을 것이다. 하지만 하나님의 형상을 반영하고, 참 하나님을 예배하고 세상에서 그분을 섬긴다는 개념('왕 같은 제사장')에서 출발한다면, (예수님이 궁극적인 '왕 같은 제사장'이 되시는) 십자가의 메시지가 온전히 이해될 것이다. **십자가 자체**에 대한 관점도 마찬가지다. 우리가 갈라디아서 1장 4절(메시아께서 "현재의 악한 세대로부터 우리를 건지시려고 우리 죄를 위하여 자신을 내주셨습니다")의 상반절이나 하반절만 가질 수 있다고 생각한다면, 온전한 의미를 축소하고 왜곡하는 것이다. 마지막으로, 이 메시지는 **사명**에 대한 통상적 관점에 도전한다. 신약성경의 관점에서 본 사명은 "영혼이 구원받아 천국에 가는 것"도 아니요, "이 땅에 하나님 나라를 세우는 것"도 아니다. 그것은 예수님을 따르는 이들이 참 하나님을 예배하고, 예수님의 승리의 소식으로 우상에 맞서서 인간의 삶과 제도 속에 하나님나라의 표지를 세우기 **위해** 일하는, 성령이 이끄시고 십자가가 빚어내는 사역이다.

이 모든 경우에, 내가 설명하고 있는 신약성경의 관점과 '통상적' 관점의 차이가 크지 않은 데 주목하라. 이전에 이런 이야기를 한 사람이 아무도 없었다고 말하는 것도 아니다. 그저 신약성경에 뿌리를 둔, 내가 제안하는 관점이 대부분의 서구 그리스도인들과 비그리스도인들이 십자가의 의미라고 생각하는 것과는 거리가 멀다는 것이다. 내가 (그리고 신약성경에서) '사후 세계'가 중요하지 않다거나 인간의 행동이 중요하지 않다고 말하는 것도 아니다. 십자가가 '내 죄를 위해 죽으신' 예수님과 아무 상관이 없다거나, 기독교의 사명이 이를 사람들에게 설명하여 믿게 하려는 것이 아니라는 말도 아니다. 오히려 그 반대다. 예수님의 십자가형의 혁명적 의미에 근거하여 내가 말하려는 바는, '사후 세계'가 대부분의 서구 그리스도인들의 상상과는 상당히 다르다는 것이다. 궁극적 미래는 '사후 세계' **이후의** 삶, 다시 말해 부활의 삶과 궁극적 새 창조이기 때문이다. 성경적 관점에서 본 '인간 행위'는 도덕률이나 자아 발견에 대한 통상적 관점과는 다르다. 중요한 것은 '행위'(우리의 행위든 예수님의 행위든)가 아니라 **소명**, 곧 하나님을 예배하고 세상에 그분을 반영하라는 인간의 부르심이기 때문이다. 그래서 나는 이 장에서 예수님이 십자가를 통해 '권세들'에 대해 유월절 승리를 얻으셨다고 말하고 있다. 그분은 세상 죄를 지고 죽으셔서 이 승리를 얻으셨고, 기독교의 사명은 똑같은 수단으로 이 승리를 실행하는 것이다.

이 모두는 우리를 다시 한 번 기독교 제자도의 핵심으로 인도한다. 새로운 유월절은 거대하고 매우 중요한 실재다. 예수님은 하나님과 창조에 반대하는 모든 권세를 물리치셨다. 그분은 그들이 빌려 입은 예복과 무의미한 왕관을 박탈하셨다. 또한 원래 인간에게 주어진 권위와 책임을 '권세들'에게 넘겨준, 죄와 인간의 우상숭배와 불의를 해결하셨다. 그런데 예수님이 서로 딱 들어맞는 이 둘을 행하신 방식

이 이스라엘의 메시아이자 구주이신 '하나님의 아들'로(그분은 다윗의
정당한 계승자요 '아버지의 독생자'라는 이중의 이유로 이 지위를 얻으신
다) 오신 것이다. 그리하여 예수님은 "세상에 있는 자기 백성을 사랑
하시되, 이제 끝까지 사랑하셨"고, 요 13:1 친구를 위해 자기 목숨을 내려
놓는 '더 큰 사랑'을 행동으로 보여 주셨다. 복음서에 나오는 계속되는
잔치와, 강도와 함께 골고다에서 달리신 데서 볼 수 있듯 우상숭배자,
정의롭지 못한 자, 죄인, 약한 자, 미련한 자와 자신을 **동일시하신** 예
수님의 사랑은 그분이 많은 사람들의 죄를 짊어지고 그들을 **대신하실**
수 있는 배경이다. 그럴 수 있는 이유는 죄를 예수님께 전달하여 그분
이 형벌을 받으시고 우리는 모면할 수 있는 천상의 장치인 '행위 계
약' 때문이 아니라, '소명 언약'—이스라엘의 소명, 인간의 소명, 예수
님의 소명—때문이다. 그 언약 안에서, 해와 별을 만드신 흘러넘치는
사랑이 진정한 인간이 되기 위해 오신 분, 말씀이 육신이 되신 분에게
서 더 흘러넘쳤고, 모든 사람을 그분께 인도하기 위해 십자가에 달리
셨을 때 마지막으로 '최대한도로' 흘러넘쳤다.

우리는 표현 자체를 넘어서서 실재의 밝은 그림자—우리가 그
진리를 묵상할 때 마치 변화산의 구름처럼 우리를 둘러싸는—를 가
리키는 말을 하고 쓸 수 있지만, 실재는 그조차 초월한다는 것을 안다.
그 이야기를 다시 들려주고 그 음악을 들으면서, 세상의 공포와 고통
과 창조주 하나님의 강력한 사랑이 한 곳으로 수렴되는 모습을 어렴
풋하게나마 볼 수 있게 도와주는 위대한 예술 작품을 묵상할 때, 불의
로 고통당하는 누군가의 편에서 비협조적인 판사와 싸울 때, "주 달려

죽은 십자가"를 부를 때, 종살이하던 곳으로 몰래 돌아가는 것을 허락하지 않을 용서하시는 사랑 때문에 다시 한 번 그 자리에서 갑자기 멈추게 될 때—이러한 수많은 경우에 우리는 사랑이신 그분의 임재 가운데 있음을 깨닫는다. 초기 그리스도인들이 메시아가 "성경대로" 그들의 죄를 위해 죽으셨다고 말했을 때 의미한 바를 탐색한다면, 큰 이야기가 어떻게 들어맞고 말이 되는지를 조금 더 이해한다면, 오늘날 기독교 신앙은 잃을 것은 없고 얻을 것뿐이다. 그 기독교 신앙을 뒷받침하는 기독교 신학이 플라톤화된 종말론과 도덕화된 인류학, 이교화된 구원론을 포기하고 그 대신 죄와 죽음의 권세에서 구원받아 지금 여기서뿐 아니라 오는 세상에서 제대로 된 책임 있는 자리를 찾은 새로워진 인류와 새 하늘과 새 땅의 비전을 받아들인다면, 잃을 것은 없고 얻을 것뿐이다.

그렇다, 이것은 우리가 자기 십자가를 짊어진다는 뜻이다. 예수님도 우리에게 정확히 그 점을 경고하셨다.^{마 8:34-38} 이것은 우리 자신을 부인한다는 뜻이다. 이 표현은 예전에는 찬양 가사와 설교에서 자주 들었지만, 무슨 까닭인지 요즘에는 듣기 어렵다. 서구 교회가 자기 발견, 자기 성취, 자기 실현을 마치 '복음'의 핵심인 것처럼, 마치 마가복음 8장은 성경에 없기라도 한 것처럼 얼마나 쉽게 받아들였는지 놀라울 따름이다. 예수님을 따른다는 것은 실망과 실패, 좌절, 혼란, 오해, 고통, 슬픔을 뜻한다. 하지만 이런 것들은 '제1 세계 문제들'에 불과하다. 내가 이미 이야기했듯이, 지금 이 책을 쓰고 있는 동안에도 신앙 때문에 참수를 당하는 그리스도인들이 있다. 집에 폭탄이 떨어지거나, 생계 수단을 빼앗기거나, 건강을 잃는 이들도 있다. 이들의 증언은 비범하고, 편안한 서구에 사는 우리는 우리의 보이지 않는 타협—아마도 우리의 플라톤화된 종말론 때문에—이 짧은 비행이면 닿을 거리에 있는 우리의 진정한 가족들에게 벌어지고 있는 최악의 상황에서 우리를 보호해 주었다고 생각해 볼 수 있을 뿐이다.

하지만 신약성경 저자들의 지도를 받은 첫 그리스도인 세대는 이런 일들이 예수님의 승리를 믿는 믿음에도 불구하고 우리에게 일어날 수 있는 그저 끔찍한 일만은 아니라고 일깨워 줄 것이다. 하나님나라는 이렇게 오기 때문에 다양한 시기에 다양한 방식으로 이런 일들이 일어날 수 있다. 우리는 하나님나라를 우리의 세속적 '성공'이나 '안락'의 도구로 삼으려는 유혹을 항상 받는다. 우리 시대의 일부 사람들은 복음을 부자가 되는 수단으로 삼으려는 시도를 경고하는 디모데전서 6장 5-10절을 잊어버렸다. 많은 사람들이 육신의 죄를 경고하는 예수님의 말씀이 한 마디라면 은행 통장의 죄를 경고하는 말씀은 그 열 배가 넘는다는 사실을 무시했다. 물론 큰 복을 약속하신 말씀도 있기는 하다. 누가 봐도 '성공하고' 몹시 '안락한' 시기도 있을 것이다. 하지만 복음은 십자가에서 이룬 혁명의 승리에 따라 이 두 단어를 재정의한다. 그리고 이 정의는 개인 생활에 적용되는 것만큼 교회 사역에도 적용된다. 교인 증가와 재정 확대와 '성공'을 동일시하기란 너무 쉽지만, 교회 역사는 정반대로 가르친다.

실제로 혁명은 진전하고 있고, 우리도 그 혁명과 함께하고 있다. 통계를 보면, 서구의 교회 출석률은 줄어들고 있다. 초대교회가 굳건하게 세워졌던 일부 나라들(터키, 북아프리카)에서 지금은 교인을 찾아보기가 힘들다. 크리소스토무스나 테르툴리아누스가 상상하지도 못했던 나라들에서 수많은 헌신된 신자가 이 초기 교사들로부터 여전히 배우고 있지만 말이다. 하지만 냉소적인 서구 세계가 비웃는 사이, 다른 곳의 수많은 사람들은 물론 서구의 상당수 사람들조차 믿음, 소망, 사랑의 기쁨을 발견하고 있다. 십자가에서 이루어진 혁명의 승리는 지역 사회는 물론, 온 나라와 특히 개인의 삶에서 혁명의 길을 만들고 있다. 나는 개인의 메시지가 세계적 메시지나 우주적 메시지보다 더 중요하다고 생각하지 않지만, 덜 중요하다고 생각하지도 않는다. 예수님을 통해 혁명이 일어났고, 이것은 이제 세상에 대한 엄연한 사실이다. 하지만 이 사실은 그분을 따르는 이들을 **통해** 실행되어야 하고, 그러려면 그들 **안에서** 일어난 진리가 되어야 한다. 혁명은 매순간 십자가 형상을 띤다. 세례가 그렇다. 때로는 "하나님이 나를 있는 모습 그대로 받아 주셨다"라는 생각으로 왜곡하려는 시도가 있지만, 세례는 늘 죽는다는 뜻이었고 그것은 지금도 변함없다. 예수님이 삭개오와 함께 식사하시면서 그를 '있는 모습 그대로 받으셨을' 때 삭개오는 그 만남으로 변화되었다. 맨 처음 혁명을 촉발시켰던 십자가가 늘 혁명을 형성한다.

예수님이 제자들의 발을 씻기신 장면을 극적으로 묘사한 요한의 이야기13:1-38는 이 모든 내용을 요약하고 예리한 성경적 초점을 맞춘다. 대부분의 성경 이야기처럼 생생하고 감동적인 이 장면은 처음에 언뜻 봤을 때보다 훨씬 다차원적이다.

　　요한은 십자가까지 점점 더 고조되는 긴 이야기의 시작 부분에 이 이야기를 배치한다. 예수님은 마지막으로 예루살렘에 오셨다. 요한이 이 시점까지 전체 이야기를 들려준 방식은 이것이 대치와 승리, 예수님이 하나님나라 사역을 완성하시는 순간임을 암시한다. 하지만 예수님은 성전으로 당당히 올라가 유력 인사들을 대면하지 않으시고 (이미 2장에서 그렇게 하셨다) 제자들을 데리고 다락방으로 가셔서 이 제 막 일어날 비밀스러운 일을 나누어 주신다. 그 내용을 말로 설명해 주시지 않았을 뿐이다. 예수님의 말씀은 실재를 가리키고, 그 실재는 살과 피에 관한 것이다. 그래서 예수님은 그 의미를 상징적 행동으로, 비유와 경고, 위로와 교훈으로 설명하신다.

　　요한복음은 우리를 매번 성전으로 돌려보낸다. 지금 예수님과 제자들은 성전이 아니라 가정집에 있지만, 요한은 우리가 진정한 성전을 보고 있다는 사실을 이해하기 원한다. 예수님과 제자들은 하늘과 땅의 위험한 교차로에 잠시 서 있다. 그리고 그 모든 것, 앞으로 올 모든 것을 넘어서서, 요한은 사랑, 언약적 사랑, 끝까지 이어질 하나님의 사랑을 이야기한다.[13:1] 사랑은 그들을 위해 해 줄 수 있는 것은 아낌없이 다 해 주었다. 사랑의 원리가 그렇다.

　　예수님은 하나님의 임재에 적합하게 이들을 정결하게 하셔서, 이 새로운 성스러운 공간에 있게 하셨다. 이들이 그분의 생명에 참여하려면 깨끗해져야 했다. 발을 씻어 주신 이야기는 빌립보서 2장에 나오는 유명한 시의 양식을 따른다. 예수님은 자신을 하나님과 동등됨을 취할 것으로 여기지 않으시고 자기를 비워 십자가에서 종의 죽음을 죽으시고 나중에 높임을 받으신다. 이 장면에서 예수님은 겉옷을 벗으시고 제자들을 발을 씻는 종의 일을 하신다. 그러고 나서 다시 옷을 입으신 후에, 제자들에게 모범을 보였다고 말씀하신다. 발을 씻기신 행동은 예수님이 자신의 성육신과 죽음을 통해 성취하시려는 바를 비유하신 것이다. 그분은 십자가에서 그분의 영광을 드러내시려고 천국의 겉옷을 포기하셨다. 제자들을 깨끗하게 씻기셔서 하나님의 새 창조의 축소판인 하나님의 새 성전의 일부가 되게 하셨다.

하지만 이 이야기의 내부에서 우리는 어둡고 위험한 분위기를 읽을 수 있다. 고발자 사탄이 이미 유다에게 예수님을 배신하려는 마음을 심어 두었다.[13:2] 유다는 고발자의 대변자가 되어 가장 큰 혐의, 반反하나님, 반反창조, 반反인간 세력을 세상에 구현할 것이다. 우리는 마가복음 첫 부분에서 예수님이 하나님나라를 선포하시자마자 귀신들이 회당에서 소리질렀던 것을 기억한다.[1:23-24] 여기서도 예수님이 이 깊은 친밀감 가운데 다가올 일을 준비하시자, 사탄이 일하기 시작한다. 악의 권세들이 하나님의 구출 계획을 무산시키려는 필사적인 마지막 시도를 위해 집결하고 있다. 이것이 누가가 22장 53절에 기록한 예수님 말씀을 요한이 말하는 방식이다. 이제는 그들의 때요 어둠의 권세가 최악으로 치닫는 때다.

이 모두는 요한복음 후반부를 관통하는 큰 주제의 일부다. 우리가 앞에서 주목했듯이, 요한복음 12장에서 예수님은 명절에 그리스인들이 그분을 뵙고자 할 때 그들 너머 하나님의 계획 가운데 있는 새로운 운동을 내다보신다. 세상 열방이 종살이에서 해방되어 참 하나

님을 예배하는 큰 승리를 거둘 그때를 말이다. 고별 담화요 13-17장 내내
이 마지막 대결, 하나님나라 대 사탄의 대결에 대한 인식은 점점 더
커져서 예수님이 본디오 빌라도와 맞서서(하나님의 나라 대 카이사르
의 나라) 나라와 진리와 권세를 두고 언쟁을 벌이다가 (복음서 최고의
아이러니라 할 만한) 빌라도가 예수님께 십자가형을 명령하면서 언쟁
에서 패하기까지 이어진다. 바울이 말했듯이, 이 세대의 통치자들이
자신들이 무슨 일을 하는지 알았더라면, 영광의 주를 십자가에 못 박
지 않았을 것이다. 고전 2:8 이들은 자신의 사형 집행 영장에 스스로 서명
하고 있었다. 예수님의 나라는 다른 종류의 나라이고, 그 나라에 최종
발언권이 있다.

　　예수님이 제자들의 발을 씻기시고 유다가 밤 속으로 나가고 나
서,13:30 그분은 제자들에게 하나님이 드디어 영광을 받으시고 그들은
예수님이 그들을 사랑하셨던 것처럼 서로 사랑해야 한다고 열정적으
로 말씀하신다.13:31-35 영광과 사랑, 이는 요한(과 사실상 바울)의 두 가
지 큰 주제다. 어떻게 하나님이 영광을 받으시는가? 참 하나님의 형상
이요 참 인간인 그 아들의 사역을 통해서다. 말씀이 육신이 되셔서 우
리 가운데 하나님의 새로운 처소, 하나님의 진정한 장막으로 나타나
셨고, 우리는 그분의 영광을 보았다. 요한이 복음서를 시작하면서 말
한 내용과 같다.1:14 그리고 나서 요한은, 영광스러운 하나님의 임재가
마침내 예루살렘에 돌아오실 때 하나님이 왕이 되시기 때문에 파수꾼
이 기뻐 소리칠 때 어떤 모습인지 말해 준다. 이것이 바벨론이 무너졌
을 때, 바로의 군대가 패하고 노예들이 해방될 때의 모습이다. 이사야

서의 종이 찬양을 받고 높이 들려서 그분 때문에 왕들이 입을 다물게 될 때의 모습이다. 성경이 성취될 때의 모습이다.

그래서 요한이 새 에덴, 새 창조, 부활의 날을 이야기할 때20-21장 뱀은 보이지 않는다. 예수님은 우는 마리아에게 눈물을 거두라고 말씀하신다. 제자들은 겁에 질려 있지만, 예수님은 닫힌 문을 통과해서 그들에게 두려워하지 말라고 말씀하신다. 도마가 의심하고 질문하자, 예수님은 그에게 대답하시고 그의 새로운 신앙과 예배를 받아 주신다. **사탄과 바벨론, 바로의 권세가 깨졌기 때문에 새 창조가 가능하다.** 그렇게 이야기가 작동한다. 예수님을 따르던 이들은 사흘째, 곧 새로운 한 주의 첫날, 새 세상의 시작이 될 때까지 알지 못했지만, 이것이 성금요일 저녁 6시에 달라진 점이다.

이 모두는 신약성경의 다른 많은 내용처럼 유월절 이야기의 틀을 두르고 있다.요 13:1 이 책에서 내내 보았듯이, 첫 그리스도인들은 예수님이 유월절을 그분의 죽음이 뜻하는 바를 의미하는 틀로 선택하신 것을 알았다. 사탄의 부추김을 받은 유다는 이스라엘을 보내 주지 않은 바로처럼 마음이 강퍅하여, 승리가 올 때 그것은 결정적이고 최종적일 것이다. 그리고 예수님이 부어 주신 사랑, '최고의' 사랑은 아브라함에게 약속하셨던 하나님의 언약적 사랑에 예리하게 초점을 맞춘다. 아브라함의 후손이 종살이에서 해방되어 그들 몫의 유산을 받으리라는 약속은 이 사랑이 그들을 구출하려 애굽에 내려왔을 때 성취되었다. 요한은 새로운 출애굽, 새로운 장막, 새로운 토라의 이야기를 들려준다. 예수님은 "내가 너희에게 새 계명을 주는데, 곧 이것이다. 서로 사랑하라! 내가 너희를 사랑했듯"13:34이라고 말씀하신다. 십자가와 그 십자가가 드러내는 사랑으로 구출된 사람들은 십자가와 그들을 통해 그 십자가가 세상에 드러내는 사랑으로 형성될 것이다. "너희가 서로 사랑하면, 이로써 너희가 내 제자임을 모든 사람이 알게 될 것이다."13:35 이렇게 해서 우리는 예수님의 이야기를 **전하는** 방법뿐 아니라 예수님의 이야기를 **살아 내는** 방법을 배운다. 여기서부터 요한복음 20장의 지상 명령, 특히 요한복음 21장의 베드로에게 다시 주시는 명령까지 일직선으로 배치된다. 이것이 모든 기독교 사명의 근원이요 형태다.

요한복음 13장에는 가슴 아픈 마지막 단락이 나온다. 베드로는 예수님이 아주 위험한 곳으로 가신다는 것을 알고는, 그분을 따라서 자기 목숨까지 내놓겠다고 선언한다.13:37 예수님의 대답에는 부드럽지만 슬픈 역설이 가득하다. **베드로는** 예수님을 위해 **자기** 목숨을 내려놓게 될까? 실제로는, 한두 시간 뒤 베드로는 자신이 해결책의 일부가 아니라 여전히 문제의 일부임을 발견하게 된다. 이 이야기의 복잡한 악보가 어둡고도 영광스러운 거대한 화음, 최고의 사랑이 드러남을 예고하는 화음으로 옮겨진다.

따라서 신조가 아니라 서사인 이 단락에 십자가에 대한 기독교적 이해의 모든 요소가 들어 있다. 우리는 죄에서 깨끗해져서 하나님의 임재에 들어갈 수 있게 되었다. 우리는 궁극적으로 악을 이겼다. 사탄이 최악의 발악을 하고 무너졌으니 말이다. 자기를 주는 사랑의 본보기가 있다. 우리가 그 본보기를 따를 때 세상이 믿게 된다. 그리고 매우 개인적인 도전이 있다. '너는 나를 위해 이 일을 하겠느냐? 네 자신을 돌아보고, 내가 너를 위해 이 일을 할 테니 감사하라.'

이렇게 해서 우리는 눈을 들어 깨닫는다. 신약성경이 십자가의 의미를 말할 때, 그것은 체제가 아니라 이야기임을, 이론이 아니라 식사와 겸손한 섬김임을, 죄에 대해 벌을 주고 사람들을 천국에 데려가는 천상의 장치가 아니라 이스라엘의 하나님을 구현하고 성육신하신 인간 메시아이자 하나님나라를 하늘에서와 같이 이 땅에서도 임하게 하셔서 그분의 영광을 드러내신 메시아의 이야기임을. 서구 교회— 우리도 다 거기에 동조했다—는 천국 가는 것에 지나치게 집중한 나머지, 죄를 그 길을 가로막는 문제로 여기고 죄와 그에 따른 형벌을 없애는 데 집중했다. 그래서 그런 목적에 부합하는 바울서신의 단락들로 직진했다. 복음서에 처음부터 끝까지 속죄 신학이 충만하다는 것은 잊어버렸다. 다만 복음서는 깔끔한 체계가 아니라, 강력하게 뻗어 나가 다방면에 걸쳐서 새로운 것을 드러내는 서사로서 그것을 제시한다. 우리는 이 서사 속에서 우리 자신을 찾도록, 혹은 자신을 잃어버리고 재발견하도록 초대받는다. 우리는 제대로 된 신발을 신고 균형을 잃지 않도록 조심하면서 중세의 질문과 대답이라는 얕게 고인 물에 마구 뛰어들었다. 그런데 얼마 떨어지지 않은 곳에 복음 이야기라는 위험하고 큰 대양이 있어서 우리에게 뛰어들라고 초대한다. 어두운 영광의 거친 파도가 우리를 머리부터 발끝까지 씻어 내리고 하나님의 새 창조의 해안으로 데려가도록 말이다.

간단히 말해, 십자가는 기독교의 메시지, 기독교의 이야기, 기독교의 삶과 사명의 핵심이다. 세월이 흘러도 십자가의 혁명적이고 변혁적인 능력은 그대로다. 십자가는 하나님과 이스라엘의 이상한 이야기에 초점을 맞추고 그다음에는 하나님과 예수님의 개인적 이야기에 좀 더 초점을 맞추는 하나님과 창조세계의 큰 이야기가 끔찍하면서도 생명을 주는 명료성을 얻는 곳이다. 나사렛 예수의 십자가형은 많은 사람을 대신하여 한 사람이, 역사의 모든 순간을 대신하여 한 순간에 일어난 일회성 사건이었다. 이를 통해 죄를 용서받고, 권세들이 힘을 잃었고, 인류는 구속되어 예배자와 청지기의 자리를 회복하고 메시아 안에서 하나님의 강력한 승리를 찬양하고 성령의 능력을 얻어 세상에서 하나님나라를 드러냈다.

그렇다면 우리를 위한 메시지는 분명하다. 진노한 율법주의자 하나님과 '행위 계약'은 잊어버려라. 서로 배치되는 다양한 '구속 이론'은 잊어버리고 '소명 언약'을 받아들여라. 아니, 창조주가 당신을 진정한 인간성으로 부르실 때, 당신을 불러 그분의 형상을 닮게 하실 때 그 언약의 품에 안겨라. 사랑의 힘이 권력에 대한 사랑을 이겼을 때 영단번에 일어난 혁명을 기념하라. 그리고 그 동일한 사랑의 능력 가운데, 지금 여기서 그 혁명에 가담하라.

감사의 글

오랫동안 여러 곳에 십자가에 대한 글을 써 왔습니다. 학계에서 학자로서 전공 분야가 신약성경이고, 교계에서 목회자와 설교자와 주교로 사역하면서 교회의 성경적·성례전적·전례적 삶에 주목해 온 것을 고려하면 당연한 일입니다. 날마다, 아니면 최소한 일주일에 한 번은 십자가라는 주제로 돌아갈 수밖에 없죠. 하지만 뒤로 한 걸음 물러서서 초기 그리스도인들이 예수님의 죽음에 대해 말한 내용의 전체 그림을 그려 보기는 이번이 처음입니다. 그러면서, 그들이 말한 내용 사이에 새로운 요소와 연관성이 드러난 것을 보고 놀랐습니다. 이 책의 전반적인 주장은 꽤 신선합니다. 내가 쫓고 있는 사고의 흐름과 해석에 나조차도 놀랐습니다. 심지어 어떤 부분에서는 이전에 출간된 저술에서 한 말과 상당히 다른 내용을 말하기도 합니다.

이 책이 예수님을 따르는 이들이 자기 신앙의 핵심 사건들에 대해 새로이 생각하도록 독려하기를 바랍니다. 하지만 다른 한편으로는, 우리 그리스도인들이 2천 년 전에 한 젊은 유대인이 가혹하게 죽은 사건을 왜 그렇게 생각하는지, 혼란스러운 구경꾼들에게 설명해 줄 수 있기를 기대합니다. 그런가 하면, 이 책에 '학문적' 연구 내용이 조금 부족하더라도, 신학자와 설교자, 교사들이 자신들의 기본 문서로 돌아가 우리가 전에 알던 것보다 '속죄'에 대해 더 할 말이 있는지 살펴보는 계기가 되기를 바랍니다. 초기 그리스도인들은 예수님의 죽음이 혁명의 출발점이라고 믿었습니다. 그 죽음이 세상을 바꾸어 놓았습니다. 나는 그들이 옳았다고 생각합니다. 이 책은 그 이유를 설명하려는 시도입니다.

물론, 이 책은 이런 주장을 뒷받침할 상세한 학문적 장치를 제공하지 않았다는 의미에서 '대중' 서적입니다. 그 내용은 상당 부분, 영국 SPCK와 미국 Fortress Press에서 출판한 방대한 시리즈인 '기독교의 기원과 하나님의 문제Christian Origins and the Question of God' 같은 이전 저술에 담겨 있습니다. 그 안에서도, 배경은 《신약성서와 하나님의 백성》(1992년)에, 예수님과 복음서에 대한 자료는 《예수와 하나님의 승리Jesus and the Victory of God》(1996년)에, 바울에 대한 자료는 《바울과 하나님의 신실하심Paul and the Faithfulness of God》(2013년)과 특히 로마서에 대한 최신 자료는 Pauline Perspectives(2013년)에 실려 있습니다. 이 책과 함께 볼 만한 좀 더 대중적인 책들로는 《악의 문제와 하나님의 정의》(2003년), 《톰 라이트, 칭의를 말하다Justification》(2009년), 《마침내 드러난 하나님나라》(2007년)가 있습니다. 하지만 이 책의 핵심은 상당히 새롭고, 이전에 취했던 입장—이를테면, 내가 로마서를 주석(New Interpreters Bible, vol. 10, 2002년)하며 취했던 입장—에서 상당히 발전되고 개정된 내용을 담고 있습니다.

이 책은 앤드루 토랜스Andrew Torrance 박사가 기획한 세인트 앤드루스 세인트 메리 칼리지의 특별 강연 시리즈에서 시작되었습니다. 토랜스 박사와 더불어, 정기적으로 참석하여 날카롭고 어려운 질문을 던지고 이 문제들과 끊임없이 씨름했던 청중과 학생들께 감사드립니다. 그중에서도 특별히 한 학생, 일본에서 온 노리오 야마구치 박사를 언급하고 싶습니다. 그의 유월절과 속죄일의 1세기 의미에 관한 연구가 내가 이 책에서 연구한 생각의 흐름의 일부에 시동을 걸어 주었습니다. 물론, 내가 그 개념들을 발전시킨 내용은 야마구치 박사에게는 책임이 없습니다만, 그의 조언이 없었다면 이 책의 핵심 질문 중 일부는 시작되지 못했을 겁니다.

강의를 위한 초기 브레인스토밍에 도움을 준 오스트레일리아 시드니에서 온 로버트 포사이스 주교에게도 감사합니다. 내가 이후로 발전시킨 개념에 대해서는 물론 그에게도 책임이 없습니다. 동료 데이비드 모피트 박사도 마찬가지입니다. 그의 히브리서 연구와 고대 유대 세계와 신약성경의 희생제사에 대한 이해에서 큰 도움을 받았습니다. 마이클 호튼 박사, 윌리엄 레인 크레이그 박사, 잭 레비슨 박사는 비록 전혀 다른 각도이기는 하지만, 그들의 경험과 통찰에서 유익을 얻었습니다. 우리는 여전히 많은 부분에서 의견을 달리하지만, 서로에게서 계속 배울 수 있기를 기대합니다. 반세기 가까이 학문적 우정을 유지하고 있는 피터 로저스 목사는 꾸준한 격려자요 분별력 있는 비평가입니다. 제이미 데이비스 박사와 맥스 보트너를 특별히 언급하고 싶습니다. 두 사람은 이 프로젝트의 처음부터 끝까지 연구 조교로 큰 도움을 주었는데, 특히 내가 다루고 있는 복잡하고 서로 맞물리는 질문들을 충분히 생각하는 데 도움을 주었습니다.

이 책은 미국 캘리포니아주 말리부에 있는 페퍼다인 대학교에서

2016년 5월에 있었던 강연과 세미나의 기초 자료가 되었습니다. 이 행사를 기획한 마이크 코프와 그의 동료들, 페퍼다인 대학교 총장 앤디 벤튼 박사와 동료들의 따뜻한 환영과 환대에 특별히 감사합니다. 2016년 6월에 영국 옥스퍼드 대학교 위클리프홀에서 비슷한 강연이 있었는데, 학장인 마이클 로이드 박사와 동료들의 환대와 격려에 깊이 감사드립니다.

이 작업을 기도로, 이메일로, 때로는 개인적 만남과 중요한 토론으로 지지해 준 전 세계의 더 큰 동료들에게도 감사해야겠습니다. 십자가에 대해 생각하고 글을 쓰는 것은 쉽지 않은 일인데, 집필 과정에서 나를 격려해 준 모든 분들께 깊이 감사드립니다. 현명하고 섬세한 편집자의 조언을 아끼지 않은 하퍼원 출판사의 미키 모들린과 SPCK의 사이먼 킹스톤을 비롯하여, 나의 또 다른 책이 나오기까지 함께해 준 각 사의 동료들에게 늘 감사합니다. 집필 과정 내내 후원해 준 사랑하는 가족, 특히 아내에게 감사합니다.

가족 이야기가 나왔으니 덧붙이자면, 2016년 5월 1일에 레오 발렌타인 라이트가 태어나서, 페퍼다인 강연을 위해 캘리포니아에 내리면서 할아버지가 되었습니다. 이 아이가 내가 이 책에 담으려고 힘쓴 진리와 사랑을 깨닫게 되기를 소망하고 기도하면서 손자에게 이 책을 헌정합니다.

2016년 7월
영국 세인트 앤드루스 대학교에서
N. T. 라이트

찾아보기

성구

52:5 415

52:7 258, 158

52:7-12 169, 241, 446

52:8 153

52:10 191

52:10, 15 446

52:13-53:12 156, 170,
    189, 252, 446

53장 152, 169-172, 178,
    185, 188, 212, 252-
    253, 265, 288, 299,
    349, 376, 429, 446-
    447, 450, 458, 464

53:1 446

53:1-2 191

53:5 260, 448

53:5-6 450

53:12 156, 288

54장 450

54-55장 212

55장 183, 450

55:1-3 183-184

59:2 210

59:15-16 192

60:1-3 124

61:1-4 189

63:1-6 189

63:5, 9 192-193

63:8-9 180-181

예레미야

2:2 436

5:7 296

25:15-17 296

31장 156, 204, 250

31:3 94, 157, 181, 435

31:31 257

31:31-34 94, 427, 435

49:12 296

예레미야애가

3:22-23 181

4:21 296

4:22 155-156

에스겔

10-11장 151

36:20 415

37장 142

43장 127, 152, 153, 399

다니엘

2장 161, 281

6:10 151

7장 161, 281, 376

7:14 281

9장 93, 204, 247, 281,

382, 406, 415, 426

9:4-14 406

9:15-19 406

9:24 127, 161, 281

9:26 281

12:1 166

호세아

11:1 181

하박국

2:14 131

말라기

3장 269, 399

3:3 112

● 신약성경

마태복음

1장 271

1:21 99

3:17 254

4:3 277

4:9 319

주제

ㅇ

스터디 가이드

OI | 아주 중요한 스캔들
: 왜 십자가인가?

❶ '예수님의 죽음'이나 '십자가'라는 말을 들을 때 어떤 단어나 이미지가 머릿속에 떠오르는가? 그 이유는 무엇일까?

❷ 저자에 따르면, "오늘날 대부분의 그리스도인들처럼, 처음에는 나도 예수님이 죽으신 것은 나를 '죄'에서 구원하셔서 '천국에 갈 수 있게' 하신 것이라고만 생각했다"(14쪽). 이 말이 당신에게도 와 닿는가? 예수님의 죽음에 대한 당신의 생각은 어디서 비롯되었는가?

❸ 저자는 "예수의 십자가형과 십자가라는 상징이 우리가 사는 세상에 여전히 막대한 영향을 미치고 있다"(16쪽)는 예를 몇 가지 소개한다. 당신에게도 생각나는 예가 있다면 어떤 것인가?

02 십자가의 의미 찾기, 과거와 현재

❶ 십자가는 어떤 면에서 걸림돌이고 조롱거리인가? 왜 일부 집단에서는 "전체 그림에서 십자가를 지워 버리고, 부활을 몸과 무관한 변화로 재정의하고, 예수님을 기묘한 지혜를 가르치는 선생으로 축소해" 버렸는가?(39쪽)

❷ "'속죄'의 의미가 무엇이든 그것은 우리가 하나님의 궁극적 미래, 특히 사후 세계에 대해 생각하는 내용과 직결된다. 우리가 **어떻게** 구원을 받느냐 하는 것은 우리가 구원받은 **목적**과 밀접하게 연결되어 있다"(48쪽). 당신은 이 장을 읽기 전에 구원의 '방법'과 '목적'의 상관관계를 생각해 본 적이 있는가? 왜 그런가, 혹은 그렇지 않은가?

❸ 저자는 19세기 서구식 경건의 발전 과정을 묘사한다. 그것은 "하늘에서와 같이 땅에서도 이루어질 하나님나라가 아니라, 천상에서의(즉 세상과 관련 없는) **내** 구원과 **내** 구주에게만 집중했다"(57쪽). 당신은 이 경건의 발전 과정을 어떻게 묘사하겠는가? 당신의 구원관은 이런 서구식 경건에 어떻게 영향을 받았다고 말할 수 있겠는가?

03 | 1세기 배경에서 본 십자가

❶ 저자는 예수님의 십자가형의 의미에 대한 두 가지 역사적 배경, 곧 고대 후기 그리스-로마 세계(77-92쪽)와 초기 유대 세계(92-95쪽)를 더 깊이 파고드는 데 이 장을 할애한다. 각각의 배경에 대해 당신이 새롭게 알게 된 사실이 한 가지 있다면 무엇인가? 이 새로운 지식은 당신이 예수님의 십지가형의 의미를 더 깊이 이해하는 데 어떻게 도움이 되는가?

❷ "관타나모 해군기지나 아부 그라이브 교도소를 아는 우리는 예루살렘 밖 처형반의 마음 상태를 충분히 상상할 수 있을 것이다"(84쪽). 당신은 저자의 이러한 비교를 어떻게 생각하는가? 예수님의 십자가형을 신선한 방식으로 이해하는 데 도움이 되었는가?

❸ "예수님이 사람들에게 자기 십자가를 지고 그분을 따르라고 말씀하셨을 때, 그들은 그 말씀을 비유로 듣지 않았을 것이다"(86쪽). 저자에 따르면, 그 이유는 무엇인가? 왜 오늘날 우리는 예수님의 부르심을 비유적으로 해석하는가?

04 | 소명 언약

❶ 저자는 현대 서구 기독교를 괴롭히는, 서로 강화하는 두 '실수'를 언급한다. "'천국'(과 현재 '하나님과의 교제')이 목표이고 '죄'(벌을 받아야 할 나쁜 행동)가 문제다"(104쪽). 이 진단은 당신에게 어떤 영향을 주는가? 이 '실수'가 어떻게 기독교의 본질에 대한 당신의 관점을 형성했는가?

❷ 위의 '실수'를 수정하기 위해 저자는 "인간의 문제는 도덕률을 깨는 '죄'가 아니라… 우상숭배와 거기서 비롯되는 진정한 인간성의 왜곡"이며, "'천국'이 '목표'가 아니라, 하나님의 새로워진 창조세계에서 새로워진 인류의 소명이 목표"(104쪽)라고 제안한다. 당신은 이런 수정을 어떻게 생각하는가? 이런 관점을 받아들인다면, 기독교의 본질에 대한 당신의 관점을 어떻게 변경해야 하겠는가?

❸ '소명 언약'에 대한 저자의 시각의 중심에는 "형상을 닮는 것"이 있다. 그것은 "창조주의 현명한 청지기직을 세상에 드러내고, 모든 창조세계의 찬양을 그 창조주께 돌려드리는 것이다"(106-107쪽). 이 장을 읽기 전에, 당신의 신앙 공동체에서 이런 메시지를 들어 본 적이 있는가? 당신은 이 내용을 어떻게 생각하는가?

05 | "모든 성경에"

❶ "옳든 그르든 간에, 서구 문화에서 죄는 큰 불의와 억압은 무시하고 사소한 개인의 범죄를 트집 잡는 데만 몰두하여 흥을 깨고 남을 비난하고 고결한 척하는 도덕주의를 연상시켰다"(133-134쪽). 당신도 죄라고 하면 이런 것들이 연상되는가? 성경은 어떤가? 그렇지 않다면, 당신은 어디서 죄에 대한 생각에 영향을 받았는가?

❷ 저자는 성경에 죄를 가리키는 단어가 여러 개 있는데, 모두 다 "인류와 이스라엘은 어떤 목적을 위해 창조되었는데, 똑같이 그 목적에서 벗어나 그 목적을 왜곡하고 자신들의 소명을 망가뜨렸다"(136쪽)라는 개념으로 수렴된다고 주장한다. 이런 내용은 당신이 생각하는 죄의 개념과 어떻게 비교할 수 있겠는가?

❸ 저자는 "훌륭한 극작가가 각본을 쓰고 우리가 연기해야 할 멋진 배역을 맡겨 주셨다. 그런데 우리는 버릇없고 미련한 아이처럼 그 각본은 찢어 버리고, 자신을 위하는 듯하지만 결국엔 스스로를 무너뜨리는 자기만의 줄거리를 써 내려갔다"(138쪽)고 제안한다. 이 비유가 당신에게는 죄에 대한 새로운 인식을 불러일으키는 데 도움이 되는가? 어떻게 그러한가?

06 | 하나님의 임재와 죄 사함

❶ 이 장의 제목은 '하나님의 임재와 죄 사함'이다. 당신은 이 장을 읽고 나서, 저자가 하나
    님의 임재와 죄 사함 사이에서 끌어내려고 한 연관성을 어떻게 설명할 수 있겠는가?

❷ "유배는 죄의 결과였다.… 많은 성경 저자가 주장했듯이, 포로기가 끝나려면 죄를 용
    서받아야 할 것이다"(155쪽). 당신은 이 장을 읽기 전에, 이스라엘의 죄와 유배(들)의 상
    관관계를 고려해 본 적이 있는가? 이 연관성은 당신이 예수님과 그 죽음의 의미를 좀
    더 온전히 이해하는 데 어떻게 도움이 되는가?

❸ 죄 사함과 관련해서, 저자는 현대 서구 그리스도인들이 "하나님의 영광을 영적이고 개
    인주의적이며 도덕주의적인 죽 한 그릇과 맞바꾸었다,… 혁명을 길들여 버렸다"(157
    쪽)고 주장한다. 어떻게 해서 그런가? 저자가 여기서 뜻하는 바는 무엇인가?

07 고난, 구속, 사랑

❶ "이사야 40-55장 전체를 읽어 보면, 53장에 등장하는 구속의 고난이라는 주제가 새로운 내용임을 알 수 있다. 종의 노래에서 이 부분까지는, 한편으로는 고난**에서부터의** 구원을 약속하고, 다른 한편으로는 '종'을 위한 고난이라는 희한한 소명을 언급한다"(170쪽). 이사야 53장은 예수님과 그 죽음의 의미에 대한 이해에 어떤 새로운 관점을 불러오는가?

❷ "창조주 하나님이 그분의 언약 백성을 구속하실 때 그것은 그분의 **신실하신 사랑**의 결과일 것이다"(178쪽). 당신의 속죄 이해에서 하나님의 사랑은 어떤 역할을 하는가?

❸ 저자는 이사야 40-55장에 나오는 "고난받는 종"이라는 인물을 언급하면서, "수많은 세대의 학자들을 잠 못 이루게 한" 이 종이 정확히 누구인지에 대해 질문을 제기한다(189쪽). 당신은 '고난받는 종'이 누구라고 생각하는가? 저자의 설명이 도움이 되는가?

08 | 새로운 목표,
새로운 인류

❶ 저자는 현대 대중 기독교 사상의 "세 층위의 실수"가 어떻게 "종말론을 플라톤화하고", "인류학을 도덕화하고", "구원론을 이교화하는지" 묘사한다(199-200쪽). 이 각각의 실수를 당신의 말로 어떻게 설명할 수 있겠는가? 이 각각은 그리스도인의 삶에 어떻게 영향을 미치는가?

❷ "[성경적으로] 더 큰 실재는, 시간과 공간과 물질로 된 실제 세상에서 무슨 일이 벌어졌고 그 결과로 만사가 달라졌다는 것이다.… 하늘과 땅이 만나서 우주의 '새 성전'이 지어졌다. '하나님께서 메시아 안에서 세상을 자기와 화해하게 하셨고'고후 5:19"(211쪽). 이 더 큰 실재의 렌즈로 작은 실재─하나님을 알고 용서받는 개인들─를 본다면, 작은 실재에 대한 당신의 관점에 어떤 영향을 미치겠는가? 어떻게 그럴 수 있는가?

❸ 당신은 예수님의 죽음을 "초기 그리스도인들과 똑같은 방식으로"(225쪽) 해석할 수 있다고 느끼는가? 이런 식의 해석 방법에 대해 당신은 무엇을 배우고 있는가? 그런 방법에는 어떤 가치가 있는가?

09 ｜ 예수님의 특별한 유월절

❶ 예수님이 죽으신 "그때는 유월절이었는데, 예수님이 이 시기를 택하신 데는 의도가 있는 것이 분명해 보인다"(240-241쪽). 이것은 예수님이 십자가에서 성취하신 일에 어떻게 신선한 의미를 불러오는가?

❷ 저자는 "다가올 자신의 죽음에 대해 제자들에게 설명하기 원하셨던 예수님은 어떤 이론이나 본보기, 비유 같은 것을 제시하시지 않고 **식사** 곧 유월절 식사를 마련하셨다"(244쪽)고 주목한다. 왜 예수님은 그분의 죽음을 제자들에게 설명하시는 방법으로 식사 자리를 선택하셨는가?

❸ "우리는 [속죄라는] 전체 그림의 핵심에서 누군가를 죽이고 피를 요구하는 진노하시는 하나님이 아니라, 죄의 파괴력을 자신에게 전가하는 언약을 지키시는 하나님의 형상—나는 매우 심사숙고하여 이 단어를 사용했다—을 만난다"(247-248쪽). 속죄에 대한 당신의 이해에는 하나님의 진노가 포함되는가? 그렇다면, 그렇게 생각하도록 당신에게 가르쳐 준 이는 누구인가?

IO | 구출 이야기

❶ 저자는 모든 사복음서가 "예수님의 이야기를 **이스라엘의 하나님이 마침내 돌아오시는 이야기**로 들려준다"(268-267쪽)고 주장한다. 당신은 복음이 어떤 서사를 들려준다고 생각하는가? 저자의 설명이 당신에게 떠오른 이야기인가? 왜 그런가, 혹은 왜 그렇지 않은가?

❷ 사복음서의 각 저자는 어떻게 "죄 사함"이나 "포로 귀환"이 이루어지는지를 표현하는 독특한 방식을 가지고 있다(282쪽). 이 내용 중에서 당신에게 두드러지는 방식이 있었는가? 당신은 이 방식들을 모두 함께 읽으면서 무엇을 배울 수 있었는가?

❸ 이 장을 읽기 전이라면, 당신은 '구출 이야기'를 어떻게 묘사했겠는가? 이 장을 읽고 난 후에는, 어떻게 묘사하겠는가? 달라진 점이 있다면, 무엇인가?

I I

**바울서신과
십자가**

❶ 저자는 바울에게 "인류가 구원받는 것은 '천국'에 가기 위해서가 아니라, 새로운 창조
세계를 위해서"였고, 그 목표는 "예수님의 죽음이라는 **수단으로** 이루어질 것"(307쪽)
이라고 제안한다. 당신은 바울서신 어디에서 이 "새로운 창조세계"라는 목표를 볼 수
있는가?

❷ "바울에 관한 한, 현재의 분열된 교회의 삶과 죽음 이후의 머나먼 '천국'이 아니라, 지
금 여기서 하나 된 예배가 늘 하나님이 염두에 두신 메시아 죽음의 목적이었다"(313쪽).
당신은 바울서신의 주제를 생각하면 이것이 마음에 떠오르는가? 왜 그런가, 혹은 왜 그
렇지 않은가?

❸ 저자가 갈라디아서, 고린도전후서, 빌립보서, 골로새서를 다룬 내용(314-349쪽)에서 당
신이 예수님의 죽음의 의미에 대해 배운 한 가지는 무엇인가?

12 | 로마서에 나타난 예수님의 죽음 : 새로운 출애굽

❶ "때로 로마서는 비범한 글과 영광스러운 소망의 물결로 사람들을 휩쓸고 가지만, 때로는 우울함은 물론, 심각한 수수께끼, 얽히고설킨 지적 문제들, 바울이 균형을 잃고 있는지 아니면 성경을 읽는 당신이 균형을 잃고 있는지 의심이 들게 하는 주장들에 빠뜨리기도 한다"(353쪽). 당신도 로마서를 읽으면서 경험하는 이런 내용에 동의하는가?

❷ 저자는 로마서가 네 부분(1-4, 5-8, 9-11, 12-16장)으로 구성되어 있다고 언급한다. "다른 무엇보다도, 이 말은 어느 한 부분만 따로 떼어 내어 '복음'의 진술로 다루어서는 안 된다는 뜻이다"(357쪽). 당신은 로마서 일부를 그 맥락에서 떼어 내어 사용하는 사람들을 아는가? 이런 제안은 앞으로 로마서를 읽고 이해하는 데 어떻게 도움이 되겠는가?

❸ 로마서 5-8장에서 바울은 출애굽을 죄에서 구원받은 인류와 비교한다(361-393쪽). 출애굽 이미지는 로마서 5-8장을 이해하는 데 도움이 되는가? 어떻게 그런가?

I3 | 로마서에 나타난 예수님의 죽음
: 유월절과 속죄

❶ 저자에 따르면, 로마서 1-4장을 읽는 "통상적 방식"에는 문제가 많다. 당신은 그의 비판(400-424쪽)을 어떻게 요약할 수 있겠는가? 당신은 저자의 의견에 동의하는가?

❷ 오늘날 많은 "복음" 제시가 이런 식으로 진행된다. "우리가 죄를 지었지만, 하나님이 예수님을 보내 대신 죽게 하셔서 구원을 받는다. 이스라엘을 언급하지는 않는다"(416쪽). 우리가 복음을 표현하는 방식에서 이스라엘을 제외하면 무슨 일이 벌어지는가? 이 복음 제시에서 이스라엘은 어떤 역할을 감당해야 하는가?

❸ 저자는 로마서 3장 24-26절에 나타난 바울의 메시지를 다음과 같이 묘사한다. "우리 모두가 우상숭배를 하고 죄를 지었다. 하나님이 이스라엘을 통해 세상을 구원하겠다고 아브라함에게 약속하셨다. 이스라엘은 그 사명에 신실하지 못했지만, 하나님은 자기 자신을 드러낸 신실하신 메시아를 세우셔서 그분의 죽음을 통해 우리가 종살이에서 탈출하게 하셨다"(462쪽). 당신은 이 본문을 이렇게 해석하도록 배웠는가? 왜 그런가, 혹은 그렇지 않은가? 이 내용은 복음 메시지에 대한 당신의 이해에 어떤 정보를 주는가?

I4 | 유월절 백성

❶ 예수님의 부활은 "이 이야기의 깜짝 해피엔딩에 그치지 않았다. 부활은 찬란한 **시작**이
었고, 마땅히 그렇게 보여야 했다"(471쪽). 당신은 부활을 결말로 보았는가, 아니면 시
작으로 보았는가? 그런 관점에 변화가 있다면, 설명해 보라.

❷ "기독교의 선교는 예수님이 십자가에서 거두신 승리의 실행을 의미한다. 다른 모든 것
은 거기서부터 비롯된다"(474쪽). 당신은 선교를 어떻게 정의하겠는가? 당신의 정의와
저자의 정의를 비교해 보라.

❸ 선교에 대한 앞의 정의에 근거하여, 저자는 **"십자가의 승리는 십자가라는 수단을 통해
실행될 것"**(485쪽)을 분명히 한다. 그의 말은 무슨 뜻인가? 어떻게 십자가가 선교 사역
을 형성하는가?

I5 | 권세들과 사랑의 힘

❶ "이것이 계속되는 혁명의 핵심이다. **인간의 새로운 존재 방식**이 시작되었는데, 이것은 죄 사함(이제는 패배한 우상들에게서 돌이킨 사람들에게 베푸는 하나님의 용서)으로 시작되어 죄 사함(예수님을 따르는 이들이 자신에게 잘못한 모든 이들에게 그분의 이름으로, 성령을 힘입어 베푸는 용서)으로 지속된다"(509쪽). 이 장을 읽기 전에, 당신은 부활이 인간의 새로운 존재 방식을 제공한다고 생각해 본 적이 있는가? 그것은 과연 어떤 모습일까?

❷ "돈, 섹스, 권력 삼총사는 과거 그 어느 때보다도 더 견고히 왕좌를 차지하고 있다"(520쪽). 당신은 오늘날 어디에서 이 세 힘이 세력을 과시하는 것을 볼 수 있는가? 십자가는 우리가 돈, 섹스, 권력을 다루는 방식을 어떻게 형성할 수 있겠는가?

❸ "'소명 언약'을 받아들여라. 아니, 창조주가 당신을 진정한 인간성으로 부르실 때, 당신을 불러 그분의 형상을 닮게 하실 때 그 언약의 품에 안겨라"(550쪽). 당신이 삶에서 '소명 언약'을 더 온전히 받아들이면 어떤 모습이 되겠는가? 어떤 면을 바꿔야 하고, 어떤 면을 그대로 둘 수 있겠는가?

마지막 질문

❶ 이 책을 읽으면서 당신의 사고에서 가장 주요하게 바뀐 것은 무엇인가? 아니면, 그 변화는 "인간의 새로운 존재 방식"(497쪽)으로서 당신의 사명을 살아 낼 때 드러날 필요가 있는가?

❷ 이 책을 읽고 나서는 비그리스도인들에게 어떻게 복음을 설명할 수 있겠는가?

혁명이 시작된 날

톰 라이트 지음 | 이지혜 옮김

2019년 5월 15일 초판 1쇄 발행

펴낸이 김도완
등록 제406-2017-000014호
전화 031-955-3183
이메일 viator@homoviator.co.kr

펴낸곳 비아토르
주소 경기도 파주시 문발로 197 102호
팩스 031-955-3187

편집 박명준
제작 제이오

디자인 이파얼
인쇄 (주)민언프린텍

제본 (주)정문바인텍

ISBN 979-11-88255-32-0 03230

저작권 ⓒ 톰 라이트

이 도서의 국립중앙도서관 출판예정도서목록(CIP)은 서지정보유통지원시스템 홈페이지(http://seoji.nl.go.kr)와
공동목록시스템(http://www.nl.go.kr/kolisnet)에서 이용하실 수 있습니다.(CIP제어번호: CIP2019000481)